지은이 옥한흠

제자훈련에 인생을 건 광인(狂人) 옥한흠. 그는 선교 단체의 전유물이던 제자훈련을 개혁주의 교회론에 입각하여 창의적으로 재해석하고 지역 교회에 적용한 교회 중심 제자훈련의 선구자다.

1978년 사랑의교회를 개척한 후, 줄곧 '한 사람' 목회철학으로 예수 그리스도를 닮은 평신도 지도자를 양성하는 데 사력을 다했다. 사랑의교회는 지역 교회에 제자훈련을 접목해 풍성한 열매를 거둔 첫 사례가 되었으며, 국내외 수많은 교회가 본받는 모델 교회로 자리매김했다. 1986년에 시작한 〈평신도를 깨운다 제자훈련 지도자 세미나〉(Called to Awaken the Laity, CAL세미나)는 제자훈련을 목회의 본질로 끌어안고 씨름하는 수많은 목회자에게 이론과 현장을 동시에 제공하는 탁월한 세미나로 인정받고 있다.

철저한 자기 절제가 빚어낸 그의 설교는 듣는 이의 영혼에 강한 울림을 주는 육화된 하나님의 말씀으로 나타났다. 50대 초반에 발병하여 72세의 일기로 생을 마감할 때까지 그를 괴롭힌 육체의 질병은 그로 하여금 더욱더 하나님 말씀에 천착하도록 이끌었다. 삶의 현장을 파고드는 다양한 이슈의 주제 설교와 더불어 성경 말씀을 심도 있게 다룬 강해 설교 시리즈를 통해 성도들에게 하나님 말씀을 이해하는 지평을 넓혀준 그는, 실로 우리 시대의 탁월한 성경 해석자요 강해 설교가였다.

설교 강단에서뿐만 아니라 삶의 자리에서도 신실하고자 애썼던 그는 한목협(한국기독교목회자협의회)과 교갱협(교회갱신을위한목회자협의회)을 통해 한국교회의 일치와 갱신에도 앞장섰다. 그리하여 보수 복음주의 진영은 물론 진보 진영으로부터도 존경받는, 보기 드문 목회자였다.

1938년 경남 거제에서 태어났으며 성균관대학교와 총신대학원을 졸업했다. 미국의 캘빈신학교(Th. M.)와 웨스트민스터신학교에서 공부했으며, 동(同) 신학교에서 평신도 지도자 훈련에 관한 논문으로 학위(D. Min.)를 취득했다. 제자훈련 사역으로 한국교회에 끼친 공로를 인정받아 웨스트민스터신학교에서 수여하는 명예신학박사 학위(D. D.)를 받았다. 2010년 9월 2일, 주님과 동행한 72년간의 은혜의 발걸음을 뒤로하고 하나님의 너른 품에 안겼다.

교회 중심의 제자훈련 교과서인 《평신도를 깨운다》를 비롯해 《길》, 《안아주심》, 《고통에는 뜻이 있다》, 성경 강해 시리즈인 《로마서 1, 2, 3》, 《요한이 전한 복음 1, 2, 3》 등 수많은 스테디셀러를 남겼으며, 그의 인생을 다룬 책으로는 《열정 40년》, 《광인》 등이 있다.

옥한흠 전집 주제 07
시험이 없는 신앙생활은 없다
이 험한 세상 어떻게 살까

시험이 없는 신앙생활은 없다

옥한흠 지음

국제제자훈련원

들어가며

"뒷문 단속을 잘하십시오"

신앙생활을 잘한다는 것은 무엇을 의미할까? 그것은 시험을 성공적으로 극복하는 것이라고 할 수 있다. 신앙생활 자체가 곧 시험과의 대결이라고 할 수 있기 때문이다. 시험은 중생을 받은 하나님의 자녀에게만 찾아오는 독특한 사건이다. 풍랑이 바다에 떠 있는 사람들만이 겪을 수 있는 독특한 경험인 것처럼 말이다. 이런 의미에서 예수님조차 예외가 아니었던 것을 볼 수 있다(눅 22:28 참조).

영적 시험에 두 가지 유형이 있다는 것은 잘 알려진 사실이다. 외적인 요인을 가지는 시험을 일컬어 흔히 환난 혹은 핍박이라고 부른다. 한편 내적인 원인을 가진 시험에 대해서는 우리가 육신 속에 갇혀 있는 한 평생 피할 수 없는 숙명이라고 해도 과언이 아니다. 육신은 아직도 그 자체 속에 죄성과 연약함을 포함하고 있어서 우리를 유혹하는 마귀와 쉬지 않고 내통할 수 있기 때문이다. 그러므로 시험을 모르는 사람은 신앙생활을 바로 이해한다고 말할 수 없을 것이다. 우리가 하나님의 자녀로서 세상을 산다는 것 자체가 모든 시험으로부터 면제

받는 어떤 보장이 아니라는 사실을 알지 못하면 신앙생활에서 한시도 승리하지 못할 것이다.

우리가 주님을 섬기면서 자주 어려움을 겪는 이유는 은혜를 적게 받아서가 아니다. 받은 은혜를 쉽게 쏟아 버리기 때문이다. 아무리 놀라운 은혜를 체험했다고 할지라도 우리가 시험하는 자 앞에 자주 무릎을 꿇는 습관에 젖어 있으면 영적인 빈곤과 불안은 한시도 가시지를 않을 것이다. 어떻게 보면 신앙생활의 승리는 은혜를 더 받는 데 있지 않고 받은 은혜를 잘 지키는 데 있다. 그렇게 하려면 시험에서 이기지 않으면 안 된다. 은혜를 도둑맞지 않으려고 뒷문 단속을 잘하는 것, 이것이 충만한 신앙생활의 비결이다.

비록 여러 가지 면에서 불충분한 졸저이지만 시험에 대해 잘 이해하지 못해 신앙생활의 멋과 기쁨을 잃어버리고 있는 형제들에게 조금이나마 도움이 되었으면 한다. 특히 교회에 오랫동안 출입하면서도 성령 안에서 승리하는 삶이 무엇인가를 잘 모르는 자들에게 이 책이 성령의 유용한 도구로 쓰임을 받을 수 있기를 바란다.

1989. 10
옥한흠

차례

I

예수님,
먼저 시험을
이기시다

마귀의 시험이 오히려 예수 그리스도가 하나님의 아들이라는 사실을 증명한 것처럼,
결국 우리를 향한 마귀의 시험은 우리가 예수님께 속했다는 사실을 증명할 것입니다.

마태복음 3:16-4:2

16 예수께서 세례를 받으시고 곧 물에서 올라오실새 하늘이 열리고 하나님의 성령이 비둘기 같이 내려 자기 위에 임하심을 보시더니 17 하늘로부터 소리가 있어 말씀하시되 이는 내 사랑하는 아들이요 내 기뻐하는 자라 하시니라 1 그때에 예수께서 성령에게 이끌리어 마귀에게 시험을 받으러 광야로 가사 2 사십 일을 밤낮으로 금식하신 후에 주리신지라

예수님,
먼저 시험을
이기시다

그리스도인이 신앙생활을 잘하기 위해서는 꼭 알아 두어야 할 독특한 분야가 있는데 그것은 마귀에 대한 것입니다. 마귀를 다른 말로 일컬어 '시험하는 자'라고 부르기도 합니다. 마태복음 4장 1절에 나오는 '마귀'와 3절에 나오는 '시험하는 자'라는 말은 둘 다 같은 대상을 놓고 붙인 이름입니다. 전쟁에서 승리할 수 있는 비결은 적을 잘 아는 데 있는 것처럼 우리의 신앙생활도 적을 잘 알아야 승리할 수 있을 것입니다.

제가 담임하고 있는 교회에는 동양학을 전공하신 교수 한 분이 계시는데 제가 그분과 대화를 나누던 중에 충격적인 이야기를 들은 적이 있습니다. 일본에는 동양학을 연구하는 학자들이 수백 명이라고 하는데 우리나라에는 불과 수십 명밖에 되지 않는다고 합니다. 또 일본의 동양학자 가운데 우리나라의 백제 문화를 전공한 사람만 해도 50여 명이 된다는데 우리나라 학자 중에서는 다섯 손가락을 꼽기가 어렵다고 합니다.

왜 일본이 이웃 나라인 한국의 역사와 문화에 관심을 두고 연구를 하는 것입니까? 상대방보다 앞서가려면 무엇보다 상대를 잘 알아야 합니다. 이웃 나라보다 앞서가려면 이웃 나라를 잘 알아야 합니다. 그런 까닭으로 일본은 많은 학자를 정책적으로 육성하고 또 그들의 연구 활동에 많은 투자를 아끼지 않는 것입니다. 이것은 영적인 세계에서도 통하는 원리입니다. 우리가 항상 시험을 이기려면 성경을 통해 마귀의 정체를 바로 알아야 합니다.

기독교 역사를 살펴볼 때 마귀의 시험에 대해서 극단적인 두 가지 반응을 보인 사람들을 발견할 수 있습니다.

누르시아의 베네딕트(Benedict of Nursia, 약 480-약 547)라고 하는 경건한 성도는 마귀의 시험을 피해 보려고 극단적인 방법을 취했던 사람이었습니다. 그는 가족과 사회를 떠나 세상의 것을 보지 않고 무조건 피해 버리면 마귀의 시험도 따라오지 않을 것이라고 생각했습니다. 그래서 깊은 동굴에 들어가서 거칠거칠한 털옷을 두르고 3년을 살았습니다. 날마다 줄에 매어 내려오는 소량의 음식으로 겨우 끼니를 잇고 가시나무 같은 것으로 자기 몸을 괴롭혀 피를 흘리기도 하면서 마귀의 시험으로부터 완전히 벗어나 보려고 몸부림을 쳤습니다. 그러나 3년 후에 그가 얻은 결론은 이 세상 어디를 가든 마귀의 시험은 항상 따라다닌다는 사실이었습니다.

한편, 조비니안(Jovinian, ?-약 405)이라는 사람은 그 반대가 되는 방법을 택했는데, 이것 때문에 그는 나중에 이단성이 있는 신학자로 지목을 받았습니다. 그는 하나님의 자녀가 되면 절대로 마귀가 시험을 하지 못한다고 주장했습니다. 높은 대기권에는 폭풍우가 영향을 미치지 못하는 것처럼 예수님 안에서 완전한 자유를 얻은 사람은 마귀가 시험할 수 없다는 이론이었습니다. 하지만 이것은 모순입니다. 왜냐하면 우리는 실제로 자주 시험을 당하는 것을 경험하기 때문입니다.

우리는 위의 두 가지 방법이 다 잘못되었다는 것을 알고 있습니다. 그러면 먼저 마귀가 언제 우리에게 접근하는지 예수님의 예를 가지고 살펴보고자 합니다. 마태복음 4장 1절을 보면 '그때에'라는 말이 나옵니다. 그런데 마가복음 1장 12절에서는 꼭 같은 내용을 가지고 '곧'이라는 단어를 사용하고 있습니다. 따라서 어떤 사건이 있은 다음에 즉시 마귀가 찾아왔다는 것을 우리는 금방 알 수 있습니다. 어떤 사건이 었습니까? 그것은 바로 예수님이 세례를 받으신 것을 가리킵니다. 우리가 잘 아는 바와 같이 예수님은 30년 동안 세상에 자신의 모습을 드러내지 않으셨습니다. 나사렛이라고 하는 작은 동네에서 은둔 생활을 하며 때가 오기를 기다리고 계셨습니다. 예수님이 세례 요한을 찾아가서 스스로 세례를 요청했을 때 드디어 그는 온 세상 앞에 자신의 모습을 드러내는 중대한 순간을 맞이한 것입니다.

예수님의 세례는 그가 하나님이 이 세상에 보낸 메시아요, 구원자임을 천하에 공포하는 것이요, 왕 중의 왕이심을 온 우주 만물 앞에 선포하는 의식이었습니다. 이런 의미에서 예수님의 세례에 '대관식'이라는 별명을 붙이기도 합니다.

예수님이 그와 같이 세례를 받음으로 대관식을 올렸지만, 그 자리에는 예수님을 축하하는 백성이나 충성을 맹세하는 신하 한 사람도 없었습니다. 그렇지만 그 대관식은 놀라운 것이었습니다. 성령께서 예수님의 머리에 비둘기 모양의 관을 씌우시는 것을 세례 요한이 보았던 것입니다. 성령이 그의 머리에 앉아 계셨습니다.

그뿐만이 아닙니다. 하늘로부터 소리가 들려왔습니다. 그것은 여호와 하나님께서 자기 아들 예수 그리스도를 다시 한번 인정하시고, 다시 한번 왕으로 선포하시는 음성이었습니다. "이는 내 사랑하는 아들이요"라는 것은 하나님이 보내신 메시아라는 뜻이며, "내 기뻐하는 자라" 하신 것은 하나님의 마음에 꼭 드는 사람이라는 말입니다. 하나님께서 예수님이 인류의 구원자요, 왕 중의 왕이신 것을 확인해 주셨습니다. 그러므로 이 대관식이야말로 대단한 의미를 갖습니다.

이제는 예수님의 권위를 무시할 자가 없으며, 하나님이 인정하셨기 때문에 아무도 그에게 대항할 수 없습니다. 이제는 이 세상에 있는 모든 죄인이 예수님을 통해서만 구원을 받을 수 있다는 사실을 믿고 그에게로 나아와야 합니다.

"네가 만일 하나님의 아들이어든"

그런데 그때 예수님의 권위 앞에 도전하는 자가 있었다는 것을 우리는 발견할 수 있습니다. 그 순간에 시험하는 자, 마귀가 찾아왔다고 성경은 기록하고 있기 때문입니다. 먼저 우리가 생각해야 할 부분은 예수님이 인류의 메시아라고 선포된 다음에 마귀가 예수님을 시험했다는 사실입니다.

> 너희는 나의 모든 시험 중에 항상 나와 함께 한 자들인즉_눅 22:28

주님이 제자들에게 하신 말씀을 보면 예수님은 요단강에서 세례를 받고 나서부터 십자가에서 돌아가실 때까지 연속적으로 마귀의 시험을 받으셨다는 것을 알 수 있습니다. 히브리서 4장 15절에서 예수님은 모든 일에 우리와 똑같이 시험을 받은 자라고 말합니다. 이것을 보면 마귀는 대단히 끈질기고 대범하고 어떤 면에서는 사생결단을 각오하고 덤빈다는 것을 알 수 있습니다. 이것은 마귀가 예수님을 시험하는 목적에서 금방 드러납니다.

6절에서도 마귀가 똑같은 말을 반복하여 시험합니다. 8절에는 이 말이 빠져 있지만, 마귀가 틀림없이 같은 말을 했으리라는 것을 미루어 짐작할 수 있습니다. 그렇다면 마귀가 서두에서 던지는 이 말의 뜻은 무엇입니까? 여기에는 '내가 시키는 대로 해라. 내가 시키는 대로 하면 하나님의 아들이고, 그렇지 않으면 너는 하나님의 아들이 아니다'라는 뜻이 숨어 있습니다. 대단히 고차원적인 방법으로 예수님을 시험하는 것입니다.

예수님이 마귀의 말대로 하지 않으신다는 것을 마귀가 모를 리가 없습니다. 영물이기 때문에 누구보다도 잘 압니다. 그러면서도 왜 이런 말을 던지는 것이겠습니까? 그것은 마귀가 예수님에게 의심을 심어주기 위해서입니다. '너, 내가 하는 말을 안 들으면 너 자신이 아무리 큰소리쳐도 너는 하나님의 아들이 아닐 수 있다'라는 의심을 그 마음에 심어주기 위해서입니다. 마귀가 얼마나 집요하게 예수님이 '하나님의 아들'이라는 사실을 의심하게 하려고 노력했던지 우리는 또 하나의 사건을 통해 잘 알 수 있습니다. 바로 십자가 위에서입니다.

마귀는 광야에서 세 번이나 예수님을 시험하려고 했지만, 실패로 끝나고 난 뒤 잠깐 물러가는 것 같더니, 3년 후 예수님이 십자가에서 그 이상의 아픔도 그 이상의 고통도 그 이상의 비극도 없을 만큼의 수난을 당하는 순간에 또다시 정체를 드러냈습니다. 예수님이 육체적으로 가장 약한 순간이요, 정신적으로도 그야말로 파멸 직전이라고 할 수 있을 만큼 몹시 어려운 순간에 마귀가 사람들 틈에 나타나서 꼭 같은 말을 했습니다.

> 성전을 헐고 사흘에 짓는 자여 네가 만일 하나님의 아들이어든 자기
> 를 구원하고 십자가에서 내려오라 하며_마 27:40

'네가 만일 하나님의 아들이라면 뛰어내려라. 뛰어내리지 못하면 너는 하나님의 아들이 아닐 수도 있다'라는 의심을 예수님의 마음에 집어넣으려고 마귀는 노력했습니다. 얼마나 마귀가 집요합니까! 얼마나 끈질깁니까! 예수님이 인류를 위해서 십자가를 진다는 사실을 조금이라도 의심할 수 있게만 한다면 하나님의 구원 계획은 수포로 돌아가기 때문에 어떻게 해서든지 하나님의 일을 방해하기 위해서 마귀는 집요하게 예수님에게 도전했습니다. 그러나 예수님께서 그 시험에 넘어가지 않으셨기 때문에 우리가 구원받은 하나님의 백성이 될 수 있었습니다. 이 얼마나 감사한 일입니까!

○ ○ ○ ○ ○ ○ ○
온 천하를 꾀는 자

여기서 중요한 사실을 하나 알아야 합니다. 예수님을 이렇게 끝까지 시험하는 마귀라면 예수님에게 속한 우리를 얼마나 많이 시험하겠느냐는 것입니다. 예수님이 세상에 계실 때 시험을 받아야 했던 데에는 두 가지 이유가 있습니다. 첫째로, 육체를 입고 있었기 때문에 시험을 받을 수밖에 없었고, 또한 아직 마귀가 활동하고 있는 이 세상에 오셨기 때문에 시험을 피할 수 없었던 것입니다. 우리 역시 예수님을 믿고 구원받은 하나님의 자녀요, 성령을 모시고 사는 사람들이지만 아직 육체를 입고 있기에, 또 아직 이 세상에서 벗어나지 못했기 때문에 예수님처럼 끊임없이 시험을 받을 수 있다는 말입니다.

하늘에 전쟁이 있으니 미가엘과 그의 사자들이 용과 더불어 싸울새 용과 그의 사자들도 싸우나 이기지 못하여 다시 하늘에서 그들이 있을 곳을 얻지 못한지라 큰 용이 내쫓기니 옛 뱀 곧 마귀라고도 하고 사탄이라고도 하며 온 천하를 꾀는 자라 그가 땅으로 내쫓기니 그의 사자들도 그와 함께 내쫓기니라_계 12:7-9

하늘에서 큰 전쟁이 일어났는데 용, 마귀가 이기지 못하여 하늘에서 있을 곳을 얻지 못하고 내어 쫓겼다고 했습니다. 이 용을 일컬어서 옛 뱀이라고도 하고 마귀라고도 하고 또 사탄이라고도 합니다. 이 마귀가 하는 일이 무엇입니까? 온 천하를 꾀는 일입니다. 아무도 하나님을 믿지 못하도록 꾀는 일입니다. 바로 그 마귀가 땅으로 내어 쫓겼습니다.

요한계시록 12장 10절에서는 우리 형제들을 참소하는 자가 쫓겨났다고 했습니다. 밤낮없이 우리의 잘못을 하나님 앞에 고자질하던 마귀가 쫓겨났습니다. 그러나 쫓겨나는 것으로 끝난 것이 아닙니다. 마귀가 자기의 때가 얼마 남지 않은 것을 알고 크게 분을 내어 지상으로 내려갔다고 했습니다. 이제 얼마 지나면 예수님께서 이 세상을 심판하기 위해 재림하실 텐데 그때에는 마귀도 심판을 받고 영원히 멸망할 것입니다. 그렇기 때문에 마귀가 자기의 때가 얼마 남지 않은 것을 알고 발악을 하는 것입니다.

용이 여자에게 분노하여 돌아가서 그 여자의 남은 자손 곧 하나님의 계명을 지키며 예수의 증거를 가진 자들과 더불어 싸우려고 바다 모래 위에 서 있더라_계 12:17

위의 말씀에 나오는 여자를 가리켜 해석하기를, 교회라고도 하고 예수님이라고도 합니다. 그 여자의 남은 자손, 곧 하나님의 계명을 지키며 예수님의 증거를 가진 자들은 오늘날 예수님을 믿는 우리입니다. 마귀는 우리와 더불어 싸우려고 완전한 임전 태세를 취하고 있습니다. 예수 그리스도가 육신의 몸을 입고 세상에 오셨을 때 그의 약함을 이용해서 얼마나 많은 시험을 한 마귀입니까. 그렇기 때문에 오늘날 세상에 남아 있는 우리를 마귀가 가만히 둘 리가 없는 것입니다.

하나님의 자녀라서 시험한다

마귀가 우리를 시험하는 목적은 첫째, 우리가 죄를 범하도록 하는 데 있습니다. 어떻게 해서든지 하나님의 자녀가 죄를 짓게 만드는 것이 마귀의 목적입니다. 둘째, 마귀의 시험은 타락하게 하려는 데 목적이 있습니다. 하나의 예를 들어 봅시다. 회개하고 하나님 앞에 돌아온 사람이 반복하여 만성적으로 죄를 짓게 되면 회개할 염치조차 없어서 나중에는 자포자기하는 마음으로 교회에도 안 나오고 급기야는 기독교를 비판하며 타락해 버립니다.

하나님은 한 생명이라도 예수님의 이름으로 구원해서 자기 나라에 들이려고 하는데, 마귀는 한 생명이라도 발을 들여놓지 못하게 하려는 것입니다. 얼마나 마귀가 밤낮없이 우는 사자와 같이 날뛰는지 모릅니다. 우리가 이것을 알고 신앙생활을 해야 합니다. 우리는 이 세상에 있는 동안 이러한 마귀의 시험을 면제받지 못합니다.

혹시 '나는 마귀의 시험을 잘 모르겠어. 왜 목사님이 마귀의 시험을 강조하는 걸까? 아마 죄를 많이 지어서 그런가 보다'라고 생각하시는 분이 계실지 모르겠습니다. 아직 신앙이 어려서 마귀의 시험이 무엇인지 잘 몰라 그럴 수 있을 것입니다. 그러나 이것과 달리 마귀에게 소속되어 있어서 시험을 도무지 느끼지 못하는 사람도 있습니다. 흘러내리는 물에 같이 떠내려가면 아무런 거부감을 느끼지 못하지만 거슬러 올라갈 때는 물살이 얼마나 센지 알게 되는 것처럼, 마귀의 손에서 마귀가 원하는 대로 움직이는 사람은 그것을 시험이라고 느끼지 않습니다.

그렇기 때문에 '아, 이거 시험이구나! 큰일 났어. 내가 이겨야 하는데'라는 마음이 생기면 이미 그는 마귀의 영역에서 빠져나온 사람입니다. 마귀의 손에서 빠져나왔기 때문에 마귀가 그 사람을 시험하고 공격하는 것입니다. 그러므로 시험을 받고 있다는 사실은 예수 그리스도께 속한 사람이라는 것을 증명해 주는 아주 좋은 조건이 됩니다. 따라서 마귀의 시험에 불안해한다든지 무서워할 필요는 없습니다. 마귀가 예수 그리스도를 시험함으로 인하여 그가 하나님의 아들이라는 사실을 증명한 것처럼 오늘날 우리를 계속 시험하는 마귀도 결국 우리가 예수님께 속했다는 것을 확인시켜 주는 역할밖에 하지 못합니다. 그런 의미에서 하나님은 우리에게 오는 모든 시험을 돌이켜 합력하여 선을 이루게 하신다고 할 수 있습니다.

○ ○ ○ ○ ○ ○ ○ ○ ○
성령 충만할 때 시험한다

또 하나, 우리가 짚고 넘어가야 할 부분이 있습니다. 그것은 예수님께서 은혜가 충만하실 때 시험을 받으셨다는 사실입니다. 마귀가 예수님을 시험할 때는 그가 완벽하게 영적으로 준비하고 계셨을 때입니다.

첫째, 하나님께서 "이는 내 사랑하는 아들이요, 내 기뻐하는 자라"라는 음성으로 확인해 주셨기 때문에, 예수님은 자기가 하나님의 아들이요 인류의 구원자라는 사실을 분명하게 확신하고 계셨습니다.

둘째, 예수님은 영적으로 완전히 준비하고 계셨습니다. 누가복음은 세례를 받을 때 예수님이 성령 충만했다고 기록하고 있습니다.

셋째, 예수님은 광야에서 40일 동안 금식 기도로 준비하셨습니다.

넷째, 예수님은 헌신의 준비를 완전히 하고 계셨습니다. 인류를 위하여 십자가의 길을 걸어가기로 하신 것입니다.

이 정도면 마귀가 질려서 감히 도전하지 못할 것 같은데, 마귀는 오히려 그것을 절호의 찬스로 이용했습니다. 여기에서 우리는 시험이 성령으로 충만하지 못하고 약해져 있을 때만 오는 것이 아니라는 사실을 알 수 있습니다. 시험은 우리가 기도하지 않고 있을 때만 오는 것이 아닙니다. 시험은 영적으로 최고 절정기에 있을 때도 올 수 있다는 사실을 기억해야 합니다.

성령 충만하십니까? 여러분이 성령으로 충만해서 은혜 안에 잠겨 있을 때 마귀는 어떤 틈바구니가 없나 하고 세심하게 살피며 기회를 노리고 있다는 사실을 잊지 마십시오. 예수님이 그렇게 완벽하게 준비하고 계실 때 도전했던 마귀는, 오늘날 우리가 아무리 완벽하게 준비했다고 할지라도 우리를 시험할 수 있기 때문입니다.

우리는 금식 기도를 특별히 했다는 분이 기도하고 나서 마귀에게 사정없이 넘어가는 것을 종종 보게 됩니다. 성령으로 충만하다고 떠들고 다니던 사람이 나중에 마귀에게 끌려가는 것을 보았습니다. 신학교에 들어가서 선교사가 되겠다던 사람이 나중에 마귀의 밥이 되는 것을 보았습니다. 그러므로 우리가 영적으로 황금기에 있을 때도 마귀는 우리를 시험할 수 있다는 것을 알고 늘 조심해야 합니다. 고린도전서 10장 12절의 "그런즉 선 줄로 생각하는 자는 넘어질까 조심하라"라는 말씀을 늘 명심하시기 바랍니다.

뿌리 깊은 나무는 바람에 흔들리지 않는다

우리가 신앙의 전성기에 있을 때도 마귀가 시험할 수 있다면, 믿음이 떨어져 있을 때는 말해 무엇하겠습니까. 이와 같은 냉엄한 영적 세계를 아는 것이 신앙생활의 지혜입니다. 제가 안타깝게 생각하는 것은 마귀의 이와 같은 잔인한 계략을 우리가 자주 잊어버린다는 사실입니다. 그러므로 가장 좋은 방법은 항상 예수님처럼 준비하는 것입니다. 예수님도 약해질 때가 있었습니다. 겟세마네 동산에 올라가실 때는 '내 마음이 매우 고민하여 죽게 되었다'라고 말씀하셨는데(마 26:38), 예수님은 그때도 마귀의 시험에 대비하여 하나님께 기도로 매달렸습니다. 하나님께 전적으로 맡기고 성령으로 무장하려고 노력하셨습니다.

예수님은 마귀로부터 시험을 수없이 받으셨지만 한 번도 마귀의 시험에 빠진 적은 없습니다. 시험을 받는 것과 시험에 빠지는 것은 다릅니다. 예수님을 믿는 사람들인 우리는 늘 시험을 받습니다. 우리가 하나님의 자녀요, 예수님께 속한 자이기 때문에 시험을 피할 수가 없습니다. 마귀는 끝까지 우리를 미워하여 어떻게 해서든지 우리를 끌어내고 범죄하고 타락하게 하려 할 것입니다. 그러나 시험에 빠지면 안 됩니다. 시험에 빠지지 않기 위해서는 예수님처럼 준비해야 합니다. 하나님의 말씀으로 우리가 하나님의 자녀 된 것을 확신해야 합니다.

바닷가에서 겪었던 저의 경험을 하나 소개합니다. 밥을 지어 먹으려고 버너를 받칠 돌멩이를 찾으러 다녔습니다. 그러다가 돌멩이 하나를 보았습니다. 흔들어 보니까 조금 움직이는 것 같아 계속 붙잡고 흔들어서 기어이 뽑아내었습니다. 그런데 옆에 있는 다른 돌멩이 하나는 발로 차 보니 꼼짝도 안 했습니다. 도무지 움직일 것 같지 않았습니다. 그래서 그 돌멩이는 몇 번 흔들어 보다가 포기했습니다. 이처럼 신자가 조금만 흔들리면 마귀는 집요하게 매달려 괴롭히려고 합니다. 그러나 확신이 서 있는 사람에게는 마귀가 덤비긴 덤벼도 곧 포기하고 물러갑니다.

우리도 예수님처럼 성령으로 충만해야 합니다. 이것만이 우리가 사는 길입니다. 예수님처럼 40일 금식 기도는 못할지라도 늘 기도하는 생활을 게을리하지 말아야 합니다. 시간이 없어서 기도하지 못하십니까? 나중에 마귀에게 끌려다니는 시간은 훨씬 길고 훨씬 힘들 것입니다. 마귀에게 끌려다니느라고 시간을 소비하지 말고 미리 시간을 아껴 기도하십시오. 멋있는 승리의 쾌감을 맛볼 수 있을 것입니다. 예수님처럼 헌신하려고 하십시오. 주님이 걸어가신 십자가의 길을 따라가겠다고 헌신하는 사람은 마귀가 건드려 보기는 하겠지만 거꾸러뜨리지는 못합니다. 그러나 한생을 자기 멋대로, 자기 욕심껏 사는 사람은 마귀가 가만히 두지를 않습니다. 마귀는 쉴 새 없이 그 사람을 농락하고 하나님의 영광을 가리도록 합니다.

성도들의 가정마다 어려운 일들이 자주 일어납니다. 하지만 대부분의 사람이 그것이 마귀의 시험인지 잘 모르고 있습니다. 그리고 한동안 질질 끌려다니면서 고통을 당해야 비로소 시험인 줄 알아차립니다. 결국은 주의 은혜로 빠져나오기는 하는데 그때는 가엾게도 보통 멍이 들고 터진 것이 아닙니다. 얼마나 안타까운지 모릅니다. 그런 것을 미리 막을 수 있는 방법 중 하나가 바로 가정 예배입니다.

가족들이 둘러앉아서 함께 성경을 읽고 이야기를 나누는 가운데 문제가 지적됩니다. "아빠 엄마는 기도는 많이 하시는데 얼굴이 어두워요. 불안해 보여요"라고 아이들이 말할 때도 있습니다. 그럴 때 아빠 엄마는 "아마 믿음이 약해서 그런가 봐. 위해서 기도해 줘"라고 솔직하게 고백하며 함께 손잡고, "너희들은 아빠 엄마를 위해 기도해. 우리는 너희를 위해서 기도할게"라면서 하나님 앞에 가정의 일을 맡기면 마귀가 수십 번 노크는 할 수 있지만, 시험의 문은 절대로 열리지 않습니다.

예수님도 시험한 마귀입니다. 그러므로 우리도 시험합니다. 예수님께서 완전히 준비하셨을 때도 시험을 멈추지 않았던 마귀입니다. 그러므로 우리가 믿음이 좋을 때나 좋지 않을 때나 마귀는 사정없이 우리를 시험할 수 있습니다. 그 마귀가 아직도 활동하고 있는 이 세상에서 늘 확신을 가지고, 성령 충만과 기도로 마지막까지 승리하십시오.

2

예수님이 이긴 시험 I

하나님을
의심하라

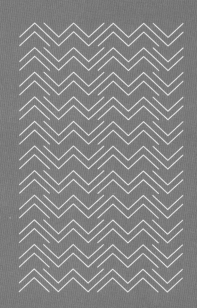

예수님은 이렇게 말씀하십니다.
"사람이 떡으로도 살 수 있지만, 하나님의 말씀으로 살게 된다.
하나님의 말씀이 없으면 인간은 인간답게 살 수가 없어"라고 말씀하십니다.

마태복음 4:1-4

1 그때에 예수께서 성령에게 이끌리어 마귀에게 시험을 받으러 광야로 가사 2 사십 일을 밤낮으로 금식하신 후에 주리신지라 3 시험하는 자가 예수께 나아와서 이르되 네가 만일 하나님의 아들이어든 명하여 이 돌들로 떡덩이가 되게 하라 4 예수께서 대답하여 이르시되 기록되었으되 사람이 떡으로만 살 것이 아니요 하나님의 입으로부터 나오는 모든 말씀으로 살 것이라 하였느니라 하시니

하나님을
의심하라

예수님이 광야에서 시험을 받으실 때는 대단히 절박한 상황이었습니다. 금식을 해 보신 분이 많이 계시겠지만 금식한다는 것이 보통 힘든 일이 아닙니다. 저의 참 약한 부분 중 하나가 바로 금식을 잘 못한다는 것입니다. 은혜를 받으려고 금식을 했는데 종종 결과가 그렇게 되지 못할 때가 있기 때문입니다. 짧은 기간이었으나 제가 금식을 해 본 경험을 토대로 예수님의 상황을 생각해 볼 때 당시 예수님의 처지는 대단히 절박한 상황이었을 것이라고 미루어 짐작해 볼 수 있습니다.

> 마귀에게 시험을 받으시더라 이 모든 날에 아무것도 잡수시지 아니
> 하시니 날 수가 다하매 주리신지라_눅 4:2

위의 말씀처럼 누가는 성경을 기록하면서 예수님이 40일 동안 아무것도 잡수시지 않았다고 못을 박았습니다. 요즈음 금식하는 사람들처럼 간간이 물을 마신다든지 소금을 조금씩 먹는 일까지도 예수님은

포기를 하셨는지 정확히 알 수 없습니다. 그러나 아무것도 잡수시지 않았다는 말씀을 볼 때 철저하게 식음을 전폐하는 금식으로 추측됩니다. 따라서 예수님의 상황이 얼마나 절박했을지 가히 짐작이 갑니다.

예수님은 우리를 구원하시고자 하는 중대한 일을 시작하기 전에 하나님과 특별히 만나서 교제해야 할 필요성을 느끼셨습니다. 그래서 하나님과의 교제에 방해가 되는 일이면 어떤 것이라도 뒤로 물리치셨습니다. 심지어 먹고 마시는 것까지도 포기하고 하나님과 만나셨던 것입니다.

40일을 금식한 후 예수님의 육체가 심히 어려운 상황에 놓였을 때 마귀가 찾아왔습니다. 돌멩이만 보아도 '야, 떡처럼 생겼구나' 하며 환상을 볼 정도로 먹고 싶다는 강한 욕망에 사로잡혀 있을 때 마귀가 찾아온 것입니다. 마귀는 항상 절박한 상황을 이용합니다. 이때야말로 마귀가 벨을 누르기에 가장 알맞은 찬스라는 것을 우리는 잊어서는 안 됩니다.

○ ○ ○ ○ ○ ○ ○ ○ ○ ○ ○
현실적인 제안을 의심하라

여러분에게 종종 절박한 상황이 닥쳐올 때가 있을 것입니다. 병에 걸려서 꼭 낫고 싶다는 강한 욕망에 사로잡힐 때가 있습니까? 갑자기 큰돈이 필요하여 돈이 없으면 안 되겠다는 위기의식을 느낀 일이 있습니까? 바로 그때 마귀가 여러분 문 앞에 찾아와서 대기하고 있을지도 모릅니다. 절박한 상황에서는 하나님의 뜻을 잘 읽지 못하고 자기 방식대로, 자기 능력대로 성급하게 일을 처리해 버릴지도 모를 연약함을 우리 모두가 가지고 있습니다. 왜냐하면 대부분의 사람이 절박한 상황에서는 판단력을 잃어버리기 때문입니다. 마귀는 이것을 이용해

시험이 없는 신앙생활은 없다

●

28

서 우리를 시험하려고 하는 것입니다.

　마귀는 예수님의 절박한 상황을 이용하여 찾아왔습니다. 그리고 주변에 널려 있는 돌덩어리를 가리키면서 돌로 떡을 만들어 먹으라고 했습니다. 겉으로 보기에는 대단히 타당한 말처럼 들립니다. 40일 동안 먹지 못한 사람에게 무엇이든지 먹을 것이 있으면 먹으라고 하는 것은 매우 현실적이요, 논리적인 충고입니다. 그러나 예수님은 마귀의 권고에 귀를 기울이지 않으셨습니다. 마귀는 아주 타당한 것처럼 위장을 했지만, 그의 말속에는 무서운 음모가 숨어 있었습니다. 마귀가 우리를 시험할 때는 절대로 우리의 귀에 거슬리는 말을 하지 않는다는 사실을 기억하십시오. 현실적으로 틀린 말을 하지 않는 것이 마귀의 특징입니다.

　마귀가 에덴동산에서 아담과 하와를 유혹할 때도 마찬가지였습니다. 이론적으로나 현실적으로나 모든 면을 보아서도 마귀는 틀린 말을 한 것이 아니었습니다. 예수님을 시험할 때도 마귀는 틀린 말을 한 것이 아닙니다. 예수님에게는 돌을 떡으로 만들 만한 능력이 충분히 있었습니다. 그래서 마귀는 예수님에게 그 능력을 사용하라고 충동질한 것입니다. 마귀는 우리에게 진리를 말하는 것처럼 위장을 합니다. 영적으로 눈이 밝은 사람, 하나님의 말씀에 똑바로 서 있는 사람이 아니면 그 달콤한 말속에 숨어 있는 음모를 찾아내지 못합니다. 그러나 예수님은 바로 보았습니다. 마귀의 말속에는 적어도 네 가지의 음흉한 계교가 숨어 있었던 것입니다.

불순종을 권유하다

첫째로, 마귀의 시험에 감추어진 함정은 예수님이 하나님께 순종하지 못하도록 하는 것이었습니다.

예수님은 본래 하나님과 동등한 분입니다. 권세나 영광이나 지혜나 품성이나 모든 면에서 하나님과 하나이신 분이요, 하나님과 나누어질 수 없는 존재입니다. 그러나 예수님이 이 세상에 육신을 입고 찾아오셨을 때는 처지가 달랐습니다. 그 모든 영광을 포기하고 무조건 하나님께 순종해야 하는 신분으로 오셨습니다. 예수님이 구원하려고 하는 이 세상 사람들 가운데는 한 사람도 하나님께 완전하게 순종한 자가 없었습니다. 지구 역사를 통해서 수억의 사람들이 예외 없이 하나님께 반역했고 하나님의 뜻에 순종하지 않았습니다. 따라서 이 인간들을 구원하기 위해 오신 예수님께서 일차적으로 하실 일이 있었습니다. 우리가 순종하지 못했으니 대신 자신이 온전하게 하나님께 순종해야 하는 책임이었습니다. 그래서 예수님은 세상에서 어느 것 하나라도 자기 마음대로 하지 않으셨습니다.

> 내가 아무것도 스스로 할 수 없노라 듣는 대로 심판하노니 나는 나
> 의 뜻대로 하려 하지 않고 나를 보내신 이의 뜻대로 하려 하므로 내
> 심판은 의로우니라_요 5:30

이것이 주님의 입장입니다. 예수님은 우리를 대신해서 완전히 순종해야 할 위치에 서 계셨습니다. 그러므로 주님은 하나님의 뜻을 살피는 데 있어 마치 초를 읽는 듯한 정확성을 가지고 이 세상을 사셨습니다. 하나님이 하지 말라고 하시면 절대로 하지 않았고 하나님이 하라고 하시면 어떤 상황에서도 목숨을 걸고 순종하셨습니다. 왜 그렇습니까? 우리를 대신해서 순종해야 했기 때문입니다. 예수님에게는 돌을 떡으로 만들 만한 능력이 있었습니다. 그러나 그 능력을 사용하

지 않은 것은 그것이 하나님의 뜻임을 아셨기 때문입니다.

성경에 매우 대조적인 두 사건이 나옵니다. 하나는 예수님이 예루살렘성에 들어가셨을 때의 일입니다. 그때 주님은 너무 시장하셨습니다. 아마 그 전날에도 식사를 하지 못하신 것 같습니다. 당시 예수님 가까이에 있기만 해도 사회에서 주의할 인물로 주목을 받았는데, 누가 감히 예수님 곁에서 그분을 돌보며 헌신할 수 있었겠습니까? 예수님은 배가 너무 고프셔서 예루살렘성으로 들어가시다가 무화과나무를 하나 발견하시고 무엇인가 따 먹을 것이 없나 살피셨습니다(마 21:18-22 참조). 예수님이 얼마나 시장하셨는지 가히 짐작이 갑니다. 그런데 왜 예수님이 그때 자기 능력을 발휘해서 그 배고픔을 좀 면하지 않으셨습니까? 하나님이 금하시는 일이었기 때문입니다. 그래서 자신의 능력을 사용하지 않으셨습니다.

반면, 예수님이 능력을 발휘하신 예도 성경에 나옵니다. 우리는 마태복음 14장에서 예수님의 말씀을 들으려고 모인 2만여 명의 군중을 볼 수 있습니다. 남자만 5천 명, 여자와 아이까지 합해 만 5천 명에서 2만 명가량의 군중이 굶주렸습니다. 그때 주님께서 놀라운 기적을 행하셨습니다. 떡 5개와 물고기 12마리를 가지고 그 무리를 전부 배부르게 먹이고 남은 조각들을 12광주리에 거두어들였다고 했습니다(마 14:13-21 참조). 이때는 왜 예수님이 기적을 행하셨겠습니까. 하나님이 하라고 명령하셨기 때문입니다. 바로 이것이 예수님의 입장이었습니다.

따라서 마귀가 시키는 대로 주님이 돌로 떡을 만들면 그것은 하나님의 명령에 불복종하는 결과를 초래합니다. 주님이 거기에 순종할 수는 없는 것입니다. 우리도 예수님의 생활 원칙을 따라야 합니다. 아무리 절박한 상황이라 할지라도 하나님이 원하지 않으시는 일은 절대

하지 않는 것, 이것이 시험을 이기는 중요한 비결입니다. 그렇게 하려면 우리가 하나님의 뜻을 아는 영성이 밝아야 하는데 이것이 문제입니다. 기도를 많이 하십니까? 매일 성경을 읽으며 묵상하십니까? 주님을 모시고 항상 동행하십니까? 그렇다면 여러분은 분명히 주님의 뜻을 분별할 수 있을 것입니다.

좁은 길을 피하게 하다

둘째로, 마귀의 시험에 감추어진 함정은 예수님이 좁은 길을 피하게 하려는 것이었습니다.

예수님은 인간을 구원하기 위해 오셨습니다. 인간의 죄짐을 지기 위해 오셨습니다. 그렇기 때문에 인간이 자기 죄 때문에 짊어지고 있는 무서운 고통을 주님도 함께 짊어져야 했습니다. 가난과 질병과 죽음의 고통을 주님이 친히 체험하지 않으면 안 되었습니다.

> 이는 선지자 이사야를 통하여 하신 말씀에 우리의 연약한 것을 친히 담당하시고 병을 짊어지셨도다 함을 이루려 하심이더라_마 8:17

위에 기록된 말씀대로 예수님은 우리의 연약한 것을 친히 담당하신 분이요, 병을 짊어지신 분입니다. 평생 머리 둘 곳 없이 가난하게 사셨고, 평생 병자들을 곁에 두고 봉사하시면서 사셨고, 죽음을 앞에 놓고 눈물을 흘리는 자들과 함께 우시면서 생을 사셨습니다. 주님은 이 좁은 길을 피할 수 없었습니다. 만약 주님이 이 좁은 길을 피하셨다면, 그는 우리의 구원자가 될 수 없었습니다.

신앙생활을 하다가 보면 어떤 때는 좁은 길을 가야 할 때도 있습니다. 남처럼 돈을 많이 못 벌 수도 있습니다. 어떤 때는 성공의 기회를 눈앞에 두고도 포기해야 할 때가 있습니다. 예수님을 바로 믿고 하나님의 뜻대로 살려면, 무엇인가 고생을 해야 할 어떤 특별한 상황을 만날 수도 있습니다.

무릇 그리스도 예수 안에서 경건하게 살고자 하는 자는 박해를 받으리라_딤후 3:12

예수님을 믿는 사람이 좁은 길을 피하고 편하고 넓은 길만 택하려고 한다면 마귀는 틀림없이 그가 쳐 놓은 그물 속에 우리를 끌어넣고야 말 것입니다. 예수님을 잘 믿는 사람들이 어떤 직장에 들어가더라도 빛과 소금의 역할을 해야 한다는 것은 하나님의 명령입니다만, 어떨 때는 신자가 피해야 할 자리도 있습니다.

제가 알고 있는 어떤 분은 영업부에서 일하게 되었습니다. 일반적으로 영업부는 돈이 많이 들어오는 곳이라고 합니다. 그리고 여러 가지 면에서 여유로운 직장 생활을 할 수 있는 부서라고도 들었습니다. 그분이 영업부에 들어가서 생활한 지 얼마 지나지 않아 그는 예수님을 포기했습니다. 바이어들과 함께 고급 술집에 드나들어야 했고, 주말이면 골프장에 가야 했으며, 어떤 때는 양심에 어긋나는 소리도 해야 했으니 하나님을 믿는 것이 겁이 난 것입니다. 그러다가 그는 신앙생활을 그만두고 몇십 년 동안 방탕한 생활을 했는데, 나중에 주님 앞에 돌아왔을 때는 폐인이나 다름없었습니다.

우리는 예수님처럼 살아야 합니다. 주님을 위해서는 아무리 좁은 길이라도 꼭 가야 할 길이라면 손해를 보고서라도 따라가야 합니다.

셋째로, 마귀의 시험에 감추어진 함정은 하나님을 불신하게 하려는 것입니다. 마귀는 예수님이 하나님을 의심하게 만들려는 음흉한 계획을 하고 있었습니다.

> 그런즉 너희는 먼저 그의 나라와 그의 의를 구하라 그리하면 이 모
> 든 것을 너희에게 더하시리라 그러므로 내일 일을 위하여 염려하지
> 말라 내일 일은 내일이 염려할 것이요 한 날의 괴로움은 그날로 족
> 하니라_마 6:33-34

이것은 주님이 우리의 모든 것을 다 책임져 주시겠다는 교훈의 말씀입니다. 예수님 자신도 세상에서 살 때 그렇게 살아야 할 상황에 놓여 있었습니다. 그래서 40일 동안 굶주려서 당장 먹을 것이 절실하게 필요해도 '하나님이 준비하시리라'라는 믿음을 가지고 하나님께 모든 것을 맡겨야 했습니다. 오로지 하나님이 주실 때만 받겠다고 하는, 전적으로 신뢰하는 위치에서 기다려야 했습니다. 그래서 마귀가 '뭘 그렇게 기다리냐. 굶고서 무슨 일을 하니. 먼저 먹고 볼 일이지'라고 계속 유혹했지만, 주님은 그 유혹에 빠지지 않으셨습니다. 우리에게도 하나님을 의심하게 하는 시험들이 얼마나 많습니까! 이겨야 합니다. 마귀는 하나님을 잘 믿도록 하는 체하면서 우리를 하나님으로부터 끌어내려고 합니다.

떡으로만 살 것이 아니요

그런데 또 한 가지 알아야 할 것은 마귀의 말속에는 무서운 거짓 진리가 담겨 있다는 것입니다. 마귀의 말이 듣기에는 현실적입니다. 배가 고프니 먹으라는 것이 잘못된 말은 아닙니다. 그러나 주님은 그 말속

에 무서운 거짓이 담겨 있다는 것을 아셨습니다. 그 거짓 진리는 바로 이 세상에서 가장 중요한 것이 '떡'이라고 하는 사상입니다. 달리 말해서, 배가 부를 때 하나님도 있고 신앙도 있다는 주장입니다. 요즘 이야기로 '금전 제일주의'라는 것입니다.

이것은 무서운 사상입니다. 무서운 악입니다. 물질문명을 자랑하고 있는 현대사회에서 사람들은 이 무서운 마귀의 사상에 깊이 물들어 있습니다. 그래서 현대인을 일컬어 '경제동물'이라고 합니다. 현대인들은 돈에 가장 민감하고, 돈에 가장 큰 가치를 두고 살기 때문입니다. 교회 일각에서는 이러한 주장을 하는 선교사들도 있습니다. "오늘날 제3세계 사람들이 요구하는 것은 복음이 아니라 빵이다. 빵이 먼저 필요하다"라고 그들은 외칩니다. 현실적으로는 옳은 말이지만 단단히 마귀의 술책에 빠진 것입니다. 오늘날 기독교 급진주의자들은, 교회가 할 수 있는 일이 가난한 사람들을 위한 구제 사업밖에 없다고 말합니다. 옳은 말 같고 당연히 그래야 할 것 같지만, 그 위장된 말속에 무서운 거짓 진리가 들어 있습니다. 남미나 아프리카의 신학자들은, 무신론이 바탕이 된 공산주의일지라도 그것이 가난을 해결해 줄 수만 있다면 교회는 받아들여야 한다는 '사회 개혁론'을 부르짖고 있습니다. 이것이야말로 급할 때는 돌로 떡을 만드는 일이 하나님을 섬기는 일보다 중요하다고 주장하는 것이나 다름없습니까.

오늘날 교회 안에도 돈을 하나님보다 앞자리에 두고 사는 사람들이 많습니다. '사람은 빵이 있어야 해. 빵이 우선이야'라는 사고방식에 젖어 교회에 다니는 사람들이 있습니다. 그런 사람이 아주 위급한 상황을 만났을 때 하나님께 순종해야 한다고 생각하겠습니까? 이것이 옳은가 그른가를 따지기나 하겠습니까? 자기 능력껏, 자기 수단껏 마음대로 해버립니다. 돌을 떡으로 만들어 먹어 버리는 것입니다. 그러고

나서 나중에 하나님 앞에 갖가지 변명을 늘어놓습니다. 사고방식이 오염되어 있는 것입니다.

우리는 예수님의 대답을 다시 한번 마음속에 깊이 묵상해 보아야 하겠습니다. 사람은 떡으로 살지 못합니다. 사람은 하나님의 말씀으로만 살 수 있습니다. 여기에서 주의해야 할 말이 있습니다. "사람이 떡으로만 살 것이 아니요"에서 '만'이라는 글자에 주목하십시오. 'mono'라는 뜻을 가진 '만'은 예수님이 경제문제를 완전히 무시하지 않았다는 것을 말하고 있습니다. 기독교는 경제문제를 도외시하는 종교가 아닙니다. 성경 말씀은 인간의 경제문제에 대해 명확한 답변을 하고 있습니다. 그래서 예수님을 잘 믿는 사람이 많은 나라마다 부유해집니다. 성경이 가르쳐 주는 원리대로 생활하기 때문입니다. 일용할 양식을 준비해 주신다고 약속하신 하나님께서 우리가 굶주릴 때 먹고 싶어 한다는 사실에 고개를 돌리실 리가 없습니다. 성경에 비추어 보면 정당한 부(富)는 하나님이 주신 복 중의 하나입니다. 문명의 발달은 하나님이 주신 인간의 잠재력을 개발하는 하나의 과정으로 볼 수 있습니다. 그러므로 그것은 악이 아닙니다.

믿음이 좋은 사람일수록 더욱 부지런히 일해야 한다고 성경이 가르칩니다. 게으른 사람은 개미에게 가서 배우라고 성경은 충고합니다. 위대한 전도자 웨슬리(John Wesley, 1073-1791)는 "예수님을 믿는 사람은 할 수 있을 만큼 벌고, 할 수 있을 만큼 쓰고, 할 수 있을 만큼 저축해야 한다"라고 말했습니다. 이것은 예수님이 우리에게 주신 생활 원칙과 같습니다. 할 수 있을 만큼 벌고, 번 돈을 유용한 곳에 아낌없이 쓰고, 또 능력껏 저축해야 합니다. 하나님이 이런 것까지 무시하시는 것이 아닙니다. 따라서 사람이 떡으로만 사는 것이 아니라고 하는 말은 떡으로 살아야 한다는 것을 일단 전제하는 것입니다.

○ ○ ○ ○ ○ ○ ○ ○ ○
치명적인 두 가지 거짓말

그러나 이와 달리 마귀의 말에는 두 가지의 거짓 진리가 들어 있었습니다. 첫째는, 떡만 있으면 된다는 획일적인 사상입니다. 둘째는, 떡이 하나님보다 앞선다는 사상입니다. 이것은 치명적인 독침과 같은 거짓 진리입니다. 하나님의 말씀으로 산다는 말과 하나님으로 산다는 말은 같습니다. 그렇다면 '사람이 떡으로만 살 것이 아니요, 하나님으로 사느니라'라고 하면 오히려 더 받아들이기 쉬울 것을, 왜 하나님의 입에서 나오는 말씀으로 살아야 한다고 했습니까? 우리는 성경 말씀을 제쳐놓고는 하나님의 실체를 이해할 수 없습니다. 성경 말씀을 떠나서는 하나님을 알 수도 없고 만날 수도 없고 대화할 수도 없고 그의 뜻을 분별할 수도 없습니다. 성경 말씀은 곧 하나님 자신입니다. 이런 의미에서 '하나님으로 사느니라'와 '하나님의 말씀으로 사느니라'라는 같다고 볼 수 있습니다.

그렇다면 우리는 왜 하나님과 그분의 말씀 없이는 살지 못합니까? 모든 것이 하나님의 손에서 나오기 때문입니다. 만물이 주에게서 나오고 모든 것이 하나님의 손에서 옵니다.

> 그가 가축을 위한 풀과 사람을 위한 채소를 자라게 하시며 땅에서
> 먹을 것이 나게 하셔서 사람의 마음을 기쁘게 하는 포도주와 사람의
> 얼굴을 윤택하게 하는 기름과 사람의 마음을 힘있게 하는 양식을 주
> 셨도다_시 104:14-15

이러한 하나님 없이 인간이 어떻게 살 수 있겠습니까? 최근 세계 곳곳에서 여러 가지 재난이 많이 일어나고 있는데, 주님의 재림이 가

까워지면 이와 같은 현상이 속속 일어난다고 했습니다. 만약 미국이나 오스트레일리아나, 심지어 우리나라에 하나님이 3년만 비를 주시지 않는다면 만들어 놓은 댐이 무슨 소용이 있으며, 통장에 쌓아 둔 것이 무슨 소용이 있겠습니까? 사람이 돈만 있으면 살 수 있습니까? 세상에 바보 같은 소리! 하나님이 계시지 않으면 살 수 없습니다.

날씨가 추워지면 밤늦게 꼭 들리는 소리가 있습니다. 잠을 청하려고 조용히 누워 있는데 "찹쌀~떡!" 하고 외치는 음성이 바로 그것입니다. 그래서 가끔 나가서 사기도 하는데, 한번은 "하루에 얼마나 버니?" 하고 물어보았습니다. "예, 그대로 다 팔리면 5천 원 벌어요."

그 추운 밤에 다른 사람들은 난방이 잘 되는 방에서 두 다리 쭉 뻗고 자는데…. 그런데 만약 그 아이들에게 "사람에겐 돈이 최고야!"라고 가르친다면 이들이 얼마나 비참한 존재가 되겠습니까! 제가 담임하고 있는 교회 교인 중에는 구두닦이를 하시는 분도 계십니다. 자동차 세차업으로 생계를 유지하는 분도 계십니다. 그런 사람들에게 "돈이 있어야 해. 돈이 최고야"라고 말한다면, 어느 누가 성실하게 일하며 살고 싶겠습니까? 마귀의 소리가 얼마나 악한 사상을 담고 있는지 우리는 알아야 합니다. 인간이 돈으로만 살 수 없는 이유를 또 하나 들어봅시다.

하나님의 말씀이 없는 사회

> 주 여호와의 말씀이니라 보라 날이 이를지라 내가 기근을 땅에 보내리니 양식이 없어 주림이 아니며 물이 없어 갈함이 아니요 여호와의 말씀을 듣지 못한 기갈이라_암 8:11

이스라엘이 돈이 없어서 망하는 것이 아니라 하나님의 말씀이 없어서 망하고 있다는 말입니다. 아모스 시대의 이스라엘은 경제적으로 굉장히 부유했습니다. 군사적으로도 안정되어 있었습니다. 요즘으로 말하자면 흑자 시대를 사는 사람들이었습니다. 그러나 물질 만능주의가 팽배해 지도자로부터 백성에 이르기까지 온통 돈으로 일괄하는 삶을 살았습니다. 사람들이 점차 하나님의 말씀을 등한시하게 되었습니다. 말씀을 가르칠 선지자도 필요 없게 되었고 자연히 하나님의 말씀이 들리지 않는 암흑시대가 되었습니다. 그때부터 돈이 하나님이 된 것입니다. 돈! 돈! 돈! 그 결과 이스라엘이 무서운 사회로 전락해 버렸습니다. 권력이 없는 자들은 비참하게 착취를 당했고, 곳곳에서 부정부패가 속출하고, 종교 생활은 위선으로 바뀌고, 돈을 얼마나 가졌느냐로 사람을 평가하는 사회가 되었던 것입니다. 그 후 이스라엘은 30년도 못 가서 완전히 망했습니다.

얼마 전 모 신문사에서 한 여론조사 결과를 보았습니다. 이 세상에서 제일 귀한 것이 무엇이냐는 질문에 청소년들의 80%가 '돈'이라고 대답했습니다. 우리가 자식을 키울 때, "세상을 살려면 돈을 벌어야 해. 그렇게 하기 위해서는 일류 대학에 들어가야 해"라고 가르친다면 이 아이들이 커서 무엇이 되겠습니까? 돈이 전부가 아닙니다. 하나님이 있어야 합니다. 하나님의 말씀으로 인생을 살아야 합니다. 어릴 적부터 아이의 마음속에 하나님이 인생의 전부라는 것을 가르쳐 준다면 그 아이의 장래는 걱정하지 않아도 될 것입니다.

아모스 시대의 이스라엘처럼 돈만 아는 지도자가 다스리는 나라는 비참하게 됩니다. 돈이 없는 사람은 짓밟히고, 살 가치조차 없을 것입니다. 하나님의 말씀이 살아 움직이는 나라, 그 나라에 희망이 있습니다. 하나님의 말씀은 돈이 없는 사람일지라도 사람대우를 받게 하시고, 말씀으로 인하여 더 높고 고상한 목적을 두고 절제하게 하시며, 사람이 사람답게 살 수 있는 터전을 만들어 주십니다.

오늘날 대한민국을 구제하고 치료할 수 있는 길은 하나님의 말씀을 아는 그리스도인들에게 달려 있습니다. 답답하게도, 신자들까지 이 마귀의 사상에 물들어 가고 있는 것 같습니다. 마귀는 "사람은 떡만 있으면 된다. 경제가 제일이야. 돈이 있어야 사람 구실을 할 수 있어. 그다음이 신앙이야"라고 말합니다. 하지만 예수님은 이렇게 말씀하십니다. "사람이 떡으로도 살 수 있지만, 하나님의 말씀으로 살게 된다. 하나님의 말씀이 없으면 인간은 인간답게 살 수가 없어"라고 말씀하십니다. 여러분은 어느 쪽을 택하시겠습니까?

이 글을 읽고 여러분의 마음속에 찔리는 것이 있다면 성령께서 깨우쳐 주시는 것인 줄 알고 겸손히 받아들여야 합니다. 자신도 모르게 마귀의 사상에 오염되어 있었다면, 이 시간 입을 열고 회개하십시오. 주님 앞에서 새 마음을 얻으십시오. "그렇습니다. 주님! 빵이 전부가 아닙니다"라고 고백해야 합니다. 40일 동안 굶주려도 우리는 끝까지 그렇게 말할 수 있는 사람이 되어야 합니다.

예수님의 말씀을 우리 생활신조로 삼읍시다. 그렇게 해야만 이 나라 이 민족이 살 수 있습니다. 물질주의에 오염되어 있는 이 사회를 구제할 수 있는 것은 이 길밖에 없습니다. "사람이 떡으로만 사는 것이 아니요, 하나님의 말씀으로 사는 것이다." 우리 모두 이 말씀을 깊이 명심합시다. 마귀의 유혹이 강하면 강할수록 이 말씀은 우리에게 더 큰 힘이 될 것입니다.

3

예수님이 이긴 시험 II

하나님을
시험하라

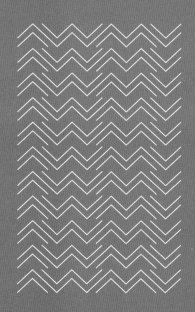

하나님의 말씀을 고의로 시험하는 것은 바로 하나님 자신을 불신하는 악입니다.
마귀는 항상 하나님의 말씀을 시험하라고 합니다.
그러나 성령은 항상 '네 신앙을 점검해 보라'라고 합니다.

마태복음 4:5-7

5 이에 마귀가 예수를 거룩한 성으로 데려다가 성전 꼭대기에 세우고 6 이르되 네가 만일 하나님의 아들이어든 뛰어내리라 기록되었으되 그가 너를 위하여 그의 사자들을 명하시리니 그들이 손으로 너를 받들어 발이 돌에 부딪치지 않게 하리로다 하였느니라 7 예수께서 이르시되 또 기록되었으되 주 너의 하나님을 시험하지 말라 하였느니라 하시니

하나님을
시험하라

　　　　　　　　　　　　　　　　북한에서 탈출한 김만철(金萬鐵) 씨
일가족의 이야기가 매스컴을 통해 많은 사람의 관심을 끌었던 적이
있습니다. 그들이 천신만고 끝에 일본에 닿기는 했지만, 조총련(재일본
조선인총연합회)의 간부들은 김 씨 가족을 다시 북한으로 돌려보내려고
갖은 회유를 다 했습니다. 그 당시 북한에서 김 씨 가족을 다시 끌고
가려고 공해 선상에 그들의 경비정을 대기시켜 놓았다는 보도를 접하
면서 우리는 얼마나 가슴을 졸였는지 모릅니다.

　저는 이 사건을 돌이켜 보면서 신앙생활을 하는 우리들의 입장과
비슷하다는 생각이 들었습니다. 북한 공산주의자들이 왜 그처럼 수단
방법을 가리지 않고 김 씨 가족을 끌어가려고 했겠습니까? 그들이 공
산 집단으로부터 탈출했기 때문이었습니다. 오늘날 예수님을 믿는 하
나님의 자녀가 왜 시험을 받습니까? 그 까닭은 마귀의 지배 아래서 벗
어났기 때문입니다. 마귀의 시험을 받는다는 것은 하나님의 자녀라는
것을 증명해 주는 좋은 증거가 됩니다.

　한나 스미스(Hannah Tatum Whitall Smith, 1832-1911)는 그의 저서에서

이런 이야기를 했습니다. "원래 예수님을 믿기 전에는 시험이 없다. 그리고 예수님을 믿어도 초기에는 시험이 적을 수 있다. 오히려 우리가 하나님의 자녀로서 확신을 갖고 믿음을 굳게 가지고 올바른 경건 생활을 하려고 할 때 시험이 배나 많아진다." 또한 그는 "이스라엘 백성이 출애굽을 한 지 얼마 되지 않았을 때는 싸울 대상도 얼마 되지 않았고 치열한 전투를 벌인 적도 없었는데, 정작 가나안에 들어오고 나서는 7부족과 밤낮없이 전투를 해야 했고, 31명의 왕과 끊임없는 대결을 벌여야 했다"라고 지적했습니다. 그것은 곧 그들이 하나님의 백성이라는 것을 증명해 주는 근거가 되었던 것입니다.

이와 마찬가지로 우리도 높은 믿음의 단계에 이르기까지 성장하면 과거 초신자였을 때 경험하지 못했던 마귀의 시험을 강하게 받을 수 있습니다. 따라서 우리는 시험을 긍정적으로 살펴야 합니다. 시험 그 자체는 죄가 아니라는 말이 있습니다. 옳은 말입니다. 우리가 그 시험에 걸려 넘어지지 않는 한, 시험 자체가 죄가 될 수는 없습니다.

시장 바닥을 지나가는데, 어떤 못된 사람으로부터 험하게 퍼부어 대는 욕설을 들었다고 합시다. 그 소리를 듣는 것이 죄가 되는 것은 아닙니다. 이와 같이 시험을 당하는 것 자체는 시장 바닥에서 욕지거리하는 사람의 말을 듣는 것이나 다름없습니다. 그 자체가 악한 것이 아니라 그 시험에 걸려 넘어가서 마귀와 결탁할 때 죄가 되는 것입니다.

○ ○ ○ ○ ○ ○ ○ ○ ○
뛰어내리기만 하면

떡으로 예수님을 시험하려다가 실패한 마귀가 이번에는 예수님을 거룩한 성전 꼭대기에 세우는 장면이 마태복음 4장 5절에 나옵니다. 거룩한 성전 꼭대기가 어디를 가리키는지 자세하게 나와 있지는 않지만, 학자들은 일반적으로 이 지점을 성전 동쪽에 있는 성곽 날개 끝으로 추정하고 있습니다. 그 동쪽 성곽 날개 아래로는 기드론 골짜기가 있어서 450피트 즉 100m 이상 되는 높은 절벽을 이루고 있습니다. 이곳은 예수님의 동생 야고보가 순교한 장소이기도 합니다. 야고보는 기도하는 모습으로 절벽 꼭대기에서 낭떠러지 아래로 떨어져 순교했다는 말이 전해지고 있습니다.

마귀는 여기에서 이런 말로 예수님을 유혹했습니다. "하나님이 말씀하시길, 네가 뛰어내리기만 하면 너를 위해 천사들을 명하여 너의 발이 돌에 부딪히지 않도록 해 주시겠다고 시편에 나와 있잖니. 한번 뛰어내려 봐. 그래서 천사들의 옹위를 받아서 조금도 해를 받지 않고 땅 위에 선다면 그때야말로 세상이 너를 메시아라고 인정해 줄 것이요, 모든 사람이 너를 따라올 것이다. 그러니 한번 뛰어내려 보라!" 만약 예수님이 이 유혹에 넘어가셨다면 어떻게 되었겠습니까? 그는 하나님의 말씀을 고의로 시험하는 죄를 범하게 되어 분명히 하나님께 영광을 돌리지 못하고 말았을 것입니다.

○ ○ ○ ○ ○ ○ ○ ○ ○ ○ ○ ○ ○
말씀을 저울 위에 올려놓지 말라!

여기에서 우리가 반드시 확인해야 할 것이 있습니다. 하나님을 시험하는 것이 무엇인가 하는 것입니다. 간단하게 두 가지로 나누어 볼 수 있습니다.

첫째로, 하나님의 말씀을 고의로 떠보는 것이 하나님을 시험하는 것입니다. 예수님이 성전 꼭대기에서 뛰어내려야 할 이유가 있었습니까? 아무런 명분이나 이유가 없음에도 불구하고 마귀는 뛰어내리라고 합니다. 정말 천사가 와서 예수님의 발을 받들어 죽지 않고 사는지 한번 시험해 보자는 것입니다. 얼마나 무서운 시험입니까! 예수님이 왜 뛰어내리지 않으셨습니까? 마귀가 인용했던 시편 91편의 말씀은 성전 꼭대기에서 하나님을 시험하기 위해 뛰어내리는 사람에게 주신 말씀이 아니기 때문입니다.

그런데 전설에 의하면 수년 후에 마술사 시몬이 자기의 추종자들을 데리고 예루살렘 성전에 와서 바로 예수님이 섰던 성곽 날개 위에 섰다고 합니다. 그리고 그는 "예수님은 여기서 뛰어내리지 못했지만, 나는 뛰어내린다. 뛰어내리면 하나님이 분명히 천사들을 보내어 나를 받아 줄 것이다"라고 말하고는 뛰어내렸다고 합니다. 그가 어떻게 되었겠습니까? 물론 죽었습니다. 시몬만 죽은 것이 아니었습니다. 그를 따라서 뛰어내린 사람들은 모두 죽었습니다.

하나님의 말씀을 고의로 시험하는 것은 바로 하나님 자신을 불신하는 악입니다. 하나님이 자기를 테스트하는 것을 얼마나 싫어하시는지, 어떤 명분으로라도 용납하지 않으십니다. 인간이 약해서 자기도 모르게 무의식적으로 하나님을 시험하는 것까지도 하나님은 싫어하시며, 심지어는 벌하시는 것을 우리는 봅니다.

이스라엘 백성이 애굽에서 나왔을 때의 일입니다. 물이 없어서 몹시 고통을 당할 때 이스라엘 백성들은 견디다 못해 하나님을 원망하기 시작했습니다. 애굽에서 살다가 죽도록 내버려 두지 않고 왜 끌고 나왔냐고 모세를 원망하기 시작했습니다. 말씀으로 보아서는 겉으로 원망만 한 것 같은데, 하나님께서는 그들의 마음속 밑바닥에 하나님을 시험하는 마음이 깔려 있다는 것을 지적하셨습니다.

그가 그곳 이름을 맛사 또는 므리바라 불렀으니 이는 이스라엘 자손
이 다투었음이요 또는 그들이 여호와를 시험하여 이르기를 여호와

그들이 여호와를 마음에서부터 시험했다는 말입니다. '어디 보자, 하나님이 우리를 젖과 꿀이 흐르는 가나안으로 인도한다고 했는데, 과연 우리를 죽지 않게 하고 가나안으로 인도하나 안 하나 한번 보자' 라고 시험하는 마음이 이스라엘 백성들의 마음 밑바닥에 깔려 있었다는 말입니다. 그 결과 하나님이 그들에게 무섭게 진노하셨습니다. 그 후 또 그런 일이 생기자 하나님은 불뱀을 보내어 이스라엘 백성을 물어 죽이도록 하셨습니다(민 21:4-9 참조). 하나님은 자신을 시험하는 사람들을 얼마나 싫어하시는지 모릅니다. 하나님을 못 믿어서 하나님의 말씀을 저울에 얹어 놓고, 이렇게 달아보고 저렇게 달아보는 사람들을 얼마나 싫어하시는지 모릅니다. 마귀가 그것을 알기 때문에 하나님의 자녀에게 하나님을 시험하라고 계속 충동질하는 것입니다.

마귀의 시험에 자주 넘어지는 사람은 믿음이 약한 사람들입니다. 믿음이 약하면 마귀의 시험에 빠지기 쉽습니다. 교회에 다녀도 무엇인가 잘 풀리지 않으면, "성경 말씀대로 해보아도 별수가 없더라"라고 말하는 어린 신자들이 있습니다. 그 사람의 마음 밑바닥에는 하나님을 시험하는 마음이 담겨 있는 것입니다. 또 어떤 사람은 형편이 몹시 궁해지자, '하나님께서 이렇게 하면 복 주신다고 했지. 하나님께서 그대로 해 주시나 안 해 주시나 한번 해보자' 하는 은근한 마음을 갖고 행동하기도 하는데, 이러한 것도 역시 하나님을 시험하는 것입니다. '아파트를 당첨시켜 주면 이러이러한 것을 하겠다'라는 식으로 자기 나름대로 조건을 걸고 하나님과 씨름하는 사람도 있습니다. 이것도 하나님을 시험하는 것입니다.

흔히들 십일조를 가지고 시험을 많이 합니다. 말라기에 보면 십일조를 가지고 하나님을 시험해 보라는 말이 있습니다(말 3:7-12 참조) '너희들이 십일조를 해보라. 그래서 하나님이 너희 곳간을 가득히 채워 주시나 안 채워 주시나 한번 테스트해 보라'라는 말씀이 있습니다. 많은 사람이 그 말씀을 인용하여 십일조를 가지고 하나님을 테스트하는 예를 자주 봅니다.

초신자인 어느 택시 기사의 이야기입니다. 그는 십일조만 하면 하나님이 곳간을 채워 주신다고 했으니 수입의 1/10은 꼭 하나님께 드려 보자고 열심히 십일조를 했다고 합니다. 그랬더니 과연 몇 달 만에 하나님께서 크게 복을 주셨다고 간증한 글을 본 적이 있습니다. 신앙이 어린 만큼 하나님께서 그의 믿음대로 갚아 주셨다고 봅니다.

그러나 그 택시 기사의 태도가 썩 좋다고 말할 수는 없습니다. 그러면 왜 하나님은 십일조를 가지고 시험해 보라고 하셨겠습니까! 말라기 선지자 당시의 이스라엘 사람들은 너무나 인색했습니다. 하나님의 것을 예사로 도적질하는 타락한 인간들이었습니다. 그렇기 때문에 하나님께서는 말라기 선지자를 통해서 그들을 깨우쳐 주기 위하여 "너희는 하나님의 것을 도적질하지 말고 십일조를 하라. 내가 너희 곳간을 채워 주지 않나 시험해보라"라고 말씀하신 것입니다. 사람들의 마음이 너무 악해 조금이나마 돌려 보시려는 안타까운 마음에서 그 말씀을 하신 것이지, 자기를 항상 시험해도 좋다는 구실을 주려고 하신 말씀이 아닙니다.

이것과 비슷한 예를 율법에서 찾아볼 수 있습니다. 모세는 백성들에게 이혼을 하려면 반드시 이혼 증서를 쓰고 이혼을 하라고 했습니다. 그러자 바리새인들이 예수님을 찾아가서 "주여, 모세는 이혼을 하라고 가르쳤습니다. 당신은 어떻게 생각합니까?" 하고 다그쳤습니다. 그랬더니 예수님은 "모세가 너희에게 이혼을 해도 된다고 한 것은 너희들의 본성이 너무 악하기 때문이지, 본래는 하나님이 짝지어 준 것을 사람이 나누지 못하는 것이다"라고 주님의 원칙을 가르쳐 주셨습니다(마 19:3-12 참조). 말라기에서 하나님을 시험해 보라고 한 것도 이러한 맥락에서 이해해야 합니다. 그러므로 어떤 형태든지 하나님의 말씀을 가지고 하나님을 시험할 수는 없습니다. 하나님은 스스로 신실하신 분입니다.

> 내 입에서 나가는 말도 이와 같이 헛되이 내게로 되돌아오지 아니하
> 고 나의 기뻐하는 뜻을 이루며 내가 보낸 일에 형통함이니라
> _사 55:11

하나님은 한 마디라도 헛된 말씀을 우리에게 주신 일이 없습니다. 한 말씀도 땅에 떨어지는 일이 없습니다. 하나님은 자기 이름을 가지고 하신 말씀에는 끝까지 책임을 지십니다. 시험할 필요가 없습니다. 그대로 믿기만 하면 됩니다. 그대로 믿고 순종하는 자에게 하나님은 약속하신 말씀을 실천해 주십니다.

말씀을 가볍게 보지 말라

둘째로, 하나님을 시험한다는 것은 하나님의 말씀을 오용하거나 가감하는 것을 말합니다. 마귀가 시편 91편을 인용하여 예수님을 시험했습니다. 마귀는 하나님의 말씀을 잘 알고 있습니다. 그래서 시편 91편의 말씀을 그럴듯하게 인용했지만, 이 말씀은 성전 꼭대기에 서서 뛰어내릴 준비를 하고 있는 사람에게 하신 말씀이 아닙니다. 근본적으로 말씀을 오용한 것입니다. 그렇다면 시편 91편의 말씀은 누구에게

약속하신 말씀입니까?

> 지존자의 은밀한 곳에 거주하며 전능자의 그늘 아래에 사는 자여
> _시 91:1

믿음으로 하나님을 의지하고 하나님의 보호 아래 거하기를 원하는 자에게 약속하신 말씀입니다. 하나님의 말씀을 시험하려고 벼랑 위에 서서 뛰어내릴 준비를 하고 있는 사람에게 적용되는 말씀이 아닙니다.

> 하나님이 이르시되 그가 나를 사랑한즉 내가 그를 건지리라 그가 내
> 이름을 안즉 내가 그를 높이리라 그가 내게 간구하리니 내가 그에게
> 응답하리라 그들이 환난 당할 때에 내가 그와 함께하여 그를 건지고
> 영화롭게 하리라_시 91:14-15

이 말씀은 누구에게 약속하신 말씀입니까? 하나님이 사랑하는 자에게, 하나님을 알고 이름을 높이는 자에게, 하나님께 진실로 기도하는 자에게 약속하신 말씀입니다. 아무 때나 이 말씀을 인용한다고 해서 천사가 와서 우리의 발을 받들어 준다는 그런 말이 아닙니다. 마귀는 말씀을 크게 오용하고 있습니다. 또 마귀는 말씀을 가감합니다. 다시 말하면, 적당하게 말씀을 빼서 인용한다는 것입니다.

> 그가 너를 위하여 그의 천사들을 명령하사 네 모든 길에서 너를 지
> 키게 하심이라 그들이 그들의 손으로 너를 붙들어 발이 돌에 부딪히
> 지 아니하게 하리로다_시 91:11-12

마귀는 이 말씀 가운데서 "네 모든 길에서 너를 지키게 하심이라"를 빼버렸습니다. 그리고는 "그가 너를 위하여 그 사자들을 명하시리니 그들이 손으로 너를 받들어 발이 돌에 부딪치지 않게 하리로다"라고 묘하게 갖다 붙이고는 중간 부분을 쏙 빼버린 것입니다. 하나님께서는 우리 인생의 모든 여정을 지켜 주신다고 말씀하셨습니다. 벼랑 꼭대기에서 지켜 주시겠다고 말씀하지 않으셨습니다. 그런데 마귀가 이 말씀을 묘하게 빼 버린 것입니다. 이처럼 하나님의 말씀을 자기 멋대로 적당히 빼 버리기도 하고 붙이기도 하는 것이 곧 하나님을 시험하는 것입니다.

오늘날 많은 사람이 하나님의 말씀을 자기주장대로 적당히 빼기도 하고 붙이기도 합니다. 자기 비위에 맞는 말은 받아들이고, 맞지 않는 말은 거부하려고 합니다. 이것은 하나님의 말씀을 신실하게 믿지 않는다는 증거입니다. 그 사람의 마음 밑바닥에 하나님을 시험하는 마음이 숨어 있는 것입니다. 아침에 일어나 성경을 적당히 펴서 손가락 끝이 닿는 절을 딱 떼서 한 절 읽어보고, "오늘 하나님이 이 말씀을 나에게 주셨구나. 아멘"이라고 말하고 행동하는 사람은 성경을 점치는 책으로 만드는 것입니다.

어떤 믿음 약한 선교사의 이야기입니다. 선교사라고 다 믿음이 좋은 것은 아닙니다. 믿음이 약한 선교사가 무더운 아프리카에서 선교 사업을 하자니 여간 힘들지 않았을 것입니다. 성경을 평소에 열심히 읽지 않는 그는 아침에 일어나면 성경을 탁 펴서 손가락 끝이 가는 곳을 보는 습관이 있었습니다. 그 구절만 읽어보고, "아, 이것이 오늘 하나님께서 내게 주시는 말씀이구나" 하고 지나가는 것이었습니다. 그런데 어느 날 이사야 14장 9절이 손가락 끝에 걸렸습니다. "아래의 스올이 너로 말미암아 소동하여 네가 오는 것을 영접하되." 즉, 지옥에

거하는 자들이 너를 맞을 준비를 하고 있다는 이야기입니다. 그 선교
사가 얼마나 기절초풍을 했겠습니까! 정말 한심한 일입니다.

우리는 하나님의 말씀을 진지하게 받아야 합니다. 현대 교회의 문
제 중 하나가 강단에서 하나님의 말씀을 진지하게 검토하고 연구해
서 가르치지 않고, 적당하게 목사의 생각에 맞는 말씀만 뽑아내어 가
르치는 것입니다. 성경을 잘 모르는 평신도들은 단순하니까 아멘, 아
멘 하는데, 성경을 보는 눈이 열리고 말씀을 구체적으로 배운 사람은
점차 회의에 빠지는 경우가 적지 않습니다. 하나님의 말씀을 진지하
게 공부해야 합니다. 우리가 이해하지 못한다고 해서 하나님의 말씀
이 잘못된 것이 아니요, 우리의 눈에 모순처럼 보인다고 해서 하나님
의 말씀이 거짓된 것이 아닙니다. 우리가 어려움을 당할 때 천사가 와
서 우리의 발을 붙들어 주지 않는다고 해서 하나님이 거짓말한 것이
아닙니다. 천사가 꼭 도와주어야 할 때는 하나님께서 꼭 돕게 만드십
니다. 독을 마셔도 죽지 않아야 할 때는 죽지 않게 하신다는 것을 우리
는 많은 선교사를 통해 들었습니다. 그러나 '독을 마셔도 하나님이 살
게 하는지 어디 한번 보자' 하는 사람은 열이면 열, 백이면 백 다 죽었
습니다. 하나님의 말씀을 가볍게 보아서는 안 됩니다. 시험해서는 더
더욱 안 됩니다.

너, 자신을 시험하라

마귀는 항상 우리에게 하나님을 시험하라고 충동질합니다. 그러나 성
령은 우리에게 '너 자신을 시험해 보라'라고 충고합니다(고후 13:5 참조).
또 마귀는 항상 하나님의 말씀을 시험하라고 합니다. 그러나 성령은
항상 '네 신앙을 점검해 보라'라고 합니다(갈 6:1 참조). 하나님의 말씀이

의심스러운 이유가 믿음 약한 신자에게 있는 것이지 하나님의 말씀 그 자체에 있는 것이 아니라는 사실을 성령께서 가르쳐 주십니다. 당신은 어느 편에 서 있습니까?

예수님이 당한 시험을 통해 매우 중요한 사실을 하나 발견할 수 있습니다. 마귀는 예수님을 성전 꼭대기에 세워서 뛰어내리라고 유혹은 했지만, 뒤에서 예수님을 밀어내지는 못했다는 것입니다. 마귀는 절대 그렇게 하지 못합니다. 그럴 능력이 없습니다. 마찬가지로, 오늘날 마귀는 우리에게 하나님을 시험하라고 유혹할 수는 있어도, 우리가 하나님을 시험하도록 떨어뜨리지는 못합니다.

우리는 하나님의 자녀입니다. 악한 자가 와서 만지지도 못하게 하나님이 우리를 지켜 주십니다. 아무리 마귀가 우리를 유혹한다고 할지라도 마귀와 결탁하지 않는 한, 우리는 안전합니다. 그러므로 하나님의 말씀을 열심히 배우십시오. 하나님의 말씀에 붙들리면 마귀의 시험에 농락당하지 않습니다. 믿음을 키우십시오. 그러면 하나님의 말씀의 검을 들고 이 세상을 힘 있게 살아갈 수 있습니다.

4

예수님이 이긴 시험 III

하나님을
배신하라

사람에게 있어서 가장 중요한 것은 하나님을 경배하고
하나님만 섬기는 것이라고 했습니다. 이것이 인간의 최대 목표입니다.

마태복음 4:8-11

8 마귀가 또 그를 데리고 지극히 높은 산으로 가서 천하만국과 그 영광을 보여 9 이르되 만일 내게 엎드려 경배하면 이 모든 것을 네게 주리라 10 이에 예수께서 말씀하시되 사탄아 물러가라 기록되었으되 주 너의 하나님께 경배하고 다만 그를 섬기라 하였느니라 11 이에 마귀는 예수를 떠나고 천사들이 나아와서 수종드니라

하나님을
배신하라

지금까지 우리는 예수님을 유혹했던 마귀의 두 가지 시험을 살펴보았습니다. 그러나 세 번째 시험은 마귀가 제일 끝에 내놓은 비장의 카드인 만큼 앞에서 행한 첫 번째, 두 번째 시험과는 그 성격이 다르다고 할 수 있습니다.

먼저 배경을 살펴봅시다. 마귀는 예수님을 모시고 높은 산꼭대기로 올라갔습니다. 그리고는 천하만국과 그 영광을 보여 주었습니다. 예수님이 실제로 높은 산꼭대기로 올라갔는지, 아니면 환상 가운데서 그와 같은 상황에 놓여 있었는지 우리는 정확하게 알 수 없습니다. 그러나 어떤 방법에 의해서인지 모르지만, 예수님이 온 천하와 그 영광을 볼 수 있는 자리에 서셨는데 그때 마귀가 예수님 앞에서 이렇게 말했습니다. "내게 엎드려 절하라! 그러면 이것들을 다 너에게 주겠다." 마귀의 이러한 꼬임을 받고 예수님은 바로 "사탄아, 물러가라! 기록되었으되 주 너의 하나님께 경배하고 다만 그를 섬기라 하였느니라!"라고 단호히 거절하셨습니다.

드디어 마귀의 시험이 끝났습니다. 천사가 내려와 예수님의 기진

맥진한 몸을 붙들어 일으키고 하늘의 신령한 양식으로써 굶주린 예수님을 회복시켰다고 성경은 기록하고 있습니다.

○ ○ ○ ○ ○ ○ ○ ○ ○ ○
산꼭대기에서 시험하다

우리가 마귀의 세 가지 시험을 종합하여 살펴볼 때 이 시험의 강도가 점차 증가하고 있다는 것을 알 수 있습니다. 처음에는 빵 문제를 가지고 시험하고, 두 번째는 인기 문제를 두고 시험하고, 그다음에는 드디어 세상의 모든 영광을 다 주겠다는 매우 높은 차원의 시험으로 끌고 올라가는 것을 보게 됩니다. 시험하는 환경을 보아도 그렇습니다. 처음에는 돌멩이만 수두룩하게 쌓여 있는 광야에서, 두 번째는 성전의 휘황찬란한 영광의 모습이 보이는 성전 꼭대기에서, 세 번째는 드디어 전 세계가 다 보이는 높은 산꼭대기로 데리고 가 시험하는 것입니다. 어떻게 보면 다음의 말씀과 비슷한 시험이 아닌가 생각됩니다.

> 이는 세상에 있는 모든 것이 육신의 정욕과 안목의 정욕과 이생의
> 자랑이니 다 아버지께로부터 온 것이 아니요 세상으로부터 온 것이
> 라_요일 2:16

인간적인 측면에서 보면 마귀는 먼저 육신의 정욕을 시험하고, 두 번째로 안목의 정욕을 자극하는 시험을 하고, 세 번째에는 이 세상의 것을 자랑하게 만드는 성격을 시험합니다. 또한 예수님과 하나님의 관계에서도 처음에는 하나님을 의심하게 하는 시험을 하고, 두 번째는 하나님을 단도직입적으로 떠보는 시험을 하고, 세 번째는 하나님을 아예 배신하게 하는 시험을 합니다. 시험의 목적이 발전하고 있습

니다. 이러한 사실에서 마귀가 얼마나 치밀한 계략과 분명한 목표를 가지고 예수님을 공략했는지 우리는 잘 알 수 있습니다. 그러나 우리 예수님은 이 모든 시험을 다 이기신 분입니다. 마귀가 치밀한 계획과 분명한 목표를 가지고 주님을 정확하게 공격했음에도 우리 주 예수 그리스도께서는 이 모든 시험을 이기셨습니다.

마귀가 예수님을 마지막으로 시험한 방법을 가만히 보면, 에덴동산에서 아담과 하와를 유혹하던 그것과 매우 흡사하다는 것을 알 수 있습니다.

견물생심이라고 하는 인간의 심리를 묘하게 이용하여 눈앞에 갖다 보여 줌으로써 욕심을 일으키는 방법을 사용한 것입니다. 아담과 하와가 에덴동산에서 마귀가 유혹하는 말을 듣고 난 뒤에 "그 나무를 본즉"이라는 말이 성경에 기록되어 있습니다. 그들이 보았기 때문에 마음이 흔들렸고, 결국은 선악과를 따 먹고 말았습니다. 이와 똑같은 수법으로 마귀는 세상의 영광을 예수님 눈앞에 모두 보여 준 다음에 예수님을 시험한 것입니다.

우리가 아는 바와 같이 이 세상은 그 나름대로 영광이 있습니다. 비록 세상이 인간의 타락으로 인하여 하나님 앞에 저주를 받았지만, 하나님이 만드신 이 피조물이 갖는 영광의 일부는 그대로 남아 있습니다. 자연의 아름다움이 그 좋은 예라고 할 수 있습니다. 이 세상의 모든 만물이 가지고 있는 고유한 매력도 다 없어지지는 않았습니다. 이 세상의 돈, 이 세상의 부귀, 이 세상의 권력, 이 세상의 쾌락 등 이것들은 이것 자체로서 우리를 충분히 끌어당길 수 있는 매력과 영광이 있습니다. 우리가 이것을 부인할 수는 없습니다.

인물이 좋은 사람은 그 인물로 인해서 누릴 수 있는 것이 있습니다. 돈이 많은 사람은 돈으로 인해 만족하는 부분이 있습니다. 정치를 통해 권력을 휘두르는 사람은 그 매력을 끊어 버리지 못합니다. 철학을 공부하는 사람은 공부를 할수록 그 깊이에 매료되어 다른 것에 눈이 돌아가지를 않습니다. 과학의 신비에 눈을 뜨기 시작하면 그 놀라운 신비 앞에서는 다른 것이 아무것도 아닌 것처럼 생각되기도 합니다. 분명히 세상의 매력과 영광이 있습니다. 마귀가 이것을 들고나온 것입니다.

○ ○ ○ ○ ○ ○ ○ ○ ○
멀리서 보아야 좋은 세상

그러나 여기서 한 가지 곰곰이 생각해 보아야 합니다. 마귀가 예수님을 높은 산꼭대기에 세워서 멀리 천하만국을 바라보게 하고 천하의 영광을 보게 한 데에는 의미가 있습니다. 왜 가까이에서 보여 주지 않고 먼 산꼭대기에서 보게 했습니까? 예루살렘 성전의 그 영광스런 모습, 아테네의 멋있는 신전들, 로마제국의 찬란한 문화, 아침 햇살에 찬란하게 빛나는 돔의 휘황찬란한 매력 등 이것들은 멀리서, 또 높은 곳에서 보아야 더 매력이 있을 겁니다. 세상의 영광은 멀리서 볼 때 좋습니다. 가까이서 보면 다 실망합니다. 그래서 아마 마귀가 예수님을 가까이 데려가지 않았을 것입니다.

우리가 때때로 아름다운 자연의 경치를 대할 때 참 기분이 좋습니다. 그러나 숲속을 헤치고 들어가 보면 그곳에서 크고 작은 동물들의 무서운 살생이 벌어지고 있다는 사실 또한 알게 됩니다. 겉으로, 멀리서 보기에는 그렇게 아름답게 보이지만 말입니다.

권력은 사람을 사로잡는 힘을 가지고 있습니다. 그러나 잘못된 권력은 얼마나 무섭고 악한지, 권력에 한번 눈이 어두워지면 그 권력을 유지하기 위해 어떤 수단과 방법도 가리지 않는 잔혹한 사람으로 변하기 쉽습니다. 떼돈을 벌어서 호화롭게 사는 사람을 가까이 가서 보면 냄새가 코를 찌릅니다. 얼마나 많은 사람을 속였는지, 얼마나 많은 사람을 손해 보게 했는지…. 세상 이치가 다 그렇습니다. 멀리서 볼 때 매력이 있지, 가까이 가서 보면 매력이 없습니다.

"헛되고 헛되며 헛되고 헛되니 모든 것이 헛되도다"(전 1:2). 이것이 전도서의 주된 주제입니다. 하나님께서는 전도서를 통해 이 세상 영광의 밑바닥을 완전히 뒤집어 놓으셨습니다. 겉으로 아름답게 치장하고 포장해 놓은 것을 완전히 뜯어버리고 내면이 얼마나 추악한가를 노골적으로 다 파헤쳐 놓은 것이 전도서입니다. 전도서를 읽으면 이 세상에 대한 매력을 느끼지 못하게 됩니다. 그래서 마귀는 우리가 전도서를 들여다보는 것을 싫어합니다. 우리가 멀리서 세상 영광을 보고 거기에 매료되어서 끌려가도록 합니다. 여기에 얼마나 많은 사람이 녹아나는지 모릅니다. 얼마나 많은 신자가 여기에 다 망해 떨어지는지 모릅니다.

눈으로 보는 것에 주의하십시오. 마음을 두고 보아야 할 것과 마음을 두지 말고 보아야 할 것을 구별하십시오. 눈에 들어오는 것마다 욕심을 품으면 여지없이 마귀의 속임에 넘어가게 됩니다. 헛된 세상 영광에 매료되어 돈의 노예가 되거나, 아니면 명예의 노예가 되고, 나중에는 성공! 성공! 성공! 하다가 많은 사람을 해치는 잔혹한 사람이 되어 버립니다.

남자들은 여자들을 보는 눈을 주의하십시오. 직장에서 뛰는 사람들은 소위 성공이니, 명예니, 돈이니 하는 것들을 보는 눈을 주의하십시오. 여성들은 가정에서 주변의 모든 돌아가는 일을 보는 것을 주의하십시오. 이웃집과 비교하는 눈을 주의하십시오. 여러분의 마음에 조그마한 틈만 있어도 마귀는 교묘히 그것을 이용하여 여러분에게 충동질하기 때문입니다.

네가 내게 절하면

또 하나, 마귀는 감언이설로 예수님을 속이려고 했습니다. 한글 성경
에는 "만일 내게 엎드려 경배하면"이라는 말이 먼저 나오지만, 헬라어
성경에서는 "이 모든 것을 네게 주리라"라는 말이 먼저 나옵니다. 마
귀가 에덴동산에서 아담과 하와를 속일 때도 마찬가지입니다. "너 이
거 먹으면, 너희 두 사람은 하나님처럼 된다. 내가 너를 하나님처럼
만들어 주마"라고 속인 수법과 같은 것입니다. 이것은 또한 잠언에 나
오는 음녀의 말과도 같습니다. 음탕한 여자가 남자를 유혹할 때 그 입
술은 꿀을 흘리는 것처럼 달콤하고 그 입은 기름보다 미끄럽지만, 나
중에는 쑥같이 쓰고 두 날 가진 칼처럼 날카로워 한번 그 칼에 찔리면
다시 일어설 남자가 없습니다(잠 5:3-4 참조). 마귀가 얼마나 달콤한 말
로 속입니까! 얼마나 간교한 마귀입니까!

이제 예수님을 유혹하는 마귀가 1단계, 2단계를 거쳐 드디어 본심
을 드러냅니다. 눈에 보여 주고, 귀로 유혹해서 어느 정도 돌아서지
않았나 할 때 본심을 드러내는 것입니다. 마치 낚시하는 강태공의 수
법과 같습니다. 맛있는 미끼를 낚시에 끼워 물에 던져놓고 가만히 있
으면 죽은 것으로 보일까 봐 손가락으로 살금살금 건드려 놓지 않습
니까? 고기가 그것을 모르고 와서 꽉 물면 끝이 나는 것입니다. 마귀
의 수법도 이와 같습니다. 눈으로 보기에는 아주 매력적으로 만들어
놓고 귀에다 대고는 유혹의 말을 불어넣습니다. 그다음엔, "내게 절하
면"이라고 합니다. 이것이 마귀의 본심입니다.

그런데 마귀가 얼마나 간교하고 교묘한지를 마귀의 이 말투에서도

우리가 잘 알 수 있습니다. 마귀는 "내게 절하라!"라고 명령조로 말하지 않았습니다. 무엇이라고 했습니까? "내게 절하면 말이야"라고 교묘하게 말했습니다. 아담과 하와에게 가서도 "너 이거 따 먹어라!"라고 하지 않고, "너희가 그것을 먹는 날에는 말이야"라고 묘하게 돌려 얘기했습니다. 사람의 심리가 '해라! 해라!' 하면 더 하기 싫어한다는 것을 잘 아는 마귀인지라 말 한마디도 바보같이 하지 않습니다.

○ ○ ○ ○ ○ ○ ○
"사탄아 물러가라!"

이렇게 마귀가 본심을 드러내서 "내게 절하면"이라고 유혹을 했을 때 예수님은 위기를 느끼지만, 이 세 번째 시험에서는 그 어느 때보다 더 큰 위기를 느끼신 것 같습니다. "사탄아, 물러가라!"라고 예수님께서 처음으로 사용하신 이 말씀에서 우리는 그것을 짐작할 수 있습니다.

하나님께서는 예수님에게 이 우주 만물을 통치할 수 있는 권세를 주시겠다고 약속하셨습니다.

> 그가 큰 자가 되고 지극히 높으신 이의 아들이라 일컬어질 것이요
> 주 하나님께서 그 조상 다윗의 왕위를 그에게 주시리니 영원히 야곱
> 의 집을 왕으로 다스리실 것이며 그 나라가 무궁하리라_눅 1:32-33

분명히 예수님에게는 천하만국을 다스릴 수 있는 권세를 하나님이 약속하셨습니다. 그러나 그것에는 조건이 따릅니다. 이사야 53장 10절 상반절에 "여호와께서 그에게 상함을 받게 하시기를 원하사 질고를 당하게 하셨은즉"이라는 말씀이 있습니다. 달리 말하면, 온 천하

를 다스릴 수 있는 권세를 하나님이 주시되, 예수님께서 십자가를 지시고 인류를 위하여 희생해야 한다는 조건이 있었던 것입니다. 그러므로 예수님은 하나님의 뜻을 순종하기 위해서 십자가의 길을 반드시 걸어가야 했습니다.

그런데 마귀는 무엇이라고 했습니까? "십자가는 무슨 십자가야! 그 어려운 십자가를 왜 져? 너, 나에게 엎드려 절하기만 하면 하나님이 십자가를 진 다음에 주겠다고 한 것 모두 내가 당장 너에게 주마. 절하라!" 바로 이것이 마귀의 본심입니다. 바로 여기에 함정이 있었습니다. 예수님이 십자가를 지지 못하게 만드는 것입니다. 예수님이 하나님의 뜻을 순종하지 못하게 만드는 것입니다.

예수님께서 복음을 증거하러 다니실 때 "사탄아 물러가라"라는 말씀을 두 번 사용하셨습니다. 우리가 지금 이야기하고 있는 이 부분에서 마귀에게 하셨고, 또 한 번은 예루살렘으로 올라가시는 예수님의 길을 막으려는 베드로에게 "사탄아 내 뒤로 물러가라"라고 말씀하셨습니다(마 16:23). 이 두 가지 상황에는 하나의 공통점이 있습니다. 십자가의 길을 방해한다는 것입니다. 마귀는 예수님을 보고 자기에게 절하면 모든 문제를 해결해 주겠다고 유혹했습니다. 십자가의 길을 가지 못하게 막는 것입니다. 또 베드로는 인간적으로 생각해서 주님이 그와 같은 끔찍한 운명에 처하는 것을 볼 수가 없다고 주님의 길을 막으려고 했습니다. 마귀나 베드로나 십자가의 길을 막는 것은 똑같았습니다. 그렇기 때문에 예수님은 위기를 느끼셨고 인간의 죄를 위하여 십자가에 못 박혀 자신을 전부 희생시키는 그 십자가의 죽음을 방해하는 것은 무엇이든지 사탄의 역사로 보셨습니다.

여기에서 우리가 반드시 알아야 할 것이 있습니다. 바로 자신의 위기를 식별해 내는 눈을 가져야 한다는 것입니다. 오늘날 많은 신자가 자신의 위기를 모르고 무심히 지나치는 경우가 많습니다. 위기를 읽는 눈이 많이 둔해진 것입니다. 그래서 위기인지 아닌지 분별하지 못하고 정말 위기일 때에 오히려 마음을 놓고 있는 경우가 많습니다. 예수님이 언제 위기를 느끼셨습니까? 하나님이 원하시는 뜻을 실천하지 못하게 방해를 받았을 때 위기라고 생각하셨습니다. 여러분은 자신의 위기를 인식하는 믿음의 눈을 가지고 있습니까? 하나님이 원하시는 뜻이 무엇인지 분명하게 알고 있는데, 그 일을 하지 못하게 막는 때가 위기라는 것을 인식하십니까? 이것을 인식한다면 여러분은 복 있는 사람입니다. 많은 사람이 이것을 인식하지 못하고 때를 잘 읽지 못해서 돌이킬 수 없는 결과를 자초하는 것입니다.

하나님만 섬겨야 할 이유

예수님이 드디어 결정적인 말씀을 하십니다. "하나님께서 '주 너의 하나님께 경배하고 다만 그를 섬기라'라고 말씀하셨다." 주님은 신명기 6장 13절을 인용하신 것입니다. 신명기 6장은 어떻게 하는 것이 하나님만 경배하고 섬기는 것인지 구체적으로 알려 주고 있습니다. 첫째는, 우상숭배하지 말라(14절). 둘째는, 하나님의 법도에 순종하라(17-18절). 이 두 가지를 가르쳐 주고 있습니다.

사람에게 있어서 가장 중요한 것은 하나님을 경배하고 하나님만 섬기는 것이라고 했습니다. 이것이 인간의 최대 목표입니다. 만약 대한민국에 기독교가 없어진다면 우리도 저 북한과 같이 한 인간을 위해서, 한 인간을 섬기며 살아야 하는 비참한 나라가 될지도 모릅니다. 생각만 해도 가슴을 칩니다. 그러나 하나님께서 우리 대한민국에 복을 주셔서 우리 하나님을 경배하고 섬기도록 축복하셨습니다. 얼마나 복된 생활입니까! 마음속에 하나님 외에 섬기는 우상이 있다면 빨리 치우십시오. 하나님보다 더 사랑하는 것이 있다면 청소하십시오. 그래야 하나님만 경배할 수 있습니다. 또 하나, 예수님처럼 하나님의 말씀에 순종하는 데 최선을 다하십시오. 하나님을 섬긴다는 말은 하나님께 순종한다는 말입니다. 예배를 드린다는 말은 하나님께 순종하는 삶을 산다는 말입니다.

또한 신명기 6장은 우리가 왜 하나님을 섬기고 순종해야 하는지 잘 가르쳐 주고 있습니다. 첫째로, 우리를 애굽의 종 된 자리에서 구원하신 분이기 때문에 하나님을 섬겨야 한다고 했습니다(12절). 하나님만 섬기고 그분만을 경외하는 것이 우리가 복되게 사는 길입니다.

끝으로 우리가 살펴보아야 할 중요한 점은 마귀를 대하는 예수님의 태도입니다. 예수님은 마귀를 어떻게 대하셨습니까? 단호함! 단호함입니다. 이 '단호함'이라는 말을 우리는 야고보서 4장 7절과 연결해서 정리할 수 있습니다.

> 그런즉 너희는 하나님께 복종할지어다 마귀를 대적하라 그리하면 너희를 피하리라_약 4:7

이 말씀에서 우리는 마귀를 대적하는 단호한 태도가 무엇인지 두 가지로 요약해 볼 수 있습니다. 첫째는, 하나님께 순복하는 것입니다. 둘째는, 마귀를 대적하는 것입니다. 그런데 이것은 둘이 아니고 하나입니다. 다시 말해, 하나님께 순복하는 태도가 곧 마귀에게 대적하는 것이고, 마귀를 대적하는 태도가 곧 하나님께 순복하는 것입니다. 바로 예수님의 태도에서 이것을 알 수 있습니다.

예수님의 단호한 태도는 한마디로, "기록되었으되"라고 성경 말씀을 들고나오는 것입니다. 간단히 "기록되었으되"라는 한마디가 "마귀야, 나는 이 말씀대로 산다"라는 예수님의 단호한 태도를 마귀에게 웅변적으로 보여 주는 것입니다. 그것이 하나님께만 순복하겠다는 태도를 보여 주는 것이요, 동시에 마귀를 대적하는 태도가 되었습니다.

○ ○ ○ ○ ○ ○ ○ ○
이럴 때 주님이라면?

시험을 당할 때 주님을 바라보십시오. 이것이 비결입니다. 주님을 바라본다는 것은, "주님은 어떻게 하셨나? 나도 주님이 하신 그대로 하겠다. 주님이 지금 내게 무슨 말씀을 하시는가? 나도 그대로 따르겠다"라는 태도를 보이는 것입니다. 그러면 예수님은 이렇게 말씀하실 것입니다. "나처럼 해! 성경대로 살겠다고 고집스럽게 말하면 마귀는 꼼짝 못 해! 내가 한 대로 해!"

　개를 훈련하는 사람이 쓴 글을 인상 깊게 읽은 적이 있습니다. 그는 개를 훈련하는 방법을 이렇게 소개했습니다. 마룻바닥에 아주 먹음직스러운 쇠고기 덩이를 갖다 놓고 개를 데려옵니다. 그리고 개가 쇠고기를 보고 뛰어가 그것을 물면 몇 차례 개를 때리고 고기를 빼앗아 놓습니다. 그다음 또 그 자리에 고기를 갖다 놓으면 개는 또 달려들려고 합니다. 이때 주인이 "안 돼!"라고 명령을 하면 개는 멈칫하고 섭니다. 이렇게 여러 번 반복 훈련을 하고 나서 고깃덩이를 그 자리에 놓으면, 개는 이제 고깃덩이를 쳐다보는 것이 아니라 주인을 봅니다. 주인이 무엇이라고 명령을 하는지 보고 주인의 명령을 따라 행동할 자세를 취하는 것입니다.

　우리도 마찬가지입니다. 마귀가 떡을 가지고 와서 시험합니까? 세상의 인기를 가지고 시험합니까? 세상의 영광을 가지고 시험합니까?

쳐다보지 마십시오. 우리는 주님을 쳐다봐야 합니다. '주님이 무엇이라고 가르쳐 주시나? 주님은 어떻게 하셨나? 주님이 무엇을 명령하시나?' 주님을 보고 그대로 따르는 것이 시험을 이기는 일입니다.

한시도 마음을 놓을 수 없는 무서운 마귀의 시험이 시시각각 우리를 위협합니다. 오직 예수! 예수님을 바라보며 승리합시다. 우리가 승리하면, 이 땅의 천만 성도가 승리하며, 아무리 어두운 구름이 덮여 있다고 할지라도 그 구름 틈새로 하나님께서 밝은 햇살을 비춰 주실 것을 분명히 믿습니다.

시험에 끌려가도 끌려가는 줄 모르는 어리석은 삶을 살지 말고, 자기가 지금 어떤 위치에 있는지를 바로 분별하여 위기를 느껴야 할 때는 위기를 느끼고, 보지 말아야 할 때는 보지 않는 신자가 됩시다. 오직 기록된 말씀대로 살겠다는 우직한 고집을 가지고, 대범하고 단호하게 대처해 하나님께 온전한 영광을 돌립시다.

5

자신만만하던
베드로,
출발선에서
세 번 넘어지다

우리 역시 베드로처럼 신앙생활을 하는 도중에
예수님을 부인할 수 있는 위험이 있습니다.
더욱이 평안하고 태평스러운 환경에서도 예수님을 부인할 수 있습니다.

누가복음 22:54-62

54 예수를 잡아끌고 대제사장의 집으로 들어갈새 베드로가 멀찍이 따라가니라 55 사람들이 뜰 가운데 불을 피우고 함께 앉았는지라 베드로도 그 가운데 앉았더니 56 한 여종이 베드로의 불빛을 향하여 앉은 것을 보고 주목하여 이르되 이 사람도 그와 함께 있었느니라 하니 57 베드로가 부인하여 이르되 이 여자여 내가 그를 알지 못하노라 하더라 58 조금 후에 다른 사람이 보고 이르되 너도 그 도당이라 하거늘 베드로가 이르되 이 사람아 나는 아니로라 하더라 59 한 시간쯤 있다가 또 한 사람이 장담하여 이르되 이는 갈릴리 사람이니 참으로 그와 함께 있었느니라 60 베드로가 이르되 이 사람아 나는 네가 하는 말을 알지 못하노라고 아직 말하고 있을 때에 닭이 곧 울더라 61 주께서 돌이켜 베드로를 보시니 베드로가 주의 말씀 곧 오늘 닭 울기 전에 네가 세 번 나를 부인하리라 하심이 생각나서 62 밖에 나가서 심히 통곡하니라

자신만만하던 베드로,
출발선에서
세 번 넘어지다

우리는 1년에 한 번씩 고난주간을 기념합니다. 예수님께서 십자가를 향해 한 발자국씩 무거운 걸음을 옮겨 놓으시던 마지막 며칠간의 일들은 우리에게 갖가지 슬픔과 애탄을 자아내게 합니다. 우리의 죄를 대신 짊어지신 예수님이 하나님과 사람으로부터 철저하게 버림받았습니다. 또한 예수님의 제자였던 가룻 유다의 배신과 가장 믿었던 수제자 베드로의 행동은 우리의 가슴을 더욱더 아프게 합니다.

베드로가 순간적으로 예수님을 부인한 일은 마태, 마가, 누가, 요한 네 복음서에 빠짐없이 기록되어 있는 사건입니다. 수제자 베드로는 겟세마네 동산에서 예수님이 체포되는 것을 보자 다른 제자들과 함께 도망을 쳤습니다. 그러나 얼마 후에 예수님의 형편이 궁금해지자 요한과 함께 예수님이 심문을 받고 있던 대제사장의 안뜰까지 몰래 들어갔습니다. 그런데 여기에서 전혀 예기치 않았던 일이 일어났습니다. 불을 쬐고 있는 베드로를 유심히 쳐다보던 한 여종이 주위에 있는 사람들을 향해 소리를 친 것입니다. "저 사람이 예수와 함께 있는 것을 내가 보았소!" 몹시 당황한 베드로는 자기도 모르게 예수님을 모른다고 잡아뗐습니다.

그 자리에 있기가 두려워진 베드로가 잠깐 자리를 앞문 쪽으로 옮겨 두리번거리고 있는데 거기서 또 난처한 상황에 놓이게 되었습니다. 그때 똑같은 여종이 따라와서 베드로를 괴롭혔는지, 주변에 있던 남자가 괴롭혔는지, 아니면 다른 여종이 와서 괴롭혔는지 네 복음서를 비교해 볼 때 정확한 결론을 내리기에 다소 모호한 점이 있습니다. 그런데 이때 또다시 곤경에 처한 베드로는 너무 급한 나머지, 맹세를 하면서 예수님을 모른다고 부인해 버렸습니다.

한 시간쯤 지나서 일단의 사람들이 베드로가 갈릴리 사투리를 사용하는 것을 보고 그것을 트집 잡으면서, "너도 예수와 한 도당이 아니냐, 한패가 아니냐, 예수의 제자가 아니야?"라고 몰아세웠습니다. 베드로는 이때 얼마나 다급했던지 자신을 저주하기까지 하면서 예수님을 모른다고 부인했습니다. 우리말로 표현하자면 아마, "내가 예수를 안다고? 그렇다면 천벌을 받지!"라는 식으로 자기를 저주하면서까지 예수님을 모른다고 발뺌하고는 겨우 위기를 벗어났습니다.

그 일이 있기 전, 예수님은 제자들을 한자리에 모아 놓고 베드로에게 이런 말씀을 하셨습니다. "오늘 닭 울기 전에 네가 세 번 나를 모른다고 부인하리라"(눅 22:34). 그 말씀대로 베드로가 세 번째 예수님을 모른다고 부인할 때 닭 소리가 들렸습니다. 베드로는 예수님의 그 말씀이 기억나서 가슴이 터질 것 같은 고통을 안고 신음했습니다. 그때 심문을 마치고 끌려가시던 예수님이 베드로를 돌아보셨습니다. 베드로의 눈과 예수님의 눈이 마주쳤습니다. 그는 더 이상 견딜 수가 없었습니다. 더 이상 자신을 가눌 수가 없었습니다. 그래서 베드로는 그 자리를 피하여 구석진 곳에서 일생일대의 절절한 통곡을 했습니다.

땅을 치고 가슴을 쥐어뜯으며 울었습니다. 회개의 눈물이었는지, 수치심에서 오는 눈물이었는지, 자학의 눈물이었는지도 모르겠습니다.

○ ○ ○ ○ ○ ○ ○ ○
강 건너 불이 아니다

우리는 베드로와 아주 다른 입장에서 살고 있습니다. 베드로처럼 가야바의 궁전에 들어가서 장차 예수님이 어떻게 되실지 불안과 초조한 마음을 달래며 있어야 할 처지는 아닙니다. 왜냐하면 예수님이 가야바에게 심문을 받고 십자가를 지시는 사건은 역사상 다시는 반복되지 않을 것이기 때문입니다. 그러나 베드로를 통해서 우리가 배워야 할 값진 교훈이 있습니다. 그것은 우리 역시 베드로처럼 신앙생활을 하는 도중에 예수님을 부인할 수 있는 위험이 있다는 사실입니다. 베드로처럼 생명의 위협을 받거나 신변에 불안한 처지가 찾아오면 그럴 수 있을 것입니다. 그러나 반드시 그러한 극단적인 형편에서만 우려되는 문제가 아닙니다. 오히려 예수님은 우리에게 다른 면을 보여 주십니다. 신앙생활에 어려움이 없는 태평스러운 환경에서도 잘못하면 그를 부인할 수 있다는 교훈을 가르쳐 주시는 것입니다.

> 누구든지 이 음란하고 죄 많은 세대에서 나와 내 말을 부끄러워하면
> 인자도 아버지의 영광으로 거룩한 천사들과 함께 올 때에 그 사람을
> 부끄러워하리라_막 8:38

우리는 이 경고의 말씀을 검토해 볼 필요가 있습니다. "내 말을 부끄러워하면"이라는 말은 '예수님이 부끄러워서 예수님을 모른다고 한다'라는 말입니다. 즉, 예수님을 부인한다는 말과 의미가 통합니다.

그리고 음란하고 죄 많은 세대가 이렇게 한다고 했습니다. 여기에서 우리가 짐작할 수 있는 것은 음란하고 죄 많은 세대가 생명을 위협하거나 환난이나 핍박을 주는 환경은 아니라는 것입니다. 이것은 오히려 자기만족에 취하고 향락에 빠져 세상을 즐기며 사는, 그래서 어떤 면에서는 대단히 세속적인 환경을 말하는 것입니다.

대부분의 사람이 적당히 죄를 지으면서도 전혀 양심의 가책을 받지 않고 자기 잘난 맛에 사는 환경에서는 예수님을 믿는다든지, 죄를 회개한다든지, 거룩하게 산다든지, 지옥이니 천당이니 하는 말들은 매우 어울리지 않는 잠꼬대처럼 들릴 수 있습니다. 영적으로 캄캄한 밤을 맞아 먹고 마시고 즐기고 쾌락을 누리는 그런 환경에서는 오직 위의 것을 바라보고 하나님 나라를 추구하며 예수님을 따라 살려는 사람이 오히려 괴짜같이 보일 수 있다는 것입니다. 그런 환경에서 예수님을 믿는 것이 부끄러워 예수님을 모른다고 하면 예수님도 장차 하나님 나라에서 그 사람을 모른다고 부인하리라는 내용이 바로 위에서 인용한 말씀입니다.

예수님을 부인하는 것은 베드로가 처해 있던 공포스러운 분위기에서만 일어날 수 있는 것이 아닙니다. 평안하고 태평스러운 환경에서도 예수님을 부인할 수 있습니다. 따라서 우리는 예수님을 부인하는 문제가 강 건너의 불이 아니라 바로 우리 발등에 떨어진 불일 수 있다는 사실을 주지해야 합니다.

○ ○ ○ ○ ○ ○ ○ ○
베드로식 예수 부인

네 복음서에서 베드로가 예수님을 부인하는 모든 기사를 종합해 보면 그는 이렇게 대답한 것으로 보입니다. "나는 당신이 하는 말이 무엇인지 잘 모르겠다. 나는 예수라는 사람을 모른다. 나는 예수와 함께 있지도 않았다. 나는 예수의 제자가 아니다." 대략 이 네 가지로 요약이 되는데, 이것들은 크게 두 종류로 나누어집니다. 첫째, 예수님과 관계가 없다고 부정하는 것입니다. 둘째, 예수님을 잘 모른다고 말하는 것입니다. 이 두 가지가 베드로가 예수님을 부인한 사건의 골자입니다. 바로 예수님과의 관계를 부정하고 예수님을 모른다고 고개를 돌리는 것이 예수님을 부인하고 예수님을 부끄러워하는 것입니다.

그런데 여기에서 반드시 짚고 넘어가야 할 문제가 있습니다. 사건이 일어나기 몇 개월 전, 베드로는 가이사랴 빌립보라는 한적한 곳에서 예수님과 마주 앉아 말씀을 배우다가 갑자기 질문을 받았습니다. "너희는 나를 누구라 하느냐"(마 16:15)라는 질문입니다. 그때 베드로는 제자들을 대표해 매우 기막힌 신앙고백을 했습니다. "주님이야말로 하나님의 아들이시오. 우리의 구원자 그리스도입니다." 주님이 그 대답을 들으시고 얼마나 흡족하셨던지, "바요나 시몬아, 네가 복이 있도다. 그러나 네가 그렇게 대답할 수 있었던 것은 네 능력이 아니라 하나님이 가르쳐주셨기 때문이다"라고 말씀해 주셨습니다.

베드로는 예수님이 하나님의 아들이라고 믿는 사람이었습니다. 예수님이 인류의 구원자요 메시아라는 사실을 조금도 의심하지 않는 사람이었습니다. 비록 십자가의 처형을 눈앞에 둔 예수님을 보고 마음 속에 깊은 절망감을 안고 있었지만, 밑바닥에 있는 믿음, 즉 예수님은 하나님의 아들이요 구원자라는 그의 믿음은 결코 흔들리지 않았습니다. 한 여종의 '당신도 예수와 함께 있었다'라는 말에 엉겁결에 '나는 예수를 모른다'라고 대답했지만, 그 대답 자체가 예수님이 하나님의 아들이라는 것을 부인하는 것은 아니었습니다. 예수님이 자신의 구원자라는 것을 부정하는 것도 아니었습니다. 가룟 유다처럼 예수님이 이제 아무 쓸모없는 무능한 선생일 뿐이니 돈을 받고 팔아넘겨도 된다고 생각할 정도의 배신도 아니었습니다.

베드로는 예수님이 메시아이신 것을 믿으면서도 '나는 모른다'라고 잡아뗐는데, 우리는 이 부분에 주목해야 합니다. 저는 이것을 '베드로식 예수 부인'이라고 부르고 싶습니다. 자기 신변이 위협을 당해 공포를 느끼고 그런 행동을 하든지 혹은 예수님 편에 서는 것이 수치스러워서 그런 행동을 하든지, 임기응변식으로 예수님을 모르는 사람처럼 말하거나 예수님과 아무 관계없는 사람인 척하는 언행 일체를 소위 베드로식 예수 부인이라고 봅니다. 예수님이 하나님의 아들이냐 아니냐, 예수님을 믿느냐 믿지 않느냐를 따지는 것이 아닙니다. 어떠한 환경적 요인으로 인해 예수님과의 관계를 부정하며 생활하는 사람을 말하는 것입니다. 이렇게 볼 때 베드로처럼 예수님을 부인하는 일이 다른 사람의 일이라 할 수 없습니다. 현대사회에 몸담고 있는 많은 신자가 직접 간접적으로 베드로식 예수 부인을 하고 있다는 사실을 우리는 절대로 간과해서는 안 됩니다.

여러분이 소속되어 있는 어떤 사회에서 예수님을 믿는 사람으로 행세를 하면 신변이 불리해지거나 손해를 보게 될 때 어떻게 처신하십니까? 예수님을 믿는 냄새를 피우는 것이 쑥스러운 분위기라 여겨질 때 여러분은 어떻게 처신하십니까? 베드로처럼 직접적이든 암시적이든 예수님을 모르는 사람처럼 행동하지 않습니까? 예수님과 여러분이 특별한 관계가 아닌 것처럼 시치미를 떼고 그들과 어울리지 않습니까? 만약 추호라도 그러한 면이 있다면, 여러분은 베드로식으로 예수님을 부인하는 삶을 살고 있다는 것을 인정해야 합니다.

오늘날 한국 사회에서, 교회에 다니는 남성 가운데 실제로 직장에 가서 "나는 예수님을 압니다. 나는 예수님과 끊을 수 없는 관계를 맺은 사람입니다"라고 공공연히 드러내 놓고 사회생활을 하는 사람은 20%도 채 안 될 것이라는 이야기를 들은 적이 있습니다. 달리 말해, 예수님을 부인하지 않고 신앙생활, 사회생활을 바로 하는 사람은 10명 중 2명을 찾을까 말까 한다는 말입니다.

오늘날 우리가 살고 있는 이 사회가 암담한 이유가 어디에 있습니까? 천만이나 되는 신자가 예수님을 언행으로 증거하는 신앙생활을 하지 않기 때문입니다. 신자가 예수님을 부인하는 데에는 여러 가지 이유가 있을 것입니다. D기업처럼 사주가 철저한 불교 신자인 회사에서는 예수님을 믿는 사람의 행세를 하면 승진하고 눈에 잘 띄기 힘드니까, 마치 예수님을 안 믿는 것처럼 돼지머리 놓고 절도 할 수 있을 것입니다. 혹은 주위 친구들이 모두 술을 잘 마시는 사람들이고 가까이 지내는 사람들이 세상적으로 볼 때 매우 똑똑한 사람들이라 그들 사이에서 예수님을 믿는 체하는 것이 괴짜처럼 보일까봐 아예 예수님을 모르는 사람처럼 행세할 수도 있을 것입니다. 또 어떤 경우에는 자신의 생업이 예수님을 믿는 사람이라고 말하면 거북해질 수 있는 일이라 예수님을 믿는 사람처럼 행세하지 않을 수도 있습니다. 아마 이상의 사례들 가운데서 세 번째 이유가 가장 많을 것입니다. 사업을 하든 무엇을 하든, 다른 사람에게 예수님을 믿는 사람으로 드러내는 것이 어딘지 모르게 떳떳하지 않아 예수님을 안 믿는 것처럼 행세하는 쪽이 많다는 것입니다. 이런 신자들이 예수님의 얼굴에 먹칠을 하고 교회의 이미지를 흐립니다.

막대한 정부 지원을 받아 축재(蓄財)하고, 상상할 수 없을 정도로 무자비하게 인권을 짓밟아 사회에 큰 충격을 주었던 모 자선단체의 주인공을 기억하십니까? 그렇다면 이 사람이 교회를 다녔는지, 직분은 있었는지 알고 계셨습니까? 잘 알지 못했을 것입니다. 그는 모 교회의 집사였다고 합니다. 어떤 이유를 막론하고 우리가 예수님과 도무지 끊을 수 없는 관계를 맺은 하나님의 자녀라는 사실을 공공연하게 드러내 놓고 생활하지 않는다면, 우리는 직접 간접적으로 예수님을 부인하는 일면을 가지고 있는 것입니다. 주님께서 우리의 이러한 부분을 고쳐 주시도록 베드로처럼 가슴을 치고 통곡하며 기도해야 할 것입니다.

자신만만하던 베드로의 패인은?

베드로에게는 시험을 예방할 수 있었던 세 가지 요인과 자기 힘으로는 어쩔 수 없었던 한 가지 요인이 있었습니다. 베드로가 시험을 예방할 수 있었던 첫 번째 요인은 예수님께서 베드로를 앉혀 놓고 경고를 하셨다는 것입니다.

> 시몬아, 시몬아, 보라 사탄이 너희를 밀 까부르듯 하려고 요구하였
> 으나 그러나 내가 너를 위하여 네 믿음이 떨어지지 않기를 기도하였
> 노니 너는 돌이킨 후에 네 형제를 굳게 하라_눅 22:31-32

이렇게 주님이 경고하셨습니다. 그때 베드로가 다음과 같이 대답했습니다.

> 주여 내가 주와 함께 옥에도, 죽는 데에도 가기를 각오하였나이다
> _눅 22:33

베드로는 자신만만하게 대답했습니다. 베드로는 아마 속으로 생각

하기를 '내가 수제자요, 지금까지 예수님과의 정이나 의리를 생각하더라도 어떻게 예수님을 모른다고 할 수 있겠는가. 주님이 옥에 가면 나도 같이 가야지. 주님이 죽으면 나도 같이 죽어야지. 내 처지를 보아도 끝까지 주를 따라가야지'라고 생각했을 것입니다.

그런데 여기서 베드로가 몰랐던 사실 하나가 있습니다. 자기가 치르지 않으면 안 되는 전쟁은 육신의 전쟁이 아니라는 사실이었습니다. 그것은 몸과 몸이 부딪혀서 피를 흘리는 전쟁이 아니라 영적 전쟁이었습니다. 보이지 않는 악령의 역사와 만나는 전쟁이었습니다. 그런데 베드로는 이 영적 전쟁이 무엇인지 모르고 자기의 힘, 자신감, 예수님과의 정, 의리 등을 믿었습니다. 그리하여 자기는 얼마든지 예수님을 부인하지 않고 끝까지 따라갈 수 있다고 자부했습니다. 계산을 크게 잘못한 것입니다.

베드로가 무릎을 꿇었던 대상이 대제사장이었습니까? 서슬이 시퍼런 로마 군인들이었습니까? 아니면 십자가 형틀에 매달리는 고문 때문이었습니까? 그렇지 않습니다. 한 여종 앞에서 거꾸러진 것입니다. 그는 싸워보지도 못하고 칼을 집어 던지고 무릎을 꿇고 말았습니다. 왜 그렇습니까? 영적 싸움은 자기 자신을 믿는 이상 가장 약한 적 앞에서도 이길 수 없기 때문이다. 육신의 사람은 영적 싸움에 절대 이기지 못합니다.

어떤 학자의 견해에 따르면 베드로가 그 시간에 예수님을 안다고 고백했어도 붙들려 갔을 확률이 없었다고 합니다. 대제사장이나 유대인들은 예수님을 잡은 것으로 이미 만족하고 있었기 때문입니다. 예수님이 표적이었지 제자들이 그들의 표적은 아니었습니다. 그들이 예수님을 잡으면 제자들은 순식간에 다 흩어질 것으로 계산하고 있었기 때문에 베드로가 예수님을 안다고 해도 전혀 문제가 되지 않았습니다. 그러나 베드로는 여종 앞에서 벌벌 떨며 항복했습니다. 영적 싸움은 영적으로 준비해야 하는데, 육적으로 준비하고 나갔다가 당한 것입니다. 여러분에게도 이와 같은 약점이 있습니까? 자기 자신을 과신하고 있습니까? 여러분의 지위나 학력, 또는 사회에서 인정받는 여러 가지 조건들이 어떤 면에서는 유익을 줄지 모르나, 예수님을 끝까지 부인하지 않고 따르는 데에는 전혀 힘이 되지 않습니다.

마귀는 핵미사일을 가지고 우리를 공격하는 것이 아닙니다. 바늘로 찌릅니다. 많은 사람이 핵미사일에 맞아서 죽는 것이 아닙니다. 바늘에 찔려서 넘어집니다. 조그마한 마귀의 공격일지라도 준비되지 못한 사람은 쓰러집니다. 육적인 사람은 다 쓰러집니다.

○ ○ ○ ○ ○ ○ ○ ○
기도보다 앞서지 말라!

겟세마네 동산에서 예수님이 제자들과 함께 기도하던 시간에 주님이 베드로에게 두 번째 경고를 하셨습니다.

> 유혹에 빠지지 않게 기도하라_눅 22:40하

베드로는 주님의 경고를 듣고도 예수님이 계시지 않으니까 잠이 들어 버렸습니다. 주님이 두 번째 돌아오셔서 잠이 든 베드로를 보고 말씀하셨습니다. "시험에 들지 않게 깨어 기도하라 마음에는 원이로되 육신이 약하도다"(마 26:41; 막 14:38). 이러한 경고를 듣고도 베드로는 또 잠이 들어 버렸습니다. 세 번째 주님이 오셨을 때도 베드로는 계속 잠에 곯아떨어져 있었습니다. 베드로가 왜 실패했습니까? 기도하지 않았기 때문입니다. 하나님의 아들이요 죄가 없으신 예수님도 피땀을 쏟으면서 기도하고 있는데, 죄 많고 부패한 성품을 가진 인간 베드로가 전혀 기도하지 않고 있다가 당한 것입니다.

예수님이 세 번이나 기도하라고 경고하셨는데, 베드로는 세 번 다 기도하지 못했습니다. 그리고 우연의 일치였는지 모르겠으나, 그는 결국 예수님을 세 번 부인하는 시험을 당하고 말았습니다. 이것은 전혀 이상한 것이 아닙니다. 한 번 기도 안 했으니까 한 번 부인할 수 있고, 두 번 기도 안 했으니까 두 번 부인할 수 있고, 세 번 기도 안 했습니까? 세 번 부인할 수 있습니다. 우리 모두에게도 이와 같은 약점이 있을 수 있습니다. 가정에서나 사회에서 예수님을 안 믿는 사람처럼 자꾸 몸을 도사리는 이유가 어디에 있는지 잘 살펴보십시오. 만약 당신에게 기도가 없었다면 성령님께 기도하는 사람으로 치료해 달라고 기도하십시오.

베드로가 실패한 세 번째 이유를 봅시다.

> 예수를 잡아끌고 대제사장의 집으로 들어갈새 베드로가 멀찍이 따
> 라가니라_눅 22:54

이 말씀에서 '멀찍이 따라갔다'라는 말이 참 재미있습니다. 물론 그 상황에서 베드로가 멀찍이 예수님을 따라간 것이 전혀 이상한 것이 아닙니다. 모든 제자가 다 도망간 파국에 멀찍이라도 주님을 따라갔다는 것은 대단한 용기요, 어떤 면에서는 칭찬을 받아 마땅합니다. 그런데 우리는 이 '멀찍이'라는 말에서 이상한 뉘앙스를 느낄 수 있습니다. 예수님과 베드로 사이의 영적, 인격적 간격을 암시하는 듯이 보이기 때문입니다. 겟세마네 동산에서 예수님이 기도하라고 하실 때 기도하지 않고 버티다가, 예수님이 체포되자 놀라서 혼자 도망갔던 베

드로. 그와 예수님 사이에 마음의 간격이 생긴 것은 부인할 수 없습니다. 이 멀어진 마음의 간격을 '멀찍이'라는 말에서, 또 예수님을 따라가는 베드로의 태도에서 읽을 수 있습니다. 바로 이것이 베드로가 예수님을 쉽게 부인하도록 한 원인이 되었을 것입니다.

여러분은 얼마큼 예수님과 밀접한 관계를 유지하고 있습니까? 주님과의 관계가 도무지 끊을 수 없는 절대적입니까? 아니면 예수님과 거리가 있는 생활을 하고 있습니까?

베드로가 시험에 넘어질 수밖에 없었던 절대적인 이유가 한 가지 있습니다. 그것은 성령의 권능을 받지 못했다는 것입니다. 그때는 예수님이 십자가에서 죽으시기 전이기 때문에 성령이 모든 제자에게 임하지 않았습니다. 그래서 베드로는 성령의 권능을 받지 못하고 자기 힘으로 싸울 수밖에 없는 역부족의 형편에 놓여 있었던 것입니다. 부활하신 예수님이 나중에 베드로에게 "너 왜 세 번이나 나를 부인했느냐"라고 책망하신 이유도 바로 이것 때문이었을 것입니다. 성령의 능력을 받지 않으면, 어디서나 예수님을 안다고 고백할 수 없습니다. 성령의 능력! 베드로에게는 이것이 없었습니다.

○ ○ ○ ○ ○ ○ ○ ○ ○
성령보다 앞서지 말라!

그러나 베드로가 성령을 받자마자 놀라운 일들이 일어났습니다. 산헤드린 공회 앞에서도, 그 무서운 대제사장 앞에서도 "나는 예수님을 말하지 않고는 견딜 수 없다. 너희가 아무리 내 입을 틀어막으려고 해도 나는 말하지 않을 수가 없다!"라고 말합니다. 여종 앞에서 예수님을 모른다고 하던 그 사람이 어떻게 그렇게 변할 수 있습니까? 성령의 능력을 입었기 때문입니다. 그가 나중에 십자가에 거꾸로 못 박히는 그 순간까지 로마 황제와 모든 로마 군인이 다 달려들어도 베드로의 입을 막을 수 없었습니다. 예수님을 말하는 베드로를 막을 수 없었습니다. 그 놀라운 성령의 능력을 아십니까?

우리는 모두 성령을 모시고 사는 사람들이요, 성령의 능력을 받은 사람들입니다. 우리가 성령을 모시고 사는 이상 한 가지 분명한 것이 있습니다. 성령의 사람은 어디를 가든지 예수님을 부인할 수 없다는 사실입니다. 그럼에도 불구하고 여러분이 예수님을 부인하는 언행을 할 수 있다면 여러분은 성령을 받기는 했지만, 성령의 능력에 사로잡힌 사람이 아니라는 점을 명심해야 합니다. 왜 성령의 능력에 사로잡히지 못했는지 잘 생각해 보십시오. 죄가 있는지, 생활 태도가 잘못되었는지, 잘못된 습관이 있는지 찾아보십시오. 회개하고 성령에게 사로잡혀야 합니다. 우리가 예수 그리스도를 어떻게 부인할 수 있단 말입니까! 여러분을 사랑하사 여러분을 위하여 자기 몸을 버리신 예수 그리스도만큼 여러분을 사랑하는 사람이 어디에 있습니까? 여러분의 모든 죄를 홀로 지고 저 비참한 십자가에서 죽으신 모습을 올려다보십시오. 그 예수님을 어떻게 부인할 수 있습니까? 그 예수님을 어떻게 모른다고 할 수 있습니까?

구 소련에 쟈부르스키라는 젊은 군인이 있었습니다. 그는 깡패 출신으로 포악한 사람이었는데, 예수님을 믿고 새사람으로 변화되었습니다. 그리고 그는 소련 사회에서 예수님을 믿으면 손해밖에 볼 것이 없다는 것을 잘 알면서도 만나는 사람 누구에게든지 예수님을 이야기했습니다. 하루는 군대 상관이 그를 불러 회유하기 시작했습니다. 예수님을 부인하기만 하면 계급을 올려주고 돈도 벌 수 있게 해준다고 회유했으나, 쟈부르스키는 듣지 않았습니다. 그러자 그 상관은 그에게 자신의 경험담을 들려주었습니다.

"우리 부대에 너와 비슷한 사람이 한 명 있었지. 그는 늘 목에 십자가를 걸고 다녔어. 내가 한번 불렀네. 그리고 둘이 오랫동안 이야기를 했어. 이야기를 다 끝마치자 그 친구는 목에 걸고 있던 십자가를 끌러 탁자 위에 놓더니 다시는 십자가를 목에 걸지 않겠다고 하더군. 그리고 공산당 입당 원서를 달라고 하더니 거기에 자기 이름을 썼네. 그 후로 그는 아주 자랑스러운 공산당원이 되었지."

상관의 설득은 달콤했습니다. 그러나 쟈부르스키는 이렇게 대답했습니다. 다음의 글은 그가 법정에서 진술한 것을 번역하여 그대로 적은 것입니다.

> "사실 저도 목에 건 그런 십자가는 벗어 놓을 수 있습니다. 그러나 예수님이 그런 십자가에 계시지 않고 제 마음에 계시는데 어떻게 합니까? 저도 예수님을 탁자 위에 올려놓을 수 있습니다. 그러나 그것은 제 생명의 종말을 의미하는 것이며, 제 마음을 칼로 도려내는 일과 같습니다. 그러므로 목에 건 십자가는 탁자 위에 올려놓을 수 있어도 제 마음에 계시는 예수님을 탁자 위에 올려놓을 수는 없습니다."

이렇게 진술을 한 쟈부르스키는 징역 1년을 선고받고 감옥에 끌려 들어갔습니다.

예수님을 말하지 못하게 하는 그 무서운 환경에서도 예수님을 증거하는 사람들을 보십시오. 그리고 우리의 형편을 돌아봅시다. 예수님을 믿는다고 누구 하나 뺨을 때리는 사람이 있길 합니까? 예수님을 믿는다고 직장에서 맨몸으로 쫓아내는 사람이 있습니까? 예수님을 믿는다고 침을 뱉고 조롱하는 사람이 있습니까? 그런데도 자신이 예수님을 믿는 사람이요, 예수님이 나의 구주라고 말하는 것을 꺼리고, 되도록 그 사실을 숨기려고 하는 현대 크리스천이 많다는 것은 정말 통탄할 일이 아닐 수 없습니다. 그렇게 해서 교회는 다니지만, 마귀가 끄는 대로 살 수밖에 없는 사람이 되는 것입니다. 시험을 한 번도 제대로 이겨보지 못한 패잔병 크리스천을 면하지 못하는 것입니다.

우리가 즐겨 부르는 복음성가 중에 〈흙으로 사람을 지으사〉라는 찬송이 있습니다.

> 흙으로 사람을 지으사 그 코에 생기를 불어넣으신 하나님
> 우리 위해 아들을 세상에 보내신 사랑의 하나님을 사랑해
> 나는 하나님 형상 따라 지음 받은 몸이니 이 몸을 주께 바치리
> 항상 내 생활 중에 주를 부인하지 않으며 내 주를 섬기렵니다

우리가 이 찬송을 사랑하고 즐겨 부르지만 자칫하면 거짓 찬송이 되기 쉽습니다. 우리의 생활 중에 주님을 부인하지 않고 온전히 주님을 섬기며 삽니까? 그렇기 위해서는 성령으로 충만해야 합니다. 기도해야 합니다. 예수님을 가까이 모셔야 합니다. 그러면 어떤 환경에서든지 예수님을 모른다고 말하지 못합니다. 그러한 삶을 살 때 우리를 위하여 십자가에 죽으신 주님을 부인하지 못할 것입니다.

6

미지근한 자가
시험에 넘어진다

누구든지 자기만족에 빠지면 마음이 식습니다.
열심이 식으면 그다음엔 무관심한 사람이 되어 버립니다.
이렇게 열정이 식어버린 사람들은 자연히 온건한 태도를 보이게 됩니다.
달리 말하면, 적당주의로 빠진다는 것입니다.

요한계시록 3:14-22

14 라오디게아 교회의 사자에게 편지하라 아멘이시요 충성되고 참된 증인이시요 하나님의 창조의 근본이신 이가 이르시되 15 내가 네 행위를 아노니 네가 차지도 아니하고 뜨겁지도 아니하도다 네가 차든지 뜨겁든지 하기를 원하노라 16 네가 이같이 미지근하여 뜨겁지도 아니하고 차지도 아니하니 내 입에서 너를 토하여 버리리라 17 네가 말하기를 나는 부자라 부요하여 부족한 것이 없다 하나 네 곤고한 것과 가련한 것과 가난한 것과 눈먼 것과 벌거벗은 것을 알지 못하는도다 18 내가 너를 권하노니 내게서 불로 연단한 금을 사서 부요하게 하고 흰옷을 사서 입어 벌거벗은 수치를 보이지 않게 하고 안약을 사서 눈에 발라 보게 하라 19 무릇 내가 사랑하는 자를 책망하여 징계하노니 그러므로 네가 열심을 내라 회개하라 20 볼지어다 내가 문밖에 서서 두드리노니 누구든지 내 음성을 듣고 문을 열면 내가 그에게로 들어가 그와 더불어 먹고 그는 나와 더불어 먹으리라 21 이기는 그에게는 내가 내 보좌에 함께 앉게 하여 주기를 내가 이기고 아버지 보좌에 함께 앉은 것과 같이 하리라 22 귀 있는 자는 성령이 교회들에게 하시는 말씀을 들을지어다

미지근한 자가
시험에 넘어진다

우리가 잘 알다시피 라오디게아교회는 아시아 일곱 교회 중 마지막 교회였습니다. 많은 학자가 이 교회를 보고 세상 종말에 나타날 지상 교회를 상징한다고 해석합니다. 예수님이 재림하시기 직전 이 세상 마지막에 나타날 교회의 상징이니만큼 우리가 관심을 가지고 살펴보아야 하겠습니다. 먼저 라오디게아교회가 자기 스스로를 어떻게 평가하고 있는지 살펴봅시다.

나는 부자라 부요하여 부족한 것이 없다_계 3:17상

라오디게아교회는 모든 것이 풍요롭고 형통하다고 하는 일종의 자기만족에 빠져 있는 교회였습니다. 그러나 주님이 그 교회를 바라보는 관점은 어떠했습니까?

네 곤고한 것과 가련한 것과 가난한 것과 눈먼 것과 벌거벗은 것을
알지 못하는도다_계 3:17하

곤고하고 가련할 뿐 아니라 눈까지 멀고 벌거벗어서 차마 뭔가로 가려 주지 않으면 안 될 그런 꼴불견의 교회였다고 주님은 말씀하셨습니다. 얼마나 기가 막힌 일입니까? 라오디게아 교인들이 착각을 해도 보통 착각한 것이 아니었습니다.

사람들이 흔히 좋은 것은 진열장에 놓는 버릇이 있습니다. 옛날에 우리 경제 수준이 좀 낮았을 때는 조금 산다고 하는 집에 가보면 피아노가 응접실에 있었는데, 조금 지나니까 냉장고가, 그다음에는 컬러 TV가, 지금은 컴퓨터가 있었습니다. 하여튼 사람들은 좋은 것이면 다른 사람에게 보여 주고 싶어서 진열하는 버릇이 있습니다. 교회도 마찬가지입니다. 많은 사람이 주보에서 나오는 여러 가지 통계자료, 그다음에는 교회 건물, 또 교인들의 모습을 보면서 판단하기를 좋아합니다. 마치 진열장에 갖다 놓은 상품들을 보며 이렇다 저렇다 평을 하는 것과 같습니다. 그런데 과연 주님이 진열장의 상품을 보시겠습니까? 주님이 교인 숫자를 보시고, 헌금 액수를 보시겠습니까? 주님이 보시는 것은 사람들이 보지 못하는 아주 깊은 내면입니다.

주님이 토하여 버리시는 교회

라오디게아교회는 영적으로 어두운 교회였습니다. 주님이 앞에 서 계시는데도 주님을 알아보지 못했습니다. 벌거벗었는데도 벌거벗은 줄 모르고, 가난한데도 가난한 줄을 몰랐습니다. 얼마나 무감각한 상태인지 스스로 부자라고, 스스로 부족한 것이 없다고 말하는 기만에 빠져 있는 교회였습니다. 이것이 세상 종말에 나타날 교회의 상징이라고 할 때 우리의 마음에 어떤 두려움이 밀려오지 않을 수 없습니다. 여러분의 교회라고 해서 그와 같은 입장을 피할 것이라고 누가 보장할 수 있겠습니까? 그러므로 우리 모두는 우리 자신을 말씀에 비추어서 살펴보아야 합니다.

누구든지 자기만족에 빠지면 마음이 식습니다. 아쉬운 것이 없기 때문입니다. 기도하는 열심도 배가 부르면 식고, 말씀을 사모하던 열심도 좀 안다고 하는 교만이 들면서 점점 시들해집니다. 교회를 출석하는 열심도, 주님을 향한 뜨거운 열정도 스스로 부하다고 생각하는 자에게는 오래가지 못합니다. 열심이 식으면 그다음엔 무관심한 사람이 되어 버립니다. 이런 사람은 "나라가 위기에 처해 있으니 금요일 밤에 나와서 함께 기도합시다"라고 해도 관심을 보이지 않습니다. 벌써 식어버린 사람입니다. 이렇게 열정이 식어버린 사람들은 자연히 온건한 태도를 보이게 됩니다. 달리 말하면, 적당주의로 빠진다는 것입니다. 주님은 이런 사람들을 미지근한 사람이라고 표현했습니다.

이 미지근한 사람들은 주님을 안 믿는 자들이 아닙니다. 그렇다고 무슨 악을 범하는 사람도 아닙니다. 하지만 이상하게 어딘가 모르게 언짢아 보이는 사람들입니다. 교회도 열심히 다니고 주님 편에 서 있는 것이 분명합니다. 그런데도 그가 과연 주님에게 모든 것을 의탁하고 사는 사람이냐고 물었을 때는 긍정적인 대답을 할 수 없습니다.

예수님은 이런 미지근한 사람을 좋아하지 않습니다. 얼마나 좋아하지 않는지 입에서 토해 버린다고 했습니다. 라오디게아에는 온천이 있었는데 그 온천물이 광물질을 많이 포함하고 있어서 독특한 맛을 지니고 있다고 합니다. 그런 까닭으로 아주 뜨거울 때 마시거나 아니면 아주 차가울 때 마셔야지 미지근할 때 마시면 구토가 난다고 합니다. 그것을 염두에 두고 주님이 지금 하시는 말씀입니다.

주님이 우리를 사랑하시되 화끈하게 사랑하시는 분입니다. 자기의 생명도 우리를 위하여 뜨겁게 바친 분입니다. 우리를 구원하기 위해 십자가에 달리실 때도 뜨거운 마음으로 십자가를 지신 분이요, 우리를 위하여 모진 십자가의 고통을 당하신 것도 우리를 뜨겁게 사랑하셨기 때문입니다. 예수님이 우리를 위하여 그렇게 뜨거운 열정을 쏟으셨기 때문에 우리를 향해서 뜨겁게 사랑하고 믿고 순종하고 헌신하기를 원하시는 것입니다. 주님은 미지근한 사람을 싫어하십니다. 당신은 어떤 사람에 속합니까?

처음 신앙생활 하시는 분 중에는 가끔 저에게 이런 말을 하는 분들이 있습니다. "목사님, 제가 이러다가 푹 빠질까 봐 겁이 나요." 대부분 믿지 않는 남편들이 자기 아내가 교회에 나가는 것은 어느 정도 용납하지만 좀 열심을 내는 것 같으면 "푹 빠지지 마"라고 은근히 압력을 가한다고 말합니다. 그 남편들이 예수님을 잘 모르기 때문에 그런 말을 하는 것입니다.

사랑은 흔히 빠진다고 표현합니다. 예수님을 믿으면 빠지게 되어 있습니다. 주님과 우리와의 관계는 사랑의 관계이기 때문입니다. 그런데 정상적으로만 빠지면 그것만큼 아름다운 것이 없습니다. 예수님을 믿고 예수님의 사랑에 푹 빠진 사람은 오히려 남편을 그 전보다 더 사랑하게 됩니다. 남편을 전보다 더 잘 섬깁니다. 예수님을 뜨겁게 사랑하니까 자연히 가정을 그 전보다 더 사랑하게 되는 것입니다. 이것이 정상입니다. 하나님의 사랑을 마음에 담고 보니 그 사랑이 너무 감격스러워서 남편을 사랑하되 이전처럼 눈에 드는 것만 사랑하는 것이 아니라 허물까지 사랑으로 덮어 주는 사람이 되는 것입니다. 예수님을 믿지 않는 남편이 만약 이 사실을 알게 된다면, "당신, 예수님께 빠지고 싶으면 좀 더 깊이 빠져요"라고 말할 것입니다.

차라리 차가운 편이 낫다

신앙생활을 잘하는 사람은 마음이 뜨겁습니다. 그런 사람은 주님과 만나서 대화가 잘되는 사람입니다. 그런데 미지근한 사람이 문제입니다. 주님이 오죽 답답했으면 뜨겁든지 아니면 차라리 차든지 하라고 하셨겠습니까. '차다'는 말은 물이 어는 빙점을 말하는데, 주님은 왜 차라리 차라고 하셨습니까? 미지근한 것보다는 차라리 안 믿는 것이 낫다는 말입니다.

어른이 되어서 예수님을 믿는 자들 가운데는 잘만 이끌어 주면 진지하고 뜨겁게 주님을 사랑하고 믿는 사람들이 많습니다. 그러나 "나는 유아세례 받았어요", "우리 아버지가 장로예요" 하는 사람들이 문제입니다. 물론 다 그렇다는 말은 아닙니다. 보편적으로 예수님을 오래 믿은 분들이 너무 미지근해서 주님이 볼 때는 차라리 안 믿는 게 낫다고 하실지도 모르겠다는 말입니다.

기독교에 대한 반응을 보아도 차라리 차가운 사람이 나은 것 같습니다. 미지근한 사람은 좋지 않습니다. "예수 믿으세요!" 하고 전도를 해 보면 "다시는 우리 집에 발도 들여놓지 마시오!" 하고 쏘아붙이든지 기독교라면 머리를 설레설레 흔드는 사람은 차가운 사람이라 오히려 소망이 있습니다. 그런데 "예, 교회에 나가면 어디 나쁜 말 듣나요? 우리 집 애들은 내보내고 있어요. 때가 되면 나갈게요"라고 말하는 사람들은 1, 20년이 지나도 교회에 나오지 않습니다. 미지근한 사람들이 제일 어렵습니다. 오히려 아내가 예수님을 믿는다고 야단법석을 떨던 집안에서 그 남편이 교회에 나오는 경우가 많습니다. 이렇게 차가운 사람이 더워지는 것은 금방인데 미지근한 사람은 참 문제입니다.

바울 사도는 예수님을 믿기 전에는 아주 차가운 사람이었습니다. 그는 기독교를 몹시 박해했습니다. 얼마나 과격하게 기독교를 공박하고 박해했던지, 믿는 사람들을 감옥에 집어넣거나 아니면 때려서 피를 보아야 했습니다. 반면 바울의 스승이었던 가말리엘은 아주 도량이 넓은 사람이었습니다. "기독교? 좋지! 유대교와 닮은 데가 있어. 기독교도 인간 사회에 유익한 종교야. 가만히 둬 봐" 하는 식의 사람이었습니다. 가말리엘은 미지근한 사람이었고 바울은 차가운 사람이었는데, 결국은 바울이 예수님을 믿고 가말리엘은 끝까지 믿지 않았습니다.

루터(Martin Luter, 1483-1546)도 마찬가지입니다. 루터는 그 추운 겨울날 불도 때지 않고 이불도 깔지 않은 방에서 자기 몸을 학대하며, 어떻게 하면 죄 문제를 해결할 수 있나 고민했던 차가운 사람이었습니다. 반면, 그 당시 이름을 날린 인문주의자인 에라스무스(Desiderius Erasmus Roterodamus, 1466-1536)는 "기독교에도 진리가 있고 가톨릭에도 진리가 있으니 둘 다 사회가 필요로 하는 종교이다"라고 하면서 도량이 넓은 사람이었습니다. 차가운 사람이었던 루터는 은혜를 받아 주님을 뜨겁게 사랑하는 사람으로 바뀌었고, 에라스무스는 평생 예수님을 믿지 않았습니다.

예수님을 믿을 바에는 뜨겁게 믿어야 합니다. 열심을 가져야 합니다. 가슴이 타올라야 합니다. 주님이 원하시는 사람이 어떤 사람인지 우리는 너무나 잘 알고 있습니다. 주님이 지금 여러분에게 오셔서 여러분의 마음을 읽는다면 뜨겁다고 하시겠습니까, 미지근하다고 하시겠습니까? 누구도 이에 대해 자신을 가질 수 없을 것입니다.

무엇이 우리를 미지근하게 만드는가

라오디게아교회가 미지근해진 데에는 두 가지 이유가 있습니다. 첫 번째 이유는 그 교회가 한때 굉장히 뜨거웠다는 사실을 들 수 있습니다. 한때 믿음이 좋았고 한때 교회가 부흥했지만, 지금은 그때와 상황이 다르다는 사실에 주목해야 합니다. 사람들은 한창 좋을 때 자기도취에 빠지기 쉽고 영의 눈이 멀기 쉽습니다. 라오디게아교회도 한때 굉장한 은혜를 받고 뜨거웠던 교회였으나 '그때' 주의하지 않아 자기만족에 빠지게 되었습니다. 그때 눈이 어두워졌습니다. 그때 귀가 어두워졌습니다. 그래서 교회는 점점 식어 가는데도 하나님으로부터 받았던 놀라운 은혜가 그대로 있는 줄 알고 여전히 부자라고 착각하고 있는 것입니다. 얼마나 기가 막힌 현실입니까? 교인도 마찬가지입니다. "나도 과거에는 참 뜨겁게 예수님을 믿었어요"라고 말하는 사람을 가끔 봅니다. 뭔가 잘못된 사람입니다.

라오디게아교회가 미지근해진 두 번째 이유는 '환경'이었습니다. 라오디게아는 지금의 터키 내륙 지방에 있었으며, 그 당시 3백 년의 역사를 가진 아주 부유한 도시였습니다. 얼마나 부유했던지, 주후 60년에 대지진이 나서 도시가 크게 파괴되었을 때 로마 정부가 복구비를 지원해 주려고 해도 그것을 사양하고 독자적으로 도시를 재건할 정도로 돈이 많았습니다. 도시 중심에는 금융가가 밀집되어 있었고 제약 기술이 뛰어났으며, 유명한 의사들도 많았습니다. 그리고 온천이 있는 관광도시였습니다. 얼마나 배가 불렀는지 모릅니다. 환경이 좋아지면서 사람들은 영적인 면에 적극성을 잃었습니다. 아쉬운 것이 없다 보니 하나님이 주시는 필요에 대해 안타까움도 줄어든 것입니다. 결과적으로 미지근한 교회가 되어버렸습니다.

우리 몸은 뜨거운 물을 좋아하지 않습니다. 찬물도 마찬가지입니다. 우리 몸은 적당한 온도를 좋아합니다. 세상도 마찬가지여서 교회가 미지근하길 원합니다. 적당히 절충하며 타협하는 교회를 좋아하는 것입니다. 라오디게아교회가 바로 그런 교회였습니다.

신앙생활에는 어려움이 있는 것이 좋습니다. 제가 시무하고 있는 사랑의교회는 강남에 있어서 평균적으로 잘 사는 편이고 교인들의 생활에 별 어려움이 없어 보입니다. 그런데 이런 환경 때문에 저는 지도자로서 두려움을 느낄 때가 많습니다. 환경의 자극이 약하기 때문에 자칫하면 교인들의 신앙이 미지근하게 식을 수 있기 때문입니다. 환경이 좋으면 형식적인 신앙인이 되기 쉽습니다. 이것을 막기 위해서 우리에게는 자주자주 자극이 필요합니다. 미지근해지지 않기 위해서 위기의식이 뒤따라야 합니다.

제가 잘 아는 어떤 의사 부인이 미국에서 편지를 보내왔습니다. 편지에는 그동안 육체적으로 편하게 살 때는 영적으로 미지근하게 지냈는데 요즘 병원에서 암인지 모르겠다고 검사하러 나오라고 해서 갑자기 금식 기도를 하고 성경을 열심히 읽는다는 내용이 들어 있었습니다.

우리에게는 위기의식이 필요합니다. 이 땅 위에 사는 것이 덧없고 아무것도 아니라는 것을 깨달아야 합니다. 자기만족에서 깨어나 뜨거운 사람으로 바뀌어야 합니다. 위기나 고통이 없다면 사람들은 미지근해져 영적으로 깊은 잠에 빠지기 쉽습니다. 이런 사람들을 주님이 좋아하실 리가 없습니다. 주님은 자기를 향해 가슴이 뜨겁게 열려 있는 사람을 좋아하십니다.

행위의 온도를 측정하라

끝으로 우리가 알아야 할 중요한 사실이 있습니다. 주님께서 라오디게아교회를 보고 하시는 말씀입니다.

> 내가 네 행위를 아노니 네가 차지도 아니하고 뜨겁지도 아니하도다
> 네가 차든지 뜨겁든지 하기를 원하노라_계 3:15

감정이 아닌 행위에 대해 차갑다, 뜨겁다고 말하는 것은 매우 차원이 높은 표현입니다. 주님은 우리의 삶과 행동을 보신다는 사실을 반드시 기억하십시오. 주님은 삶과 행동을 보시고 마음의 온도를 측정하십니다. 사람은 마음이 뜨거운 만큼 행동합니다. 그래서 주님은 라오디게아 교인들의 행동을 보고 미지근하다고 말씀하신 것입니다.

행동이 뜨겁다는 것은 막연히 "마음이 뜨겁다", "감정이 풍부하다"라는 뜻이 아닙니다. 우리의 삶 전체가 주님을 향해 뜨겁게 움직인다는 뜻입니다. 주님을 향해 적극적이라는 뜻입니다. 주님은 이렇게 뜨거운 사람을 원하십니다. 그래서 바울도 이렇게 말했습니다.

> 부지런하여 게으르지 말고 열심을 품고 주를 섬기라_롬 12:11

"열심을 품고"라는 말은 불타는 심정으로 주님을 섬기라는 뜻입니다. 영국 런던의 메트로폴리탄 교회(Metropolitan Tabernacle)는 스펄전(Charles Haddon Spurgeon, 1834-1892)이 목회하던 교회였습니다. 1866년에 소속 교인이 4,366명으로 집계되었는데, 그 당시 세계에서 제일 큰 교회로 알려져 있었습니다. 하루는 스펄전이 교인들을 앞혀 놓고 이

런 말을 했습니다.

> "사랑하는 형제자매 여러분, 주님을 향해서 가슴이 뜨거운 사람 12
> 명만 있다면 이 런던의 삭막하고 고독한 환경을 기쁨으로 충만한 곳
> 으로 바꿀 수가 있습니다. 그러나 4,366명이 있다 할지라도 전부가
> 다 미지근한 신자라면 아무것도 할 수 없습니다."

그렇습니다. 오늘날 이 험악한 세대를 이기려면 주님과의 관계가
뜨거워야 합니다. 이것만이 이기는 길입니다. 어떻게 하면 우리가 주
님과 뜨거워질 수 있습니까? 간단합니다. 바울처럼 항상 자기 부족을
인식하고 생활하는 것입니다. 바울이 이렇게 말했습니다.

> 내가 이미 얻었다 함도 아니요 온전히 이루었다 함도 아니라 오직
> 내가 그리스도 예수께 잡힌 바 된 그것을 잡으려고 달려가노라
> _빌 3:12

그리스도인에게는 자기만족이 있을 수 없습니다. "이만하면 됐겠
지"라는 말이 있을 수 없습니다. 항상 앞에 있는 것을 놓고 "나는 부족
하다. 더 뛰어야 해. 더 은혜를 받아야 해. 더 기도해야 해"라고 안타
까워하는 사람의 자세를 평생 유지하면 그 사랑은 식지 않습니다. 개
인이나 교회나 교회 지도자나 이와 같은 발전, 개혁, 자기 수정, 자기
부족을 느끼지 않고는 마음이 금방 식고 맙니다. 여러분이 안고 있는
이런저런 시험 거리가 실상은 영적으로 식어버린 데서 생긴 부작용이
아닌지 검토해 보시기 바랍니다.

이 글을 읽으면서 "아직도 나는 미지근하구나. 주님이 입에서 토해

낼지 모르겠어. 좀 더 열심을 내야지. 뜨거운 사람이 돼야지"라는 각
오가 마음속에 일어나십니까? 그렇다면 그것은 성령이 들려주시는
음성입니다. 성령의 음성에 귀 기울이십시오. 지금까지 미지근했던
신앙생활을 회개하고 뜨거워지십시오. 주님이 좋아하는 사람은 화끈
한 사람입니다.

7

잘나가던 데마,
결승점 앞에서
넘어지다

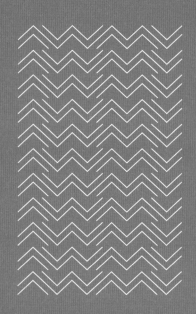

불행히도 데마는 예수님으로 인하여 좋은 것이 올 때만
그렇게 열심히 따랐던 인물이었습니다.
예수님으로 인하여 나쁜 것이 올 때는 그 자리를 피하는 인물이었습니다.

빌레몬서 1:24
또한 나의 동역자 마가, 아리스다고, 데마, 누가가 문안하느니라

골로새서 4:14
사랑을 받는 의사 누가와 또 데마가 너희에게 문안하느니라

디모데후서 4:10
데마는 이 세상을 사랑하여 나를 버리고 데살로니가로 갔고
그레스게는 갈라디아로, 디도는 달마디아로 갔고

잘나가던 데마,
결승점 앞에서
넘어지다

이 단원에서는 한때 바울의 동역자였던 '데마'를 통해 우리가 넘어지기 쉬운 시험에 대해 살펴보고자 합니다. 데마라는 이름은 '인기가 있다'라는 뜻입니다. 이름을 보아서는 우리에게 퍽 좋은 인상을 남길 사람 같은데, 실상은 그렇지 않습니다.

한 계단씩 내려간 사람

데마는 데살로니가에서 태어났고 바울의 전도를 받아 주님을 알게 되었습니다. 처음 예수님을 믿었을 때는 바울에게 매우 적극적으로 협조했던 사람입니다. 그는 로마 감옥에 수감될 때까지도 바울의 곁을 떠나지 않았던 사람입니다. 그래서 바울은 데마를 가리켜 '나의 동역자'라고 말했습니다.

> 또한 나의 동역자 마가, 아리스다고, 데마, 누가가 문안하느니라
> _빌 1:24

'동역자'는 생명을 같이하는 사람이란 뜻입니다. 어떻게 보면 피를 나눈 관계보다 더 깊은 사이라고도 할 수 있습니다. 살아도 같이 살고 죽어도 같이 죽자는 의미를 담고 있습니다. 그래서 우리는 이 빌레몬서의 말씀에서 바울이 데마를 장래가 촉망되는 하나님의 사역자로, 또 자기가 평생 신뢰하고 같이 일할 수 있는 사람으로 보았던 것을 알 수 있습니다. 그런데 우리는 골로새서 4장 14절도 읽어볼 필요가 있습니다.

> 사랑을 받는 의사 누가와 또 데마가 너희에게 문안하느니라
> _골 4:14

앞의 빌레몬서와 골로새서의 말씀을 비교해 볼 때 두 가지 차이점을 발견할 수 있습니다. 빌레몬서에는 누가보다 데마의 이름이 먼저 나오는데, 골로새서에서 데마의 이름이 뒤로 가고 누가의 이름이 앞으로 나옵니다. 그리고 빌레몬서에서는 데마에게 '바울의 동역자'라는 영광스러운 호칭을 붙이고 있는 반면 골로새서에서는 데마에 대해서 아무 설명 없이 이름만 기록해 놓았을 뿐이고, 누가에게는 '사랑을 받는 의사'라는 특별한 호칭을 붙이고 있습니다.

성경에서는 이름을 기록한 순서를 매우 중요하게 생각합니다. 머리가 될 사람을 꼬리에 쓰는 법은 절대 없습니다. 핵심 인물을 희미한 자리에 삽입시키는 예도 성경에는 없습니다. 반드시 그 사람의 위치와 그 사람이 하나님 앞에 받은 책임의 정도에 따라 이름의 순서가 정해집니다. 이것은 예수님의 제자들을 보아도 알 수 있습니다. 베드로의 이름이 가룟 유다 옆에 붙는 예가 없습니다. 또 사도행전 전반부에서는 바나바의 이름이 바울보다 앞서 나오는데, 이것은 바나바가 안

디옥 교회 6명의 지도자 가운데 수석 지도자였고 바울은 제일 마지막 위치의 지도자였기 때문입니다. 그러나 사도행전 13장을 넘어가기 시작하면서 바울의 이름이 바나바보다 앞서 나오는 것을 볼 수 있습니다. 바로 바울이 바나바를 제치고 선교의 핵심 인물이 되었기 때문입니다.

이렇게 성경에는 그 사람의 위치나 역량에 따라서 이름의 순서를 정하고 있습니다. 데마의 이름이 빌레몬서에서는 누가보다 앞서다가 골로새서에서 뒤떨어진 것은 데마가 영적으로 퇴보했기 때문입니다. 이미 데마가 영적으로 병들었다는 증거가 나타납니다.

> 데마는 이 세상을 사랑하여 나를 버리고 데살로니가로 갔고
> _딤후 4:10상

바울은 데마가 이 세상을 사랑했기 때문에 자기를 버리고 데살로니가로 갔다고 분명하게 지적하고 있습니다. 바울의 말년이 어떠했습니까? 홀로 감옥에 갇혀서 언제 풀려날지 모르는 고독한 처지였습니다. 바울이 감옥에 들어간 지 얼마 되지 않았을 때는 많은 신자의 도움이 있었습니다. 기도와 물질로 바울을 도왔던 것입니다. 그러나 감옥에 들어가 있는 기간이 길어지면서 한 사람 두 사람 다 떨어져 나갔습니다. 우리가 잘 아는 대로 가족 중의 한 사람이 병을 앓으면 처음 한두 달은 정성을 다해 간호합니다. 그런데 그 병이 몇 년간에 거쳐 장기간 계속되면 간호하는 사람이 지쳐버리는 것처럼, 바울을 돌보던 신자들도 능력과 체력의 한계를 느끼고 뒤고 물러선 것입니다. 그래서 바울은 순교 직전에 쓴 디모데후서에서 "아시아에 있는 모든 사람이 나를 버렸다", "다 나를 버리고 떠났다"라고 표현했습니다.

많은 사람이 바울의 곁을 떠났습니다. 그러나 바울은 그 사람들이 믿음이 타락하여 자신을 떠났다거나 세상으로 돌아갔다는 기록은 하지 않았습니다. 그런데 유독 데마에 대해서는 이 세상을 너무 사랑하여 결국 자기의 곁을 떠났다고 분명하게 기록하고 있습니다. 데마는 확실히 실패한 것입니다. 누가와 데마를 놓고 비교해 봅시다. 처음에는 데마가 앞섰으나 결국은 누가가 승리했습니다. 데마는 중간에서 이탈했습니다.

전설에 의하면 데마는 데살로니가로 돌아가서 어느 절의 중이 되었다고 합니다. 어떻게 그럴 수 있는가 싶으면서도 한편으로는 가능하다는 생각도 듭니다. 한때 십자가의 축복을 받고 성령의 은혜에 깊이 젖었던 사람이 탈선하여 교회를 떠나면 다시 돌아오기 힘들기 때문입니다. 오히려 믿지 않던 사람을 구원하는 것이 빠르지, 그런 사람을 다시 예수님을 믿게 하는 것은 거의 불가능하다고 히브리서 기자가 말하고 있습니다(히 6:4-6 참조). 그러므로 데마가 우리에게 주는 교훈은 시작은 좋으나 끝이 나쁜 신앙생활을 하지 말라는 것입니다. 이것은 또한 우리가 교회 안에서 가장 흔하게 보는 비극 중의 하나입니다.

세상의 일도 마찬가지입니다. 젊었을 때 부귀영화를 누리던 사람이 노년에 가서는 비참한 인생을 사는 것을 봅니다. 처음에는 웅지를 가지고 시작했던 일들이 나중에는 흐지부지되어서 도무지 체면이 서지 않는 경우가 많습니다. 우리는 초지일관(初志一貫)해야 합니다. 시작이 좋아도 끝이 나쁘면 처음에 잘한 것이 의미가 없습니다. 초지일관하는 신앙인이 되지 못하면 하나님이 기뻐하시지 않습니다.

○ ○ ○ ○ ○ ○ ○
양지만 찾는 믿음

그러면 왜 데마가 초지일관하지 못했는지 이유를 살펴봅시다. 데마가 실패한 첫째 이유는 그의 믿음에 결함이 있었기 때문입니다.

뉴욕 리버사이드 교회(Riverside Church)의 해리 포스딕(Harry Emerson Fosdick, 1878-1969)이라는 설교자는 데마의 믿음을 가리켜 "기독교 복음의 양지만 찾아다니는 믿음"이었다고 지적했습니다. 예수님을 믿으면 얻게 되는 여러 가지 이점들을 '복음의 양지'라고 말합니다. 예수님을 믿으면 얻는 것이 참 많습니다. 천국에 들어가는 것은 제쳐 두고라도 이 세상에서 하나님이 주시는 은혜가 많이 있습니다. 마음의 평안을 얻고, 모든 욕심에서 해방되고, 모든 죄의 본능에서 해방되고, 기쁨과 감사가 따라오고, 어떤 어려운 환경에서도 하나님의 도우심과 축복을 체험하는 이점이 있습니다. 이런 것들이 기독교 복음의 양지인데, 데마는 이런 것에만 집착하는 사람이었습니다.

데마는 예수님을 믿은 지 얼마 되지 않았을 때는 매우 적극적인 신앙인이었습니다. 바울을 따라서 감옥에도 갔을 정도로 적극성을 보였습니다. 누구도 추종할 수 없을 만큼 그는 열성을 나타냈습니다. 그러나 불행히도 데마는 예수님으로 인하여 좋은 것이 올 때만 그렇게 열심히 따랐던 인물이었습니다. 예수님으로 인하여 나쁜 것이 올 때는 그 자리를 피하는 인물이었습니다. 이것이 그가 가진 신앙의 결점이었습니다.

예수님을 믿는 사람 가운데는 다음의 두 가지 형태가 있습니다. 어떤 사람은 예수님의 옷자락을 잡고 따라가고, 또 어떤 사람은 예수님에게 완전히 사로잡혀서 따라갑니다. 데마는 예수님을 믿기는 해도 예수님의 옷자락을 쥐고 따라가는 사람이었습니다. 그는 복음에 관심을 가진 사람이기는 했지만, 복음에 사로잡힌 사람은 아니었습니다.

복잡한 거리에서 어린아이가 엄마의 치맛자락을 잡고 따라다니는 모습을 종종 보게 됩니다. 그런데 이것은 위험천만한 일입니다. 어린아이의 눈에 무엇인가 신기한 것이 보이면 아이는 자기도 모르게 엄마를 붙잡았던 손을 놓아 버리기 쉽습니다. 그러므로 아이가 안전하려면 엄마가 아이의 손을 꼭 붙잡아야 합니다.

우리의 믿음도 마찬가지입니다. 마치 어린아이가 엄마 옷자락을 잡고 따라가는 듯한 신앙이 되면 안 됩니다. 예수님의 소유가 되어야 합니다. 도저히 나 자신이 빠져나갈 수 없을 만큼 예수님에게 완전히 사로잡힌 신앙생활이 되어야 합니다. 주님의 손에 붙들려야만 끝까지 주님을 따라갈 수 있습니다.

여러분은 혹시 데마와 같은 사람이 아닙니까? 데마와 같은 사람의 마음 밑바닥에는 세상을 사랑하는 마음이 깔려 있습니다. 예수님보다 세상에 더 마음이 사로잡혀 있습니다. 우리가 즐겨 부르는 새찬송가 94장(통 102) 〈주 예수보다 더 귀한 것은 없네〉의 1절 가사입니다.

주 예수보다 더 귀한 것은 없네
이 세상 부귀와 바꿀 수 없네
영 죽은 내 대신 돌아가신
그 놀라운 사랑 잊지 못해
세상 즐거움 다 버리고
세상 자랑 다 버렸네
주 예수보다 더 귀한 것은 없네
예수 밖에는 없네

우리는 이 세상의 행복과 이 세상의 자랑과 그 모든 것보다도 예수님을 더 사랑해야 합니다. 우리의 마음 밑바닥에 세상에 대한 사랑이 있다면 끝까지 주님을 따라가지 못합니다. 하나님은 우리에게 하나님과 재물을 동시에 사랑할 수 없다고 말씀하셨습니다. 언젠가는 더 사랑하는 쪽으로 돌아선다는 말입니다. 하나님을 세상보다 더 사랑하는 사람은 끝까지 주님을 따를 것입니다. 그러나 하나님보다 세상을 더 사랑하는 사람은 신앙생활이 추운 음지로 바뀌면 쉽게 돌아서서 세상을 따라가고 맙니다. 데마와 같은 사람이 되는 것입니다.

오늘날 교회 안에는 양지만을 찾아다니는 신자들이 많습니다. 예수님을 왜 믿느냐고 물어보면 행복하게 살 수 있고, 또 자신에게 유익이 되기 때문이라고 대답하는 그런 신자들입니다. 그런데 만약 예수님을 믿어서 고통이 온다고 하면 그들이 믿으려고 하겠습니까? 예수님을 믿는 것이 세상을 살아가는 데 지장이 된다면 그들이 믿으려 하겠습니까?

예수님을 믿으면 제일 먼저 일어나는 변화가 있습니다. 세상을 사랑하던 마음에 혁명이 일어납니다. 지금까지 자기가 행복이라고 여겼던 세상의 모든 가치관이 달라집니다. 세상을 보는 눈이 달라집니다. 세상을 향한 마음이 달라집니다. 이런 본질적인 변화가 일어나지 않고서는 끝까지 주님을 따라가지 못합니다.

○ ○ ○ ○   ○ ○ ○ ○
용두사미(龍頭蛇尾)

두 번째, 데마가 실패한 이유는 성격상 결함이 있었다는 것입니다. 데마가 매우 쉽게 대답하는 성격이라는 것을 우리는 짐작할 수 있습니다. 이런 성향을 지닌 사람은 오래 인내하지 못하는 결함을 가지고 있습니다. 출발은 잘했다 할지라도 끝까지 끌고 가는 능력이 없으면 나중에는 비극으로 끝나기 마련입니다. 바울을 강한 자석이라고 한다면, 데마는 연한 쇠붙이에 비유할 수 있습니다. 데마는 바울이 훌륭해 보일 때는 무작정 바울에게 끌려갔습니다. 그러나 바울이 감옥에 갇혀서 초라해 보일 때는 바울이 아닌 다른 쪽으로 끌려갔습니다.

데마는 감정의 노예였습니다. 자기 자신을 속이고 양심을 떠나서 생활하는 사람이었습니다. "주님을 따르고 주님을 위해 살겠습니다"라고 일단 마음을 정했으면 끝까지 자신을 속이지 말고 주님을 따라가야 하는데, 데마는 너무 쉽게 그것을 포기했습니다. 이것이 데마가 가진 성격의 결함이었습니다.

교회 안에서도 가끔 데마와 비슷한 사람들을 봅니다. 이런 사람들은 말도 잘하고 대답도 잘하고 결단도 잘합니다. 처음에는 몹시 열심을 내며 밤낮없이 교회에서 뛰어다닙니다. 그런데 얼마 가지 않아 풀썩 주저앉고 맙니다. 제가 제일 싫어하는 사람은 식언(食言)하는 사람입니다. 자기 말을 부도내는 사람을 저는 제일 싫어합니다. 끝까지 밀고 나가는 추진력이 필요합니다. 시작만 잘하면 무슨 소용 있습니까? 초지일관하는 사람을 주님은 기뻐하십니다.

타이타닉(Titanic)호는 섬나라 영국이 가장 자랑하던 초호화 여객선이었습니다. 세계에서 가장 큰 여객선이었던 타이타닉호는 1912년 4월에 국왕을 위시한 많은 국민이 참석한 가운데 성대한 진수식을 했습니다. 그리고 2,208명의 여객을 싣고 첫 출항을 했습니다. 그 여객 가운데는 타이타닉호의 앞날을 축하하는 의미에서 승선한 영국 정부의 고관들이 많이 있었습니다. 그러나 뉴펀들랜드(Newfoundland, Islands) 해역에서 떠다니는 빙산과 충돌하여 출항한 지 2시간 40분 만에 침몰하고 말았습니다. 이 사고로 1,513명이라는 많은 사람이 바다에 잠겼습니다. 아무리 진수식이 거창하고 첫 출항이 화려해도 끝까지 항해하지 못하면 비극적인 최후를 마칠 수밖에 없습니다.

우리 가운데에도 데마처럼 출발은 잘했지만, 지속력이 약한 사람들이 있습니다. 사람마다 성격상의 약점은 있기 마련입니다. 그러나 예수님을 믿으면 이 변덕스러운 성격이 바뀝니다. 하나님은 예수님을 믿고 하나님의 자녀가 된 사람을 끝까지 하나님 나라에 들어오게 하시려고 성령을 통해 그 사람의 약한 부분을 집중적으로 치료하십니다. 그래서 예수님을 믿으면 성격이 변합니다. 변덕스러웠던 사람이 아주 성실한 사람으로 바뀝니다. 성령께서 약한 부분을 고쳐 주십니다.

저도 늘 그것을 체험하고 삽니다. 저는 원래 성격이 좋은 사람이 아니었습니다. 그러나 예수님을 믿고 나서 중생함을 받은 것이 분명한 그때부터 하나님께서는 나의 약한 부분을 하나하나 고치셨습니다. 깎을 곳은 깎고 철판을 덮을 곳은 덮고, 땜질할 곳은 땜질해서 이러한 약한 부분으로 인해 사탄의 시험을 당하지 않도록, 예수님을 모른다고 돌아서지 않도록 하나님이 완전히 고쳐 주셨습니다.

여러분에게도 데마와 같이 성격에 결함이 없는지 한번 살펴보십시오. 그러한 약점이 발견된다면 곧 하나님 앞으로 나오시기를 바랍니다. 그리고 기도하십시오. "주님, 내 약한 부분을 고쳐 주세요. 내 힘으로는 고치지 못합니다. 그러나 주님은 고칠 수 있습니다." 만약 데마가 자기 성격의 결점을 알고 주님 앞에 무릎을 꿇었더라면 그는 결코 실패하는 사람이 되지 않았을 것입니다. 데마는 자기 성격의 결함을 깨닫지 못해 실패했습니다.

계산은 제대로 해야지!

또 한 가지 데마가 실패한 이유가 있습니다. 그것은 끝까지 주님을 따라가기 위해 데마가 치러야 할 값을 미리 계산하지 못했다는 것입니다. 누가복음서에만 등장하고 마태나 마가나 요한이 기록하지 않은 예수님의 비유가 있습니다. 바로 망대의 비유입니다.

> 너희 중의 누가 망대를 세우고자 할진대 자기의 가진 것이 준공하기까지에 족할는지 먼저 앉아 그 비용을 계산하지 아니하겠느냐 그렇게 아니하여 그 기초만 쌓고 능히 이루지 못하면 보는 자가 다 비웃어 이르되 이 사람이 공사를 시작하고 능히 이루지 못하였다 하리라_눅 14:28-30

어떤 사람이 망대를 세운다고 한번 상상해 봅시다. 높은 탑을 세우는데 사전에 비용이 얼마나 들겠는지 계산을 해보아야 하지 않겠습니까? 계산을 해 보고 자기 재력으로 충분하다고 생각될 때 망대 공사를 시작하는 것이지, 계산도 하지 않고 공사를 시작했다가 중도에 돈이 모자라서 그만둔다면 지나가는 사람들이 하다 만 공사를 보고 미련한 사람이라고 욕하지 않겠느냐는 내용의 말씀입니다.

하나님 나라에 들어가겠다고 결단한 사람은 사전에 분지해야 합니다. 쉽게 말하면, 하나님 나라에 들어갈 비용을 생각해야 한다는 것입니다. 예를 들어, 미국까지 가는 비행기 삯이 얼마인지, 또 자기가 가지고 있는 돈이 얼마인지 헤아려 보지도 않고 미국에 가겠다고 뛰어다니는 사람이 있다면 우리가 그 사람을 어떻게 생각하겠습니까? 나중에 비행기표 사러 간 사람이 돈이 모자란다고 고개를 푹 숙이고 돌아오는 장면을 한번 상상해 보십시오. 그야말로 미련한 사람의 모습입니다.

우리가 예수님을 믿고 하나님 나라에 들어가는 데는 값이 치러야합니다. 세상의 모든 것을 포기해야 하는 값을 내야 합니다. 달리 말해, 지금까지 세상에서 좋아하던 것을 내려놓아야 합니다. 지금까지 최고인 줄로만 알았던 세상의 행복과 쾌락과 부귀영화가 하나님 나라 가는 데는 걸림돌이 된다는 사실을 깨달아야 합니다.

데마는 로마에서 바울을 시중들 때 로마 감옥에 자주 드나들었습니다. 그때 그는 로마의 휘황찬란한 영광을 보았습니다. 그리고 감옥에 있는 바울의 초라한 모습을 보았습니다. 데마의 마음이 흔들렸습니다. 네로(Nero Claudius Caesar Augustus Germanicus, 37-68)가 예수님보다 커보였고, 하나님 나라는 로마의 번영에 비해 너무 초라해 보였습니다. 로마의 귀족들이 바울보다 훨씬 지혜롭고 행복한 사람들처럼 보였습니다. 바울처럼 예수님을 따라가려면 로마에서 보는 인간의 부귀영화를 다 포기해야 하겠기에 데마는 두말하지 않고 로마의 영광을 택했던 것입니다.

시작이 좋았던 데마였지만 세상을 사랑했기 때문에 마음이 변했습니다. 하나님 나라를 바라보고 끝까지 신앙생활을 하려면 값을 잘 계산해야 합니다. 늘 하나님이 우리에게 요구하시는 값을 치를 준비를 해야 합니다. 내가 주님을 위해 이것을 포기할 수 있는가, 내가 주님을 위해 저것도 포기할 수 있는가, 내가 이 모든 것을 다 버리고 주님을 따라갈 수 있는지를 잘 살펴보아야 합니다.

신자 중에 가족들이 교회 나가는 것을 싫어한다고 그냥 풀썩 주저앉아 버리는 사람이 있습니다. 또 일기예보를 듣고 주일에 기온이 30℃만 넘어간다고 하면 교회 가는 것을 포기하고 종일 집에서 시원하게 지내려는 사람도 있습니다. 이런 사람들은 예수님을 믿기는 해도 땀 한 방울 흘리기 싫다는 사람들입니다. 또 어떤 사람은 교회 안에 보기 싫은 사람이 있다고 교회에 나오지 않습니다. 이렇게 나약한 사람들이 하나님 나라에 들어가겠다고 출발하는 것을 보면 참 신기하다는 생각이 듭니다.

우리는 이미 출발을 잘한 사람들입니다. 그러나 데마처럼 되지 맙시다. 하나님 나라에 들어가려면 값을 많이 치러야 합니다. 주님은 우리를 위해 모든 것을 주셨기에 우리의 모든 것을 요구하십니다. 하나님 나라의 영광이 너무 아름답기 때문에 이 세상 전부를 다 바쳐야만 얻을 수 있습니다. 그래서 이 세상을 사랑하는 사람은 하나님 나라를 얻지 못합니다. 쾌락과 부귀영화와 이 세상의 권력을 하나님보다 더 사랑하는 사람은 이 세상에서는 잘살지 모르지만, 영원한 나라의 영광은 잃어버립니다.

데마처럼 되지 맙시다. 우리가 마지막 날에 천국 문 앞에 서면 주님이 우리의 손목을 잡고 인도하실 것입니다. "끝까지 잘 참고 견뎠구나. 내가 너에게 마지막으로 주려고 하는 영광이 얼마나 큰지 한번 들어와 봐라. 세상에서 잠깐 살면서 네가 누리려고 했던 영광에 비교가 되느냐?"라고 말씀하실 것입니다. 바울은 그것을 본 것입니다.

> 생각하건대 현재의 고난은 장차 우리에게 나타날 영광과 비교할 수
> 없도다_롬 8:18

천국을 바라보는 눈을 가지면 이 세상의 어떤 것도 보잘것없어 보입니다. 영원한 하늘나라에 대한 소망이 있기 때문에 절대로 중도에 포기하지 않습니다.

인생이 많이 남았다고 장담하지 마십시오. 당장 오늘 저녁이라도 하나님 나라 문 앞에 서게 될지 모릅니다. 데마처럼 중도에 포기하고 돌아서는 낙오자가 되지 말고 하나님 나라에 들어갈 그날까지 전진합시다. 그리스도인은 앞날에 주실 영광을 내다보고 전진하는 사람들입니다. 영원한 천국이 있는데 어떻게 작은 문제에 걸려 쓰러질 수 있습니까? 어떻게 작은 감정 때문에 돌아설 수 있습니까? 영원한 저 나라에서 면류관을 얻을 때까지 모든 어려움을 이기고 전진합시다.

8

진정한 승자는 결승점에서 웃는다

영원한 것을 소유하기 위해 지금 당장 어떤 값을내야 한다면
가난도 눈물도 배고픔도 달게 받으라고 하십니다.
이것이 복이라고 하십니다.
이렇게 사는 사람을 복된 사람이라고 하십니다.

누가복음 6:24-26

24 그러나 화 있을진저 너희 부요한 자여 너희는 너희의 위로를 이미 받았도다 25 화 있을진저 너희 지금 배부른 자여 너희는 주리리로다 화 있을진저 너희 지금 웃는 자여 너희가 애통하며 울리로다 26 모든 사람이 너희를 칭찬하면 화가 있도다 그들의 조상들이 거짓 선지자들에게 이와 같이 하였느니라

진정한 승자는
결승점에서
웃는다

우리는 성경을 통해서 예수님이 우리에게 주시는 교훈을 듣다가 보면 충격을 받을 때가 많습니다. 예수님의 가치관과 우리의 가치관이 너무 거리가 멀기 때문입니다. 예수님의 가치관을 이해하는 것은 매우 어렵습니다. 예수님의 가치관은 혁명적입니다. 달리 말해, 우리가 처해 있는 일반적인 상황, 곧 평범한 상황에서는 그 말씀을 이해하기 어렵다는 말입니다.

비범한 예술 작품들이 창작된 당대에는 빛을 보지 못하다가 작품을 창작한 예술가가 죽고, 적지 않은 세월이 흐른 후에야 비로소 참된 가치를 인정받는 경우를 봅니다. 이런 작품들은 가히 혁명적인 작품입니다. 이런 작품을 창작한 예술가는 그야말로 멀리 내다보는 눈을 가진 사람입니다. 현실에 매여있던 그 당시의 사람들은 도저히 그 작품의 가치를 깨닫지 못하는 것입니다. 우리가 예수님의 가치관을 쉽게 이해하지 못하는 것도 바로 이런 이치라고 말할 수 있습니다.

예수님, 가치관의 종말을 고하시다

어떤 부자 관리가 예수님을 찾아와서 "내가 영생을 얻고 싶은데 어떻게 하면 됩니까?" 하고 질문했습니다. 예수님은 그 관리를 살펴보시고 그의 마음이 돈에 붙어 있다는 것을 아셨습니다. 그래서 그가 천국에 들어가는 것은 낙타가 바늘귀로 들어가기보다 더 어렵다고 판단하셨습니다. 예수님은 "네 재물을 다 팔아서 가난한 사람들에게 나누어 주고 그다음에 나를 따르라. 그러면 영생을 얻게 될 것이다"라고 말씀하셨습니다. 그 관리는 근심하는 빛이 가득해서 돌아갔습니다 (눅 18:18-25 참조).

주님이 가르치는 영생은 그 관리에게는 귀한 것이 아니었습니다. 차라리 재물을 가지고 살다가 망하면 망했지, 영생을 얻기 위해 재물을 다 허비한다는 것은 자신에게 있을 수 없는 일이라고 판단했기 때문입니다. 예수님의 가치관과 부자 관리의 가치관은 하늘과 땅의 차이와 같습니다.

예수님의 제자들은 예루살렘 성전을 바라보고 그 예술적인 아름다움이 황홀하여 예수님에게 "주여, 얼마나 아름답습니까!"라고 말했습니다. 그러나 예수님이 예루살렘성을 바라보시는 눈은 달랐습니다. "아름다운 것도, 좋은 것도 아니다. 때가 되면 다 무너져 내리고 돌 위에 돌 하나도 놓이지 않고 다 괴멸될 것이다"라고 말씀하셨습니다(눅 21:5-6 참조). 같은 사물을 보고 있었지만 보는 눈이 달랐습니다. 가치관의 차이입니다.

예수님을 재판한 빌라도는 이 세상 국가가 전부라고 생각한 사람이었습니다. 그러나 예수님은 이 세상 국가에는 관심이 없었습니다. "내나라는 이 세상에 속한 것이 아니니라"(요 18:36)라고 분명히 말씀하셨습니다. 가치관의 차이입니다.

　이렇듯 예수님에 대한 기록을 보면 예수님과 우리 사이에 굉장한 거리가 있다는 것을 발견하게 됩니다. 예수님은 이렇게 말씀하십니다.

　　심령이 가난한 자는 복이 있나니 천국이 그들의 것임이요 애통하는
　　자는 복이 있나니 그들이 위로를 받을 것임이요_ 마 5:3-4

　가난한 자와 우는 자가 복이 있다는 이 말을 우리가 어떻게 이해할 수 있습니까? 세상 사람들은 이것을 복이 아니라 불행이라고 생각합니다. 그런데 예수님은 우리에게 복이라고 가르치십니다.

　　그러나 화 있을진저 너희 부요한 자여 너희는 너희의 위로를 이미
　　받았도다 화 있을진저 너희 지금 배부른 자여 너희는 주리리로다 화
　　있을진저 너희 지금 웃는 자여 너희가 애통하며 울리로다 모든 사람
　　이 너희를 칭찬하면 화가 있도다_ 눅 6:24-26상

　부요한 자가 화가 있다는 것, 배부른 자가 화가 있다는 것, 웃는 자가 화가 있다는 것, 칭찬을 받는 자가 화가 있다는 이 말을 어떻게 이해할 수 있습니까? 세상 사람들은 이것을 복이라고 합니다. 재물이 있고 건강하고 인기를 누리고 평안하면 복이 있다고 말합니다. 그런데 예수님은 복(福)이 아니고 화(禍)라고 말합니다. 가치관의 차이입니다.

　다이스만(Gustav Adolf Deissmann, 1866-1937)이라는 학자가 이 본문을 놓고 의미 있는 표현을 했습니다.

　　"이 말씀은 예수님이 평지에서 무리를 모아 놓고 하신 말씀인데 그

평지에는 긴장된 분위기가 감돌았을 것이다. 왜냐하면 예수님의 이 말씀이 듣는 무리에게 하늘의 별처럼 아름답게 들리는 말씀이 아니라 번갯불같이, 천지를 놀라게 하는 천둥소리같이 들렸을 것이기 때문이다. 이것은 세상에 대한 가치관의 종말을 고하는 말씀이었다."

왜 예수님과 우리의 가치관에 차이가 있습니까? 왜 사람들이 복이라고 하는 것을 주님은 복이 아니라고 하십니까? 왜 우리는 복이 아닌 것을 복이라고 움켜쥐고 손에서 놓지 않으려고 하는 것입니까? 바로 죄가 들어와서 인간이 타락했기 때문입니다.

하나님의 형상을 닮아 천사처럼 고결했던 인간이 죄로 인하여 타락한 결과, 인간은 짐승의 자리로 끌려 내려왔고 티끌의 세계로 내려와 앉았습니다. 동시에 하나님의 형상인 의와 거룩과 진리를 상실하고 그 대신 짐승 같은 본능적인 것들이 인간의 마음을 사로잡았습니다. 눈에 보이는 육체적인 것, 물질적인 것들이 영원한 것을 바라볼 수도 없도록 인간의 눈을 가려 놓았습니다. 그렇기 때문에 우리는 옳고 그른 것을 판단하고 복과 화를 판단하는 기준마저 비뚤어져서 제대로 판단하지 못하는 사람이 되어 버렸습니다.

그래서 인간을 구원하기 위해 세상에 오신 예수님은 분명히 다른 가치관을 가지고 올 수밖에 없었습니다. 우리가 귀하다고 생각하는 것은 예수 그리스도가 가치 있다고 하는 것은 차이가 날 수밖에 없습니다. 그러므로 우리는 예수님의 말씀에 귀를 기울여야 합니다. 우리는 우리의 죄 때문에 올바른 가치관을 가질 수 없었음을 인정해야 합니다. 만약 여러분이 이 사실을 인정할 수 없다면 여러분은 하나님 앞에서 교만한 자입니다.

영원하지 못한 것을 포기하라!

오늘날 세상은 진정한 기차의 척도를 어디에 둡니까? 어제 옳다고 하던 진리가 와르르 무너져 내리고 맙니다. 어디에서 영원불멸한 가치의 척도를 찾을 수 있습니까? 하나님의 자녀가 되었다면 예수님이 가르쳐 주시는 가치관에 귀를 기울여야 합니다. 예수님이 복이라고 하는 것을 복으로 받아들이고 화라고 하는 것을 화로 생각해야 합니다. 나에게 있어서 아무리 귀한 것이라고 해도 예수님이 화라고 하시면 과감히 포기하는 믿음이 있어야 합니다. 이것이 구원받은 자의 변화된 모습입니다.

> 그러나 화 있을진저 너희 부요한 자여 너희는 너희의 위로를 이미
> 받았도다 화 있을진저 너희 지금 배부른 자여 너희는 주리리로다 화
> 있을진저 너희 지금 웃는 자여 너희가 애통하며 울리로다 모든 사람
> 이 너희를 칭찬하면 화가 있도다 그들의 조상들이 거짓 선지자들에
> 게 이와 같이 하였느니라_눅 6:24-26

본문에는 세 가지의 의미가 담겨 있습니다. 첫째로, 예수님은 우리에게 참된 가치를 가진 영원한 행복에 눈을 뜨라고 말씀하십니다. 하나님 나라에 대해서, 영원한 것에 대해서, 영원히 사는 영생에 대해서, 영원한 하나님의 존재에 대해서, 참된 기쁨과 행복에 대해서, 영적인 것에 대해서 눈을 뜨라고 말씀하십니다.

며칠 전, 집을 나와 엘리베이터를 타고 내려오는데 이웃에 사는 부인을 만났습니다. 이 부인은 미션 대학을 다녔기 때문에 예수님이 누구인지, 또 신앙생활을 해야 한다는 것도 알고 있는 부인이고, 가끔

마음이 내키면 교회에 나가기도 하는 분입니다. 그래서 제가 자주 전도를 했지만, 아직도 예수님을 믿을 생각이 없나 봅니다. 그날도 짧은 시간이지만 꼭 전도를 해야겠다고 마음먹고 이런 질문을 던져보았습니다. "사모님, 이 세상에서 70년은 그런대로 행복하게 살겠지요. 그런데 영원을 어디에서 보내실 작정이세요?" 그랬더니 그 부인은 말없이 저를 쳐다보고 웃기만 합니다. 그게 뭐 그리 대단한 일이냐고 하는 웃음 같았습니다. 그러나 저는 제가 던진 그 질문이 판자에 잘 박힌 못처럼 그분의 마음에 단단하게 박히길 바랐습니다.

눈에 보이는 것이 전부라고 생각하는 사람은 영원한 것에 관심이 없습니다. 육체적인 것이 전부라고 생각하는 사람은 영적인 것의 의미를 모릅니다. 세상의 행복이 최고라고 생각하는 사람은 영원한 나라의 축복이 무슨 소용이냐고 덮어버립니다. 이런 답답한 사람들을 향해서 주님은 영원한 것에 대해서 눈을 뜨라고 말합니다. 참된 가치를 가진 영원한 행복이 따로 있다고 말씀하시는 것입니다.

둘째로, 주님은 우리에게 영원하지 못한 세상의 것들을 포기하라고 말씀하십니다. 우리가 어떻게 세상의 것들을 포기합니까? 아무리 재물이 영원하지 못해도 어떻게 포기할 수 있습니까? 아무리 인간의 아름다움과 젊음이 잠깐 지나가는 아침의 꽃과 같은 것이라 해도 어떻게 포기할 수 있습니까? 그러나 주님은 포기하라고 합니다. 달리 말하면, 그런 것에 집착하지 말라는 말입니다. 아무리 돈이 많아도 돈에 전적으로 마음을 두지 말고, 아무리 권세가 있어도 하루아침의 물거품과 같은 권세에 마음을 두지 말고, 아무리 젊고 건강하다 할지라도 그 젊고 건강한 것에 마음을 빼앗기지 말라는 것입니다. 속기 전에, 탄식하기 전에 마음을 떼라는 것입니다.

주님은 칼로 자르듯이 냉철하게 말씀하십니다. 오른팔과 왼팔이 있는데 한쪽 팔이 자꾸 나쁜 짓을 한다면 그 팔을 찍어 버리라고 합니다. 차라리 세상에서 한쪽 팔을 찍어 버리고 불구의 몸으로 살다가 하나님 나라에 가는 것이 낫다고 했습니다. 세상에서 양팔 다 가지고 건강하게 살다가 나중에 지옥으로 가는 것보다 낫다는 말입니다(마 5:30 참조). 우리의 생각과 얼마나 거리가 멉니까! 영원한 그 나라에 들어가려면 세상의 모든 것을 포기해야 합니다.

세 번째로, 주님은 우리에게 어떤 희생도 달게 받아야 한다고 말씀하십니다. 영원한 것을 얻기 위해서 치러야 하는 희생을 감사함으로 받으라는 것입니다. 때로는 배고픔도, 때로는 가난함도, 때로는 울어야 하는 상황에서도 그것을 하나님의 복으로 생각하라는 말입니다. 일시적으로 가난하고 배고프고 울고 버림받는 것이 겁나서 영원한 것을 일시적인 것과 바꾸는 사람들은 불행합니다. 에서가 일시적인 허기를 이기지 못해 장자의 권리를 팥죽 한 그릇과 바꿔 먹은 것 같은 어리석음을 범해서는 안 됩니다. 영원한 것을 소유하기 위해서 일시적인 것을 포기하면 하나님께서 영원한 복을 주십니다.

"화 있을진저 너희 이제 웃는 자여!"

차라리 현실적인 것을 손해를 보더라도 영원한 것은 놓치지 말라는 주님의 말씀이 세상 사람들에게는 어떻게 들리겠습니까? 아마 그들은 바보 같은 소리라고 비웃을 것입니다. 이 본문에는 "너희 이제 웃는 자여!"라는 말씀이 나옵니다. 세상 사람들은 어떤 경우에 웃습니까? 배가 부를 때, 부유할 때, 인기와 명예를 누리고 살 때 웃습니다. 이런 웃음은 예수님을 믿는 사람이 웃는 웃음과 다른 웃음입니다. 누가복음 6장에는 또 다른 종류의 웃음이 나옵니다.

이 웃음은 예수님 때문에 웃는 웃음입니다. 이 웃음은 영원한 나라의 복을 내다보는 성도들의 웃음입니다. 이것은 좋은 웃음입니다. 예수님을 믿는 사람들에게는 이런 평안한 웃음이 있습니다. 이 웃음은 세상 사람들의 웃음과 다릅니다. 천국을 소유한 사람은 어떠한 환경에서도 웃을 수 있습니다. 예수님 안에는 영원한 나라의 소망이 있기 때문에 세상에서 실패하고 병들고 힘이 없어도 웃을 수 있는 것입니다. 예수님을 믿는 사람들에게는 이 귀한 웃음이 있습니다. 그리고 이와 반대인 웃음이 있습니다.

> 화 있을진저 너희 지금 배부른 자여 너희는 주리리로다 화 있을진저
> 너희 지금 웃는 자여 너희가 애통하며 울리로다_눅 6:25

이 웃음은 배가 불러서, 육신이 만족해서 웃는 웃음입니다. 예수님 때문에 웃는 웃음이 아니라 자기 때문에 웃는 웃음입니다. 이것은 불신앙의 웃음입니다. 교만의 웃음입니다. 다윗에게 달려드는 악인들이 "야, 네가 날마다 주여, 주여 하는데 하나님이 어디 있느냐?"라며 파안대소하던 바로 그 웃음입니다(시 42:1-3 참조). 영원한 것을 위해서 눈에 보이는 것을 포기하라고 하니까 말 같지도 않은 소리라고 킬킬 웃는 웃음입니다. 이런 웃음을 일컬어서 솔로몬은 우매자의 웃음이라고 했습니다. 솥 밑에서 가시나무가 타는 소리 같다고 했습니다(전 7:6). 전도서 2장 2절에서는 "웃음에 관하여 말하여 이르기를 그것은 미친 것이라"라고 표현했습니다.

격언 중에 "하나님 앞에서는 울라. 사람 앞에서는 웃으라"라는 말

이 있습니다. 인간의 본질은 하나님 앞에서 웃을 수 없습니다. 죄를 지은 인간이 하나님 앞에 원수가 되어 있는데 어떻게 웃을 수 있습니까? 하나님의 심판과 진노가 눈앞에 가로놓여 있는데 어떻게 웃을 수 있습니까? 바울은 이 세상 만물이 다 죄 때문에 탄식한다고 했습니다. 더러운 인간 때문에 인간이 고통받고 탄식하고, 동물들이 고통받고 탄식하고, 자연 만물이 고통받고 탄식하고, 하늘의 별들마저 고통받고 탄식하는 것이 오늘의 현실입니다. 이런 현실 앞에서 배를 두드리고 웃는 것은 미친 짓입니다. 어느 인간이고 죄를 범하지 않는 인간이 없는데, 하나님 앞에서 킬킬대고 웃고 있다면 그 사람은 미친 사람이 아닙니까? 예수님을 믿고 죄를 용서받기 전에는 어떤 인간도 하나님 앞에서 웃을 수 없습니다.

1870년에 작고한 프레드릭 모리스(John Frederick Dension Maurice, 1865~1892) 목사는 설교를 통해 웃음에 대한 의미 있는 교훈을 남겼습니다.

"우리가 웃는 웃음이 우리를 울지 못하는 사람으로 만들든지 우리가 웃는 웃음이 이 세상의 슬픔을 알지 못하게 한다면 그 웃음에는 죽음과 불행이 도사리고 있습니다. 마땅히 하나님 앞에서 울어야 할 사람이 웃음 때문에 울 줄 모르는 사람으로 변해 버렸다면 그 웃음이야말로 그 사람을 죽음으로 이끌고 가는 것입니다."

모리스 목사의 설교는 새삼 "하나님 앞에서는 울라, 사람 앞에서는 웃으라"라는 격언을 생각나게 합니다.

여러분은 어떤 웃음을 웃는 사람입니까? 어리석은 웃음을 웃고 있지는 않습니까? 어리석은 웃음을 웃는 사람을 향해 주님은 기가 막힌 한마디를 던지십니다. "화 있을진저"라는 말씀입니다. 이 말은 단순한 감정을 담고 있지 않습니다. 답답하고 슬프고 비통한 심정으로 하는 말입니다. 절망적인 사람에게 던지는 말입니다.

주님은 벳새다 사람들에게 "화 있을진저"라고 했습니다. 벳새다 사람들은 예수 그리스도의 이적과 기사를 보고도, 예수님의 말씀을 듣고도 도무지 회개하지 않았습니다. 소돔과 고모라 사람들보다 더 절망적인 사람으로 보셨기 때문에 주님은 "화 있을진저"라고 하셨습니다(눅 10:12-13).

또한 유대의 종교 지도자인 대제사장, 바리새인, 사두개인, 율법사, 서기관들을 보고 주님은 "화 있을진저 외식하는 바리새인들아, 외식하는 율법사들아"라고 말씀하셨습니다(눅 11:37-52 참조). 이 사람들을 독사의 새끼들이라고 말씀하셨습니다(마 23:33 참조). 소망이 없는 그 사람들을 보시고 견디지 못해 하신 말씀이 "화 있을진저"였습니다.

예수님은 가룟 유다에게도 이 말씀을 하셨습니다. 은 삼십에 하나님의 아들을 팔아넘기는 가룟 유다를 보시고 가슴 속에 견딜 수 없는 슬픔을 느낀 나머지 "인자는 이미 작정된 대로 가거니와 그를 파는 그 사람에게는 화가 있으리로다"(눅 22:22)라고 말씀하셨습니다.

주님은 세상의 여러 가지 욕심에 끌려서 배부른 것, 부유한 것, 인기를 누리는 것, 이 모든 것을 가지고 하나님 앞에 파안대소하는 인간에게 "화 있을진저"라고 말씀하십니다. 소망이 없는 사람으로 보셨기 때문입니다. 주님의 심정은 마치 자식을 보는 어버이의 심정과 같습니다.

제가 시무하고 있는 사랑의교회가 유흥가 주변에 있기 때문에 가끔 탄식이 터져 나오는 장면을 목격하게 됩니다. 나이트클럽이나 술집 등을 출입하면서 인생을 유희처럼 제멋대로 살아가는 젊은이들을 보게 됩니다. 내일 일을 생각하지 않고 기분이 내키는 대로 먹고 마시고 즐기는 그들을 볼 때 제 마음은 정말 안타깝습니다. 며칠 즐기려다 평생 고생하는 미련한 사람입니다. 마치 불을 보고 달려드는 하루살이와 같습니다. '대한민국의 젊은이들이 저래서는 안 되는데. 우리 후손이 저래서는 안 되는데' 하는 안타까움이 절실합니다.

이런 안타까운 마음을 가지고 주님이 "화 있을진저"라고 말씀하셨습니다. 세상에서 7, 80년 사는 것이 전부인 줄 알고 땅의 것만 쳐다보고 사는 인간들을 볼 때 주님께서는 너무나 답답한 나머지 "화 있을진저"라고 탄식하시는 것입니다.

주님은 영원한 것에 눈을 뜨라고 하십니다. 일시적인 것에서 마음을 떼라고 하십니다. 영원한 것을 소유하기 위해 지금 당장 어떤 값을 내야 한다면 가난도 눈물도 배고픔도 달게 받으라고 하십니다. 이것이 복이라고 하십니다. 이렇게 사는 사람을 복된 사람이라고 하십니다.

영원한 것을 얻기 위해 고생해야 한다면 차라리 고생합시다. 영원한 나라를 기쁨으로 얻기 위해 현세에서 좀 모자라게 살아야 한다면 차라리 그것을 기쁨으로 받아들입시다. 영원한 나라에 들어가 주님과 영원히 살기 위해서라면 어떠한 환경도 기쁨으로 받아들입시다. 주님은 그런 사람이 더 지혜로운 자라고 말씀하셨습니다.

안타깝게도 많은 성도가 마귀가 쉽게 시험할 만한 허점이 자신에게 있다는 사실을 심각하게 받아들이지 않습니다. 시험의 결과에만 집착하면서 염려합니다. 세상을 사랑하는 마음, 위의 것을 경시하는 사고, 뒤틀린 가치관 등 시험을 끌어들이는 악한 요인들이 살아 있는데 이것들을 과감하게 처리하려고 하지 않습니다. 이런 사람은 누구라도 시험에서 헤어나지 못합니다. 마귀에게 남몰래 문을 따주는 복병을 먼저 색출해서 섬멸시켜야 시험을 이길 수 있습니다.

예수님을 믿는 사람은 예수님의 가치관에 귀를 기울여야 합니다. 하루살이와 같은 인생을 살다가 나중에 영원한 지옥에서 울부짖고 이를 가는 사람이 되어서는 안 됩니다. 비록 현실이 고통스럽다 해도 영원한 나라를 바라보며 기쁘게 웃으며 전진해야 합니다. 그런 성도에게 마귀는 섣불리 접근하지 못합니다.

9

제자리에 두어야
걸려 넘어지지
않는다

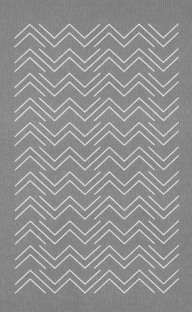

인생에서 최선의 것은 최선의 자리에 놓아야 하고
차선의 것은 차선의 자리에 놓아야 합니다.
명심하십시오! 하나님이 최우선입니다.
하나님 나라가 최우선입니다. 하나님의 의가 최우선입니다.

마태복음 6:25-34

25 그러므로 내가 너희에게 이르노니 목숨을 위하여 무엇을 먹을까 무엇을 마실까 몸을 위하여 무엇을 입을까 염려하지 말라 목숨이 음식보다 중하지 아니하며 몸이 의복보다 중하지 아니하냐 26 공중의 새를 보라 심지도 않고 거두지도 않고 창고에 모아들이지도 아니하되 너희 하늘 아버지께서 기르시나니 너희는 이것들보다 귀하지 아니하냐 27 너희 중에 누가 염려함으로 그 키를 한 자라도 더할 수 있겠느냐 28 또 너희가 어찌 의복을 위하여 염려하느냐 들의 백합화가 어떻게 자라는가 생각하여 보라 수고도 아니하고 길쌈도 아니하느니라 29 그러나 내가 너희에게 말하노니 솔로몬의 모든 영광으로도 입은 것이 이 꽃 하나만 같지 못하였느니라 30 오늘 있다가 내일 아궁이에 던져지는 들풀도 하나님이 이렇게 입히시거든 하물며 너희일까 보냐 믿음이 작은 자들아 31 그러므로 염려하여 이르기를 무엇을 먹을까 무엇을 마실까 무엇을 입을까 하지 말라 32 이는 다 이방인들이 구하는 것이라 너희 하늘 아버지께서 이 모든 것이 너희에게 있어야 할 줄을 아시느니라 33 그런즉 너희는 먼저 그의 나라와 그의 의를 구하라 그리하면 이 모든 것을 너희에게 더하시리라 34 그러므로 내일 일을 위하여 염려하지 말라 내일 일은 내일이 염려할 것이요 한 날의 괴로움은 그날로 족하니라

제자리에 두어야
걸려 넘어지지
않는다

우선순위를 바로 정하는 것은 우리가 잘 아는 바와 같이 가장 힘든 일 중 하나입니다. 인생에서 최선의 것은 최선의 자리에 놓아야 하고 차선의 것은 차선의 자리에 놓아야 합니다. 그런데 많은 사람이 우선순위를 결정하는 데 실패하기 때문에 인생 그 자체가 실패로 끝날 때가 많습니다. 누군가의 말처럼 우리는 너무 약해서 실패하는 것보다 우선순위가 잘못되어 실패하는 경우가 더 많습니다.

알렉산더 블랙이라는 소설가는 사람들이 평소에 무엇을 제일 중요하게 생각하는가를 알아보기 위해 이런 질문을 던지곤 했다고 합니다. "당신이 만약 백만장자가 된다면 그 돈을 제일 먼저 어디에 쓰고 싶습니까?"라는 질문입니다. 이 질문에 어떻게 대답하느냐에 따라 그 사람의 평소 생각이 어디에 제일 많이 가 있는지를 알 수 있습니다.

'세상 사람'은 누구인가?

예수님께서는 오늘 이 본문을 통해 중요한 것을 두 가지 제시해 주고 계십니다. 첫째로, 하나님을 모르는 세상 사람들이 우선순위를 어디에 두고 사는가 하는 것을 가르쳐 주십니다

　세상 사람들은 우선순위를 어디에 두고 사는 사람들입니까? 그들은 무엇을 먹을까, 무엇을 마실까, 무엇을 입을까에 모든 신경을 곤두세우고 거기에 집중적으로 정성을 쏟고 산다고 주님은 가르쳐 주십니다. 이런 사람을 일컬어 세상 사람이라고 말합니다. 그런데 무엇을 먹을까, 무엇을 마실까, 무엇을 입을까 하는 것은 현대사회에 비추어 볼 때 꼭 먹고 사는 문제만은 아닌 것 같습니다. 세상 사람들은 철저하게 현실적인 문제, 육신적인 문제, 자기 자신만의 문제에 최우선의 관심을 두고 있다는 말입니다.

　말씀의 거울에 자신을 비추어 보십시오, 자신의 관심이 어디에 집중되어 있는지 곰곰이 생각해 보십시오. 나 자신의 문제, 내 가정의 문제, 세상에서 어떻게 하면 더 잘살 수 있을까, 어떻게 하면 이 사회에서 멋지게 출세할 수 있을까 하는 문제에 전적으로 마음이 가 있다면 여러분은 오늘 스스로 자신이 세상 사람임을 주님께 고백해야 합니다. 그리고 여러분이 지금까지 중요하다고 생각해 온 것보다 더 중요한 것이 있다는 것을 깨달아야 합니다.

　그러나 이러한 깨달음은 예수님을 믿고 새로운 진리의 세계에 발을 들여놓아야만 가능합니다. 세상이 너무 어둡기 때문입니다. 어두운 굴속에서는 자신의 욕망을 앞세우며 그것을 추구하는 것이 가장 지혜로운 길이라고 생각할 수밖에 없습니다. 이것이 어두운 세계에서 통하는 상식입니다. 자신을 바로 깨닫기 위해서는 그 어두운 굴속에서

나와야 합니다. 빛이신 예수 그리스도 앞에 나와서 다시 한번 자기를 돌아보아야 합니다. 지금까지 중요하다고 생각했던 것들이 정말 중요한 것인지, 그것보다 더 중요한 것은 없는지 예수님 앞에서 다시 검토해 볼 필요가 있습니다.

주님은 분명히 대답하실 것입니다. 더 중요한 것이 있다고! 더 중요한 것을 찾으라고 말씀하실 것입니다. 어떻게 하면 우리가 그 중요한 것을 찾을 수 있습니까? 우선 예수님이 "나의 하나님이요 나의 구원자"이심을 고백해야 합니다. 그리고 자신이 죄인이라는 것을 솔직하게 시인해야 합니다. 예수 그리스도의 십자가의 피가 아니면 하나님 앞에서 도저히 용서받을 수 없는 죄인이요, 영원히 멸망할 수밖에 없는 사람이라는 것을 솔직히 시인해야 합니다. 그리고 "주님, 나를 도와주세요. 내가 주님을 믿겠습니다"라고 하나님 앞에 꿇어 엎드리면 우리 주님께서는 여러분의 마음의 눈을 열어 주셔서 정말 중요한 것이 무엇인지 말씀을 통해 깨닫게 하실 것입니다.

한 저명한 교수가 그의 저서를 통해 이런 말을 했습니다.

"나는 이미 65세가 되었다. 이제 정년퇴직을 할 텐데 그다음 남은 시간을 어떻게 살아갈까? 어디에서 시간을 보낼까? 어디에다 시간을 바칠까? 나는 오늘날까지 참으로 많은 책을 읽었지만, 아직도 읽지 못한 책들이 너무 많다. 내가 읽고 싶은 책에 대한 스케줄을 짜놓고 그 계획대로 책을 읽으며 여생을 보내고 싶다. 그리고 내 자식들에게는 내가 죽으면 나의 관 속에는 논어와 성경책을 꼭 넣어달라고 유언을 남기겠다."

저는 이분의 글을 읽고 참 멋진 인생 설계라고 생각했습니다. 그러나 또 한편으로는 그분의 우선순위가 잘못되었다는 것을 발견했습니다. 65세가 넘어가면 하루를 장담할 수가 없습니다. 언제 하나님이 그 영혼을 부르실지 모릅니다. 이분의 우선순위가 되어야 할 것은 하나님 앞에 서는 것을 준비하는 것입니다. 영원한 영생을 자신의 것으로 소유하는 것입니다. 예수님을 믿고 영원히 사는 길을 찾아 나서는 것이 가장 우선적인 일이지, 세상의 책 몇 권 보는 것이 우선순위가 될수 없습니다. 대학교수라고 해도 영적인 눈이 열리지 못하면 우선순위가 잘못되기 마련입니다. 이와 같은 세상 사람들의 우선순위를 세우지 않도록 합시다.

○ ○ ○ ○ ○ ○ ○
'신자'는 누구인가?

본문에서 주님이 우리에게 가르쳐 주시는 것이 있습니다. 예수님을 믿는 사람은 우선순위가 다르다는 것입니다. 그럼 신자가 최우선을 두고 살아야 하는 것은 무엇입니까? 말씀에 답이 있습니다.

> 너희는 먼저 그의 나라와 그의 의를 구하라_마 6:33상

주님은 하나님 나라와 하나님의 의를 먼저 구하라고 말씀하셨습니다. 주님이 최우선이라고 말씀하신 것은 하나님, 하나님 나라, 하나님의 의, 이 세 가지입니다. 다른 말로, 예수 그리스도, 예수 그리스도의 나라, 예수 그리스도의 의입니다. 그래서 예수님을 믿는 사람들은 하나님 의, 하나님의 나라, 하나님, 이 세 가지를 최우선에 두고 생을 살아야 한다고 말씀하십니다. 신자가 우선순위를 바로 두고 있지 않다면 세상 사람과 다를 것이 무엇이냐고 주님이 반문하십니다.
　여러분의 경우는 어떻습니까? 말씀 앞에 여러분 자신을 그대로 벗어 놓고 우선순위가 바로 되어 있는지 검토해 보십시오. 만약 이 문제

가 바로 정립되어 있지 않다면 큰 모순에 빠지고 맙니다.

예수 그리스도는 하나님, 우리의 왕입니다. 왕은 절대로 차선의 자리에 앉는 법이 없습니다. 더욱이 만유의 주요, 만왕의 왕이신 예수 그리스도가 아닙니까! 마땅히 그분이 앉는 자리는 가장 높은 자리입니다. 우리의 마음에 들어오시든, 교회에 오시든, 이 세상 어느 자리에 가시든 예수님이 앉는 자리는 가장 높은 자리입니다. 그는 절대자요, 주권자이기 때문입니다. 그런데 그분을 바른 자리에 모시지 못하면 이것만큼 큰 모순이 없습니다.

하늘나라에서의 삶은 예수 그리스도만을 높이 모시고 찬양하는 삶입니다. 사도 요한이 환상 중에 하나님 나라에서 살고 있는 형제들을 보니 어린양이라는 제목의 노래를 부르고 있다고 했습니다. 그 노래의 내용은 이렇습니다.

> 주여 누가 주의 이름을 두려워하지 아니하며 영화롭게 하지 아니하오리이까 오직 주만 거룩하시니이다_계 15:4상

주님의 이름 앞에는 모든 사람이 와서 경배한다는 내용의 노래입니다. 그만큼 우리 하나님, 우리 예수님은 높은 분입니다. 이 높고 위대하고 광대하신 분이 우리가 예수님을 믿는 그 순간부터 우리의 마음속에 들어와 계십니다. 그렇기 때문에 예수님을 믿는 사람은 주님을 최우선의 자리에 모시고 살아야 합니다.

왕이 아직 어려서 국사를 논할 만한 준비가 되어 있지 않을 때 누군가 배후에서 왕을 조종하는 정치를 섭정(攝政)이라고 합니다. 우리나라의 역사에서도 어린 왕이 왕좌에 앉아 있으나 그 뒤에 휘장을 쳐 놓고 어머니가 앉아서 사사건건 간섭한 경우가 있었습니다. 이런 경우

에는 왕이 제자리에 앉아 있는 것이 아니라 휘장 뒤의 대비가 실세를 휘두르고 있는 것입니다. 우리의 신앙생활에서도 비슷한 현상을 볼 수 있습니다. 예수님을 영접한 자는 그 마음의 보좌에 반드시 예수 그리스도가 앉으셔야 합니다. 그런데 그분을 왕으로 대접하기보다는 우리가 뒤에서 마음대로 섭정을 하는 경우가 많습니다.

우리는 주님께 순종하기보다 주님이 우리에게 순종하도록 강요하는 듯한 언동을 자주 합니다. 주님을 그분의 위치에 맞게 대우하지 않기 때문에 이런 일이 일어나는 것입니다. 그래서 매사에 우선순위가 뒤죽박죽이 되는 것입니다.

예수님이 왕으로서 가장 원하시는 것은 바로 예수 그리스도의 나라, 하나님 나라를 완성하는 것입니다. 이 하나님 나라를 완성하기 위해 주님은 의를 가지고 다스리십니다. 자기 힘으로 의를 받을 수 없는 자에게 예수 그리스도의 십자가를 통해 새로운 의를 가르쳐 주십니다. 그러므로 우리가 예수님을 믿기만 하면 하나님께서 의롭다 칭하시는 복을 주시는 것입니다. 하나님이 거저 주시는 그 의를 받는 자마다 어두움에서 빛으로, 죽음에서 영생으로 다시 살아납니다.

하나님이 거저 주시는 의를 통해서 구원받은 성도는 자연히 하나님의 계명대로 거룩하게 살게 됩니다. 이러한 그리스도인의 삶을 통해서 이 땅 위에 그리스도의 나라를 확장하는 것이 주님의 소원입니다. 이제 조금 있으면 언젠가 이 세상은 끝이 납니다. 하나님이 심판하시면 옛 하늘과 옛 땅은 끝이 납니다. 주님의 관심은 새 하늘과 새 땅에 있습니다. 하나님 나라의 완성에 있습니다.

제가 시무하고 있는 사랑의교회는 개척 당시 허름한 건물에서 예배를 드릴 때는 교인들 모두가 그 교회 건물을 퍽이나 아끼고 사랑했습니다. 조금만 망가진 곳이 있어도 고치고, 조금만 불편한 곳이 있어도 목수를 데려다가 다듬고 깨끗하게 쓰려고 노력했는데, 새 교회당을 짓고 교회 골조가 점점 눈앞에 드러나니까 낡은 건물에는 관심이 사라졌습니다. 문이 떨어져 나가도 그대로 두고 전선이 흘러내려도 손질할 생각을 하지 않게 되었습니다. 우리는 새 집에 마음이 있지, 헌집에는 관심이 없었기 때문입니다. 새 집을 지으면서 헌 집에 계속 마음이 가 있는 사람이 있다면 정상이 아닐 것입니다.

우리 마음속에 계시는 예수님이 바로 그런 분입니다. 예수님은 새 나라, 즉 하나님 나라에 마음이 가 있지, 곧 망해 버릴 세상에 관심이 없습니다. 그러므로 예수님을 마음에 모신 사람은 자연히 예수님이 제일 중요하게 다루시는 문제를 최우선으로 생각하게 됩니다.

교회의 교역자마다 자기의 생각이 있고 자기 주관이 있습니다. 그러나 일단 교회에 들어온 이상 그날부터 그 교회의 담임목사를 중심으로 일하는 것을 봅니다. 담임목사가 무엇을 생각하는지, 무엇을 계획하는지, 목회 철학이 무엇인지 관심을 가지고 그것에 자기 뜻을 맞추려고 합니다. 이것이 정상입니다. 마찬가지로 예수님을 모시고 사는 하나님의 자녀라면 예수님의 뜻에 자기 뜻을 맞추어야 합니다. 주님의 뜻이 따로 있고 내 뜻이 따로 있다면 그것은 갈등이지, 하나님을 모시고 사는 것이 아닙니다.

○ ○ ○ ○ ○ ○ ○ ○
'이방인'은 누구인가?

어떤 때에는 성경 말씀의 단어 하나하나가 매우 중요한 의미를 갖습니다. 우리가 예수님, 예수님의 나라, 예수님의 의에 얼마나 우선순위를 두고 살아야 하는지 다음의 두 단어가 말해 줍니다. 하나는 "구하다"이고, 또 하나는 "염려하다"입니다.

그러므로 염려하여 이르기를 무엇을 먹을까 무엇을 마실까 무엇을
입을까 하지 말라 이는 다 이방인들이 구하는 것이라_마 6:31-32상

예수님을 안 믿는 이방인들은 항상 마시고, 먹고, 입는 것을 구합니다. '구하다'라는 말은 있는 힘을 다해 찾는다는 말입니다. 예수님을 안 믿는 사람들이 그렇게 힘을 다해서 먹고 마시는 것을 찾습니다. 그리고 여기에 또 다른 '구하다'라는 말이 있습니다.

그런즉 너희는 먼저 그의 나라와 그의 의를 구하라 그리하면 이 모
든 것을 너희에게 더하시리라_마 6:33

주님은 예수님을 믿는 사람에게 먼저 하나님의 나라와 하나님의 의를 구하라고 말씀하셨습니다. 이방인은 물질을 구하려고 종일 힘을 기울여 노력하지만, 예수님을 믿는 사람들은 우선권이 바뀌었기 때문에 하나님 나라와 하나님의 의를 구한다고 말씀하십니다.

그리고 "염려하다"라는 말이 있습니다. 이방인은 물질을 구하다가 욕심이 지나쳐 염려에 빠지게 됩니다. 그러나 예수님을 믿는 사람들에게는 색다른 염려가 있습니다. 하나님과 그의 나라와 그의 의를 열심히 구하다 보니 생기는 염려입니다. 항상 하나님을 생각하고 하나님 나라를 걱정하다가 그것이 염려로 바뀌어 나중에는 주님 앞에 엎드려 울기까지 합니다. 이것이 그리스도인의 모습입니다.

우리는 하나님 나라와 하나님의 의를 최우선에 두고 사는 삶에 대해 너무 거창하게 생각하는 경향이 있는데 마귀는 이것을 잘 이용합니다. 우리가 하나님의 말씀대로 살려고 할 때 마귀는 그렇게 못하도록 충동합니다. "하나님을 최우선으로 사는 것은 엄청난 일이야. 너는

못 해. 그것은 특별히 은혜를 받은 사람에게나 가능해"라고 소곤거립니다. 그러면 마귀의 꾐에 넘어간 사람은 '그렇지, 내 믿음으로는 곤란해. 내가 집사도 아닌데 어떻게 감히'라고 생각하며 자기변명에 빠지고 맙니다.

생각의 순서부터 바꾸어야

하나님과 그의 나라와 그의 의를 우선에 두는 생활은 생각을 바꾸는 데서부터 시작합니다. 가장 기본적인 것에서부터 시작합니다. 예전에는 육신을 먼저 생각했는데, 이제는 영적인 것을 먼저 생각하게 됩니다. 생각의 순서가 바뀌는 것입니다. 예전에는 내가 먼저였지만 이제는 예수 그리스도를 먼저 생각할 수 있는 마음의 변화가 일어납니다. 마음이 바뀌지 않으면 우선권이 결코 정립될 수 없습니다. 마음이 바뀌지 않기 때문에 기회를 따라, 형편에 따라 생활하는 것입니다.

바다에 사는 소라게는 세계적으로 100여 종 되는 그 가운데 어떤 것은 날 때부터 자기가 살 수 있는 껍데기를 가지고 나고, 어떤 것은 가지지 못하고 태어납니다. 어떻든 집이 있어야 살 수 있으니 집이 없는 녀석은 자기 눈에 들면 아무 데나 들어가서 제집처럼 삽니다. 이 소라게는 기어 다니다가 비어 있는 소라 껍데기 가운데서 하나를 고른 후 집게발을 벌려 그 입구를 재어 봅니다. 재어 보고 그 집이 자기 몸에 맞겠구나 하면 지체하지 않고 배부터 밀어 넣고 들어갑니다. 그리고 그 안에서 삽니다. 살다가 몸이 커져 불편해지거나 좀 싫증이 나면 금방 껍데기를 휙 벗어버리고 다른 소라 껍데기를 찾아 나섭니다. 마음에 드는 것이 생기면 들어가 살다가 싫으면 또 집어던집니다. 이것이 소라게의 생활 습성입니다.

예수님을 믿는 사람 가운데 마음이 근본적으로 변하지 않은 사람은 소라게처럼 자주 자기 집을 바꾸는 버릇이 있습니다. 주일을 맞으면 주일에 뒤집어쓰고 갈 수 있는 껍데기, 달리 말해서 예수님을 믿는 행세를 하는 껍데기를 뒤집어쓰고, 월요일이 되면 이번에는 세상에서 부담 없이 살 수 있는 껍데기가 필요합니다. 글쎄, 그 껍데기가 어떻게 생겼는지 모르지만, 하여튼 옷을 바꿔 입는 것입니다. 그래야만 마음 편하게 살 수 있으니 말입니다.

신자의 옷은 하나뿐입니다. 예수 그리스도의 옷, 그것뿐입니다. 어디든지 그 옷을 입고 다녀야 합니다. 그렇게 하려면 육신보다 영혼, 현세보다 영원, 자기보다 하나님께 중심을 두어야 합니다. 그래야 어느 곳에서나 하나님의 영광을 위해 살 수 있습니다. 여러분은 어떤 상황에 놓여 있습니까? 만약 여러분이 소라게처럼 껍데기를 자꾸 갈아야 할 상황이라면 이것은 영적으로 마음이 변하지 않았다는 증거입니다. 이런 사람은 매사에 주님 중심으로 우선순위를 정하고 사는 것이 불가능합니다.

◦ ◦ ◦ ◦ ◦ ◦ ◦ ◦ ◦ ◦ ◦ ◦ ◦ ◦ ◦
우선순위-시험에서 헤어나지 못하는 원인

두 번째로, 하나님에게 우선순위를 두고 살려면 매일매일 하나님을 가장 먼저 만나야 합니다. 앤드류 보나(Andrew Bonar, 1810-1892)라는 성경학자는 이런 생활 원칙을 가지고 있었습니다.

- 예수님께 말씀드리기 전에는 누구에게도 이야기하지 않는다.
- 무릎을 꿇기 전에는 아무 일도 하지 않는다.
- 성경을 읽기 전에는 어떤 책도 읽지 않는다.

약간 괴팍한 것 같기도 하고 수도원적인 생활 같기도 합니다. 옆의 사람이 말을 걸어오는데도 묵묵히 있다가 기도한 다음에 그 사람과 이야기 한다는 것은 좀 이상하기도 합니다. 또 하나님 앞에 무릎 꿇고 하나님께 모든 것을 맡기기 전에는 절대로 움직이지 않겠다는 것입니다. 성경을 읽기 전에는 아무것도 읽지 않겠다는 생활 원칙도 그렇습니다. 좀 과격한 것 같지만 그 정신은 너무나 아름답습니다. 우리에게 중요한 것은 마음입니다. 그 마음의 중심이 참 중요한 것입니다.

〈긴급한 일의 횡포〉라는 칼럼에 재미있는 이야기가 나옵니다. 아침에 일찍 일어나서 하나님과 만나기 위해 대충 정리를 해놓고 조용히 성경을 들고 앉았는데 갑자기 전화가 옵니다. 하나님과 먼저 교제를 나누고 싶은데…. 남편이 지갑을 놓고 나왔으니 들고나오라는 연락이었습니다. 긴급한 일의 횡포입니다. 긴급한 일은 별로 중요하지도 않으면서 요란합니다. 그러나 진짜 중요한 일은 조용합니다. 그래서 우리는 때로 중요한 것은 조용하니까 그냥 넘겨 버리고, 긴급한 일은 소란을 피우니 그것이 더 중요한 것으로 생각하여 거기에 시간을 다 바치고 맙니다. 곧 우선권이 완전히 바뀐 생활을 하는 것입니다. 우리는 하나님을 먼저 만나야 합니다.

마지막으로, 하나님 나라와 그의 의를 최우선에 두는 것은 하나님이 원하시는 일에 충성하는 것입니다. 하나님이 원하시는 일은 하나님 나라를 확장하고 그 나라를 의로 다스리는 것입니다. 하나님 나라는 교회로부터 시작되었고 신자의 마음에서부터 시작되었습니다. 이 나라가 확장될 때 주님이 영광을 받으시는 마지막 날이 옵니다. 영원한 하나님 나라에서 영원토록 주를 찬송할 수 있는 파라다이스가 우리 눈앞에 펼쳐집니다.

하나님은 그 나라가 완성되기를 바라시기 때문에 어떤 때는 우리에게 일을 시키십니다. 예를 들면, 사무실 옆자리에 있는 형제에게 전도하게 한다든지, 교회에서 시간을 바쳐서 충성하게 한다든지, 우리가 모은 재산 중에 얼마를 떼어서 주님의 나라를 위해서 투자하게 단다든지, 우리의 재능을 사용하게 하는 등 우리를 통해서 이루시고자 하는 하나님의 일이 많이 있습니다. 이러한 일에 우리가 최선을 다해 충성해야 합니다.

만약 우리가 날마다 재산을 증식하는 것, 지위가 올라가는 것, 쾌락을 즐기는 것이나 생각하며 살아간다고 가정해 봅시다. 반면에 사랑을 실천하는 것, 복음을 전하는 것, 경건하게 하는 것에는 별로 관심이 없다고 생각해 봅시다. 그러면 우리 사회가 어떻게 되겠습니까? 어떤 학자의 말처럼 교도소를 더 지어야 할지 모릅니다. 또 정신병원을 더 지어야 할지도 모릅니다. 나중에는 군대를 위해서 더 많은 세금을 바쳐야 할 것입니다. 그러나 예수님을 믿는 사람이 많아지면 이러한 악순환은 끝이 납니다. 하나님 나라를 위해서 충성하는 사람이 많아지면 많아질수록 이 사회가 깨끗해집니다. 행복한 나라가 될 수 있습니다.

명심하십시오! 하나님이 최우선입니다. 하나님 나라가 최우선입니다. 하나님의 의가 최우선입니다. "그것을 위해서라면 내 사업도, 내 가정도, 내 모든 건강도, 재능도 주님을 위해 쓰겠습니다"라는 뜨거움을 가지고 하루하루를 살면 나머지 문제는 주님이 다 책임져 주시고, 우리의 삶에는 주님이 주시는 평안과 행복이 늘 깃들 수 있습니다.

예수님을 믿는다고 하면서 항상 크고 작은 시험으로부터 헤어나지 못하는 원인을 잘못된 우선순위에서 찾아보십시오. 오랜 세월 동안 굳어진 생활 습관을 냉정하게 살펴보면 앞뒤가 뒤틀린 일들이 많을 것입니다. 시험은 이런 데서 시작되고 커지는 것입니다. 지금 당장 무

릎을 꿇고 하나님 나라와 의를 최우선에 두는 사람으로 만들어 달라
고 기도하십시오.

10

삼손,
밑 빠진 독에
물을 붓다

약한 부분 때문에 시험에 빠지는 것이 아닙니다.
약한 부분을 알고도 기도하지 않기 때문에
그 게으름과 교만을 뚫고 마귀가 들어오는 것입니다.

사사기 16:15-22

15 들릴라가 삼손에게 이르되 당신의 마음이 내게 있지 아니하면서 당신이 어찌 나를 사랑한다 하느냐 당신이 이로써 세 번이나 나를 희롱하고 당신의 큰 힘이 무엇으로 말미암아 생기는지를 내게 말하지 아니하였도다 하며 16 날마다 그 말로 그를 재촉하여 조르매 삼손의 마음이 번뇌하여 죽을 지경이라 17 삼손이 진심을 드러내어 그에게 이르되 내 머리 위에는 삭도를 대지 아니하였나니 이는 내가 모태에서부터 하나님의 나실인이 되었음이라 만일 내 머리가 밀리면 내 힘이 내게서 떠나고 나는 약해져서 다른 사람과 같으리라 하니라 18 들릴라가 삼손이 진심을 다 알려 주므로 사람을 보내어 블레셋 사람들의 방백들을 불러 이르되 삼손이 내게 진심을 알려 주었으니 이제 한 번만 올라오라 하니 블레셋 방백들이 손에 은을 가지고 그 여인에게로 올라오니라 19 들릴라가 삼손에게 자기 무릎을 베고 자게 하고 사람을 불러 그의 머리털 일곱 가닥을 밀고 괴롭게 하여 본즉 그의 힘이 없어졌더라 20 들릴라가 이르되 삼손이여 블레셋 사람이 당신에게 들이닥쳤느니라 하니 삼손이 잠을 깨며 이르기를 내가 전과 같이 나가서 몸을 떨치리라 하였으나 여호와께서 이미 자기를 떠나신 줄을 깨닫지 못하였더라 21 블레셋 사람들이 그를 붙잡아 그의 눈을 빼고 끌고 가사에 내려가 놋 줄로 매고 그에게 옥에서 맷돌을 돌리게 하였더라 22 그의 머리털이 밀린 후에 다시 자라기 시작하니라

삼손,
밑 빠진 독에
물을 붓다

삼손은 들릴라와 더불어 잘 알려져 있는 구약의 인물입니다. 그는 매우 극적인 인생을 살았던 사람입니다. 우리는 삼손의 짧은 자서전을 통해 하나님의 자녀들에게 가르쳐 주기를 원하는 하나의 산 진리를 배우려고 합니다. 결론부터 말하자면 그는 우리에게 아무리 영광스러운 인물이라도 시험을 이기지 못하면 비참해진다는 진리를 실감 나게 가르쳐 주고 있습니다.

삼손은 태어날 때부터 하나님께 바쳐진 나실인이었습니다. 나실인이란 하나님을 위해서 특별히 헌신한 사람을 말합니다. 하나님은 삼손을 나실인으로 구별해 주셨습니다. 나실인에게는 하나님 앞에서 지켜야 할 특별한 약속이 있습니다. 태어날 때부터 머리에 삭도를 대어서는 안 됩니다. 달리 말해, 머리카락을 자르면 안 된다는 말입니다. 그리고 포도주를 마셔도 안 됩니다. 또 평생 자신의 성결을 더럽혀서도 안 됩니다(민 6:1-21 참조). 그러나 삼손은 끊임없이 시험을 당했습니다. 시험은 하나님이 하지 말라는 것을 마귀가 하게 만드는 것입니다. 삼손의 경우, 나실인으로서의 서약을 어기고 그의 생활과 인격이 더러워지도록 유혹을 받는 것을 시험이라고 합니다.

신자에게도 하나님이 하지 말라는 것이 있습니다. 하나님의 자녀가 되었기 때문에 해서는 안 되는 일들이 있습니다. 그런데 그렇게 하도록 은근히 유혹한다든지 강요하는 것을 시험이라고 말합니다.

그리스도인은 예수 그리스도를 통해서 죄 사함을 받은 거룩한 백성입니다. 거룩한 사람이라고 칭함을 받은 그리스도인입니다. 우리에게는 여전히 약점이 있고 여전히 죄성이 있지만, "그리스도 예수 안에 있는 자에게는 결코 정죄함이 없다"(롬 8:1)라고 하신 하나님께서 우리를 거룩한 자녀로 불러 주셨습니다. 그리고 우리의 마음속에 성령이 거하심으로 우리를 온전히 거룩하게 하셔서 평생 하나님의 자녀로, 예수님의 신부로 거룩하고 성결한 삶을 살도록 만들어 주셨습니다. 그런데 이것을 무너뜨리려는 온갖 유혹이 끊임없이 하나님의 자녀인 우리를 향해 다가옵니다. 이러한 유혹을 시험이라고 합니다.

삼손은 하나님의 특별한 은혜를 받은 사람이었습니다. 삼손에게는 하나님이 주신 초인적인 힘이 있었습니다. 그리고 이 힘을 약화시키려는 시험이 계속해서 그를 괴롭혔습니다. 평안과 기쁨을 빼앗고 좌절과 혼란에서 헤어나지 못하게 하려는 도전이 연이어 찾아왔습니다. 예수님을 믿는 우리에게도 하나님께서 특별한 은혜를 허락하셨습니다. 성령을 주신 것입니다. 누구든지 성령을 받으면 능력을 얻는다고 했습니다. 이 세상을 이길 수 있는 능력, 시험을 극복할 수 있는 능력, 불가능한 일을 하게 하는 능력, 세계를 복음화하는 능력, 이 모든 능력을 하나님이 주셨습니다. 그런데 이 능력을 약화시키기 위한 시험이 얼마나 많은지 모릅니다.

마귀는 신자를 질투한다

시험은 마귀에게서 옵니다. 마귀가 하나님의 백성을 시험하는 이유는 질투하고 미워하기 때문입니다.

에덴동산에는 하나님의 모습을 닮은 피조물이 있었습니다. 아담입니다. 하나님은 아담을 너무나 멋지게 창조하셨습니다. 그래서 마귀는 견딜 수가 없었습니다. 질투가 나고 증오심이 생겼습니다. '저것을 가만히 두어서는 안 되겠다. 어떻게 해서든지 끌어내려야지.' 에덴동산에 침투한 마귀는 드디어 인간을 몰락시켰습니다.

하나님의 아들이 인간의 몸을 입고 세상에 오셨습니다. "그의 영광을 보니 아버지의 독생자의 영광이요 은혜와 진리가 충만하더라"(요 1:14하). 하나님의 아들은 너무 아름답고 거룩했습니다. 마귀는 질투가 나서 견딜 수가 없었습니다. 광야로 하나님의 아들을 찾아갔습니다. 그곳에서 마귀는 온갖 계략을 동원하여 예수님을 시험하려고 했습니다. 미워하고 질투했기 때문입니다.

마귀는 삼손을 미워하고 질투했습니다. 그는 마귀의 미움을 받을 만큼 탁월한 면을 가지고 있었습니다. 히브리서 저자는 삼손을 영웅처럼 돋보이는 믿음의 사람으로 표현했습니다(히 11:32). 히브리서 11장에는 우리가 하나님 나라에 무사히 들어가도록 옆에서 박수하고 격려하고 더 힘을 내라고 소리치는 많은 거룩한 믿음의 증인들이 나오는데 삼손도 그 가운데 한 사람입니다. 이와 같이 삼손에게는 탁월한 면이 있었기 때문에 마귀는 그를 미워하고 시기했습니다. 끝까지 그를 따라다니며 시험했습니다.

마귀의 시험은 현대의 신자들에게도 마찬가지입니다. 마귀는 잠시도 활동을 멈추는 때가 없습니다. 예수님을 믿는 사람들을 가장 미워하는 것이 마귀입니다. 우리를 지독하게 미워하고 지독하게 질투하는 것이 바로 마귀입니다. 마귀는 왜 그토록 하나님의 자녀를 미워합니까? 왜 하나님의 자녀를 그토록 시기합니까?

주님은 우리의 머리에 면류관을 씌워 주시고 의의 옷을 입혀 주셨습니다. 우리는 그리스도의 신부입니다. 우리는 영광스러운 하나님의 형상을 가지고 있습니다. 그렇기 때문에 마귀가 하나님의 자녀를 질투하고 미워하지 않을 수가 없는 것입니다. 주님은 우리에게 이렇게 말씀하셨습니다.

세상이 너희를 미워하면 너희보다 먼저 나를 미워한 줄을 알라 너희가 세상에 속하였으면 세상이 자기의 것을 사랑할 것이나 너희는 세상에 속한 자가 아니요 도리어 내가 너희를 세상에서 택하였기 때문에 세상이 너희를 미워하느니라_요 15:18-19

주님은 우리가 세상에 속한 사람이 아니기 때문에 세상이 우리를 미워한다고 했습니다. 달리 말하면, 우리가 마귀에게 속한 사람이 아니기 때문에 세상이 우리를 미워한다고 했습니다. 하나님의 자녀는 늘 마귀의 질투와 증오의 대상이 되는 사람입니다. 그러나 마귀의 시험에 하나님의 자녀가 무릎을 꿇는다면 이것만큼 비참한 것이 없습니다.

○ ○ ○ ○ ○ ○ ○ ○
밑 빠진 독을 고쳐라!

삼손이 마귀의 시험에 넘어졌을 때 그의 몰골이 어떠했습니까? 그는 마귀에게 사정없이 삭발을 당했습니다. 들릴라의 무릎을 베고 잠든 사이에 그의 힘의 상징인 머리카락이 잘려 나갔습니다. 그리고 그와 동시에 하나님의 능력이 그에게서 떠났습니다. 삼손이 일어나 "내가 전과 같이 나가서 몸을 떨치리라"라고 했지만 그러지 못했습니다. 그는 벌써 힘이 다 빠진 초라한 사람이었습니다. 곧이어 또 다른 재앙이 찾아왔습니다. 삼손은 두 눈이 뽑혔습니다. 캄캄한 암흑을 헤매는 시각장애인이 되고 말았습니다. 그리고 그는 어두운 감옥에서 맷돌을 돌리는 비참한 신세로 전락했습니다.

이 시대를 사는 신자들의 입장도 마찬가지입니다. 우리도 마귀의 시험에 넘어가면 삼손과 다를 바 없이 비참해집니다. 우리도 영적으로 깊이 잠들어 버리면 동서남북을 헤아리지 못하고 아무 힘을 쓰지 못합니다. 거룩한 성결이 더러워지면, 마귀가 끄는 대로 끌려다니면서 비참하게 불의의 병기로 마귀의 종살이를 하게 되는 것입니다. 그러면 우리의 마음속에 있던 평안과 기쁨이 사라지고, 대신 좌절과 혼란이 우리의 마음을 가득 채웁니다. 이제 바로 살아 보려고 해도 살 힘조차 없습니다. 마귀와 싸워 보려고 해도 싸울 힘조차 남아 있지 않습니다. 이것은 구원의 문제는 아니지만, 하나님의 자녀로서 해야 할 도리도 아닙니다. 삼손은 구원받은 사람입니다. 구원은 예수 그리스도를 믿으면 받는 것입니다. 우리는 구원의 문제를 뛰어넘어 하나님의 자녀답게 살아야 합니다. 하나님의 자녀가 마귀의 시험에 무릎 꿇으면 하나님의 자녀답게 살지 못하는 비극이 따라옵니다.

우리는 예수님을 믿고 하나님 나라 가는 날까지 하나님이 주시는 능력으로 참 승리의 생활을 해야 합니다. 하나님의 백성이라는 배짱을 가지고 멋있게 살다가 그 나라에 들어가야 합니다.

10시간 정도 비행기를 타고 가면 미국에 닿을 수 있습니다. 그런데 그만 가는 도중에 나쁜 사람들에게 공중 납치를 당해서 불안과 초조 속에 이리저리 끌려다니다가 겨우 미국에 도착했다고 합시다. 얼마나 괴로운 일입니까? 하나님의 자녀들도 마찬가지입니다. 하나님이 주시는 능력과 영광을 가지고 힘 있고 멋있게 살다가 하나님 나라에 들어가면 얼마나 좋습니까? 그런데 날마다 마귀에게 공중 납치를 당해서 이리저리 끌려다니다가 비참하게 만신창이가 되어서 하나님 앞에 선다면 너무 부끄러운 일입니다. 정말 기가 막히는 일입니다.

신자의 비극은 대개 하나님으로부터 받은 은혜가 적은 데 이유가 있지 않습니다. 하나님으로부터 받은 은혜를 지키지 못하는 것에 그 이유가 있습니다. 신자는 하나님으로부터 모든 것을 다 받은 사람입니다. 받지 않은 것이 없습니다. 지금 손안에 없다고 해서 받지 않은 것이 아닙니다. 하나님의 손안에 있는 것은 이미 우리가 받은 것이나 다름없기 때문입니다. 우리가 이 험한 세상을 살아갈 동안 하나님은 우리에게 필요한 능력을 주시고 보호해 주십니다. 우리가 어려운 일을 당할 때마다 하나님께 기도하면 들어주시고 하늘에 속한 신령한 축복을 허락하십니다. 하나님은 이미 은혜를 가득가득 부어 주셨습니다. 그런데 왜 많은 신자의 마음속에 기쁨이 없습니까? 왜 많은 신자가 자주자주 혼란에 빠지고 고통합니까? 하나님으로부터 받은 것을 바로 지키지 못하기 때문입니다. 시험에 걸려 넘어지기 때문에 하나님으로부터 받은 은혜를 지키지 못하는 것입니다.

일주일 동안 세상에서 상처 입은 사람들이 주일이 되면 위로를 받고자 교회를 찾아옵니다. 그리고 교회는 그들에게 적절한 위로와 격려를 해줍니다. 하지만 아무리 위로하고 격려한들 세상에 나가 무릎을 꿇고 굴복해 버리면 무슨 소용이 있습니까? 큰 가능성을 지닌 적극적인 인간이 되기를 원한다면 시험에 지지 말아야 합니다. 시험에서 이길 때에 하나님이 주시는 특별한 평안이 있습니다. 세상 사람들보다 훨씬 더 행복할 수 있습니다. 시험에서 승리하는 사람만이 항상 기뻐할 수 있고 범사에 감사할 수 있으며 쉬지 않고 기도할 수 있습니다.

자기를 보지 말고 적을 보라

많은 사람이 시험을 당할 때 흔히 빠지기 쉬운 함정이 있습니다. "아무래도 나에게는 소망이 없는 것 같아"라면서 쉽게 좌절해 버리는 버릇입니다. 싸워보기도 전에 흰 손수건을 흔들며 주저앉아 버립니다. 이처럼 시험 중에 자신의 약점을 지나치게 의식해서 자신감을 잃게 하는 것, 이것이 바로 마귀가 잘 사용하는 계교입니다. 결국 마귀는 이런 식으로 자신의 정체를 숨기는 것입니다. 우리가 우리의 초라한 모습만 확대해서 보게 하고 자기의 모습은 못 보게 합니다. 예수 그리스도를 시험할 때도 베드로를 통해 시험했고 아담을 시험할 때도 그의 아내를 통해 시험했듯이 사탄은 자신의 정체를 숨기고 도대체 어디에서 들어오는지 알 수 없도록 들어옵니다. 그래서 마귀의 술수를 모르는 사람들은 결국 자기 자신과 싸웁니다. "내가 이래서는 소망이 없어. 예수님을 믿으나 마나야. 날마다 이렇게 넘어지는 거 믿어 봐야 뭐하나!" 하고 자신과 싸우는 것입니다.

미디안 광야에 있던 군대들이 자기들끼리 칼을 들고 싸우다가 자멸한 것처럼 사탄은 신자 스스로가 자기 자신과 싸우도록 만듭니다. 사탄은 자기의 정체를 숨기고 기다립니다. 그래서 신자가 자기와 싸우다가 힘이 다 빠져 주저앉아 버리면 그때 잡아먹는 것입니다. 그 수법이 얼마나 간교합니까!

사탄은 그리스도인이 아닌 사람은 시험하지 않습니다. 중생받지 못한 사람에게는 시험이 없다는 것을 명심하십시오. 중생받지 못한 사람을 사탄이 왜 시험하겠습니까? 자기 편을 왜 괴롭히겠습니까? 당신은 중생받았기 때문에 시험을 받는 것입니다. 또 우리는 죄가 많아서 시험을 받는 것도 아닙니다. 예수님은 죄 없으신 분인데도 시험을 받으셨습니다. 시험은 죄가 없어서 오는 것도 아니요, 죄가 많아서 오는 것도 아닙니다. 중생받지 못해서 오는 것도 아니요, 믿음이 특별히 약해서 오는 것도 아닙니다. 마귀는 그저 신자만 보면 괴롭히려고 덤비는 것입니다. 그렇기 때문에 우리는 먼저 적을 알아야 합니다. 적의 계교를 잘 파악한 후에 적과 맞서 싸워야 합니다.

종교개혁자 루터가 방 안에 앉아서 기도와 묵상을 하고 있었습니다. 그런데 마귀의 시험이 얼마나 강하게 들었던지 루터가 그만 벌떡 일어섰습니다. 그리고 책상 위에 있는 잉크병을 들어 벽을 향해 던지면서 "이놈아, 물러가라!"라고 했습니다. 잘한 것입니다. 루터는 시험하는 자가 누구인지를 분명하게 알고 있었습니다. 자기를 쳐다보며 고민하지 않았습니다. 적을 바라보고, 자기를 대항하는 원수를 보고 준비하고 있었습니다.

군대의 지휘관이 되려면 병법을 배워 적을 바로 보는 눈을 길러야 합니다. 우리도 이 병법을 배워야 하는데, 이것을 배우는 곳이 바로 성경입니다. 우리는 창세기 3장에서부터 요한계시록에 이르기까지 마귀가 활동하는 것을 볼 수 있습니다. 그래서 성경을 자세히 읽어보면 마귀의 정체가 무엇인지, 또 마귀의 술수나 전략이 어떤 것인지 일목요연하게 파악할 수 있습니다. 적을 알면 쉽게 대적할 수 있습니다.

여러분에게 어떤 시험이 옵니까? 그러면 마귀의 정체를 파악한 다음 어떻게 대적할지 연구하십시오. 연구 방법은 하나님의 말씀을 읽고 기도하는 것입니다. 그러면 답이 나옵니다.

강한 자가 넘어진다

또 한 가지 우리가 알아야 할 것이 있습니다. 마귀는 우리의 약점을 이용해 계교를 부린다는 것입니다. 우리 가운데에는 천성적으로 약점을 가진 사람도 있고, 환경적인 요인으로 약점을 가진 사람도 있습니다. 예를 들어, 남달리 물욕이 강한 사람은 천성적으로 약점을 가진 사람입니다. 그러나 잘살던 사람이 갑자기 가난해졌다면 그 사람에게는 환경적인 약점이 생긴 것입니다. 그러나 그 약점이 죄는 아닙니다. 우리의 약한 부분이 곧 죄가 되는 것은 아닙니다. 그 약한 부분을 통해 들어오는 시험을 용납했을 때 그것이 죄가 되는 것입니다.

만약 우리의 약한 부분이 모두 죄라면 도대체 살아남을 자가 누가 있겠습니까? 모든 인간에게는 약점이 있습니다. 가끔 아이들과 권투 시합을 볼 때면 사탄이 꼭 권투 선수와 같다는 생각을 합니다. 턱이 약한 선수에게는 상대가 무조건 턱을 집중 공격을 합니다. 내 생각 같아서는 턱이 약하면 다른 데를 때릴 것 같은데 계속 턱만 때립니다. 링 주위에 있는 감독이나 코치도 계속 턱만 때리라고 고함을 칩니다. 아, 이러니 두들겨 맞는 사람이 어떻게 견디겠습니까. 마귀가 꼭 이렇습니다. 잔인하기 이를 데가 없습니다. 삼손이 집중적으로 공격을 당했듯이 마귀는 우리가 넘어질 때까지 계속 공격해 옵니다.

그럼 마귀가 계속 공격해 올 때 우리는 어떻게 해야 합니까? 약하다고 생각되는 부분이 있으면 피해야 합니다. 유혹을 받기 쉬운 곳에는 가지 말아야 합니다. 보지도 말아야 합니다. 그 외에 별다른 도리가 없습니다. 그런데 삼손은 이렇게 하지 않았습니다. 시험을 한 번받았을 때 정신을 차렸어야 하는데, 두 번 세 번 시험을 받았습니다. 그는 마치 유혹을 장난감처럼 손에 들고 놀다가 망한 사람과 같습니다. 주어온 폭탄을 만지작거리다가 자폭해 버린 사람과 같다는 말입니다. 유혹은 무서운 것입니다. 어떤 장사도 어떤 도덕군자라도 그 사람의 약점을 통해 들어오는 유혹을 손에 쥐고 놀기 시작하면 당하게 됩니다. 던져 버리든지 피하든지 보지 말든지 해야 하는데 삼손은 그러지 못했습니다. 어린아이가 불에 손을 한 번 데면 그다음부터는 불을 볼 때마다 피합니다. 그런데 삼손에게는 이 어린아이의 지혜조차도 없었습니다.

플라톤(Plato, 약 B.C. 427-약 B.C. 347)의 제자 가운데 프로칠로우스라는 사람이 있었습니다. 어느 날 그가 배를 타고 지중해로 나가 아름다운 경치를 구경하고 오려는데, 공교롭게도 폭풍을 만나 갖은 고초를 다 겪고 구사일생으로 살아 돌아왔습니다. 그는 집에 도착하자마자 하인들을 불렀습니다. 그리고 이렇게 고함을 쳤습니다. "내 방에 있는 창문을 다 막아라. 벽돌을 쌓든지 판자를 대든지 전부 막아버려!" 하인들은 놀라서 "주인님, 대체 왜 그러십니까?"라고 물었습니다. 프로칠로우스는 "지중해가 보이면 또 나가고 싶을 거야. 은빛 찬란한 지중해가 또 나를 유혹할 텐데 아예 보지 않는 것이 최고야. 창문을 전부 막아버려!"라고 말했습니다. 프로칠로우스는 자신의 약점을 아는 사람이었습니다. 자신이 약한 것을 아는 사람은 자기 스스로 주의하고 경계합니다. 이것이 시험을 이기는 지혜입니다.

그러나 삼손에게는 프로칠로우스와 같은 지혜가 없었습니다. 그는 자신의 힘을 과신했습니다. 그러한 교만이 삼손을 얼마나 어리석게 만들었는지 모릅니다. 삼손은 들릴라라는 기생의 손에 들린 금잔을 받을 줄만 알았지, 그 속에 든 독을 보지 못했습니다. 들릴라의 황홀한 미소에 취할 줄만 알았지, 그 미소 뒤에 감추어진 독사의 이빨은 보지 못했습니다. 들릴라의 포근한 무릎에 머리를 기댈 줄 알았지만, 그 손에 들린 가위는 보지 못했습니다. 들릴라의 황홀한 침실에만 마음을 **빼앗겼지**, 그 침실 벽 뒤에 숨어 있는 원수들의 특공대는 보지 못했습니다. 그만큼 그가 자기 약점에 주의하지 않은 결과, 가장 바보 같은 사람이 되고 말았습니다. 육적으로는 거인이지만 영적으로는 소인이 되어버린 것입니다. 교만한 자는 마귀가 가장 꺾기 쉬운 대상입니다.

삼손의 생애에는 기도가 없었다

그렇다면 우리가 교만한 사람인지 아닌지 어떻게 알 수 있습니까? 바로 기도하는 것을 보면 알 수 있습니다. 기도를 많이 하는 사람은 겸손한 사람이요, 기도하지 않는 사람은 교만한 사람입니다. 삼손의 일생에는 기도가 없었습니다. 그리고 생을 마치는 순간에야 겨우 한 번 기도했습니다. 원수들 앞에서 그가 온갖 모욕을 다 받은 후에 분을 이기지 못해서 기둥을 부둥켜안고 기도한 내용이 무엇입니까? "하나님이여 구하옵나니 이번만 나를 강하게 하사"라는 비참한 기도였습니다(삿 16:28). 그의 20년 생활을 돌아보아도 다른 유대 지도자들에게 있었던 기도가 한 번도 보이지 않습니다. 그만큼 삼손은 자기 힘만 의지하고 믿었던 사람입니다. 이렇게 자기 자신을 믿는 사람은 기도하지 않습니다. 그래서 기도가 게으른 사람을 보면 어딘가 자기 자신을 과신하고 있는 사람이라는 것을 금방 알 수 있습니다.

> 그가 시험을 받아 고난을 당하셨은즉 시험 받는 자들을 능히 도우실 수 있느니라_히 2:18

기도가 무엇입니까? 기도는 시험을 당하는 자들을 돕기 위해 기다리고 계시는 주님 앞으로 나가는 것입니다. 그런데 이 기도를 하지 않는 것은 '주님, 도와주지 않으셔도 돼요'라는 교만을 나타내는 것이나 다름없습니다. 삼손은 기도하지 않아서 마귀에게 넘어졌습니다.

하루는 루터에게 학생들이 찾아와서 물었습니다. "선생님, 어떻게 하면 그렇게 많은 사탄의 시험을 쉽게 이길 수 있습니까?" 그때 루터가 이렇게 대답했습니다. "응, 사탄이 자주자주 내 마음의 문을 두드리면서 문을 열라고 소리치곤 한다네. 그럴 때마다 내 마음에 거하시는 예수님이 나가서 문을 열어 주시지. 마귀가 '이 집에 루터가 살고 있지요?'라고 물으면, 예수님은 '과거에는 루터가 살았지. 그러나 지금은 이사를 가고 내가 살고 있어'라고 대답하신다네. 그러면 마귀가 대경실색해서 도망가 버리지. 내가 시험을 이기는 방법은 이것이라네."

우리도 루터의 방법을 배웁시다. 예수님이 항상 우리 마음에 거하신다면 우리는 어떤 상황에서도 안심할 수 있습니다. 주님만 의지하면 마귀가 두들기고 유혹할 때 우리 대신 주님이 모든 것을 감당해 주십니다. 우리가 기도하면 하나님은 우리의 발이 시험의 그물에 걸리지 않게 도와주십니다. 기도하는 사람은 승리합니다. 아무리 약한 부분이 있더라도 걱정하지 마십시오. 약한 부분 때문에 시험에 빠지는 것이 아닙니다. 약한 부분을 알고도 기도하지 않기 때문에 그 게으름과 교만을 뚫고 마귀가 들어오는 것입니다.

혹시 지금 이런 고민을 하고 계시진 않습니까? '이상하다. 내가 예수님을 믿고 바로 살아 보려는데 왜 계속 시험을 당하지?' 걱정하지 마십시오. 하나님의 자녀가 시험을 당하는 것은 정상입니다. 누구에게라도 시험은 옵니다. 이제부터 하나님의 말씀을 통해 마귀를 대적하는 방법을 배우시기 바랍니다. 부지런히 성경을 읽으십시오. 그리고 여러분의 약한 부분을 주님이 대신 지켜 주시도록 기도에 힘쓰십시오. 그러면 마귀가 아무리 우는 사자와 같이 덤벼도 여러분을 쓰러뜨릴 수 없습니다.

우리는 삼손처럼 시험을 이기지 못해 하나님이 허락하신 영광스러운 삶을 비참한 삶으로 전락시켜서는 안 됩니다. 승리합시다. 전진합시다. 하나님의 영광을 위해 쓰임을 받읍시다. 우리가 갖고 있는 하나님의 자녀로서의 이 영광, 놀라운 능력을 세상 앞에 보여 줍시다. 어떤 상황에서도 하나님의 자녀다운 긍지를 잃지 말고 저 하나님 나라에 들어갈 때까지 매일매일 승리하십시오.

II

특명!
시험의 뇌관을
제거하라!

우리 마음에 남아 있는 원한의 감정이 우리의 영혼을 해치는
시험 거리가 되지 않도록 해야 합니다.
시험을 이기려면 우리 안에서 마귀와 내통할 수 있는
복병인 원한을 남겨 놓으면 안 됩니다.

로마서 12:17-21

17 아무에게도 악을 악으로 갚지 말고 모든 사람 앞에서 선한 일을 도모하라 18 할 수 있거든 너희로서는 모든 사람과 더불어 화목하라 19 내 사랑하는 자들아 너희가 친히 원수를 갚지 말고 하나님의 진노하심에 맡기라 기록되었으되 원수 갚는 것이 내게 있으니 내가 갚으리라고 주께서 말씀하시니라 20 네 원수가 주리거든 먹이고 목마르거든 마시게 하라 그리함으로 네가 숯불을 그 머리에 쌓아 놓으리라 21 악에게 지지 말고 선으로 악을 이기라

특명!
시험의 뇌관을
제거하라!

　　　　　　　　　　　　로마서 12장 17절부터 21절의 말씀을 읽으면서 저는 마음 깊은 곳에서부터 좋지 않은 감정들이 연기처럼 피어오르고 있었다는 사실을 깨닫게 되었습니다. 이 깨달음은 제게 날카로운 칼끝에 찔리는 듯한 아픔이었습니다.

　우리는 종종 사회에서 일어나는 여러 가지 좋지 못한 사건들을 접하고 속으로 은근히 고통합니다. 최근 교회 지도자들이 자기들의 교권을 되찾거나 유지하기 위해 세속적인 정치권력에 아부하는 모습을 보면 우리의 감정이 결코 좋을 리 없습니다. 또한 얼마 전 반국가적인 언동을 일삼으며 그래도 그것이 애국이라고 자처하는 일단의 사람들과 잠꼬대 같은 망언을 늘어놓고 있는 후지오 마사유키(藤尾正行, 1917-2006)를 볼 때도 우리의 감정이 결코 좋지 않았습니다. 작금에 수천 명의 외국인을 불러 놓고는 그들 앞에서 데모를 하지 않으면 못 견디겠는지 충혈된 눈을 하고 이리 뛰고 저리 뛰는 젊은이들을 볼 때 우리의 심정은 어떠했습니까? 퇴폐적인 삶을 사는 사람들과 나라야 어디로 가든지, 이웃이야 죽든지 말든지, 자기 욕심껏 사치하고 낭비하는 사람들을 볼 때 우리가 느끼게 되는 역겨움 또한 얼마나 큰지 모릅니다.

게다가 얼마 전 김포공항에서 일어난 폭탄 테러 사건은 제게 매우 충격적이었습니다. 그때 희생된 꽃봉오리와 같은 젊은 아들딸을 우리 교회에서 장례 치르던 날, 저는 저 자신도 모르게 무자비한 그들에 대해서 일종의 복수심이 가슴 속으로부터 끓어오르는 것을 느꼈습니다.

분노, 악의 씨앗이 되는 비상 신호

그런데 이와 같은 감정이 하나의 비상 신호가 될 수 있습니다. 분노하는 것은 모든 악의 씨앗이 될 수 있기 때문입니다. 하나님의 자녀는 악을 미워해야 합니다.

> 사랑에는 거짓이 없나니 악을 미워하고 선에 속하라_롬 12:9

하나님은 우리에게 악을 미워하라고 분명히 말씀하셨습니다. 그러나 우리는 악을 미워하다가 자칫하면 사람을 미워하게 되고, 나아가 원한과 복수심을 가질 수 있습니다. 이것은 하나님이 막으시는 악한 일입니다. 저는 악을 미워해야 할 상황에서 사람까지 미워하여 마음 속에 증오의 감정을 담고 있었다는 사실에 가책을 받았습니다. 물론 이와 같은 일은 비단 저만의 일은 아닐 것입니다. 크고 작은 차이는 있을지 모르나 많은 사람이 사회의 부조리에 대해 이와 같은 감정이 있습니다. 더구나 직접 피해를 입은 사람들의 가슴속에는 복수심과 증오가 남몰래 도사리고 있을 것입니다. 그러나 이러한 감정은 반드시 제거해야 합니다. 이것은 일종의 시한폭탄과 다름없습니다. 무서운 죄악의 뿌리입니다. 그러므로 예수님을 믿는 사람들은 감정이 악으로 발전하지 않도록 항상 자신을 돌아보아야 합니다. 자기 자신에 대한 정화 작업을 게을리하지 말아야 합니다.

악에게 지지 말고 선으로 악을 이기라_롬 12:21

이 말씀은 우리에게 양자택일의 길밖에 없다는 것을 가르쳐 주고 있습니다. 우리가 악을 이기든지, 아니면 악에게 정복을 당하든지 둘 중 하나를 선택해야 한다는 것입니다. 우리는 악을 악으로 남겨 놓고 살 수는 없습니다. 또 악은 우리를 가만히 내버려 두지 않습니다. 그러므로 승패를 결정해야 할, 양자택일의 문제가 우리에게 주어져 있습니다.

그런데 하나님은 그의 자녀들이 악에게 이긴 사람들이라고 분명히 선언하고 계십니다. 하나님은 자기 자녀가 악에게 지는 것을 용납하지 않으셨습니다.

청년들아 내가 너희에게 쓰는 것은 너희가 악한 자를 이기었음이라_요일 2:13

우리는 이미 악을 이기시고 세상을 이기신 예수 그리스도에게 속한 사람들입니다. 우리는 승리하신 예수 그리스도에게 소속된 십자가의 군병들입니다. 그러므로 우리는 악에게 질 수가 없습니다. 하나님의 자녀는 마치 북을 치는 병사와 같습니다. 옛날 영국의 부대에는 북을 치며 신호를 하는 병사가 있었습니다. 그런데 그들은 전진을 독려하는 북만 칠 줄 알았다고 합니다. 후퇴를 시켜야 하는 북은 칠 줄 몰랐다는 것입니다. 예수님을 믿는 사람들도 마찬가지입니다. 악에게 지면 안 됩니다. 반드시 이겨야 합니다. 그렇기 때문에 우리의 마음속에 있는 작은 감정이 악의 요소가 될 가능성이 있다고 생각되면 과감하게 그것을 뿌리를 뽑지 않으면 안 됩니다. 이것이 하나님 자녀의 특징이요, 삶의 원칙입니다.

피가 땅을 더럽힌다

그러면 우리가 하나님의 자녀로서 어떠한 삶을 살아야 하는지 살펴봅시다. 두 가지 방법으로 악을 이길 수 있습니다. 첫째는 아무에게도 악으로 악을 갚지 않는 길이고, 둘째는 모든 사람 앞에서 선한 일을 도모하는 길입니다.

첫째로, 악으로 악을 갚지 않는다는 말은 남에게 복수하는 어떤 행동만을 말하는 것이 절대 아닙니다. 우리가 잘 아는 바와 같이 더러운 감정이 축적되는 데서부터 모든 원수 갚음이 시작되기 때문입니다. 여러분의 마음에 증오나 원한이 깔리기 시작하고 있습니까? 이미 여러분은 복수의 칼을 갈고 있는 사람입니다. 일단 칼을 간 이상 한 번은 뽑아서 상대를 치려고 할 것입니다. 사람의 본성에는 이렇게 무서운 살인적인 복수심이 늘 잠재하고 있습니다.

우리나라에서 자주 사용되는 통속적인 욕설 가운데 제일 많이 듣는 것이 "죽여 버리겠다"입니다. 이것은 적나라한 감정의 표현입니다. 살인적인 복수심입니다. 이런 것이 악을 악으로 갚은 불행의 첫걸음이 됩니다. 예수님을 믿는 사람이라 해도 별 차이가 없습니다. 마음이 깨끗하고 거룩한 것 같아도 막상 화가 나서 흥분했을 때 쏟아붓는 말을 들어보면 세상 사람들이나 별 차이가 없습니다. 신자들의 마음속에도 무서운 살인적 복수심이 작용하고 있는 것을 봅니다. 그러므로 하나님은 인간의 타락 본성에 이와 같이 무서운 독사가 도사리고 있다는 것을 아시고 이 강한 복수심의 충동을 억제할 수 있는 법적인 제도를 이스라엘 백성에게 만들어 주셨습니다.

> 눈은 눈으로, 이는 이로, 손은 손으로, 발은 발로, 덴 것은 덴 것으로, 상하게 한 것은 상함으로, 때린 것은 때림으로 갚을지니라_출 21:24-25

마치 하나님이 복수를 허용하고 앙갚음을 정당화하신 것처럼 생각할 소지가 있는 제도입니다. 그러나 반대로 이 제도에는 엄격한 규제 조치를 하고 있는 두 가지 법적 정신이 들어있습니다.

그중 하나는 이스라엘 백성이 어떤 손해나 피해를 봤을 때는 반드시 재판관 앞에서, 그리고 두세 사람의 증인이 동참한 자리에서만 소위 '눈은 눈으로'의 복수를 할 수 있었다는 것입니다. 사적으로는 절대 해를 가할 수 없었습니다. 재판관 앞에서 증인들의 증거가 확실히 드러난 때에만 보응할 수 있었습니다. 하나님이 인간의 악함을 아시고 이러한 제도를 만들어 두셨습니다. 인간의 야수성을 사전에 억제하신 것입니다.

이 제도에는 또 하나의 중요한 정신이 들어있습니다. 그것은 해를 끼친 만큼만 보복하라는 것입니다. 인간이 보복할 때 얼마나 선을 넘기 쉬운지 잘 아시는 하나님이 짐승 같은 잔혹성을 쇠사슬로 얽어매는 법을 만드신 것입니다. 그러나 오늘날 우리의 역사가 왜 이렇게 비참합니까? 왜 시간이 흐를수록 잔혹해집니까? 인간이 하나님이 주신 기본법을 지키지 않았기 때문입니다. 1대 때려야 할 자를 10대 때리고, 한 번 고통을 줘도 될 사람에게 스무 번의 고통을 주는 이 악한 근성 때문에 우리의 역사가 갈수록 악해지고 있습니다.

사울은 다윗을 시기하다가 무서운 폭군으로 변해 버린 사람입니다. 사울은 다윗에게 조금이라도 동조하는 사람이 있다는 정보를 얻으면 바로 그 사람을 찾아내어 무자비하게 처형했습니다. 그런데 아히멜렉이라는 제사장이 다윗을 조금 도와주었습니다. 그러자 사울은 아히멜렉은 물론이고 85명의 제사장을 전부 살육하고, 그것으로도 분이 풀리지 않아 아히멜렉이 살고 있는 놉이라는 촌락의 남녀노소와 짐승까지 다 칼로 찔러 죽였습니다(삼상 21-22장 참조).

하나님은 이렇게 말씀하셨습니다.

> 피는 땅을 더럽히나니_민 35:33중

○ ○ ○ ○ ○ ○ ○ ○ ○
하나님이 심판하신다

그런데 정말 놀라운 일이 하나 더 있습니다. 예수님이 산상수훈 중에 그의 제자들에게 기가 막힌 교훈을 주셨습니다.

> 또 눈은 눈으로, 이는 이로 갚으라 하였다는 것을 너희가 들었으나
> 나는 너희에게 이르노니 악한 자를 대적하지 말라 누구든지 네 오른
> 편 뺨을 치거든 왼편도 돌려 대며_마 5:38-39

어떻게 인간이 이 말씀을 받아들일 수 있겠습니까? 마치 가을 하늘의 높은 구름을 보는 것 같습니다. 우리와는 전혀 관계가 없는 말씀처럼 들립니다. 그러나 우리는 여기에서 진지하게 성령의 인도하심을 기다려야 합니다. 우리는 예수님이 이렇게 말씀하신 두 가지 중요한

이유를 찾아볼 수 있습니다.

> 내 사랑하는 자들아 너희가 친히 원수를 갚지 말고 하나님의 진노하
> 심에 맡기라 기록되었으되 원수 갚는 것이 내게 있으니 내가 갚으리
> 라고 주께서 말씀하시니라_롬 12:19

왜 예수님께서 하나님의 백성들에게 구약에 있는 원칙마저 포기하
라고 하셨는지 대답이 나옵니다. 하나님이 모든 악을 심판하시기 때
문입니다. 성경에 분명히 그렇게 약속하셨습니다. 그러므로 이 약속
을 믿기만 하면 인간이 손을 들어 상대를 해치지 않아도 되는 것입니
다. 앙갚음을 하겠다는 감정마저도 가질 필요가 없습니다. 악에 대한
심판권은 하나님께 있습니다. 그리고 그것은 하나님의 깊은 계획 중
하나입니다.

그래서 우리는 하나님께 '당장 심판해 주십시오'라고 말할 수도 없
습니다. '주여, 언제 그들을 심판하시겠습니까?'라고 물어볼 수도 없
습니다. 우리는 오직 하나님이 악한 자를 징계하실 그 날을 기다리며
믿는 것밖에 할 일이 없습니다. 이 믿음이 우리에게 있기 때문에 주님
은 아예 눈은 눈으로 이는 이로 갚는 것조차 포기하라고 말씀하십니
다. 하나님의 자녀 된 사람들은 이 믿음을 반드시 가져야 합니다.

> 하물며 하나님께서 그 밤낮 부르짖는 택하신 자들의 원한을 풀어 주
> 지 아니하시겠느냐 그들에게 오래 참으시겠느냐_눅 18:7

하나님은 우리의 마음을 다 알고 계십니다. 그렇기 때문에 우리는
아무에게도 악을 악으로 갚으려고 해서는 안 됩니다. 이것이 우리의

입장입니다. 만약 내가 악을 악으로 갚겠다고 달려든다든지, 내 마음에 무서운 살인적인 감정을 가지고 항상 증오한다면 그것은 하나님이 심판하실 불신앙의 행위입니다.

예수님이 구약의 원리를 포기하라고 하신 또 하나의 이유가 있습니다. 아마 그 당시 주님은 제자들에게 요즘 말로 이렇게 말씀하셨을 것입니다. "너희들은 나의 제자가 아니냐. 너희들은 하나님을 아버지라고 부르는 하나님의 아들들이 아니냐. 자, 그런데 어떤 사람이 네 이빨을 하나 상하게 했다고 하자. 그런데 네가 율법대로 이빨 하나를 뽑겠다고 하면 도대체 네가 나의 제자처럼 보이겠느냐? 하나님의 아들처럼 보이겠느냐?"

대답은 뻔하지 않습니까? 예수님을 닮아가는 사람처럼 보이지 않을 것입니다. 따라서 구약의 원리를 포기하라고 하신 또 하나의 이유는 예수님을 닮아야 하는 제자들의 도덕적 수준 때문입니다.

만일 제가 백만 원을 누구에게 떼였다고 합시다. 그 돈을 받아 내겠다고 아침저녁으로 그 집에 가서 문을 두드리고 싸우면 이웃에서 저를 어떻게 생각하겠습니까? '아이고, 저 사람 정말 목사 맞아? 차라리 백만 원 손해를 보고 말지.' 당장에 그렇게 말하지 않겠습니까?

마찬가지입니다. 하나님의 자녀가 원수를 갚겠다는 것도 신분에 어울리지 않는다는 말입니다. 그러니까 차라리 원수를 사랑하는 것이 하나님의 아들이라는 신분에 어울린다는 말입니다. 이것 참 야단입니다. 이 말씀대로 살아가는 것은 정말 어렵습니다. 그러면 어떻게 이렇게 살 수 있을까요? 스펄전이 남긴 명언을 들어봅시다.

"악을 선으로 갚는 일은 하나님다운 일이요, 선을 선으로 갚는 일은
인간다운 일이다. 선을 악으로 갚는 일은 마귀다운 일이요, 악을 악

으로 갚는 일은 짐승다운 일이다."

스펄전의 말에 우리의 모습을 비추어 볼 때 우리의 내면에 짐승 같은 본성이 숨어 있다는 것을 부인할 수 없습니다. 그렇기 때문에 주님은 아예 구약의 원칙마저도 포기하고 참으로 하나님의 아들다운 높은 수준을 두고 살라고 우리에게 가르쳐주셨습니다.

하드리아누스(Publius Aelius Trajanus Hadrianus, 76–138)이라는 로마 황제가 있었습니다. 주후 117년부터 138년까지 로마제국을 통치했던 왕입니다. 그가 군인이었을 때 항상 그를 괴롭히던 동료 한 사람이 있었습니다. 늘 서로가 대적하는 사이였는데, 수년 후에 하드리아누스가 황제가 되었습니다. 그러자 그를 미워하던 동료는 '이제는 죽었구나' 하고 고민에 빠졌습니다. 하루는 황제가 그를 불렀습니다. 그는 벌벌 떨며 사색이 되어 황제 앞에 나타났습니다. 황제는 그를 물끄러미 쳐다보다가 이렇게 말했습니다. "가까이 오게. 두려워 할 것 없네. 나는 로마 황제야." 로마 황제라는 칭호를 가진 사람이 사사로운 개인의 감정을 가지고 복수하지는 않겠다는 말입니다. 하드리아누스는 정말 멋진 사람이었습니다.

하나님의 자녀요, 예수의 제자인 우리 역시 다른 사람을 향해 이를 가는 감정을 가지고 살 수는 없습니다. 여러분의 마음에 조금이라도 좋지 못한 감정들이 생기면 여러분의 신분을 확인하는 신앙고백을 하십시오. "나는 하나님의 자녀야. 나는 예수님처럼 살아야 할 사람이야." 여러분이 이렇게 고백할 때 원수 같은 감정은 사라집니다.

○ ○ ○ ○ ○ ○ ○ ○ ○ ○ ○ ○
원수의 머리에 숯불을 쌓으라!

둘째로, 모든 사람에게 선을 도모하라고 했습니다. 이 말씀은 하나님의 명령입니다. '모든 사람' 안에는 원수까지도 포함되어 있습니다. 그래서 더욱 무서운 말씀처럼 들리기도 하지만 대단히 중요한 말씀이기도 합니다.

네 원수가 주리거든 먹이고 목마르거든 마시게 하라_롬 12:20상

우리는 이 말씀이 내포하고 있는 그 깊은 영적 진리가 무엇인지 잘 모릅니다. 그러나 한 가지 아는 것은 이 말씀대로 실천하기가 매우 힘들다는 것입니다. 우리는 조그마한 미운 감정 하나도 삭이지 못해 아예 살인적인 생각을 할 때도 많이 있는데, 나에게 무서운 해를 끼친 원수가 굶주린다고 해서 돈을 써가면서 먹을 것을 갖다줄 수 있겠습니까? 우리의 힘으로는 도저히 불가능합니다.

한 일간지 칼럼에 이런 의미 있는 대목이 있었습니다. 제2차 세계대전이 끝나고 일본 천황이 영국을 방문했을 때의 일입니다. 일본 천황이 영국 여왕을 만나서 자기들의 지난 잘못을 용서해달라고 말했습니다. 그때 영국 여왕은 이렇게 말했습니다. "용서는 할 수 있지만 잊을 수는 없다." 그리고 일본 천황이 기념식수를 했는데 하룻밤 사이에 허리가 잘리고 나무뿌리에는 양잿물이 부어져 고사했다는 것입니다. 또 그 칼럼니스트는 한국 사람을 과거의 원한을 잘 잊어버리는 습성이 있는 민족이라고 평했습니다. 제가 이 칼럼을 읽으면서 한 가지 공감한 것은 인간은 굉장히 표독하다는 것입니다. '용서는 할 수 있지만 잊지는 못한다'라는 말이 바로 그것입니다.

예수님을 믿는 사람도 마찬가지입니다. 자기에게 해를 끼친 사람에게 용서한다고 말은 쉽게 하지만, 마음속에는 여전히 앙금이 남아 있습니다. 이런 본성을 가진 사람에게 예수님은 원수가 굶주리면 먹을 것을 갖다 주라고 하시니 우리의 상식으로는 이해하기 힘듭니다. 그러나 우리가 꼭 알아야 할 중요한 사실이 있습니다. 그것은 사람으로는 할 수 없지만, 하나님으로는 할 수 있다는 말입니다.

사람으로는 할 수 없으되 … 하나님으로서는 다 하실 수 있느니라
_막 10:27

은혜를 받으면 가능합니다. 달리 말해, 예수 그리스도께서 우리의 마음을 지배하기 시작하면 능히 원수에게까지 먹을 것을 갖다줄 수 있다는 것입니다. 그리고 우리가 주님의 말씀대로 실천할 때는 정말 놀라운 일이 일어납니다.

그리함으로 네가 숯불을 그 머리에 쌓아 놓으리라_롬 12:20하

숯불을 머리에 얹는다는 말에는 여러 가지 해석이 있으나, 저는 많은 성경학자에게 지지를 받고 있는 어거스틴(Augustine, 354-430)의 견해를 따릅니다. 어거스틴의 해석은 이러합니다. 피해를 본 사람이 도리어 원수에게 먹을 것을 갖다 주면 원수는 그 순간에 너무 부끄러워서 얼굴이 마치 숯불처럼 화끈 달아오르게 된다는 것입니다. 원수가 자신의 행위를 부끄럽게 여기게 만든다는 말입니다. 더 나아가서는 자기를 찾아온 자가 베푸는 무조건적인 사랑에 감격해서 그의 가슴에 감동의 불꽃이 피어오를 수 있다는 말입니다. 그런데 왜 우리가 그렇

게까지 희생적으로 원수에게 불덩이 같은 부끄러움을 안겨 주어야 합니까? 여기에는 하나님이 은근히 기대하시는 한 가지 목적이 있기 때문입니다.

우리가 원수의 얼굴이 화끈 달아오를 만한 일을 하면 그 원수가 회개하고 돌아올지도 모른다는 것입니다. 이렇듯 어떤 방법을 통해서든지 죽어가는 영혼을 살리려는 것이 하나님의 뜻입니다. 그러므로 빵을 들고 원수를 찾아가라고 하나님이 명령하시는데도 우리가 순종하지 않는다면 우리는 하나님의 뜻을 거역하는 사람이 되고, 하나님이 기뻐하시는 일을 고의로 하지 않는 교만한 사람이 될 것입니다.

김준곤(金俊坤, 1925-2009) 목사님은 예수님을 믿는다는 이유로 일가족이 공산당에게 끌려가서 갖은 고초를 당하신 분입니다. 그분은 자기 눈앞에서 부친과 아내가 공산당에게 매를 맞아 죽는 것을 보아야 했습니다. 김 목사님도 매를 맞아 가사 상태에 빠졌으나 미군 함정이 나타나서 겨우 위기를 벗어나 목숨을 건졌습니다. 급기야 미군들이 김 목사님 가족을 죽인 공산당을 포로로 잡았습니다. 그러나 김준곤 목사님은 손에 빵을 들었습니다. 미군을 찾아가 공산당을 풀어 주라고 간청한 것입니다. 미군이 그들을 용서해 주었습니다. 그런데 그 공산당들이 산속에 들어가서 계속 게릴라전을 벌였습니다. 그때 김 목사님은 성경책을 들고 그들을 찾아갔습니다. 그 결과 그들이 회개하고 돌아와 108명이 모이는 시골 교회 하나를 설립했습니다.

악을 악으로 갚으려는 생각조차 하지 맙시다. 왜냐하면 하나님이 원하시는 일이 아니기 때문입니다. 우리는 하나님의 자녀들입니다. 우리는 높은 수준을 가지고 살아야 하는 그리스도의 제자들입니다. 마음의 생각을 고쳐먹는 데만 머물지 말고 원수에게 먹을 것, 마실 것을 갖다 주는 데까지 나아가야 합니다. 그러면 원수의 마음이 무너지고 회개하고 주님 앞에 돌아오는 역사가 일어날 수 있습니다. 그가 회개하고 돌아오면 탕자를 기다리시는 하나님이 기뻐하시고 하늘의 천군 천사와 함께 잔치를 베푸실 것입니다.

이러한 주님의 명령에 순종하지 않는 것은 하나님을 기쁘게 해 드리기 싫어하는 악한 본성 때문입니다. 이 시간 성령의 은혜 앞에 우리 자신을 있는 그대로 맡기고 모든 더러운 감정을 녹여 달라고 기도합시다. 우리가 악한 자를 대할 때 하나님 아들답지 못했던 것을 회개합시다. 벌써 돌아와야 할 영혼들이 아직도 사망의 골짜기를 헤매고 있는 것은 우리가 사랑을 실천하지 못한 책임임을 고백합시다. 하나님이 원하시는 수준까지 우리의 믿음을 끌어 올립시다. 우리 힘으로는 못하지만, 하나님의 은혜로는 가능합니다.

그리고 우리 마음에 남아 있는 원한의 감정이 우리의 영혼을 해치는 시험 거리가 되지 않도록 해야 합니다. 시험을 이기려면 우리 안에서 마귀와 내통할 수 있는 복병을 남겨 놓으면 안 됩니다. 원한의 감정, 이것은 눈에 잘 띄지 않는 복병이 될 수 있습니다. 지금부터 선으로 악을 이길 수 있는 은혜를 날마다 사모합시다.

12

덫은 내 안에
숨어 있다

다윗의 잘못은 하나님이 허락하신 행복한 환경을
육체의 욕심이 마음대로 악용할 수 있도록 방심한 것에 있습니다.
육체의 소욕은 신자에게 있어서 보이지 않는 곳에 숨겨 놓은 덫과 같습니다.

사무엘하 11:1-5; 26-27

1 그 해가 돌아와 왕들이 출전할 때가 되매 다윗이 요압과 그에게 있는 그의 부하들과 온 이스라엘 군대를 보내니 그들이 암몬 자손을 멸하고 랍바를 에워쌌고 다윗은 예루살렘에 그대로 있더라 2 저녁 때에 다윗이 그의 침상에서 일어나 왕궁 옥상에서 거닐다가 그곳에서 보니 한 여인이 목욕을 하는데 심히 아름다워 보이는지라 3 다윗이 사람을 보내 그 여인을 알아보게 하였더니 그가 아뢰되 그는 엘리암의 딸이요 헷 사람 우리아의 아내 밧세바가 아니니이까 하니 4 다윗이 전령을 보내어 그 여자를 자기에게로 데려오게 하고 그 여자가 그 부정함을 깨끗하게 하였으므로 더불어 동침하매 그 여자가 자기 집으로 돌아가니라 5 그 여인이 임신하매 사람을 보내 다윗에게 말하여 이르되 내가 임신하였나이다 하니라 26 우리아의 아내는 그 남편 우리아가 죽었음을 듣고 그의 남편을 위하여 소리 내어 우니라 27 그 장례를 마치매 다윗이 사람을 보내 그를 왕궁으로 데려오니 그가 그의 아내가 되어 그에게 아들을 낳으니라 다윗이 행한 그 일이 여호와 보시기에 악하였더라

덫은 내 안에
숨어 있다

　　　　　　다윗이 유대를 다스리던 당시, 유대와 암몬 사이의 전쟁이 거의 1년 넘게 계속되어 있었습니다. 그런데 전쟁 중에 겨울이 닥쳐왔기 때문에 추위와 비를 피해 전쟁이 소강상태에 빠졌습니다. 그 기회를 이용하여 다윗은 예루살렘 궁전에 돌아와 있었고 또 일부 군대들도 철수했습니다.

　몇 달이 지나고 봄이 돌아왔습니다. 봄이 되자 다시 군대가 출전을 개시하였습니다. 그러나 이미 전세는 판가름 난 것이나 다름이 없었습니다. 왜냐하면 이스라엘 군대가 적국의 수도를 포위했기 때문에 암몬을 함락하는 것은 시간문제였습니다. 따라서 다윗 왕이 직접 군대를 이끌고 전선으로 나갈 필요가 없었습니다. 그래서 그는 예루살렘 궁전에 남아 느긋한 마음으로 쉬고 있었습니다.

그 사람이 그럴 리 없어!

예루살렘에 봄이 돌아왔기 때문에 날씨가 몹시 포근하고 향기로웠습니다. 그래서 더운 지방의 사람들이 흔히 하듯이, 다윗은 오후 시간에 낮잠을 즐기고 저녁 때에야 일어났습니다. 그리고 그는 시온산 언덕에 있는 왕궁 옥상으로 올라갔습니다. 그는 예루살렘 성내의 전경을 감상하면서 저녁 바람에 실려 오는 꽃향기를 맡으며 산책을 즐기고 있었습니다. 그때 그의 눈에 황홀한 장면이 들어왔습니다. 왕궁에서 내려다보이는 어느 집 담 안에서 전라의 여인이 목욕을 하고 있었던 것입니다.

호기심이 잔뜩 생긴 다윗은 신하를 보내어 그 여인이 누구인지 알아보게 했습니다. 그리고 그 여인이 우리아의 아내 밧세바라는 것을 알게 되었습니다. 그녀의 남편 우리아는 유대에서 탁월한 30인의 장군 속에 포함될 정도로 유명한 장군이었으며, 당시 전선에서 나라를 위하여 싸우는 중이었습니다.

그러나 이미 판단력을 잃어버린 다윗은 그 여인을 왕궁으로 불러서 죄를 범하고 말았습니다. 그러다 그녀가 임신하자 그것을 감추기 위해 남편인 우리아 장군을 전선에서 불러들여 회유를 했습니다. 그런데 뜻대로 되지를 않자 다윗은 우리아 장군이 전사하도록 고의로 그를 위험한 전투에 몰아넣었습니다. 이렇게 다윗은 적군의 손을 빌려 우리아의 생명을 빼앗은 다음 얼마 지나지 않아 밧세바를 후처로 삼았습니다.

성경학자들 가운데는 밧세바를 나무라는 사람도 없지 않습니다. 그의 집이 왕궁에서 보이는 곳에 있고 또 왕이 가끔 그 시간에 옥상에서 산책을 한다는 사실을 몰랐을 리 없었을 텐데 밧세바가 어둡기도 전에 목욕을 했다는 것은 다분히 왕을 유인하기 위한 의도적인 행동이라고 보는 것입니다. 또 어떤 학자는 밧세바가 정숙하지 못한 여자가 아닌가 하고 추측을 합니다. 남편이 오랫동안 집을 비우고 있었으므로 밧세바의 행동을 고의로 보는 학자들도 없잖아 있습니다.

그러나 성경에서 밧세바에 대해 특별한 설명을 하고 있지 않기 때문에 우리는 그 여인이 어떤 사람인지 정확히 알 수 없습니다. 그렇지만 우리가 성경을 읽으면서 분명히 알아야 할 것은 하나님께서 밧세바의 시시비비를 일체 말씀하지 않는다는 것입니다. 시종일관 시선은 다윗에게만 집중되어 있습니다. 모든 책임이 다윗에게 있다는 것을 하나님께서 분명히 밝히고 있습니다.

다윗의 범죄는 우리에게 큰 충격을 던져주는 사건입니다. 막강한 권력을 휘두르던 고대 황제들의 악행에 비하면 다윗이 범한 행동은 대수롭지 않게 받아넘길 수도 있는 가벼운 죄목일지 모릅니다. 그러나 그런 일을 절대로 범하지 않을 것 같던 사람이 그런 일을 저질렀다는 데에 문제가 있습니다. 예상외의 사건이 일어났다는 데 놀라움과 충격이 따라오는 것입니다.

우리가 잘 아는 바와 같이 다윗은 구약에서 아브라함에 버금가는 인물입니다. 하나님의 특별한 은혜와 총애를 한 몸에 받고 있던 사람이었습니다. 50살 가까이 살도록 하나님으로부터 특별한 책망을 받은 적이 없을 만큼 깨끗하고 거룩한 생을 살았던 사람이었습니다. 더욱이 그는 구약시대에 기름 부음을 받아야 추대되는 세 가지 직책을 한꺼번에 독차지한 거물이었습니다. 그는 왕이요, 제사장이요, 선지자였습니다. 그는 세 사람이 해야 할 일을 혼자서 다 해낼 만큼 걸출한 하나님의 종이었습니다. 그런데 놀랍게도 그가 간음과 살인을 저지른 것입니다.

그뿐만 아니라 당시 다윗이 처한 여러 가지 여건을 보면 더욱 이해가 가지 않는 점들이 있습니다. 그의 나이 이미 50살입니다. 50이라는 나이는 정욕이 불타는 젊은이와는 다릅니다. 그렇게 충동적으로 행동할 나이가 아닙니다. 그리고 그에게는 아름다운 여러 명의 아내가 있었습니다. 또 아내들 외에 그가 마음만 먹으면 품에 안을 수 있는 후궁이 상당수 있었습니다. 하필이면 신하의 아내를 탐할 이유가 없었던 것입니다. 다윗이 낳은 아들이 이미 여러 명이었고, 아들 중에는 아버지처럼 성인이 다 된 아들도 있었습니다. 자녀들 보기 부끄러워서라도 그는 그런 일을 함부로 저지를 수 없는 처지에 놓여 있었습니다.

게다가 그는 나라의 법을 세워야 하는 통치자의 자리에 있었습니다. 왕위에 있는 사람이 남의 가정을 파괴하는 일을 공공연히 범하면서 법을 세울 수는 없는 것입니다. 또한 그 당시 한편에서는 수많은 젊은이가 전선에 나가서 나라를 지키느라 피를 흘리고 있었습니다. 그것을 생각만 해도 왕이 긴장의 고삐를 풀 상황이 아닌데 엉뚱하게도 다윗은 전쟁에 나가 있는 신하의 아내를 빼앗았던 것입니다. 다윗의 인품이나 주변의 여건을 보아서는 절대 그런 행동을 할 사람이 아닌 것 같습니다. 그런데 그가 죄를 짓고 말았다는 사실이 우리에게 큰 충격과 놀라움을 던지고 있는 것입니다.

○ ○ ○ ○ ○ ○ ○ ○ ○ ○ ○
덫은 다윗 안에 숨어 있었다

그러면 다윗을 쓰러뜨린 덫이 무엇이라고 생각합니까? 혹자는 그가 전쟁에 나가지 아니하고 게으름을 피웠기 때문이라고 말합니다. 게으름이 덫이 되었다고 해석하는 것입니다. 그러나 저는 거기에 동의하지 않습니다. 전쟁에 출전하고 안 하고는 왕의 위치에서 얼마든지 결정할 수 있는 자기 권한에 속한 문제입니다. 그리고 전략상 출전하지 않을 수도 있는 것입니다. 그러니 그것을 탓할 수는 없습니다. 또 낮잠을 잔 것을 잘못이라고 단정하기도 어렵습니다. 더운 나라에서는

시험이 없는 신앙생활은 없다
•
184

오후에 한동안 쉬는 것이 그렇게 이상한 일이 아닙니다. 그의 나이로 보나, 그의 지위로 보나 오후에 잠깐 쉬는 습관이 있었다는 것도 우리는 충분히 이해할 수 있습니다.

정작 다윗을 쓰러뜨린 덫은 다윗 속에 숨어있던 육체의 욕망이었습니다. 다윗은 구약에서 드물게 볼 수 있는 성령의 사람이었습니다. 그가 중생받은 새로운 피조물이었다는 데 의심할 사람이 없습니다. 그러나 다윗에게는 육체의 소욕과 성령의 소욕이 함께 역사하고 있었습니다. 그도 우리와 다를 바 없는 사람이었습니다.

> 육체의 소욕은 성령을 거스르고 성령은 육체를 거스르나니 이 둘이
> 서로 대적함으로 너희가 원하는 것을 하지 못하게 하려 함이니라
> _갈 5:17

예수님을 믿고 거듭난 하나님의 자녀에게는 두 가지 소욕(욕망, desire)이 있습니다. 하나는 성령의 소욕이요, 또 하나는 육체의 소욕입니다. 때로 이 두 가지 소욕이 팽팽히 맞서서 성령이 하고자 하는 일을 육체가 못하게 하고, 육체가 하고자 하는 일을 성령이 못하게 하는데 성경은 우리에게 성령께서 하고자 하는 욕망을 따르기만 하면 육체가 하고자 하는 욕망은 쉽게 좌절된다고 가르쳐 줍니다. 이런 의미에서 육체의 소욕은 신자에게 있어서 보이지 않는 곳에 숨겨 놓은 덫과 같습니다.

다윗에게도 육체의 욕망이 그의 마음 깊은 곳 어딘가에 복병처럼 웅크리고 있었던 것이 분명합니다. 다윗을 유혹한 모든 유혹의 원천이 그의 내부에 잠재하고 있었다는 말입니다. 그런데 아무리 육체의 욕망이 그의 마음속에 웅크리고 있었다고 할지라도 그것은 여건이 주

어질 때만 가능한 것입니다. 여건이 주어지지 아니하면 그것은 활동하기가 어렵습니다. 달리 말하면, 육체의 욕심이 활개를 치려면 그것이 좋아하는 어떤 여건이 형성되어야 한다는 말입니다.

그런데 다윗에게는 오랫동안 육체의 욕망이 마음대로 활개를 칠 여건이 주어지지 않았습니다. 우리가 잘 아는 바와 같이 그는 왕위에 오르기 전, 10년이 넘게 정치적 망명 생활로 긴장된 나날을 보내야 했습니다. 그때는 한시도 하나님을 떠나서 살 수 없었으므로 그는 신앙생활에 몰입했습니다. 그가 시편에서 고백한 것처럼 아침에도 기도했고, 저녁에도, 밤중에도 기도했고 때에 따라서는 하루 일곱 번씩 기도했다고 할 만큼 그는 하나님 앞에 매달렸습니다. 얼마나 하나님의 말씀을 사모했는지 그 말씀이 그의 입에 꿀송이처럼 달았다고 했습니다. 그때 그는 어떤 것을 바쳐서라도 하나님과 깊이 교제하려고 신앙생활에 전력을 다하고 몰입했습니다.

다윗은 30살에 왕위에 오르고 나서도 오랫동안 편할 날이 없었습니다. 선왕인 사울 치하에서 타락하고 어지러웠던 국정을 바로잡아야 하는 엄청난 일들이 그를 기다리고 있었고, 몰락한 사울 왕가를 추종하는 구세력이 상당히 저항하고 있었기 때문에 그들과 화합을 도모하는 데에 전력을 쏟아야만 했습니다. 그래서 그는 대단히 분주했고 하나님 앞에 지혜를 구해야 했으며 겸손해야 했습니다. 더욱이 왕이 되자마자 전쟁이 그칠 날이 거의 없었습니다. 왜냐하면 여호수아가 정복하지 못하고 남겨 놓은 가나안 땅을 회복시키는 일에 총력을 기울이지 않으면 안 되었던 것입니다. 그것은 하나님이 다윗에게 주신 소명이었습니다. 하나님이 약속하신 가나안 땅을 완전히 정복해야 할 책임이 그에게 있었던 것입니다.

그런 까닭으로 그는 크고 작은 전쟁을 치르며 수년을 긴장된 생활

속에서 살아야 했습니다. 따라서 하나님의 힘을 의지하여 적진으로 달려가고 하나님의 지혜를 힘입어 나라를 다스리고, 오직 하나님을 최우선에 두는 경건한 생활을 해왔습니다. 이러한 생활은 그가 왕이 된 후에도 10년이 넘도록 계속되었습니다. 밤낮 성령으로 충만한 그의 마음에서 육체의 욕심은 죽은 듯이 잠잠했습니다.

나른한 봄날, 복병이 나타나다

그러나 사무엘하 11장을 전후로 다윗의 형편이 바뀝니다. 그때부터 모든 것이 자기 수중에 들어왔습니다. 대항하던 세력들도 지리멸렬해지고 이제는 더 이상 칼을 들고 싸울 대상도 남아 있지 않았습니다. 많은 나라가 다윗 앞에 굴복하고 조공을 바치기 시작했습니다. 아셀에서는 향기로운 기름이, 유대의 벌판에서는 풍부한 곡식이, 에브라임에서는 포도주가, 두로와 시돈에서는 백향목이 끊임없이 쏟아져 들어왔습니다.

나라의 힘은 점점 강해졌습니다. 그의 가정은 편안했으며 자녀들은 잘 자라고 있었습니다. 그의 나이도 인생의 희년이라는 50대에 접어들었습니다. 무엇이나 그가 마음먹은 대로 안 되는 것이 없었습니다. 국력이 계속 신장하고 평안해지니까 자기도 모르게 긴장이 풀렸습니다. 안일해졌습니다. 자기만족에 빠지고 행복에 도취되기 시작했습니다. 이제는 좀 편안히 살고 싶다는 나른한 생각이 그를 지배하게 되었던 것입니다.

자, 다윗의 이런 여건을 보십시오. 성령의 욕망과 육체의 욕망 중, 어느 쪽에 더 유리한 여건이라고 생각하십니까? 아시는 바와 같이 육체의 욕망을 자극할 수 있는 충분한 여건이 다윗에게 서서히 형성되기 시작했습니다. 밧세바를 만났을 때 다윗은 밖으로도 봄이요, 안으로도 봄을 맞이하고 있었습니다. 육체적으로도 온몸이 나른해지는 봄이요, 영적으로도 자기도취와 안일함에 취하기 쉬운 봄이었습니다. 점점 위험한 징조들이 다윗에게 나타나기 시작했지만, 그는 불행히도 어두운 그림자가 다가오는 것을 깨닫지 못했습니다.

미국 코넬대학교(Cornell University)의 실험실에서 있었던 예화를 하나 소개합니다. 개구리 한 마리를 차가운 물이 담긴 큰 비커에 넣었습니다. 비커 밑에는 분젠등을 놓고 1초에 $0.017°F$씩 데워지도록 불꽃을 아주 작게 조정해 놓았습니다. 온도가 서서히 높아지기 때문에 개구리는 온도의 변화를 눈치채지 못했습니다. 마음만 먹으면 당장이라도 비커에서 뛰어올라 안전한 곳으로 갈 수 있음에도 불구하고 개구리는 태평스럽게 앉아 있었습니다. 온도는 $0.017°F$씩 올라가는데 개구리는 여전히 제자리에서 빠져나올 생각을 하지 않았습니다. 2시간 반쯤 지난 뒤 개구리는 뜨거운 물에 푹 삶겨져 죽어 있었습니다. 자기도 모르게 죽은 것입니다. 자기가 죽어가는 것도 느끼지 못하고 있다가 그대로 삶아져 버린 것입니다.

다윗이 바로 개구리와 같은 처지에 놓여 있었습니다. 안일한 궁정의 환경이라는 비커 속에서 정욕의 불이 $0.017°F$씩 서서히 다윗을 데우기 시작했지만, 그는 자기가 얼마나 위험한 처지에 놓여 있는지 전혀 눈치채지 못했습니다. 방심하고 있다가 자기도 모르게 당한 것입니다.

그러면 다윗이 잘못한 것은 무엇입니까? 그가 누리고 있던 부귀영화가 잘못입니까? 천만의 말씀입니다. 우리 생의 형통은 하나님이 주시는 복일 수 있습니다. 부유하고 편안한 환경 또한 하나님의 자녀들이 누릴 수 있는 복일 수 있습니다. 기독교는 염세주의도, 비관주의도 아닙니다.

대저 사람의 길은 여호와의 눈앞에 있나니 그가 그 사람의 모든 길
을 평탄하게 하시느니라_잠 5:21

여호와를 의지하는 자는 풍족하게 되느니라_잠 28:25하

다윗의 잘못은 하나님이 허락하신 행복한 환경을 육체의 욕심이 마음대로 악용할 수 있도록 방심한 것에 있습니다. 그것은 다윗이 범한 치명적인 실수였습니다. 이런 의미에서 다윗이 낮잠을 잔 것도 탈이 될지 모릅니다. 다윗이 옥상을 거닌 것도 문제가 될지 모릅니다. 그가 이전과 같이 기도했겠습니까? 그가 이전과 같이 하나님이 두려운 줄 알고 나라를 걱정하고 자기 책임을 다했겠습니까? 왜 옥상에 올라가서 남의 집 마당을 두리번거려야 했습니까? 자기도 모르게 방심하고 있었던 것입니다. 마음의 자물쇠를 풀어놓고 있었던 것입니다.

이런 기회를 마귀가 놓칠 리 있겠습니까? 그때까지 죽은 듯이 엎드리고 있던 육신의 정욕이 절호의 찬스를 맞아 사정없이 그의 목덜미를 낚아챘습니다. 그는 말 한마디 하지 못하고 당하고 만 것입니다.

다윗은 자기가 하나님 앞으로 바짝 다가앉아야 할 때가 전쟁할 때만이 아니라 오히려 화려한 궁궐에 있을 때라는 사실을 깜빡 잊어버리고 있었던 것입니다. 긴장하고 고달픈 나날을 보내고 있을 때 육체의 소욕이 죽은 듯 가만히 있으니까 궁정 생활을 할 때도 그러리라고 착각해 버린 것입니다. 상아 침상에서 편안히 쉬고 있는 그 자리에도 전투장에서처럼 육체의 소욕이 맥을 못 출 것이라고 어리석게 믿었던 것입니다. 이렇게 방심한 결과 그는 무서운 죄의 노예가 되었습니다.

다윗이 범한 죄가 무엇을 의미하고 있는지 성경에서 찾아보면 성경에는 간단하게 두 마디로 요약하고 있습니다.

다윗이 행한 그 일이 여호와 보시기에 악하였더라_삼하 11:27하

어찌하여 네가 여호와의 말씀을 업신여기고_삼하 12:9상

다윗의 행동이 하나님이 보시기에 악하다고 했습니다. 또 여호와를 불쾌하게 했다는 의미도 있습니다. 이것은 영어의 'displease'에 해당하는 말입니다. 그다음에 하나님께서는 다윗이 자기를 업신여긴다고 했습니다. 이것은 영어의 'despise'에 해당하는 말입니다. 결국 다윗이 범한 죄는 하나님을 불쾌하게 만들고, 업신여기는 결과를 초래했습니다. 이 얼마나 무서운 일입니까?

하나님을 멸시한 사람이 어떻게 편안할 수 있습니까? 하나님을 불쾌하게 만든 사람이 어떻게 태평스러운 생활을 할 수 있습니까? 그런데 다윗은 육신의 정욕에 사로잡힌 나머지 하나님이 불쾌하신지 어떤지를 분별할 능력을 상실하고 말았습니다. 정욕이 두 눈을 가리니까 하나님의 안색을 살피는 눈치마저 없어진 것입니다. 이 얼마나 무서운 일입니까? 그 결과 다윗은 평생 씻을 수 없는 큰 오점을 남기게 되었습니다. 이런 실수 때문에 그의 남은 생애에 말할 수 없는 고통이 찾아오게 되었습니다.

○ ○ ○ ○ ○ ○ ○ ○
내 안에도 덫이 있다

우리는 지금까지 다윗의 모습을 살펴보느라고 거울을 열심히 닦았습니다. 이제부터 그 거울에 우리의 모습을 비추어 보아야 할 때가 되었습니다. 우리는 어떻게 해야 합니까? 무대 위에서 다윗이 밧세바, 우리아와 함께 연기하는 것을 보는 것으로 만족해야 합니까? 우리는 다

윗을 통해서 네 가지 관점으로 우리 자신을 살펴야 합니다.

첫째로, 다윗이 걸려 넘어진 덫에 우리 역시 당할 수 있다는 사실을 명심해야 합니다. 우리는 다윗처럼 성령 충만하지 못합니다. 다윗처럼 기름 부음 받지 못했습니다. 다윗처럼 하나님의 총애를 받지 못했습니다. 그렇게 탁월한 다윗도 넘어졌습니다. 그러므로 우리도 보장할 수 없는 것입니다.

우리 가운데는 믿음이 대단히 좋은 분도 있을 것입니다. 우리 중에는 육체의 욕심에 종이 되어 저지르는 실수를 한 번도 겪지 않은 경건한 분들도 많이 계실 것입니다. 거룩한 생활에 관해서는 자부심을 가져도 좋을 정도로 흠이 없는 분들도 계실 것입니다. 구원의 확신이 너무 강해서 흔들리지 않는 좋은 믿음을 가지고 있고 매일매일 경건의 시간을 통해서 기도와 말씀의 묵상을 착실히 함으로써 안심해도 된다고 자부하는 사람도 있을 것입니다. 그러나 한 가지 사실을 잊지 마십시오. 여러분도 쓰러질 수 있습니다. 여자 앞에서 쓰러질 수 있고, 마음에서 솟구치는 증오 앞에서 사람을 죽일 수도 있습니다.

우리 안에는 무서운 육체의 소욕이 마치 입을 크게 벌리고 먹이를 기다리고 있는 덫처럼 움츠리고 있습니다. 다윗의 가슴 속에 기다리고 있던 육신의 정욕이라는 덫이 우리 안에도 있습니다. 우리 생각으로는 절대로 그런 일을 하지 않을 것 같은 사람이 잘못하면 세상 사람이 깜짝 놀랄 만한 악한 죄를 범할 수 있다는 점을 꼭 명심해야 할 것입니다. 우리가 다윗에게 돌을 던질 수 없는 이유가 바로 여기에 있는 것입니다.

우리 모두는 예수님을 믿는 경건한 사람들입니다. 간음이나 살인과는 거리가 먼 사람들처럼 인정을 받고 있습니다. 그러나 다윗도 넘어졌습니다. 우리가 이런 점을 값진 교훈으로 받아야 합니다. 설혹 간음이나 살인 같은 무서운 범죄는 아닐지라도 다윗을 영적으로 어둡게 하고 무력하게 만들었던 유혹과 범죄가 남의 일이 아닐 수 있다는 사실을 스스로 깊이 명심해야 합니다. 고린도전서 10장 12절에 "선 줄로 생각하는 자는 넘어질까 조심하라"라는 교훈의 말씀을 가슴 깊이 새겨야 합니다.

둘째로, 지금 각자가 처해 있는 환경이 어떠한지를 자세히 살펴보아야 합니다. 달리 말하면, 여러분의 환경이 성령의 소욕이 왕성할 여건인지, 아니면 육신의 정욕이 왕성할 여건인지를 살펴보라는 것입니다. 생활고에 시달리고 있습니까? 몸이 건강하지 못합니까? 자녀에게 고민스러운 문제가 있습니까? 만약 여러분이 이런 어려운 문제 가운데 놓여 있다면 이런 여건은 육신의 정욕보다 성령의 욕망이 활동하기에 훨씬 좋은 여건이라는 것을 기억해 두시기를 바랍니다.

너무나 고생스러운 환경 속에서 사는 사람들이 육신의 정욕에 쉽게 타 버리는 예는 거의 없습니다. 무거운 십자가를 지고 힘들게 고비고비를 넘기는 크리스천이 육신의 정욕에 눈이 어두워지는 일은 거의 없습니다. 여러분의 마음에 무거운 고민과 고통이 있습니까? 어려운 문제를 가지고 하나님 앞에 감사하십시오. 성령이 힘 있게 역사하실 좋은 기회가 되기 때문입니다.

그런데 여러분은 어떻습니까? 지금 행복합니까? 돈 걱정이 없습니까? 집안에 어려운 일도 별로 없습니까? 지금까지 모든 일이 형통합니까? 앞날도 환히 밝아 보입니까? 만사에 안정이 되어 있어 편안합니까? 그렇다면 여러분은 지금 대단히 조심해야 할 때입니다. 그 좋은 여건이, 잘못하면 육신의 정욕이 무섭게 여러분을 향해서 덤빌 좋은 기회가 되기 때문입니다.

루터가 어느 날 꿈을 꾸었습니다. 그 꿈의 내용은 사탄이 루터와 개

신교 신자들을 전멸시키려고 작전을 개시하고 부하들에게서 보고를 받는, 좀 이상한 꿈이었습니다. 첫 번째 부하가 와서 사탄에게 이렇게 보고를 했습니다. "수령님, 저는 사막을 걸어가는 예수쟁이들에게 사자를 보냈습니다. 그런데 그들이 사자 앞에서도 태연히 기도하고 있었습니다." 이어서 두 번째 부하가 들어와서 이렇게 보고를 했습니다. "바다를 항해하는 예수쟁이들에게 폭풍을 일으켜 보았습니다. 그랬더니 그들은 암초에 올라가서도 찬송을 불렀습니다." 마지막으로 세 번째 부하가 와서 보고를 했습니다. "저는 예수 믿는 사람들의 한 교회를 찾아갔습니다. 그리고 10년 동안 모든 일이 잘되고 평안하게 만들어 주었더니 그들의 육체와 영이 완전히 썩어버렸습니다." 이 예화가 우리에게 무엇을 암시하고 있는지 짐작하시겠습니까?

존 맥아더(John Fullerton MacArthur Jr.)라는 미국의 유명한 목사님은 "목회에서 가장 힘든 일은 교회가 성장한 후에 시작된다. 사람들이 만족하고 모든 것을 당연하게 여기지 못하게 하는 것이 목회자에게 가장 어려운 일이다"라고 말했습니다. 맥아더 목사의 말은 교회에만 해당하는 말이 아닙니다. 개개인에게도 마찬가지로 적용됩니다. 모든 것이 안정되고 자기도 모르게 배가 부르는 그때가 어려운 위기라는 사실입니다. 여러분은 지금 어떤 환경에 놓여 있습니까? 우리 가운데 기가 막힌 고생 속에서 헤매는 사람도 없잖아 있을 것입니다. 또 염려와 고통을 안고 있는 가정도 적지 않을 것입니다. 그러나 그것은 몹시 견디기 어려울 정도로 고생하는 사람에 비해서는 그래도 여유가 있는 편입니다. 조그마한 방심에도 잘못하면 육신의 정욕에 모든 것을 다 빼앗길 수 있다는 것을 잊지 마시기를 바랍니다.

셋째로, 만일 육체의 소욕에 사로잡히기 쉬운 여건에 살고 있다면 하나님의 특별한 은혜를 구해야 합니다. 스펄전 목사님이 이런 말을 남겼습니다.

> "가난하고 병들고 어려움이 닥칠 때 우리는 하나님의 은혜가 필요하다. 그러나 부하고 건강하며 평안할 때 우리는 은혜 위에 은혜가 필요하다."

스펄전의 말이 무엇을 의미합니까? 우리가 가난하고 병들고 고통스러울 때 물론 하나님의 은혜가 필요합니다. 그러나 부하고 건강하고 평안할 때는 그 은혜만 가지고는 안 됩니다. 은혜 위에 은혜가 필요합니다. 달리 말하면, 두 배, 세 배의 은혜를 받지 않으면 안 된다는 말입니다.

넷째로, 경건의 연습에 특별히 노력해야 합니다. 말씀과 기도를 가지고 하나님을 가까이해야 합니다. 안일하고 행복한 생활에 도취되지 말아야 합니다. 그럴 기회를 주어서는 안 됩니다. 더 긴장하고 깨어 있어야 하며, 더 영적인 전투에 힘써야 합니다. 행복하고 평안한 것이 잘못된 것이 아닙니다. 행복하고 평안해도 하나님 앞에 정신을 바짝 차리고 자기의 여건이, 육신의 정욕이 더 무섭게 역사할 수 있는 여건이라는 것만 알면 행복해도, 평안해도, 부유해도, 모든 것이 만사형통해도 긴장을 풀지 않을 것입니다. 조금이라도 마귀에게 틈을 주지 않으려 깨어 있을 것입니다.

우리에게도 이런 노력이 필요합니다. 그렇게 긴장하고 노력하면 다윗처럼 잠을 실컷 자고는 남의 집 마당을 기웃거리는 쓸데없는 짓을 하지는 않을 것입니다. 다윗처럼 안목의 정욕에 사로잡혀서 정신이 나간 행동은 하지 않을 것입니다.

이제 우리 자신을 돌아보아야 할 때입니다. 다윗은 이미 지나간 사람입니다. 중요한 것은 여러분 자신입니다. 지금 어떤 여건에 있는지 한 번 자신을 돌아보시기를 바랍니다. 저는 목사들의 잘못을 이야기하고 싶지는 않습니다. 왜냐하면 저 자신이 목사요, 다른 목사에 비해서 잘난 것이 하나도 없는 사람이기 때문입니다. 그러나 최근에 너무나 불행한 사태들이 세계 곳곳에서 일어났습니다. 절대로 그런 일을 범하지 않을 것으로 보였던 경건한 목사가 하루아침에 그 이름이 땅에 떨어지는 사건들이 일어난 것입니다. 왜 그랬겠습니까? 그 목사들의 여건을 살펴보면 한결같이 성공했고, 평안했고, 풍요로웠고, 인기 절정에 있었다는 것을 발견하게 됩니다. 그런 환경은 성령이 일하실 여건이라기보다는 육신의 정욕이 미친 듯이 날뛸 수 있는 좋은 바탕이 되는 것입니다. 그런 때일수록 더 긴장하고 두려워해야 할 목사가 방심해 버렸다는 데에 비극이 따라온 것입니다.

독사에게 물린다고 미리 알고 물리는 사람은 천하에 아무도 없습니다. 정신을 바짝 차리지 않으면 언제 마귀의 밥이 될지 모릅니다. 그러므로 우리는 편안할 때일수록 더 기도해야 합니다. 더 바짝 말씀 가까이 다가앉아야 합니다. 하나님이 주신 행복한 여건을 그분의 이름을 높이는 일에 사용해야 합니다. 이런 열망을 가지고 하루하루를 살면 비록 여러분 안에 어떤 육신의 정욕이 도사리고 있다고 할지라도 그가 발악을 할 수 있는 기회는 절대로 주어지지 않을 것입니다.

13

예수를
바라보자

무거운 것이든, 얽매이기 쉬운 죄이든 간에 우물쭈물해서는 안 됩니다.
우리 믿음의 경주는 멈추지 말아야 합니다.
바울이 고백한 바와 같이 뒤돌아보지 않고 목표를 향해 힘차게 뛰어야 할 것입니다.

히브리서 12:1-2

1 이러므로 우리에게 구름 같이 둘러싼 허다한 증인들이 있으니 모든 무거운 것과 얽매이기 쉬운 죄를 벗어 버리고 인내로써 우리 앞에 당한 경주를 하며 2 믿음의 주요 또 온전하게 하시는 이인 예수를 바라보자 그는 그 앞에 있는 기쁨을 위하여 십자가를 참으사 부끄러움을 개의치 아니하시더니 하나님 보좌 우편에 앉으셨느니라

예수를
바라보자

신앙생활을 장거리 경주와 비교하는 성경 말씀은 우리가 익히 잘 아는 내용입니다. 바울은 당시 사람들의 인기를 독차지했던 장거리 경주를 잘 알고 있었습니다. 그는 가끔 그 경기를 관람했는지도 모릅니다. 바울은 경주를 지켜보면서 신앙생활에서 자기도 저렇게 뛰어야 하겠다는 결심을 자주 했던 것이 틀림없습니다. 그러므로 그는 제일 마지막 순간에 자신의 지나간 인생을 돌아보며 담담하게 이런 말을 했습니다.

나는 선한 싸움을 싸우고 나의 달려갈 길을 마치고 믿음을 지켰으니_딤후 4:7

바울은 자신의 지나온 생애를 열심히 달음박질한 마라톤 선수에 비유하며 조용히 회상하고 있습니다. 먼 훗날 여러분은 자신의 생애를 돌아보며 바울처럼 열심히 달음박질한 생이었다고 자신 있게 말할 수 있습니까? 우리는 모두 분명히 그렇게 말할 수 있는 사람이 되어야 할 것입니다. 그렇게 하기 위해서 우선 갖추어야 할 것들이 있습니다.

목표가 분명해야 한다

첫째로, 목표가 분명해야 합니다. 올림픽에 출전하는 선수의 목표는 물어보나 마나 이기는 데 있습니다. 나머지는 그다음으로 따라오는 부수적인 것들입니다. 승자가 되어 금메달을 목에 걸겠다는 목표는 선수의 삶 전부를 지배하는 강력한 위력을 발휘합니다. 그것은 타의 추종을 불허하는 강인한 투지를 소유하게 합니다. 따라서 금메달을 따겠다고 하는 그 집념이 온갖 어려움과 고통을 감수하게 합니다. 그런 의미에서 우승에 대한 야망이 없는 선수는 이미 선수로서의 생명이 끝난 사람이라고 해도 과언이 아닐 것입니다.

우리의 신앙생활에도 분명한 목표가 있습니다. 어떤 사람은 구원을 받는 것이 목표라고 말합니다. 과연 그렇겠습니까? 언젠가 저는 "너희도 상을 받도록 이와 같이 달음질하라"라는 고린도전서 9장 24절 말씀을 주제로 쓴 어떤 목사님의 글을 읽은 적이 있습니다. 그는 이렇게 말했습니다.

> "구원받기를 원하시나요? 구원받기를 원하시면 제가 말씀드리는 세 가지를 꼭 마음에 명심하시고 실천하셔야 합니다. 첫째는, 달리지 않으면 안 됩니다. 둘째는, 빨리 달려야 합니다. 셋째는, 계속 달려야 합니다."

이것이 그분 설교의 주된 내용이었습니다. 나쁜 설교는 아니지만, 좋은 설교도 아닙니다. 왜냐하면 구원은 우리가 달음박질한다고 얻을 수 있는 것이 아니기 때문입니다.

그런즉 원하는 자로 말미암음도 아니요 달음박질하는 자로 말미암음
도 아니요 오직 긍휼히 여기시는 하나님으로 말미암음이니라_롬 9:16

하나님의 은혜로 예수 그리스도를 믿게 된 그때부터 이미 우리는
구원을 받았습니다. 그러므로 구원을 받기 위해서 달음박질해야 한다
는 설교는 성경의 한 부분을 무시한 논조라고 보아야 할 것입니다.

그러면 왜 우리가 신앙생활에서 달음질해야 하는지 살펴봅시다.
우리는 구원받은 사람이기 때문에 달려가야 합니다. 바울은 이미 구
원받은 사람이었기 때문에 달려야 할 뚜렷한 목표를 가지게 되었던
것입니다. 그래서 달리지 않을 수 없었습니다. 우리도 바울처럼 달음
질해야 합니다. 이미 구원을 받았기 때문입니다. 달음질하는 신앙생
활이란 적극적이고 헌신적인 신앙생활을 말합니다. 적극적으로 주님
을 믿는 자세는 달리는 것입니다. 자신의 모든 것을 주님 앞에 헌신하
겠다고 하는 자세는 달려가는 자의 자세입니다. 왜 우리가 달음질하
는 신앙생활을 해야 합니까? 상(賞)을 얻기 위해서입니다. 주님이 우
리에게 약속하신 그 상급을 얻기 위해서 우리는 달려가야 합니다. 바
울은 "너희도 상을 받도록 이와 같이 달음질하라"라고 말했습니다.

우리는 성경을 조금씩 알아가면서 주님이 주시겠다고 약속하신 상
급에 관해서도 알게 됩니다. 그러다가 믿음이 크게 자라면서 그 상급
이라는 것이 우리의 신앙생활에 얼마나 큰 비중을 차지하는지 깨닫게
됩니다. 저도 믿음이 약했을 때는 이렇게 말한 적이 있습니다. "구원
만 받으면 됐어. 난 그것으로도 감사하겠어. 천국에서 상을 받느냐 못
받느냐 하는 것은 중요하지 않아. 하나님 나라에 들어가서 상을 받지

못한다고 해서 불행하다면 그것은 하나님 나라라고 볼 수 없잖아?"라고 제법 그럴듯한 논리를 펴기도 했습니다. 그러나 믿음이 자라면서 우리는 상에 대한 깨달음을 얻게 됩니다. 믿음이 자라면 자랄수록 상을 얻으려는 열망이 강하게 나타납니다.

주님이 우리에게 약속하신 상이 무엇입니까? 성경에 보면 의의 면류관이라고도 합니다. 낙원에 있는 생명나무의 과실이라고도 하고, 둘째 사망의 해를 받지 않는 것이라고도 합니다. 감추었던 만나일 수도 있고, 새 이름을 기록한 흰 돌일 수도 있다고 합니다. 만국을 다스리는 권세일 수도 있고, 또 저 하늘에 반짝이는 새벽별일 수도 있습니다. 성경에서 상을 묘사하고 있는 용어들은 너무나 다양하고 화려해서 상이 구체적으로 어떤 것인지 우리가 확실하게 선을 그어 말하기는 어렵습니다.

그러나 한 가지 분명하게 말할 수 있는 것은 천국의 행복과 영광이 상을 받는 데서 절정을 이루게 될 것이라는 사실입니다. 이것만은 분명한 사실입니다. 역사상 수많은 사람이 자기의 생명을 아낌없이 주님께 드렸습니다. 그들은 천국에 가기 위해 헌신한 것이 아니라 상을 얻기 위해 자신의 모든 것을 주님께 바친 것입니다. 이 상에 대한 깨달음을 강하게 가진 사람치고 굼벵이처럼 기어가는 신앙생활을 하는 사람은 없습니다. 하나님 나라의 상급과 영광이 너무나 찬란하고 화려하기 때문에 세상의 것은 도무지 눈에 들어오지도 않게 됩니다. 이것이 주님의 상급을 바라보는 사람의 마음입니다.

우리가 각종 전도 집회를 통해 한 사람이라도 더 전도하려고 하는 이유도 따지고 보면 상급을 얻기 위해서입니다. 하나님은 전도를 잘하는 사람에게 이런 상급을 약속하셨습니다.

많은 사람을 옳은 데로 돌아오게 한 자는 별과 같이 영원토록 빛나리라_단 12:3하

이 얼마나 놀라운 상급입니까! 하나님께 크나큰 영광을 돌리고 싶다면 목표를 뚜렷이 정하시기를 바랍니다. 우승을 하겠다는 열망이 없는 사람은 선수 생활을 포기해야 하는 것과 마찬가지로 주님에게 상을 받겠다는 뚜렷한 목표가 없는 신자는 절대로 달리는 신앙생활을 할 수 없습니다.

무거워지면 안 된다

신앙생활의 챔피언이 되기 위해 우리가 갖추어야 할 또 한 가지는 바로 철저한 절제입니다. 달리기 선수에게는 체중이 적이라고 합니다. 한번은 올림픽 100m 달리기에서 금메달을 차지했던 선수가 미국에서 열린 친선경기에서 우승하지 못한 일이 있었습니다. 기자들이 대거 몰려와서 1등을 못한 이유를 물었습니다. 그 선수의 대답은 간단합니다. 체중 때문이라고 대답했습니다. 올림픽 때 비해 체중이 조금 늘었는데 그것이 결정적인 패인이 되었다고 고백했습니다.

우리가 믿음의 경주를 하는 데 반드시 경계해야 할 적이 있습니다. 히브리서 12장 1절에서 그것은 '무거운 것'과 '얽매이기 쉬운 죄'라고 했습니다. 이 두 가지는 상을 얻기 위해서 달리는 성도에게 치명적인 손해를 끼칠 수 있는 영적인 적입니다. 히브리서 독자들은 이 두 가지의 방해물을 방치했기 때문에 신앙생활에 막대한 피해를 보았던 것입니다. 그들은 처음 신앙생활을 시작하여 얼마 동안은 잘 달렸습니다.

전날에 너희가 빛을 받은 후에 고난의 큰 싸움을 견디어 낸 것을 생각하라 혹은 비방과 환난으로써 사람에게 구경거리가 되고 혹은 이런 형편에 있는 자들과 사귀는 자가 되었으니 너희가 갇힌 자를 동정하고 너희 소유를 빼앗기는 것도 기쁘게 당한 것은 더 낫고 영구한 소유가 있는 줄 앎이라 그러므로 너희 담대함을 버리지 말라 이것이 큰 상을 얻게 하느니라_ 히 10:32-35

이 말씀을 보면 히브리서를 읽었던 독자들은 초창기에는 대단히 열정적인 신앙생활을 한 사람들이라는 것을 알 수 있습니다. 그러나 불행히도 그들은 얼마 가지 않아 비틀거리기 시작했습니다.

너희가 죄와 싸우되 아직 피 흘리기까지는 대항하지 아니하고
_ 히 12:4

이 말씀을 보면 그들이 중도에 주저앉아 버린 것이 틀림없습니다. 초창기에 죄와 싸울 때는 열심히 싸웠지만, 이제는 희생이 많이 요구되는 싸움에는 말려 들어가지 않으려고 소극적인 자세를 취하고 있는 것입니다. 그들은 무거운 것과 죄 되는 것을 벗어 버리지 못한 까닭으로 결국 피곤한 손, 연약한 무릎, 저는 다리로 인해 새로 고침을 받지 않으면 안 될 절박한 상황에 빠졌습니다. 우리도 이처럼 무거운 것과 얽매이기 쉬운 죄를 우리 생활에서 용납하면 얼마 가지 않아 주저앉게 됩니다. 히브리서 독자들처럼 새로 고침을 받지 않으면 안 될 절박한 상황에 빠지게 됩니다.

그러면 무거운 것이 무엇입니까? '무거운 것'에는 몸이 붓는다는 것과 체중이 늘어난다는 본래 의미가 있습니다. 결국 몸을 무겁게 하는

것입니다. 그런데 이 무거운 것을 꼭 죄라고는 말할 수 없습니다. 모든 무거운 것을 벗어 버리라는 말은 신앙생활에서 방해되는 요소를 제거해 버리라는 것입니다. 죄가 아니면서 신앙생활을 방해하는 것들이 한두 가지가 아닙니다. 많은 사람이 죄를 짓기에 바빠서 신앙생활을 못 걷는 사람처럼 하고 있는 것이 아닙니다. 만일 첫눈에 죄라고 알 만한 것이었다면 본능적으로 피했을지도 모릅니다. 죄가 아니기 때문에 안심하고 끌어안고 있다가 못 걷게 된 사람들이 많습니다. 이것이 무거운 것입니다.

많은 성도가 소극적인 성격으로 인해 미지근하게 믿으며 아까운 젊은 시절을 허송세월하는 안타까운 예를 많이 봅니다. 소극적인 성격이 죄가 아닙니다. 그러나 그 성격이 상을 향해 달려야 할 사람을 주저앉힌다면 그것은 심각한 방해 요인이 아닐 수 없습니다.

어떤 신자들에게는 예수님을 믿는 주변 친구들이 무거운 것이 되기도 합니다. 그런 친구들은 신앙생활을 달음질하는 것으로 여기지 않습니다. 그렇다고 가만히 있는 것도 아닙니다. 자기보다 조금 앞서 달음박질하는 사람을 보면 뒷덜미를 잡고 늘어집니다. "제자훈련에 가야 해"라고 하면, "믿어도 별나게 믿는구나. 믿기만 하면 구원받는다는데 주일날 예배만 드리면 됐지. 주중에 훈련은 무슨 훈련이야. 우리 교회 목사님이 너희 교회 목사님보다 훨씬 저명하신 분인 거 알지? 그래도 우리를 그렇게 달달 볶지 않아"라고 합니다. 이렇게 떠드는 친구들과 한번 어울리기 시작하면 몸이 무거워 얼마 가지 않아 주저앉게 됩니다.

여러분에게 무거운 것은 무엇입니까? 여러분의 취미 생활일 수도 있습니다. 사업 친구들일 수도 있습니다. 작품 활동일 수도 있습니다. 당신의 철학 사상일 수도 있습니다.

또 달음질을 방해하는 것 가운데 두 번째로 '죄'라는 것이 있습니다. 이 말을 원문대로 읽는다면 '그 죄'라고 해야 합니다. 정관사를 가진 단수형인 것을 보면 어떤 특정한 죄를 가리킨다고 말할 수 있습니다. 이 죄는 히브리서 독자들이 유대교에 유혹을 받은 사실을 가리킨다고 보는 견해와 그들의 불신앙을 의미한다고 하는 견해가 있습니다. 여기서 우리가 어느 편을 따르느냐 하는 것은 그다지 중요하지 않습니다. 그들의 구체적인 죄가 무엇인가를 아는 것보다 그 죄가 앞으로 힘차게 달리려고 할 때마다 발을 걸고넘어지는 올무가 된다는 것을 아는 일이 더 중요합니다.

본문에서 왜 죄를 얽매이기 쉬운 것이라고 표현하고 있습니까? 죄는 덫과 같은 기능이 있습니다. 아무리 발이 빠른 사슴이라도 한번 덫에 걸리면 주저앉을 수밖에 없습니다. 신앙생활도 마찬가지입니다. 죄에 한번 발목이 잡히면 아무리 달음질을 잘하던 사람도 금방 주저앉게 됩니다. 그렇게 잘 뛰어가던 형제가 갑자기 주저앉았다면 그의 발이 죄의 덫에 걸린 것이 틀림없습니다. 죄는 그런 역할을 합니다.

히브리서를 받은 독자들에게는 그들만이 알고 있는 구체적인 죄가 있었습니다. 그것 때문에 그렇게 아름다웠던 신앙생활에 먹구름이 덮이기 시작했습니다. 우리도 나만이 아는 어떤 죄를 숨겨 놓고 있다면 꼭 같은 비극을 만날 수 있다는 사실을 명심합시다. 무거운 죄짐을 지고 천국의 시상대까지 오를 사람은 아무도 없습니다. 성령께서 여러분의 마음을 환하게 열어 주셔서 어떠한 죄가 발목을 잡고 있지는 않은지 볼 수 있도록 기도하시기 바랍니다.

나는 달음박질하고 있는가?

'무거운 것'과 '죄', 이 두 가지를 벗어 버리지 않고는 달음박질을 잘할 수 없습니다. 일류 선수들이 체중을 조절하기 위해 얼마나 고생을 많이 합니까? 뜨거운 사우나에 들어가서 오랫동안 땀을 흘려 체중을 빼기도 하고, 이것저것 먹고 싶어도 체중 때문에 먹지 않기도 합니다. 1초라도 기록을 갱신하기 위해 인간적인 정마저 냉정하게 끊어 버리고 고독한 훈련센터에서 극기 훈련을 하는 선수도 있습니다.

그러면 우리는 어떻게 해야 하겠습니까? 바울은 우리에게 훌륭한 모범을 보여 주고 있습니다. 그는 달음질하는 데 방해물을 만나면 자기 몸을 쳐서 복종시키겠다고 했습니다.

> 내가 내 몸을 쳐 복종하게 함은 내가 남에게 전파한 후에 자신이 도리어 버림을 당할까 두려워함이로다 _고전 9:27

몸은 죄가 아닙니다. 그러나 방해 거리로 작용하는 무거운 것일 수 있습니다. 아마 바울에게는 벗어야 할 무거운 것이 자기 몸 어딘가에 있었던 것 같습니다. 몸을 친다는 말은 복싱 선수가 눈언저리나, 급소를 향해 정확히 때리는 것을 말합니다. 복종시킨다는 것은 극도로 자제하는 것을 말합니다. 이런 의미대로 한다면 바울은 자기 몸을 사정없이 때려 마음대로 움직이지 못하게 한 것 같습니다. 그는 자기 몸이 요구하는 대로 움직이지 않았습니다. 아마 수차례 태장을 맞아 몸이 말을 잘 듣지 않았는지 모릅니다. 그러나 바울은 극기 훈련을 쉬지 않았습니다. 끊어야 할 것은 끊고 피해야 할 것은 피하면서 철저하게 자기 관리를 했다는 말입니다. 그는 고린도전서 9장 25절에서 이런 행동을 '절제'라고 표현하고 있습니다. 여러분은 자기 몸을 쳐서 절제하고 있는 사람입니까? 절제하지 않는 선수가 챔피언이 된 일은 없습니다. 절제가 신앙생활에 얼마나 중요한 것인지는 아무리 강조해도 지나치지 않습니다.

그러나 바울의 경우와는 달리 히브리서 독자들은 무거운 것보다 죄의 문제가 더 심각했던 것 같습니다. 왜냐하면 바로 뒤에 징계에 대한 말씀이 따라 나오고 있기 때문입니다. 만일 그들이 회개하지 않으면 그들을 사랑하시는 하나님께서 매를 때려서라도 바로잡으시겠다고 경고하고 있습니다(히 12:5-8 참조). 죄가 아닌 '무거운 것'은 바울처럼 절제하면 곧 벗어버릴 수 있습니다. 그러나 죄는 쉽게 벗어지지 않습니다. 잘못하면 하나님의 징계를 면치 못합니다. 많은 사람이 하나님의 손에서 피가 흐르도록 맞고 나서야 그 죄를 버리고 다시 신앙의 달음질을 시작하고 합니다. 만신창이가 되기 전에 죄 문제를 해결합시다. 그래야만 우리가 잘 뛸 수 있습니다.

또한 '벗어버린다'라는 동사는 단 한 번의 행동을 말합니다. 무거운 것이든, 얽매이기 쉬운 죄이든 간에 우물쭈물해서는 안 됩니다. 단번에 처리하는 결단력 있는 행동이 아니면 안 됩니다. 반면에 '경주한다'라는 동사는 계속적인 동작을 나타내는 말입니다. 따라서 우리 믿음의 경주는 멈추지 말아야 합니다. 바울이 고백한 바와 같이 뒤돌아보지 않고 목표를 향해 힘차게 뛰어야 할 것입니다. 하나님 나라에 들어갈 때까지 힘차게 뛰어야 할 것입니다.

하루 일과를 마치고 잠자리에 들기 전에 조용히 자기 자신을 돌아보시기를 바랍니다. '나는 지금 달음박질하는 신앙생활을 하고 있는가?' '나는 오늘 예정된 코스를 제대로 달렸는가?' 만약 그렇지 않다면 원인은 무엇입니까? 무거운 것들이 무엇인가를 찾아서 회개하십시오. 자기만이 알고 있는 죄를 찾아 회개하십시오. 그렇지 않으면 여러분의 신앙생활은 시험의 연속이 되어버릴지 모릅니다.

하나님 나라에서 주님이 주시는 상을 내가 받을 때 주님이 얼마나 기뻐하시겠습니까! 하나님 나라에 있는 허다한 증인들이 얼마나 환호성을 지르겠습니까! 저는 그 귀한 영광을 하나님께 올릴 수 있는 신앙생활을 하고 싶습니다. 우리가 이러한 꿈을 가지고 신앙생활을 한다면 우리의 걸음을 끌어당길 자가 없습니다. 방해할 자가 없습니다. 우리는 계속 달릴 것입니다. 저 천성문을 바라보고 바울처럼 끝까지 달릴 것입니다.

이 험한 세상 어떻게 살까

옥한흠 지음

국제제자훈련원

들어가며

우리는 흔히 예수님을 잘 믿으면 세상을 힘들지 않게 살 수 있다고 생각한다. 힘들지 않게 산다는 것과 복되게 산다는 것은 같은 의미가 아니다. 사람들은 편하게 사는 것을 곧 복된 인생을 구가하는 것으로 해석한다. 그러나 하나님의 자녀는 그렇게 보지 않는다. 인생은 원래 힘든 것이고 고생하며 살게 되어 있다. 그러므로 힘들다는 것이 반드시 불행을 의미하는 것이 아니며, 편하다는 것이 반드시 행복을 의미하는 것이 아님을 잘 알고 있다.

우리는 인생을 흔히 고해(苦海)로 비유한다. 하루하루 사는 것이 너무 힘든 세상을 빗대어 하는 말이라고 생각한다. 사람은 누구나 험한 세상으로 보내졌다. 그리고 주어진 한생을 살아가야 할 운명을 짊어지고 있다. 어떤 사람도 이마에 땀이 흐르도록 노동해야 먹고 사는 무거운 멍에를 팽개치고 살 수 없다. 하나님이 지워 주신 멍에는 벗는 것보다 겸허하게 지는 것이 더 자연스럽고 아름답게 보이는 법이다.

구약을 보면 라멕이라는 족장이 나오는데 그는 182세에 아들을 낳고 그 이름을 노아라고 지었다. 왜 노아라고 지었는지 그의 말을 들으면 금방 알 수 있다. "이름을 노아라 하여 이르되 여호와께서 땅을 저주하시므로 수고롭게 일하는 우리를 이 아들이 안위하리라 하였더라"(창 5:29). 세상 살기가 얼마나 피곤하고 고생스러웠으면 아들을 통해 그 수고로움이 덜어지기를 바랐겠는가? 야곱은 자신의 나이를 묻는 애굽의 바로 왕에게 매우 의미 있는 말을 했다. "내 나그네 길의 세월이 백삼십 년이니이다 내 나이가 얼마 못 되니 우리 조상의 나그네 길의 연조에 미치지 못하나 험악한 세월을 보내었나이다"(창 47:9). 고금을 막론하고 한번 세상에 태어나면 믿음이 있고 없고를 떠나 누구든지 눈물과 땀을 흘리지 않고는 살아갈 수 없다는 것이 성경적 진리이다. 그러므로 어리석은 자가 되지 않으려면 이 사실을 긍정적으로 받아들이고 인생을 보아야 할 것이다.

그러면 똑같은 험한 세상을 살아가는 처지에서 예수님을 믿는 우리의 다른 점은 무엇일까? 세상 사람들에 비해서 어떤 점에서 더 지혜로운 자라고 말할 수 있을까? 망망대해를 건너가는 선장에게는 나침반과 해도(海圖)가 있다. 하나님께서 예수님을 믿는 자녀에게는 선장의 나침반과 해도와 같은 진리의 말씀을 허락하셨다. 성령의 인도하심을 따라 하나님의 말씀을 주의 깊게 살피면 이 험한 세상을 어떻게 사는 것이 지혜이며 복인가를 가르쳐 주는 기본적인 원리가 들어 있다는 것을 금방 알 수 있다. 그 원리를 실제 삶에 그대로 적용하면서 순종하면 아무리 험난한 인생행로(人生行路)라 할지라도 파선하지 않고 목적지를 향해 안전하게 나아갈 수 있는 것이다.

하나님의 자녀는 생의 방향을 잃고 우왕좌왕하지 않는다. 어느 길이 축복의 길이요, 불행의 길인지 가리지 못해 난감해하지 않는다. 욕심을 자제하지 못해 자신을 파멸로 끌고 가는 어리석은 짓을 하지 않는다. 땀과 눈물을 피하지 않는다. 그 속에서 인생의 참된 보람을 찾을 수 있다는 것을 잘 안다. 가진 것으로 행복과 불행을 판단하지 않는다. 육신의 편함과 고됨으로 행복을 논하지 않는다. 왜냐하면 성령님께서 하나님의 말씀을 가지고 험한 세상을 사는 지혜를 깨우쳐 주시기 때문이다.

그러므로 우리는 세상을 무작정 편하게만 살려고 생각하지 말아야 한다. 그것은 어리석은 짓이요, 마귀가 틈만 나면 우리를 유인하는 넓은 길이다. 날마다 말씀을 펴서 부지런히 읽자. 그리고 성령의 인도하심을 구하자. 그러면 세상은 비록 험하지만 우리는 자신감을 가지고 후회 없이 살 수 있는 하나님의 지혜를 터득하게 될 것이다.

본서는, 성령의 인도하심을 따라 매일 말씀이 가르쳐 주시는 지혜를 가지고 세상을 살기를 원하는 형제자매들을 조금이나마 돕기 위해 내놓은 것이다. 한정된 지면이기에 우선 중요하다고 생각하는 생의 지혜를 몇 가지 선택해서 설명하는 데 지나지 않는다. 그러나 험한 세상을 용기와 지혜를 가지고 도전하는 데 한 가닥 빛이 되기를 간절히 바란다.

옥한흠

차례

I

그리스도인의
노동 철학

그리스도인은 자기가 하는 일을 하나님이 주신 사명으로 알고 일해야 합니다.
하나님을 섬기는 귀한 일로 알고 즐겁게 충성해야 합니다.
이것이 그리스도인의 노동 철학입니다.

전도서 9:10-12

10 네 손이 일을 얻는 대로 힘을 다하여 할지어다 네가 장차 들어갈 스올에는 일도 없고 계획도 없고 지식도 없고 지혜도 없음이니라 11 내가 다시 해 아래에서 보니 빠른 경주자들이라고 선착하는 것이 아니며 용사들이라고 전쟁에 승리하는 것이 아니며 지혜자들이라고 음식물을 얻는 것도 아니며 명철자들이라고 재물을 얻는 것도 아니며 지식인들이라고 은총을 입는 것이 아니니 이는 시기와 기회는 그들 모두에게 임함이니라 12 분명히 사람은 자기의 시기도 알지 못하나니 물고기들이 재난의 그물에 걸리고 새들이 올무에 걸림 같이 인생들도 재앙의 날이 그들에게 홀연히 임하면 거기에 걸리느니라

그리스도인의
노동 철학

우리 중 대다수는 생활 속에서 여유를 즐기고자 노력하고 있습니다. 특히 무더운 여름철에 접어들면 삼복더위를 어떻게 하면 편안하고 즐겁게 보낼 수 있을까 하고 이모저모 궁리를 합니다. 우리의 생활 형편이 좋아질수록 여가를 즐기려는 경향이 더욱 두드러지는 것 같습니다.

사실 생활 속의 여유는 아주 중요한 것입니다. 오랫동안 생활고에 시달려 오던 어떤 가정이 이제 허리를 펼 수 있을 만큼 형편이 나아져서 단 며칠 동안만이라도 긴장을 풀고 가족이 함께 여행을 떠나는 모습은 그것을 바라보는 사람들의 마음조차 즐겁게 만듭니다. 모든 가정이 이와 같은 생활의 여유를 가지고 살아간다면 우리 사회는 좀 더 명랑한 분위기가 될 것입니다.

그러나 오늘날 우리 주변에서 종종 가슴 아픈 일들이 일어나곤 합니다. 가진 자는 지나치게 여가를 과시하는 듯하고 또 가지지 못한 자는 마치 그것을 시샘하는 듯한, 좋지 못한 현상이 빚어지고 있습니다.

우리가 이미 신문 보도를 통해 알고 있는 사실이지만 일부 여고생들이 바캉스 비용을 마련하기 위해 유흥업소에서 반라의 차림으로 술을 팔았다는 사건은 우리를 경악시키고도 남음이 있습니다. 무슨 짓을 해서라도 돈을 벌어 잘 먹고 잘살면 된다고 하는 이 병든 사고방식, 이 퇴폐풍조가 어린 청소년들의 마음마저 좀먹고 있는 현실 앞에서 우리는 할 말을 잃고 저절로 탄식이 터져 나오는 것을 숨길 수가 없습니다.

이처럼 퇴폐풍조가 난무하는 사회에서는 노동의 신성함이 제 빛을 잃게 마련입니다. 또 열심히 일하는 사람만이 갖는 기쁨이 점점 의미를 잃어버릴 위험이 매우 큽니다. 결국에는 힘들여 노동하지 않으면서 인생을 적당히 즐기려는 사람들이 판을 치는 한심스러운 사회가 되고 말 것입니다. 요즈음의 우리 사회가 이런 경향을 보이고 있지 않습니까? 묵묵히 성실하게 일하는 사람은 초라하게 보이고, 일하지 않고서도 여유만만하게 생을 즐기는 사람들은 능력이 있는 사람으로 돋보이는 세상에서 우리가 살고 있지 않습니까? 이와 같은 풍조가 우리 사회에 점점 확산해 간다는 사실을 아무도 부인할 수 없을 것입니다.

그러나 우리는 성경을 통하여 이 병든 사회를 치유하는 방법을 발견할 수 있습니다. 세상에 사는 자의 소망은 일하는 것이라고 성경이 가르쳐 주고 있습니다. 달리 말해, 살아 있는 사람에게는 이미 세상 떠난 자들이 갖지 못하는 소망과 기회가 있는데 그것은 일할 수 있는 것이라고 교훈하고 있습니다.

> 네 손이 일을 얻는 대로 힘을 다하여 할지어다 네가 장차 들어갈 스올에는 일도 없고 계획도 없고 지식도 없고 지혜도 없음이니라_전 9:10

이 말씀은 사람이 사는 동안 최선을 다하여 일하라는 말입니다. 왜냐하면 훗날 음부에 들어가면 거기서는 일도 못하고 무슨 계획을 세울 것도 없고 거기에는 일하기 위한 지식이나 지혜가 필요하지 않기 때문이라는 것입니다. 우리가 이 말씀을 자칫 잘못하면 내세를 부정하는 말씀으로 해석하기 쉽습니다. 마치 솔로몬을 비롯한 구약시대 성도들은 바른 내세관을 가지고 있지 않았던 것처럼 오해하기 쉬운 것입니다. 그러나 본문 내용은 결코 내세를 부정하는 말씀이 아니라는 것을 우리가 알아야 합니다.

그러면 여기서 '음부'라는 단어를 주목해서 살펴보기를 바랍니다. 학자들의 연구에 의하면 '음부'는 원래 '스올'이라는 말인데 구약성경에 약 65차례에 걸쳐 기록되어 있다고 합니다. 그리고 나머지 반은 약간 모호한 면이 있기는 하지만 그것 또한 무덤을 가리키는 의미로 보아도 잘못이 없다는 견해가 지배적입니다. 따라서 음부에 들어간다는 것은 무덤에 들어가는 것, 곧 우리 육신이 죽는 것을 뜻하는 것입니다. 그러므로 우리가 일을 할 수 있다는 것은 죽지 않고 살아 있다는 것을 증명해 보이는 좋은 증거가 되는 셈입니다.

일은 여러분이 이 세상에 살 동안에만 주어지는 엄청난 특권이라는 사실을 잊지 마십시오. 그래서 리차드 카보트는 이렇게 말했습니다. "자기의 일을 찾는 것은 세상에서 자기의 자리를 찾는 것이다."

일한다는 것은 이 세상에서 자신의 자리를 가지고 있다는 것을 의미합니다. 그만큼 일은 우리가 숨 쉬고 있을 동안 우리에게 주어진 특권입니다. 창세기를 보십시오. 일은 창조 시부터 인간이 하나님으로부터 축복의 조건으로 받은 것입니다. 하나님이 우리를 행복하게 하시고자 우리에게 일을 주셨다는 것을 다음 말씀을 통하여 잘 알 수 있습니다.

하나님이 그들에게 복을 주시며 하나님이 그들에게 이르시되 생육하

고 번성하여 땅에 충만하라, 땅을 정복하라, 바다의 물고기와 하늘의

새와 땅에 움직이는 모든 생물을 다스리라 하시니라_창 1:28

일하지 않고서 어떻게 땅에 충만할 수 있습니까? 일하지 않는 사람이 어떻게 이 세상을 정복할 수 있습니까? 일하지 않는 사람이 어떻게 하나님의 축복을 내 것으로 만들 수 있습니까? 그러므로 일하기를 싫어하는 사람은 인간답게 살 권리와 행복을 송두리째 포기해 버리는 사람입니다.

그리스 속담에 "하나님께서 새에게 먹을 것을 주셨다. 그러나 그 먹을 것을 새 둥지에 넣어 주지는 않으셨다"라는 말이 있습니다. 그렇습니다. 하나님은 우리에게 먹을 것을 주십니다. 하지만 우리는 그 먹을 것을 일이라는 수단을 통해서만 얻을 수 있습니다. 따라서 우리의 행복은 일과 불가분의 관계에 놓여 있는 것입니다.

그러므로 믿음을 가진 사람들은 일을 보는 시각이 달라야 합니다. 믿음이 좋은 사람은 일하기를 좋아합니다. 게으르거나 놀기 좋아하는 사람치고 믿음이 좋은 사람을 보셨습니까? 하나님의 말씀을 조금만 주의해서 보면 믿음이 좋은 사람은 일하기를 좋아하는 사람이라는 것을 금방 알 수 있습니다.

그렇기 때문에 우리는 본문 말씀을 통하여 하나님의 자녀가 일에 대해서 어떤 철학을 가지고 살아야 하는가를 살펴볼 필요가 있습니다. 이것은 우리에게 너무나 중요한 문제로 대략 네 가지로 나누어 말씀을 드리고자 합니다.

무슨 일이나 최선을 다하라

첫째, 무슨 일이든지 최선을 다해야 한다는 것입니다. 이것이 그리스도인이 갖추어야 할 노동 철학입니다. 전도서 9장 10절 말씀 중에 "네 손이 일을 얻는 대로 힘을 다하여 할지어다"라는 말은 "네가 하는 일이면 무엇이든지 최선을 다하라"와 같은 말입니다. 그런데 무엇이든지 최선을 다하는 것이 결코 쉽지 않습니다. 너무나 어려운 일입니다. 우리가 세상에 살면서 어떤 일에 최선을 다하려고 할 때 거기엔 몇 가지 조건이 마치 원칙처럼 따라옵니다. 즉 보람이 있거나, 쉽게 마음이 끌리는 일 등은 누구라도 최선을 다할 수 있습니다. 그러나 대부분의 사람은 보람이 없거나 하고 싶은 일이 아니면 최선을 다하지 않습니다.

그런데 성경은 무엇이라고 교훈하고 있습니까? "무슨 일이든지 네가 하는 일에 최선을 다하라"고 가르칩니다. 솔직히 말해서 우리는 어쩌다 손을 댄 일이 천직이 되는 경우가 많습니다. 직업이 마음에 들지 않는데도 가족을 먹여 살리기 위해 평생 그 일을 떠나지 못하는 가장도 적지 않습니다. 이런 관점에서 손에 닿는 일이 무엇이든지 최선을 다하라는 하나님의 말씀에는 깊은 의미가 내포되어 있습니다. 이 말씀 속에는 하나님이 우리를 위하여 예비해 두신 높은 차원의 노동 철학이 숨어 있는 것입니다.

물론 우리에게는 일을 가려서 할 수 있는 자유가 있습니다. 또 더 나은 직업을 선택할 수 있는 권리도 있습니다. 본문 말씀은 이런 자유와 권리를 포기하거나 무시하라는 말씀이 아닙니다. 우리는 그와 같은 자유와 권리를 사용할 때는 사용해야 합니다. 그러나 일단 어떤 일을 손에 잡으면 그 일을 하나님이 주신 줄 믿고 최선을 다해야 한다는 말입니다.

그럼에도 불구하고 오늘날 현대인들, 더구나 예수님을 믿는 우리 조차도 일을 차별하는 경향이 농후한 것 같습니다. 직업의 우열을 따지는 데 지나치게 예민한 것입니다. 이것 때문에 우리 사회가 병들고 있습니다. 마음에 드는 일이면 하고, 마음에 들지 않으면 놀았으면 놀았지 일을 하지 않으려는 사람들, 그래서 제멋대로 인생을 살려는 사람들로 인해 이 사회에는 갖가지 추악한 사건들이 꼬리에 꼬리를 물고 일어나고 있습니다.

누가복음 16장을 보면 악한 청지기가 주인으로부터 직분을 박탈 당할 위기에 놓이자 "내가 무엇을 할까 땅을 파자니 힘이 없고 빌어먹자니 부끄럽구나"(눅 16:3하)라고 한탄했습니다. 극도로 옹색한 처지에 빠진 사람이 생계를 유지하기 위해서라면 땅 파는 것이 뭐가 대단하며 구걸하는 것이 뭐가 부끄러운 일이겠습니까? 그러나 그가 종국에 저지를 일이 무엇이었습니까? 서류를 위조해 사기를 친 것입니다. 요즈음 우리 사회에 이 불의한 청지기와 같은 사람이 어디 한둘이겠습니까?

우리는 직업에 대한 차별 의식과 열등의식을 버려야 합니다. 그런데 후진국 국민일수록 자기의식에 대한 열등의식이 강한 것 같습니다. 기독교 사상은 노동을 신성시합니다. 모든 노동을 평등하게 보는 사상은 기독교에서 태동한 것입니다. 오랜 기독교 전통을 가진 선진국일수록 직업의 귀천을 그다지 따지지 않습니다.

1970년대 영국에서 부모의 직업이 귀하든 천하든 간에 그 자식이 이어받는 비율이 72%였다고 합니다. 예를 들어, 아버지의 직업이 청소부, 철도원, 배달부, 구두 수선공이든 상관없이 그 자식이 대를 이어받았다고 합니다. 그 직업에 대한 사회적 인식이 어떠한가, 경제적인 수입이 어떠한가를 고려하기도 하겠지만 단순히 그것 때문에 그 직업을 선택하지 않는 경우가 드물 정도로 자녀들이 자랑스럽게 아버지가 하던 일을 이어서 한다는 것입니다. 직업을 차별하지 않는 기독교 사상이 사회의식의 바탕을 이루고 있기 때문에 가능한 것입니다.

그러나 우리나라를 보면 너무 지나치게 일을 차별합니다. 그래서 무슨 일이든지 최선을 다하라는 하나님의 말씀이 우리 마음에 얼른 와닿지 않습니다. 우리는 하나님의 명령에 절대 순종해야 합니다. 가령 어떤 일을 하고 싶거나 하고 싶지 않을 때, 일을 선택하는 자유를 포기할 필요는 없습니다. 그러나 일단 하기로 결정한 일은 그것이 무엇이든지 하나님이 주신 것으로 믿고 최선을 다해야 합니다. 이것이 예수님을 믿는 사람의 도리입니다.

믿음이 좋은 사람은 일을 열심히 하는 사람입니다. 일이 마음에 들지 않는다고 마지못해 대충대충하며 놀고먹는 사람이 아무리 새벽 기도회 시간에 나와서 기도를 많이 하고, 봉사를 많이 해도 그 사람을 보고 믿음이 좋다는 말을 할 수가 없습니다. 예수님을 믿는 사람인 우리의 노동 철학은 다릅니다. 무슨 일이든지 손에 잡으면 최선을 다하는 바로 그것입니다.

제가 만약 목사 직분을 갖지 않고 가족의 생계를 책임져야 하는 처지가 된다면 무슨 일이든지 할 수 있을 것 같습니다. 청소부도 자신 있습니다. 뭐가 부끄럽습니까? 사시사철 한결같이 새벽부터 거리에 나와서 우리의 환경을 깨끗이 청소해 주는 환경미화원들, 그들이 있기 때문에 우리 사회가 존재하는 것 아닙니까? 그들이야말로 진정 우리 사회에 꼭 필요한 사람들입니다. 무슨 일이든지 하나님이 맡겨 주신 줄 알고 최선을 다하는 사람, 이 사람이 곧 믿음이 좋은 사람입니다.

모든 일을 즐겁게 하라

둘째, 하나님의 자녀는 자기가 하는 일을 즐겁게 해야 한다는 것입니다. 이것이 해 아래 사는 인생에게 가장 좋은 것입니다. 전도서에는 아주 특이한 표현이 나옵니다. 우리말로 번역하자면, '더 나은 것이 없다'와 비슷합니다. 영어의 'better'라는 비교급 앞에 'more'를 덧붙인 것과 같은 표현입니다. 한마디로 최고라는 뜻입니다. 이와 같은 표현이 전도서에 네 번 나옵니다(2:24; 3:12; 3:22; 8:15).

이 말씀들은 무엇이 세상에서 가장 좋은 것이라고 결론짓고 있습니까? 그것은 먹고 마시고 즐거워하는 것, 선을 행하는 것, 자기 일을 즐겁게 행하는 것이라고 설명하고 있습니다. 그중에서도 자기 일을 즐겁게 하는 것이 최고라는 말은 세 구절에 걸쳐 나타나 있습니다. 그러므로 이 세상에서 자기 일을 즐겁게 하는 것만큼 좋은 것이 없다는 말입니다. 이것이 전도서의 요지입니다.

> 그러므로 나는 사람이 자기 일에 즐거워하는 것보다 더 나은 것이
> 없음을 보았나니 이는 그것이 그의 몫이기 때문이라_전 3:22상

이 말씀은 우리에게 자기 일을 즐거워하는 것보다 더 좋은 것이 없다고 가르쳐 주고 있습니다. 그런데 우리가 살펴보고 있는 9장 10절에는 이런 내용이 기록되어 있지는 않습니다. 그러나 전도서 전면에 흐르고 있는 맥락에 비추어 볼 때, 무슨 일이든지 최선을 다할 뿐만 아니라 또 일을 즐거워해야 한다는 사상이 내포되어 있음을 알 수 있습니다.

사실 우리가 하는 일이 전적으로 즐거운 일만은 아닙니다. 그러나 때로 즐거운 일이 아니라 할지라도 그 일을 하는 사람이 최선을 다할

때 한생을 즐겁게 살아갈 수 있는 것입니다. 일 자체가 자신을 즐겁게 해 주기를 기대하지 말고 최선을 다해 일함으로써 스스로 일을 즐거워해야 한다는 것이 전도서의 교훈입니다. 그렇지만 우리가 참으로 실천하기 어려운 말씀이 아닐 수 없습니다.

사실 우리가 일을 즐기려면 적어도 몇 가지 조건이 맞아야 합니다. 하고 싶은 일이어야 하고, 성취감이 따라야 하고, 일한 대가가 만족스러워야 할 것입니다. 더 나아가서는 사회에서 인정받을 수 있어야 합니다. 이런 것들은 아무도 부인할 수 없는 전제 조건입니다. 따라서 이러한 조건을 만족시켜 주지 못하는 일을 즐기면서 할 수 있는 사람은 흔치 않습니다.

우리 중에 자기가 하는 일이 모든 점에서 완벽할 정도로 만족스럽다고 말할 수 있는 사람이 몇이나 되겠습니까? 만일 우리가 만족스러운 일만 해야 한다면 하나님이 우리를 향하여 굳이 일을 즐거워해야 한다고 말씀하실 이유가 어디에 있겠습니까? 마냥 기분 좋아하는 사람을 보고 "웃어, 웃어봐" 하고 실없이 부추기는 것이나 다름없을 것입니다. 하나님은 우리가 살고 있는 이 세상의 대부분의 일들이 기쁨을 찾기 어려운 중노동이라는 사실을 너무나 잘 아시기 때문에 우리가 무슨 일을 하든지 즐겁게 하라고 권면하시는 것입니다.

하나님이 우리를 향하여 즐겁게 일하라고 권면하시는 까닭은 바로 우리의 행복을 위해서입니다. 이왕 이 세상에 태어나서 중노동을 할 바에는 즐겁게 하기를 원하시는 것입니다. 자기 자식이 불평불만을 늘어놓고 사는 것을 보기 좋아할 부모가 없는 것처럼 우리의 인자하신 하나님께서도 자기 자식인 우리가 무슨 일을 하든지 그 일을 즐겁게 해 주기를 바라는 것입니다.

우리 주변에는 믿음이 없으면서도 일을 즐기는 사람이 많이 있습니다. 저에게 늘 도전을 주는 두 사람이 있는데 그들은 바로 제가 살고 있는 아파트에서 경비원으로 일하고 있는 분들입니다. 그들은 종일 좁은 공간 속에 갇혀 지내다시피 하면서도 결코 웃음을 잃지 않고 즐겁게 일합니다. 그래서 저는 늘 그분들을 볼 때마다 마음에 감동을 받습니다. 나는 목사로서 과연 저분들보다 더 밝게 나의 일을 하고 있는가 하고 제 자신을 돌아볼 때가 많습니다.

미국 CBS TV 칼럼니스트 앤디 루니(Andrew Aitken Rooney, 1919-2011)가 쓴 글 중 감명 깊게 읽은 것이 있어 소개하고자 합니다. 이것은 루니가 미국의 여러 공장을 탐방하여 그곳에서 일하는 사람들이 어떤 생각으로, 어떤 자세로 일하고 있는가를 알아본 내용입니다.

루니가 어떤 자동차 수리공에게 물었습니다. "일하는 것이 지겹고 싫지 않나요?" "아뇨, 천만의 말씀입니다." 또 그가 어느 자동차 생산공에게 물었습니다. "일하는 것이 즐거운가요?" "네, 좋습니다. 물론 싫은 날도 가끔 있기는 하지만요." 또 루니가 구두를 포장하고 있는 어느 부인에게 물었습니다. "당신의 일이 마음에 드십니까?" "네, 만족하고 있어요." 그녀는 구두를 12켤레씩 상자에 담는 일을 하는데, 매시간 당 25-30상자를 포장한다고 말했습니다. 또 루니는 길에서 도로 분리선을 긋고 있는 어느 페이트공에게 물었습니다. "당신이 하는 일이 몹시 힘들어 보이는데 어때요? 만족하십니까?" 이 질문에 페인트공은 이렇게 대답했습니다. "물론이죠. 우리가 지금 하고 있는 일은 역사를 만드는 작업입니다. 우리의 이웃들이 몇 년이고 이 선을 바라보면서 질서를 지키게 될 것이니까요."

이 예화가 미국의 경우이기 때문에 우리와 비교할 때 어떤 차이가 있는지 저는 잘 모릅니다. 하지만 놀랍게도 이 세상에는 자기 일을 즐거워하는 사람이 많습니다. 그들이 다 믿음이 있는 사람인지 어떤지는 알 수 없지만, 그들은 자기 일을 즐길 줄 아는 사람입니다. 세상 사람 중에서도 지혜롭게 일하는 자가 많은데 하물며 예수님을 믿는 우리가 자기 일에 만족하지 못하고 불평불만해서야 되겠습니까?

그리스도인은 자기가 하는 일을 하나님이 주신 사명으로 알고 일해야 합니다. 하나님을 섬기는 귀한 일로 알고 즐겁게 충성해야 합니다. 이것이 그리스도인의 노동 철학입니다. 즐겁게 열심히 일하십시오. 이 노동 철학을 가진 그리스도인답게 세상을 향하여 무언가 다른 점을 보여 주시기 바랍니다. 여러분은 어떤 사람입니까? 손에 잡은 일이 무엇이든지 최선을 다하고 즐겁게 일하는 사람입니까?

일의 결과를 하나님께 맡기라

셋째, 하나님의 자녀는 자기가 하는 일의 결과에 대하여 집착하지 않아야 합니다. 즉, 자기 일의 결과를 하나님의 손에 맡길 수 있어야 하는 것입니다. 왜 그렇습니까?

> 내가 다시 해 아래에서 보니 빠른 경주자들이라고 선착하는 것이 아니며 용사들이라고 전쟁에 승리하는 것이 아니며 지혜자들이라고 음식물을 얻는 것도 아니며 명철자들이라고 재물을 얻는 것도 아니며 지식인들이라고 은총을 입는 것이 아니니 이는 시기와 기회는 그들 모두에게 임함이니라_전 9:11

이 말씀에서 솔로몬은 흔히 세상에서 성공의 필수 요건으로 꼽는 다섯 가지를 논하고 있습니다. 그런데 세상 사람들의 생각과는 달리 그가 무엇이라고 말하고 있는지를 보아야 할 것입니다. 발이 빠르다고 해서 먼저 골인하는 것이 아니요, 힘이 좋다고 해서 반드시 싸움에서 이기는 것이 아니요, 지혜가 많다고 해서 굶주린 때 양식이 생기는 것이 아니며, 두뇌 회전이 빠르다고 해서 재물을 쌓는 것도 아니며, 박식하다고 해서 위기를 당했을 때 은총을 입는 것이 아니라고 말하고 있습니다.

구약성경에서는 남보다 우수한 조건을 가지고 태어났지만, 오히려 그 조건으로 말미암아 불행하게 된 사람들의 예를 쉽게 찾아볼 수 있습니다. 역사상 발이 빠른 사람 중 아사헬을 따를 자가 없었습니다. 그는 들노루처럼 발이 빨랐다고 합니다(삼하 2:18 참조). 그러나 그의 발이 너무 빨랐기 때문에 다른 사람의 창 끝에 찔려 죽는 변을 당했습니다(삼하 2:23 참조). 만약에 그가 조금만 발이 덜 빨랐더라도 그런 불행한 일은 당하지 않았을 것입니다. 또 힘이 센 삼손은 그 막강한 힘 때문에 결국 비참한 최후를 맞아야 했습니다(삿 16장 참조). 우리 중에 솔로몬만큼 지혜로운 자가 있습니까? 그러나 그는 자기의 지혜를 너무 과신하다가 말년에 찾아온 온갖 부패와 무력증을 끝내 물리치지 못하고 몰락했습니다(왕상 11장 참조). 역사상 아히도벨만큼 명철한 모사가 있었습니까? 그러나 그는 자신을 지나치게 믿었기 때문에 자기보다도 못한 후세의 전략에 밀려 결국 자살의 길을 택하고 말았습니다(삼하 15:30-17:23 참조).

우리도 마찬가지입니다. 다른 사람보다 빨리 달렸다고 해서 잘 되는 것도 아니고 남보다 똑똑하다고 해서 성공하는 것도 아닙니다. 우리가 이 세상에서 바로 살았느냐, 성공했느냐 하는 문제는 지금 해답을 찾을 수 없습니다. 그것은 우리가 훗날 하나님 앞에 섰을 때 하나님이 판단하시는 것입니다. 자기가 맡은 일을 하나님이 주신 줄 믿고 그 일에 최선을 다하고 기쁨으로 일하면 훗날 주님 앞에 섰을 때 그것이 하나님의 마음을 흡족하게 만든 한생의 일이었음을 깨닫게 될 것입니다.

그래서 우리는 오늘도 하나님의 말씀을 통해 힘을 얻습니다. 얼마나 위로가 되는 말씀입니까! 우리 중에는 빠른 자보다도 느린 자가 많고, 강한 자보다 약한 자가 많습니다. 지혜롭고 명석한 자보다도 경쟁에서 밀리고 뒤진 자들이 더 많습니다. 그러나 그것이 어떻다는 말입니까? 인생의 성공 여부는 하나님의 손에 달려 있습니다. 그러므로 우리는 일의 결과를 하나님께 맡기고 즐겁게 최선을 다해 일하는 것으로 자족할 수 있습니다.

일을 놓아야 할 그날을 기억하라

넷째, 하나님의 자녀는 언젠가 일을 갑자기 놓아야 할 날이 다가온다는 것을 기억해야 한다는 것입니다. 전도서 9장 11절 끝에 "시기와 기회는 그들 모두에게 임함이니라"라고 기록되어 있습니다. 시기는 특별한 때를, 기회는 특별한 시간을 말하는데 여기에서는 죽음을 가리키는 것으로 볼 수 있습니다.

> 분명히 사람은 자기의 시기도 알지 못하나니 물고기들이 재난의 그물에 걸리고 새들이 올무에 걸림 같이 인생들도 재앙의 날이 그들에게 홀연히 임하면 거기에 걸리느니라_전 9:12

물고기가 죽을 날이 되면 그물에 걸리고 새가 죽을 날이 되면 올무에 걸리듯이 우리도 죽을 날이 되면 홀연히 죽음에 걸립니다. 어느 날 갑자기 주님이 우리를 부르실 것입니다. 하나님이 부르시는데 거부할 수 있는 자는 한 사람도 없습니다. 우리는 일을 하면서 이 엄연한 사실을 늘 염두에 두고 진지하게 일해야 합니다. 아무리 일을 더 하고 싶은 사람도 주님이 부르시는 날, 그 일을 손에서 놓아야 합니다.

그러므로 그리스도인은 주님이 갑자기 부르시는 그날을 내다보며 늘 준비하는 삶을 살아야 합니다. 우리가 세상에서 하던 일을 놓아야 하는 그날이 오면 일한 결과를 따지는 결산, 즉 주님 앞에 서서 평생 한 일이 잘한 것인지 못한 것인지를 평가받게 됩니다. 그 과정을 거치고 나면 우리 주님과 함께 영원히 그 나라에서 안식하면서 하나님을 찬양하는 축제에 참석하게 될 것입니다. 이 얼마나 가슴 떨리는 이야기입니까?

세상살이가 비록 고달프고 고통스러울지라도 희망을 잃지 맙시다. 여러분 앞에는 하나님의 나라가 준비되어 있지 않습니까? 그러므로 주님이 부르시는 그날까지 그분이 맡겨 주신 일에 최선을 다하겠다는 자세를 흐트러트리지 마시기를 바랍니다. 오늘날 이 사회가 심히 병들어서 성실하게 일하는 사람들의 가치를 몰라준다고 해도 그다지 실망할 필요가 없습니다. 예수님을 믿는 우리가 하나님께서 가르쳐 주신 그 원칙대로 성실하게 일하기만 한다면 우리 사회의 병폐도 점차 치료될 수 있습니다.

여러분은 신앙인으로서 건전한 노동 철학을 가지고 있습니까? 혹시 여러분이 일하는 자세가 세상 사람들에게 본보기가 조금도 되지 못하고 있지는 않습니까? 그렇다면 이 시간 깊이 회개해야 합니다.

더욱이 우리 중에 일하지 않고 놀고먹는 분이 있습니까? 정신을 차려야 합니다. 어떤 일이든지 최선을 다해야 한다는 하나님의 말씀 앞에 무릎 꿇으시기 바랍니다. 그리고 자기 일에 대해 열등의식을 가지고 있는 분이 있습니까? 오늘 이 시간을 계기로 그 열등의식을 깨끗이 청소하시기 바랍니다. 우리는 하나님의 말씀대로 살아야 할 그분의 자녀이기 때문입니다.

2

주의 일과
일상생활

신자의 전 생활권은 모두 하나님의 영광을 위하여 쓰여야 합니다.
크리스천이 가는 곳마다 하나님의 나라는 따라가며,
크리스천이 일하는 곳마다 하나님의 나라는 건설되며,
크리스천이 존재하는 곳마다 하나님의 나라는 완성됩니다.

골로새서 3:22-25

22 종들아 모든 일에 육신의 상전들에게 순종하되 사람을 기쁘게 하는 자와 같이 눈가림만 하지 말고 오직 주를 두려워하여 성실한 마음으로 하라 23 무슨 일을 하든지 마음을 다하여 주께 하듯 하고 사람에게 하듯 하지 말라 24 이는 기업의 상을 주께 받을 줄 아나니 너희는 주 그리스도를 섬기느니라 25 불의를 행하는 자는 불의의 보응을 받으리니 주는 사람을 외모로 취하심이 없느니라

주의 일과
일상생활

골로새서 3장에는 바울이 특별히 종들에게 권면하는 내용이 기록되어 있습니다. 본문의 요점을 알기 쉽게 풀이하면 다음과 같습니다. "종들아 모든 일에 육신의 상전들에게 순종하되 사람을 기쁘게 하는 자와 같이 눈가림만 하지 말고 오직 주를 두려워하여 성실한 마음으로 하라 무슨 일을 하든지 마음을 다하여 주께 하듯 하고 사람에게 하듯 하지 말라 이는 기업의 상을 주께 받을 줄 아나니 너희는 주 그리스도를 섬기느니라 불의를 행하는 자는 불의의 보응을 받으리니 주는 사람을 외모로 취하심이 없느니라." 이 본문과 비슷한 내용의 말씀이 에베소서 6장 5절에 나옵니다.

> 종들아 두려워하고 떨며 성실한 마음으로 육체의 상전에게 순종하
> 기를 그리스도께 하듯 하라_엡 6:5

그러면 우리는 여기에 공통으로 등장하는 '종'이라는 단어가 지니고 있는 뜻이 무엇인지를 알아야 합니다. 종을 헬라어로 '둘로스'라고

합니다. 이것은 품꾼을 말하지 않습니다. 삯을 받고 일하는 일꾼이 아니라 팔려 가서 평생 기약 없이 종살이해야 하는 사람을 뜻하는 말입니다. 한마디로 노예를 지칭하는 용어입니다.

○ ○ ○ ○ ○ ○ ○ ○ ○
로마 시대의 노예제도

그런데 이 본문은 얼핏 생각하기로는 바울이 노예제도를 정당화해서 말하고 있는 듯한 느낌을 줄 수 있습니다. 왜냐하면 기독교 정신에 따라 노예들에게 권면한다면 "너희들은 과감히 노예의 굴레를 떨쳐 버리고 일어나라. 예수 그리스도가 너희에게 자유를 주셨다"라고 해야 합당할 것 같은 생각이 들기 때문입니다. 그런데 바울은 무엇이라고 말하고 있습니까? 오히려 "상전들에게 순종하라"라고 가르치고 있습니다. 과연 그가 노예제도를 정당화하고 옹호하여 그렇게 권면했습니까?

바울이 살던 시대에는 노예 신분을 가진 사람이 대단히 많았습니다. 전체 인구 중 거의 절반을 차지했을 만큼 노예의 수가 많았다고 역사가들은 밝히고 있습니다. 당시에는 약 6천만 명 이상이나 되는 노예가 있었다고 합니다. 그 많은 노예가 단지 로마 시민권이 없다는 이유 때문에 그들의 상전들을 위하여 비참한 나날을 보내며 자기의 전부를 희생해야만 했습니다. 이러한 처지에 있던 그들을 위해 바울이 권면하는 말씀이 본문 내용입니다.

역사학자인 테일러의 연구에 의하면 그 당시의 노예들은 보통 부유한 집에서 키우는 가축보다도 더 비참한 대우를 받았다고 합니다. 우리가 익히 잘 아는 바와 같이 노예제도는 우리 사회에서 반드시 추방되어야 할 가증스러운 악입니다. 그럼에도 불구하고 바울은 노예제도를 비난하거나 폐지해야 한다는 주장을 한 적이 없습니다. 오히려 노예들에게 주인을 올바르게 잘 섬겨야 한다고 가르치고 있습니다.

그런데 우리가 놀랄 만한 사건은 이 노예제도가 그리스도인들에 의해 붕괴했다는 것입니다. 이 노예제도를 지구상에서 완전히 사라지게 한 주인공은 다름 아닌 예수 그리스도였습니다. 우리는 이 사실을 분명히 알아야 합니다. 어떻게 해서 노예제도가 이 땅에서 자취를 감추게 되었습니까? 예수 그리스도의 생명력 때문입니다. 예수님을 믿는 사람들이 활동하는 곳에는 노예제도가 도저히 뿌리를 내릴 수 없습니다. 오늘날 인류의 역사가 이러한 사실을 확실하게 증명해 주고 있습니다.

성경에는 노예제도를 폐지해야 한다고 직접적으로 언급해 놓은 구절이 없습니다. 예수님께서 제자들을 가르치실 때도 노예해방을 위해 힘쓰라고 직접 분부하신 적이 없었습니다. 그분이 노예들을 불쌍히 여기지 않아서 그랬겠습니까? 그분이 노예들에게 관심이 적어서 그랬겠습니까? 아닙니다. 주님은 누구보다도 낮고 비천한 자들을 사랑하셨고 항상 그들의 친구가 되셨다는 것을 우리는 잘 알고 있습니다.

예수님은 노예해방을 위해서 인간에게 가장 완전한 방법을 가르쳐 주셨습니다. 그것은 인간의 내면으로부터 노예제도를 근본적으로 깨뜨리는 방법이었습니다. 주님은 모든 사람의 가슴에 깊이 응어리져 있는 병적 요소를 말씀으로 치료함으로써 노예해방이 가능하게 하셨습니다. 달리 말하면, 영적 치유를 받은 인간이 자기 스스로 노예제도를 폐지하도록 하신 것입니다.

십자가는 모든 인간에게 평등하다

십자가에 못 박히신 그리스도야말로 모든 인간을 죄악에서 구속하신 분입니다. 어떤 지위나 조건을 막론하고 오직 십자가의 능력으로 구원해 주시고 죄의 저주에서 해방하시고 우리에게 진정한 자유를 주시는 분이 예수 그리스도입니다. 이 놀라운 구원의 도 앞에서는 모든 사람이 평등합니다. 주인이나 노예나 자유인이나 속박자나 그 누구를 막론하고 하나님 앞에서는 평등한 존재입니다. 그러므로 주의 복음은 빛입니다. 그 어떤 사람의 가슴이라도 환히 밝혀 줄 수 있는 능력 그 자체입니다.

어떤 사람도 다른 사람을 속박할 수 없다는 주님의 가르침은 상전과 노예를 함께 십자가 앞으로 인도하는 능력이었습니다. 하나님 앞에서는 모든 인간이 똑같이 평등하다는 것을 실제로 증명해 주는 역사적인 사건이었습니다. 이것이 주님께서 노예제도를 폐지한 방법이었습니다.

너희는 유대인이나 헬라인이나 종이나 자유인이나 남자나 여자나
다 그리스도 예수 안에서 하나이니라_갈 3:28

우리가 잘 알다시피 성경은 사랑을 최고의 덕으로 가르치고 있습니다. 진정 예수님을 믿는 자들은 사랑을 실천하는 자들입니다. 그러므로 하나님의 사랑으로 거듭난 자들이 가서 일하는 곳마다 불평등한 계급주의는 무너져 내리기 시작합니다. 그 이유가 어디에 있습니까? 우리 모두는 그리스도 안에서 한 형제이기 때문입니다. 또 형제를 제 몸처럼 사랑해야 한다는 주님의 말씀에 순종하기 때문입니다.

빌레몬서를 읽어 보면 오네시모라는 노예의 이름이 등장합니다. 그는 주인 빌레몬에게서 물건을 훔쳐 달아났던 종이었습니다. 그가 주인을 떠나 멀리 도망친 다음, 로마 감옥에 갇혀 있던 사도 바울을 만났습니다. 오네시모는 바울과 함께 거하는 동안 그리스도를 영접하고

마음의 변화를 받아 새사람이 되었습니다. 그다음 오네시모는 그의 주인에게로 되돌아가야 했습니다. 회개하고 용서를 받아야 했기 때문입니다. 진정 새사람이 되었다면 이 과정은 피할 수 없었을 것입니다. 이때 바울이 오네시모를 주인 빌레몬에게 돌려보내면서 쓴 편지가 빌레몬서입니다.

바울이 오네시모를 위하여 놀라운 중재의 편지를 썼습니다. 당시의 법을 따르면 오네시모는 사형을 면할 수 없는 중죄인이었습니다. 그러나 바울이 빌레몬에게 무엇을 요청하고 있는지 다음 말씀을 읽어 보시기 바랍니다.

> 이 후로는 종과 같이 대하지 아니하고 종 이상으로 곧 사랑 받는 형제로 둘 자라 내게 특별히 그러하거든 하물며 육신과 주 안에서 상관된 네게랴 그러므로 네가 나를 동역자로 알진대 그를 영접하기를 내게 하듯 하고_몬 1:16-17

바울은 빌레몬에게 오네시모를 종으로 다루지 말고 그리스도 안에서 한 형제로 대해 주기를 요청했습니다. 이 얼마나 놀라운 사건입니까? 복음은 영혼만 구원하는 진리가 아닙니다. 몸도 함께 구원하는 완전한 진리입니다. 이와 같은 하나님의 은혜에 감동을 한 노예들이 주님 앞으로 돌아오는 역사가 일어나기 시작했습니다. 그리하여 점점 예수님을 믿는 노예들의 숫자가 놀랄 만큼 늘어났습니다.

로마서 16장 10절을 보면 '아리스도불로의 권속'이라는 말이 나옵니다. 이들은 모두 노예 신분으로서 예수님을 믿은 사람들이었습니다. 또 11절을 보면 '나깃수의 가족'이라는 말이 나옵니다. 이들도 노예 신분으로서 예수님을 믿은 자들이었습니다. 예수 그리스도의 복음이 들어가는 곳에 한 인격, 한 인격이 변화되어 드디어 온 인류가 구원받을 수 있는 하나님의 역사가 일어나게 되는 것입니다.

성경에는 노예와 주인을 향해 권면하는 말씀이 가끔 나옵니다. 그것은 교회 안에서 노예 신분으로 예수님을 믿는 자들이 많았다는 증거입니다. 초대 교회 당시에 종이 그의 상전을 구원하는 성령의 도구로 쓰임 받는 예가 종종 있었습니다. 즉 종들이 주인을 위하여 예수 그리스도의 증인이 된 것입니다. 그리고 그러한 일 후에는 어떤 일들이 일어났는지 아십니까? 상전이 예수님을 믿게 되면서 자기를 예수님을 믿도록 이끌어준 그의 종을 노예로 붙잡아 두지 않고 자유인으로 풀어 주었습니다.

헬마스라는 사람은 자기의 종이 열심히 신앙생활하는 것을 보고 예수님을 믿게 된 사람이었습니다. 그는 예수님을 믿은 다음에 처자를 데려와서 세례를 받게 했는데 그 자리에 자기 집에서 일하고 있던 250명이나 되는 종들을 전부 불러서 함께 세례를 받게 했습니다. 그리고 나서 자기의 재산을 종들에게 고루 나누어 주며 자유인의 몸으로 나가 살게 했습니다. 하나님의 은혜로 노예해방이 된 것입니다.

기독교 역사상 그 이름이 길이길이 빛나는 순교자들 가운데 노예 출신이 많습니다. 오네시모를 비롯하여 유티크스 빅도리누스, 마로네네우스, 아틸레우스 불나디, 포타미에, 펠리스타스 등 헤아릴 수 없이 많은 노예가 복음을 위하여 자기의 생명을 바쳤습니다. 그야말로 위대한 믿음의 선배들입니다.

흔히 기독교를 가리켜 행동의 종교라 부릅니다. 그렇다고 무조건 행동만을 강조하는 종교는 아닙니다. 하지만 사회악에 대해 방관하거나 침묵하는 종교는 아닙니다. 하나님은 우리가 노예해방을 위해서 혁명도, 그렇다고 침묵도 원하지 않습니다. 하나님이 우리에게 원하시는 것은 인간 내면의 병을 고치는 것입니다.

속병을 가지고 있는 사람이 건강한 것을 보셨습니까? 그 속병을 고치지 않는 한 그 사람의 혈색은 좋아질 수 없습니다. 아무리 정성을 들여 화장을 한다고 해도 그 병색을 감출 수가 없습니다. 노예제도도 마찬가지입니다. 또한 우리 사회의 온갖 잡다한 병폐도 마찬가지입니다. 한 사람 한 사람의 영혼이 근본적으로 고침을 받기 전에는 이 사회가 안고 있는 죄악의 뿌리는 뽑힐 수가 없고 치료될 수가 없을 것입니다.

노예 생활도 주의 일이 될진대 하물며

지금까지 우리는 본문이 지니고 있는 전체적인 배경과 줄거리에 대해서 살펴보았습니다. 이제부터 본문 말씀을 구체적인 관점에서 검토해보기로 하겠습니다.

> 종들아 모든 일에 육신의 상전들에게 순종하되 사람을 기쁘게 하는 자와 같이 눈가림만 하지 말고 오직 주를 두려워하여 성실한 마음으로 하라_골 3:22

이 말씀을 읽을 때 우리는 '가축보다 못한 대우를 받으면서도 상전을 성실히 섬겨야 하는 것일까', '종의 신분으로서 주인에게 충성하는 것도 주님의 일이 되는 것일까'라는 의문을 가질 수 있습니다. 우리는 이 문제에 대한 해답을 확실하게 알아야 합니다. 그렇지 않다면 우리는 일상생활을 건전하게 영위할 수 없을 뿐 아니라 삶의 의미를 찾지 못한 채 살아갈 수밖에 없습니다.

이 세상의 일 중에서 가장 잔혹한 것을 들라고 한다면 아마 노예 생활을 꼽을 수 있을 것입니다. 천하고 보람도 없고 목적도 없는 종살이가 과연 주님의 일이 될 수 있습니까? 바울은 노예 생활이 주님의 일이라고 분명히 말하고 있습니다. 그는 종들을 향하여 자기 상전에게 순종하되 주님을 두려워하듯이 떨면서 순종하라고 했습니다. 주님이 주신 상전이기 때문에 주님에게 순종하듯이 그 상전에게 순종하라고 한 것입니다. 또 바울은 노예로서 하는 일이 어떤 일이든 상관하지 말고 주인이 시키는 모든 일이 마치 주님에게 하듯이 하라고 했습니다 (23절 참조). 그 모든 일이 주님의 일이기 때문에 사람에게 하듯이 하지 말고 주님의 일을 하듯이 하라고 한 것입니다.

그리고 바울은 노예로서 주인을 주님 섬기듯이 섬기고 주님의 일을 하듯이 하면 주님으로부터 상급을 받는다고 했습니다(24절 참조). 왜 주님이 노예 생활을 하는 자에게도 상을 주시는 것입니까? 그 사람이 자기의 일을 주님의 일을 하듯이 했기 때문에 상을 주시는 것입니다.

노예 생활이라도 이처럼 엄청난 의미를 지녔다면 우리의 생활은 말해 무엇하겠습니까? 우리는 우리가 하는 일의 대상이 사람이 아니라 하나님인 것을 분명히 알아야 합니다. 주님은 우리가 하는 일의 결과에 따라 상을 주시는 분입니다. 그러므로 우리가 무슨 일을 할 때 눈가림으로 하면 주님께 책망을 받을 것이요, 주님의 일을 하듯이 하면 칭찬을 받을 것입니다.

여러분의 직업이 무엇입니까? 여러분이 하는 일이 무엇입니까? 우리가 아무리 힘든 일을 한다고 할지라도 노예 생활과는 비교할 수 없습니다. 어떤 직업도 노예 생활보다는 낫습니다. 노예의 일도 주님의 일이 될 수 있는데, 우리가 평소에 하는 일이 주님과 무관하다고 말할 수 있겠습니까? 절대 그렇지 않습니다. 어떤 일을 하더라도 믿음으로 하는 한, 그 일은 하나님께 영광을 돌릴 수 있는 것입니다.

구원받은 노예는 그의 신분이 주님의 종이기 때문에 더 이상 사람의 종이 될 수 없습니다. 또한 믿음으로 일을 하였기 때문에 무슨 일을 하든 그것이 다 하나님의 일인 것입니다. 노예들이 주님을 만난 후부터 그들의 인격에 변화가 일어나 생활 태도가 완전히 바뀌었습니다. 자기를 하나님 대하듯이 섬기는 종을 보고 주인들은 큰 충격을 받았습니다. 과거에 포악하던 노예가 유순한 양과 같이 되었고, 또 도덕적으로 부패했던 여종들이 변화를 받아 천사같이 된 것을 보았을 때 그 주인들이 받았던 감동이 얼마나 컸을까 하는 것을 우리는 충분히 짐작하고도 남음이 있습니다. 그들은 마태복음 5장 16절 말씀이 가르쳐 주신 대로 주님에게 순종했습니다.

> 이같이 너희 빛이 사람 앞에 비치게 하여 그들로 너희 착한 행실을 보고 하늘에 계신 너희 아버지께 영광을 돌리게 하라_마 5:16

노예의 신분으로 변화를 받은 자신의 아름다운 인격을 가지고 주변에 있는 사람들에게 감동을 주었다면 그 일이 아무리 천하다고 할지라도 하나님의 일이 되는 것입니다. 그리스도의 향기를 풍기며 주변을 변화시켜 나간 노예들, 그들은 주님의 가르침을 따라 증인의 삶을 살았던 위대한 믿음의 조상들이었습니다.

당시의 노예 중에는 과거에 지체가 높았던 사람들이 종종 있었습니다. 그들은 전쟁에서 포로로 잡혀 와 노예 생활을 하는 패전국의 귀족계급이었습니다. 그들의 지적 수준이 다른 노예보다 높았기 때문에 주인이 그들에게 자기 자녀들의 교육을 맡기는 예가 많았습니다. 믿음이 좋은 노예들이 그 호기를 놓칠 리 없었습니다. 주인의 자녀들을 교육하면서 은밀히 예수 그리스도에 대해 가르쳤습니다. 이것이 훗날 로마제국을 무너뜨리는 무서운 원동력이 되었던 것입니다.

여러분은 어떤 자세로 일하는 사람인가?

이 시간, 여러분 자신을 한번 돌아보십시오. 여러분의 직업이 무엇이냐 하는 것은 문제가 아닙니다. 여러분이 하는 그 일을 통해 얼마나 사람들에게 빛이 되고 있는가, 여러분의 직업을 통해 얼마나 주님을 증거하고 있는지가 문제입니다. 달리 말해, 이 세상에 살면서 나는 사람을 섬기는 자인가, 아니면 하나님의 나라와 그의 일을 위하여 주님을 섬기는 자인가 하는 것을 돌아보아야 한다는 말입니다. 여러분은 어떤 자세로 일하는 사람입니까?

그런데 교회 안에 하나님의 일과 세상일을 분리해서 보는 이원론적인 사고방식을 가진 사람이 많습니다. 예를 들면, 심방하고 성경을 가르치는 일은 주님의 일이요, 집에서 설거지를 하고 아이를 키우는 일은 주님의 일이 아니라는 식으로 갈라놓고 생각하는 것입니다. 이것은 결코 성경적인 사고방식이 아닙니다.

하나님은 우리가 교회에서 예배를 드릴 때만 영광을 받으시는 분이 아닙니다. 그분은 우리의 세상일 전체를 통해서 영광을 받으시기를 원하시는 분입니다. 그런데 이원론적인 생각에 깊이 젖어 있는 사람들, 달리 말해 세상일은 주님의 일이 아니라고 생각하는 사람들은 세상일에 대해 일종의 혐오감을 느끼는 경우가 많습니다. 그러다가 잘못하면 염세주의나 신비주의에 빠집니다. 또 도피주의로 흘러서 결국은 이 사회에서 낙오자가 되는 사례가 허다합니다. 이 모든 것이 그들의 생각이 근본적으로 잘못되었기 때문입니다.

그리스도인이 가지고 있는 직능에는 세 가지가 있습니다. 그것은 예수님이 소유하고 있는 직능과 마찬가지로 선지자, 제사장, 왕입니다. 그런데 대부분의 신자가 선지자로서, 또 제사장으로서의 직능에는 깊은 관심을 가지고 인정을 하는데 왕으로서의 직능은 스스로 포기하는 일이 많습니다. 그들은 사회에서 자기가 하는 일을 하나님의 일과 세상일로 구별해 놓고 후자에 대해서는 아무런 의미를 찾지 못합니다. 그리고 주님의 일을 해야지 하는 조급함에서 기회만 있으면 세상일에서 도피하고 싶어 합니다. 이런 태도는 주님의 통치권을 교회 안에서만 인정하고 저 넓은 세상에서는 인정하지 않는 잘못을 범하기 쉽습니다. 주님은 만유 안에 충만하신 분입니다.

교회 안에서 하는 전도 사업이나 선교 사업에만 하나님의 복이 따르는 것이 아닙니다. 주님의 이름으로 하는 모든 세상일에는 하나님의 복이 따른다는 것을 우리가 알아야 합니다. 신자의 전 생활권은 모두 하나님의 영광을 위하여 쓰여야 합니다. 크리스천이 가는 곳마다 하나님의 나라는 따라가며, 크리스천이 일하는 곳마다 하나님의 나라는 건설되며, 크리스천이 존재하는 곳마다 하나님의 나라는 완성됩니다. 이것이 우리가 이 세상에서 하나님의 자녀로서뿐만 아니라 하나님이 주신 왕으로서의 직분을 감당하는 크리스천의 생활인 것입니다.

몇 년 전에 어느 교회에서 청년들을 위한 세미나를 인도한 적이 있습니다. 말씀을 전하고 난 뒤 질문을 받는 시간이 있었는데, 그때 어떤 청년이 저에게 이런 질문을 했습니다. "목사님, 저는 지금 재수생입니다. 그래서 고민이 많습니다. 독서실에 가서 공부를 하고 있노라면 제가 맡고 있는 교회 일에 소홀히 하는 것 같아 갈등이 생깁니다. 또 교회에 나와서 일하고 있노라면 공부를 해야 한다는 강박감 때문에 안절부절하게 됩니다. 오늘 특강을 한다고 해서 여기에 참석하기는 했지만 사실 공부 때문에 걱정이 됩니다. 목사님, 어떻게 하는 것이 옳은 것입니까?"

여러분은 이 재수생의 고민에 동정이 갑니까? 그 청년이 공부하는 목적을 하나님의 영광에 두고 있다면 하나님의 일이 따로 있고 공부가 따로 있다는 사고방식을 가지진 않았을 것입니다. 그날 저는 청년에게 주일성수하면서 공부에 최선을 다하라고 충고했습니다. 하나님을 위해서 대학에 들어가겠다는 사람이 자꾸 시험에 떨어지는 것은 주님이 원하시는 일이 아닐 것입니다. 주님을 위해 공부한다면 그것은 분명 주님의 일입니다.

지금 여러분의 직업에 권태감을 느낍니까? 왜 여러분의 일에 권태를 느낍니까? 왜 여러분의 일에 대해 말할 수 없는 피곤함을 느낍니까? 자기의 일에 대한 목적의식이 분명하지 않기 때문입니다. 만약 여러분이 하는 일이 주님을 위한 일이라는 확신이 있다면 문제는 달라집니다.

어떤 일을 할지라도 자기 일에 대해 확신을 가지시기 바랍니다. "나는 하나님의 종이다. 내 모든 일은 하나님의 영광을 위해서 하는 것이므로 아무리 하찮은 일이라도 내버릴 것이 없어. 만일 감사함으로 최선을 다하지 않는다면 주의 영광을 가리게 돼." 이와 같은 사명감을 가지고 주님을 위해 일한다면 이제껏 여러분을 괴롭히던 권태감은 일순간에 사라지게 될 것입니다. 지금까지 가졌던 삶의 자세에서 벗어나 확연히 달라진 자신의 모습을 발견할 수 있을 것입니다.

여러분에게 일을 주신 하나님께 감사하십시오. 때때로 일을 하다가 어려운 일을 당하면 하나님께 엎드려 기도하십시오. "하나님, 이제 저는 주님을 위해 살기를 원합니다. 제가 하는 모든 일이 주님의 일이기 때문에 저의 모든 일이 거룩한 것을 믿습니다. 그러므로 주님, 제가 주의 영광을 위해서 무엇을 해야 하는지 가르쳐 주십시오. 도와주십시오. 그러면 날마다 주님의 영광을 위해 살겠습니다"라고 기도하십시오. 그리고 그 일에 최선을 다하십시오.

여러분이 땀 흘려 일한 대가는 결코 헛되지 않습니다. 주님을 위해 충성한 자에게 그 손이 수고한 대로 주께서 상급을 주신다는 것을 잊지 마십시오.

3

오늘의 참 신자상
다니엘

크리스천들은 이 사회에 적극적으로 참여해야 하지만 세상에 동화되어서는 안 됩니다.
하나님이 우리에게 무엇을 원하시는가를 분명히 분별하여 살아야 합니다.
우리도 현실을 사는 사람으로, 적극적인 생활인으로, 믿음으로, 기도로
이 세상에 도전하는 신자로 살아야 합니다.

다니엘 6:1-10

1 다리오가 자기의 뜻대로 고관 백이십 명을 세워 전국을 통치하게 하고 2 또 그들 위에 총리 셋을 두었으니 다니엘이 그중의 하나이라 이는 고관들로 총리에게 자기의 직무를 보고하게 하여 왕에게 손해가 없게 하려 함이었더라 3 다니엘은 마음이 민첩하여 총리들과 고관들 위에 뛰어나므로 왕이 그를 세워 전국을 다스리게 하고자 한지라 4 이에 총리들과 고관들이 국사에 대하여 다니엘을 고발할 근거를 찾고자 하였으나 아무 근거, 아무 허물도 찾지 못하였으니 이는 그가 충성되어 아무 그릇됨도 없고 아무 허물도 없음이었더라 5 그들이 이르되 이 다니엘은 그 하나님의 율법에서 근거를 찾지 못하면 그를 고발할 수 없으리라 하고 6 이에 총리들과 고관들이 모여 왕에게 나아가서 그에게 말하되 다리오 왕이여 만수무강하옵소서 7 나라의 모든 총리와 지사와 총독과 법관과 관원이 의논하고 왕에게 한 법률을 세우며 한 금령을 정하실 것을 구하나이다 왕이여 그것은 곧 이제부터 삼십일 동안에 누구든지 왕 외의 어떤 신에게나 사람에게 무엇을 구하면 사자 굴에 던져 넣기로 한 것이니이다 8 그런즉 왕이여 원하건대 금령을 세우시고 그 조서에 왕의 도장을 찍어 메대와 바사의 고치지 아니하는 규례를 따라 그것을 다시 고치지 못하게 하옵소서 하매 9 이에 다리오 왕이 조서에 왕의 도장을 찍어 금령을 내니라 10 다니엘이 이 조서에 왕의 도장이 찍힌 것을 알고도 자기 집에 돌아가서는 윗방에 올라가 예루살렘으로 향한 창문을 열고 전에 하던 대로 하루 세 번씩 무릎을 꿇고 기도하며 그의 하나님께 감사하였더라

오늘의 참 신자상
다니엘

신앙생활을 하는 사람이 현실과 부딪쳤을 때 가장 먼저 느끼는 것이 무엇입니까? 그것은 예수님을 믿는 사람으로서 사회생활을 만족스럽게 하는 것이 얼마나 어려운가를 절감하는 것입니다. 믿음으로 살려는 의지가 강한 사람일수록 사회생활에서 더 큰 난관에 직면하게 됩니다. 그러므로 우리 그리스도인들의 생활 자세는 세상 사람들과 달라야 합니다. 우리는 분명한 국가관과 사회관을 가지고 이 세상을 살아야 합니다. 그렇지 않으면 복잡다단하고 부패한 이 세상을 올바르게 살아갈 수 없습니다.

어떻게 하면 이 시대에 우리가 성공적인 삶을 살 수 있습니까? 어떻게 하면 우리의 삶을 보다 긍정적이고 생산적으로 이끌어갈 수 있습니까? 이 문제의 해답을 얻을 수 있는 가장 좋은 방법은 앞서 걸어간 믿음의 선배들의 발자취를 성경에서 짚어보는 것입니다. 그분들의 생애를 통해 하나님이 우리에게 주시는 교훈을 발견할 수 있기 때문입니다.

특히 믿음의 조상 다니엘은 이 사회에서 살아가는 우리에게 본보기가 되는 사람입니다. 그는 주전 6백 년경에 살았던 인물로서 불과 15세 전후의 나이에 바벨론에 볼모로 잡혀간 불행한 사람이었습니다. 또한 생전에 고국 땅 한번 밟아보지 못하고 평생을 이국땅에서 살았습니다. 그럼에도 불구하고 그가 바벨론에서 어떠한 자세로, 어떠한 정신과 어떠한 태도로 살았는지 아는 것은 매우 중요합니다. 이것이 곧 하나님께서 우리에게 가르쳐 주시는 진리요, 교훈입니다. 다니엘에 대해 네 가지 관점에서 살펴보도록 하겠습니다.

○ ○ ○ ○ ○ ○ ○ ○
현실적인 크리스천

첫째, 다니엘은 현실적인 사람이었습니다. 당시에 그가 처해 있던 환경은 하나님이 없는 사회였습니다. 그 나라는 온 천지가 죄악으로 캄캄했고 더럽고 추악한 냄새만이 가득한 이방 국가였습니다. 그럼에도 불구하고 그는 90세가 넘도록 그 지역에서 살았고 정권이 세 번이나 교체되는 정치적인 혼란 속에서도 가장 역량 있는 지도자로 살아남았습니다. 그는 바벨론을 떠나려고 몸부림치지도 않았고 자살을 기도하지도 않았습니다. 언제나 바벨론 안에 있었습니다. 그는 현실을 직시하며 살아간 사람이었습니다.

사회는 하나님이 주신 제도입니다. 그곳에서 우리는 살아갑니다. 그곳에서 우리는 인간으로서의 기능을 수행하고 있습니다. 하나님은 사회 속에서 그의 자녀들을 만나고 그 사회를 통해서 하나님의 뜻을 이루시기를 원합니다. 우리는 사회가 선하냐, 악하냐를 따질 필요가 없습니다. 왜냐하면 사회 자체는 악한 것도 선한 것도 아니기 때문입니다. 사회를 구성하는 인간이 악하기 때문에 사회가 악해지는 것입니다. 비록 사회는 갖가지 문제들을 안고 있고 또 헤아릴 수 없는 죄악들이 쉴 사이 없이 일어나고 있지만, 우리는 그 사회 속에 있어야 합니다. 사회를 떠나서 우리는 존재할 수 없습니다.

그러므로 도피주의는 기독교의 본질이 아닙니다. 세상을 싫어하는 염세주의도 기독교가 가르쳐 주는 사상이 아닙니다. 허무가나 부르면서 나그네 인생 적당히 살자고 하는 식의 책임감 없는 삶은 예수님이 가르쳐 주신 적이 없습니다. 우리는 현실 안에 있습니다. 우리는 현실 속에서 살아야 합니다. 이것이 크리스천의 바른생활 태도입니다.

적극적인 크리스천

둘째, 다니엘은 적극적인 생활인이었습니다. 그는 바벨론 사회에서 억지로 목숨을 연명했던 사람이 아닙니다. 그는 적극적으로 정치계에 뛰어들었습니다. 그리고 자기의 직책에 최선을 다했습니다. 자기 민족도 아닌 이방 국가를 위해서 그의 모든 것을 다 바쳤습니다. 그래서 성경은 그를 충성된 사람이라고 기록하고 있습니다.

> 이에 총리들과 고관들이 국사에 대하여 다니엘을 고발할 근거를 찾고
> 자 하였으나 아무 근거, 아무 허물도 찾지 못하였으니 이는 그가 충성
> 되어 아무 그릇됨도 없고 아무 허물도 없음이었더라_단 6:4

여기서 '충성되다'라는 말은 광의적인 뜻을 담고 있습니다. 그의 유능함, 정직성, 완벽함을 다 포함하는 말입니다. 다니엘은 바벨론 정계에서 성실한 사람, 유능한 사람 그리고 정직한 사람으로 정평이 나 있었습니다. 그런 까닭으로 나라 안에 어떤 어려운 문제가 발생했을 때는 늘 그의 이름이 거론되었습니다. 어려운 문제를 해결하기 위해서

가장 먼저 자문해야 했던 대상이 다니엘이었던 것입니다. 그래서 그를 시기하는 사람도 적지 않았습니다. 일단의 사람들이 그를 모함하고자 그에게서 허물을 찾으려고 갖은 노력을 했습니다. 그러나 그에게서는 아무 허물도 찾아볼 수 없었다고 성경은 기록하고 있습니다.

또한 다니엘은 자기 일에 매우 성실한 사람이었습니다. 그는 자기가 맡은 생업에, 자기가 맡은 모든 일에 최선을 다했습니다. 우리는 모든 분야에서 최선을 다해야 합니다. 주님은 그리스도인을 향해 세상의 소금이라고 말씀하셨습니다. 소금은 골고루 뿌려져야 제 역할을 할 수 있습니다. 이와 같이 우리도 사회 전반의 모든 영역에서 활동을 해야 세상의 부패를 막는 소금 역할을 할 수 있습니다.

만약에 신앙이 좋은 크리스천들이 교회 일에만 많이 투입되고 또 비교적 깨끗하다는 교육계나 또 어떤 특수한 분야에만 가득히 몰린다면 그것은 소금을 한 곳에 쏟아붓는 것이나 다름없습니다. 하나님은 크리스천들이 골고루 생활 전선에 뛰어들고 사회 각 분야에 들어가 활동하기를 원하십니다. 그래야만 이 사회가 변하기 때문입니다.

일전에 제가 사석에서 들은 이야기입니다. 어떤 믿음이 좋은 분이 모 기업에서 중견 사원으로 일을 했는데 최근에 방계회사인 맥주를 만드는 회사로 발령이 났다고 합니다. 그때 그는 마음에 심한 갈등을 느꼈습니다. '크리스천으로서 술 공장에서 일을 하다니! 내가 이 일을 해야 하나? 말아야 하나?' 하고 고민에 빠졌다고 합니다. 될 수 있는 대로 술 공장이 아닌 직장에서 일을 하면 좋기야 하겠습니다. 그렇지만 굳이 그곳을 피할 필요는 없다고 저는 생각합니다.

술을 만드는 공장에도 잃어버린 영혼이 너무나 많습니다. 술 공장에도 크리스천이 들어가야 합니다. 그래야만 크리스천이 소금 노릇을 할 수 있습니다. 연예계에도, 또 흔히 부패했다는 경제계에도 크리

스천이 들어가야 합니다. 신앙생활을 하기에 아주 어려운 곳인 정치
계에도 뛰어들어야 합니다. 이것이 하나님께서 우리에게 가르쳐 주신
생활 태도입니다. 다니엘은 이런 원칙을 잘 지켰던 사람이었습니다.
우리도 다니엘처럼 어떤 일을 하든지 충성을 다해야 합니다. 정직해
야 합니다. 유능해야 합니다. 어떤 이유에서도 세상 사람들에게 흠이
잡혀서는 안 될 것입니다.

모 교회 장로님은 직장에서 아주 유능한 분으로 평판이 나 있는 분
이었습니다. 그런데 그가 철야 기도를 자주 하다 보니 낮에 사무실에
서 종종 조는 일이 있었다고 합니다. 그분의 이러한 태도가 바람직합
니까? 기도를 많이 하기 때문에 가끔 졸 수 있다고 직장에서 이해를
구할 수 있습니까? 그렇지 않습니다. 졸아서는 안 됩니다. 마땅히 졸
지 않는 범위에서 기도해야 할 것입니다. 될 수 있는 대로 세상 사람들
에게 조그마한 허물이라도 잡히지 않는 것이 하나님을 향한 바른 태
도입니다.

우리가 잘 알다시피 성경에는 일하기 싫으면 먹지도 말라는 말씀
이 있습니다. 또 무슨 일을 하든지 마음을 다하여 주께 하듯 하라는 말
씀이 있습니다. 여기에서 '무슨 일'이 뜻하는 것은 노예 생활로부터 왕
의 직무까지, 즉 모든 일을 다 포함하는 것입니다. 우리는 무슨 일을
하든지 마음을 다해서 일을 해야 합니다. 세상일은 적당히 하면 된다
는 사고방식은 성경이 가르쳐 주는 것이 아닙니다. 최선을 다하십시
오. 하나님 앞에서 책임을 감당하는 사람답게 자기 소임을 다해야 합
니다. 이것이 다니엘이 우리에게 가르쳐 준 생활 태도로 바로 적극적
인 생활 자세입니다.

셋째, 다니엘은 참된 신앙인이었습니다. 그는 자기가 하나님을 섬기는 사람이요, 선택을 받은 선민이라는 사실을 바벨론에 입국하자마자 분명히 밝혔습니다. 15, 6세밖에 안 된 어린 소년이었지만 그는 자기가 어떤 사람이라는 것을 조금도 꺼리지 않고 밝혔습니다. 왜냐하면 참된 신앙인이었기 때문입니다. 그리고 그는 바벨론 왕 앞에서 꿈을 해석한다든지 국가의 어려운 문제를 해결한 다음에는 꼭 한마디를 잊지 않았습니다. "왕이시여, 이것은 제가 한 것이 아니고 하나님께서 하신 것입니다"라는 말이었습니다. 그는 참된 신앙의 소유자요, 분명히 신분을 밝히는 신앙인이었습니다.

우리 주변에는 자기의 신분을 분명히 밝히지 않고 신앙생활을 하는 사람들이 적지 않습니다. 그래서 어쩌다가 교회에 나와서 서로 마주치면 서먹서먹하고, 어떤 모임에서 성경을 들고나온 것을 알고는 서로가 같이 놀라는 일이 벌어지곤 합니다. 그들은 이것인지 저것인지 구별하기에 어려운 이중생활을 하는 자들입니다. 예수님을 믿는 사람들이 이중 신분으로 신앙생활을 하기 때문에 오늘날 기독교가 이 사회에 영향력을 미치지 못하는 것입니다. 크리스천은 세상에서 분명히 신분을 밝혀야 합니다.

또한 다니엘은 주관이 뚜렷한 사람이었습니다. 다시 말해, 기독교의 사회관, 기독교의 정치관, 기독교의 문화관 등에 대해서 분명한 확신을 가지고 있던 사람이었습니다. 하나님이 우리 신자에게 요구하는 것이 무엇입니까? 우리가 칼로, 또는 다른 어떤 수단으로 이 사회를 개혁하기를 원하시겠습니까? 아닙니다. 하나님은 우리가 뚜렷한 주관을 가진 크리스천으로서 이 사회를 변화시켜 나가기를 원하십니다. 세상 어떤 곳에나 들어가서 누룩과 같이 하나님의 자녀로서 사명을 다해 주기를 바라십니다.

우리가 잘 아는 대로 사회는 절대로 완전해질 수 없습니다. 이 세상 문화는 절대로 선해지지 않을 것입니다. 그리고 결국 그 악으로 인해 망하고 말 것입니다. 그런데 왜 하나님께서 그곳에 그의 자녀들을 남겨 두셨겠습니까? 그 이유는 사회 구석구석 크리스천들이 들어가서 참 신앙인으로서의 빛의 사명, 소금의 사명을 바로 감당하게 하심으로 하나님이 영광을 받으시려는 것입니다. 또 이들을 통해서 잃어버린 영혼들을 구원하시려는 것입니다.

다니엘은 자기 신분에 대한 어떠한 도전도 피하지 않았습니다. 크리스천이 받는 도전에는 여러 가지가 있을 수 있습니다. 그러나 가장 심각한 도전은 신앙인이라는 주체성에 대한 도전입니다. 당시에 다니엘을 시기하는 사람들은 그를 함정에 몰아넣기 위해서 잔악한 꾀를 부렸습니다. 그 결과 그에게 큰 시험 거리를 안겨 주었습니다. 이것이 우리가 읽은 본문에 나타나 있습니다. 그 내용은 이렇습니다. 30일 기한을 정해서 임금에게 경배하고 임금에게 기도하는 것 이외에는 어떤 대상에게도 기도하면 안 된다는 조항과 만약 그 조항을 어기는 사람은 사자 굴에 던져 넣는다는 법령을 만들어 왕의 승인을 받아 냈던 것입니다.

이때 다니엘은 어떻게 했습니까? 왕이 그 법령에 조인하고 이미 그 법이 효력을 발휘한 것을 잘 알면서도 그는 집에서 예루살렘 쪽으로 창문을 열고 종전과 같이 하루 세 번씩 하나님 앞에 기도했습니다. 결국 그러한 사실이 알려져서 그는 사자 굴속에 들어가게 되었습니다. 그러나 하나님이 그를 살려 주셨습니다. 다니엘은 참 신앙인이었기 때문에 도전을 받았던 것이요, 하나님을 의지함으로써 그 도전을 물리치고 승리할 수 있었습니다.

> 무릇 그리스도 예수 안에서 경건하게 살고자 하는 자는 박해를 받으
> 리라_딤후 3:12

참 신앙인은 도전을 받기 마련입니다. 결백하게 살려고 하는 사람일수록 세상으로부터 도전을 받는 일이 많습니다. 하나님의 법도대로 충성되게 살려고 하는 사람은 도전을 받을 수밖에 없습니다. 미움도 받을 수 있습니다. 심지어는 생명의 위협도 받을 수 있습니다. 그러나 우리는 어떤 도전 앞에서도 쓰러져서는 안 됩니다.

다니엘은 어떤 도전 앞에서도 굴하지 않았던 사람입니다. 그는 자기의 생명을 내어놓아야 할 때를 분별한 사람이었습니다. 아무것이나 그저 되는대로 적당히 넘기는 사람이 아니었습니다. 그렇기 때문에 하나님이 그를 도우신 것입니다. 오늘날 우리에게 있어 가장 심각한 문제는 많은 크리스천이 도전을 두려워한다는 것입니다. 우리는 사회에서 여러 가지 도전을 받습니다. 신앙인으로서 받는 도전이 적지 않습니다. 여러분은 도전에 어떻게 대처하십니까? 혹시 다른 사람에게 오해를 받지 않을까, 혹시나 내가 다른 사람에게 미움을 사지는 않을까 하고 머뭇머뭇하지는 않습니까? 우리는 마땅히 도전 앞에 과감히 대처해야 합니다. 크리스천이 도전 앞에서 분명히 대처하지 못하기 때문에 무력한 크리스천, 맛을 잃어버린 소금이 되는 것입니다.

만약 다니엘이 무력한 크리스천이었다면 바벨론 정권이 세 번이나 바뀌는 사이에 쥐도 새도 모르게 그의 이름도 자취를 감추었을 것입니다. 아마 존재도 없이 사라졌을 것입니다. 그 좋은 예로 과거 우리나라 정치계를 돌아봅시다. 도전이 왔을 때 크리스천으로 과감히 대

처하지 못한 사람의 지위가 장수한 예가 있습니까? 오히려 역사에 오점을 남기는 사람으로 기록되어 있을 뿐입니다. 비단 정치계뿐만이 아닙니다. 우리 사회 밑바닥에서 지극히 작은 일을 하는 사람도 마찬가지입니다. 세상으로부터 도전이 올 때 우리는 받아들여야 합니다. 과감히 도전에 대처해야 합니다. 이것이 옳은 신앙입니다.

우리가 잘 알다시피 예수님은 목수였습니다. 그는 유능한 목수였으나 목수로서 생을 살지 않으시고 하나님으로서 이 세상을 사셨습니다. 바울은 유능한 천막 기술자였습니다. 하지만 그는 천막 기술자로서 이 세상을 살지 않았습니다. 그는 이방에 복음을 전하는 그리스도의 제자로서 살았습니다. 베드로는 갈릴리의 유능한 어부였습니다. 그러나 그는 어부로서 인생을 끝내지 않고 그리스도를 증거하는 하나님의 도구로 쓰임 받았습니다. 루디아는 자주 장사를 했던 연약한 여자였습니다. 그러나 그는 교회를 개척했고 하나님의 사랑을 공급하는 그리스도의 도구가 되었습니다.

크리스천들은 이 사회에 적극적으로 참여해야 하지만 세상에 동화되어서는 안 됩니다. 적극적으로 세상을 살되 세상과 벗하여 살아서는 안 됩니다. 하나님이 우리에게 무엇을 원하시는가를 분명히 분별하여 살아야 합니다.

너희는 이 세대를 본받지 말고 오직 마음을 새롭게 함으로 변화를 받아 하나님의 선하시고 기뻐하시고 온전하신 뜻이 무엇인지 분별하도록 하라_롬 12:2

다니엘처럼 현실적으로, 적극적으로, 참된 신앙인의 생활을 하는 것은 쉬운 일이 아닙니다. 아주 어려운 일입니다. 다니엘도 우리와 똑

같은 사람이었습니다. 그렇다면 그가 어떻게 이 어려운 과업을 90평생 조금도 빈틈없이 해낼 수 있었겠습니까? 그에게는 남이 모르는 비장의 무기가 있었습니다. 그것은 바로 '기도'입니다.

기도하는 크리스천

넷째, 다니엘은 무시로 기도에 힘쓴 사람이었습니다. 그는 잠깐 피었다가 햇살이 내리쬐면 금방 시들어 버리는 꽃과 같은 그런 신앙인이 아니었습니다. 급할 때마다 잠깐씩 기도하는 그런 사람이 아니었습니다. 아무리 가뭄이 심해도 뿌리를 땅속에 깊이 박아 두었기 때문에 어디서 끌어올리는지 모르게 깊은 샘물을 빨아올리면서 독야청청하는 나무와도 같이 언제나 기도의 능력을 깊이 체험하며 살았던 사람입니다. 그는 기도의 골방을 가지고 있었습니다. 그에게는 기도의 시간이 있었습니다. 하루 세 번씩, 그러나 이것은 다니엘이 세 번만 기도했다는 말이 아닙니다. 특별히 공식적으로 예루살렘 쪽으로 창문을 열고 기도한 것이 하루에 세 번이라는 말입니다.

아침의 기도는 중요합니다. 우리가 어떻게 한 치 앞을 내다볼 수 있습니까? 하루 중에 어떤 일이 일어날지 모르는 불투명한 앞의 일을 놓고 우리는 기도해야 합니다. 무릎을 꿇고 하나님께 하루의 일정을 말씀드리는 것은 정말 중요합니다. 어떤 상황 속에서도 붙잡아 주시고 세워 주시는 하나님의 인도함을 받으려면 아침에 일찍 일어나서 기도하는 것이 중요합니다. 다니엘은 그것을 알았던 것입니다. 그렇지 않았다면 그가 어떻게 바벨론에서 견딜 수 있었겠습니까?

그뿐만 아니라 다니엘은 낮에도 기도했습니다. 왜 그랬습니까? 누구든지 낮이 되면 지치고 권태롭고 힘이 빠지기 쉽습니다. 또 어떤 문제로 인해 마음에 상처도 입기 쉬운 시간입니다. 그때 조용히 사람들을 피해서 하나님을 만나는 장소에 와 무릎을 꿇고 기도해야 합니다. 하나님은 새 힘을, 영적인 힘을 공급해 주신다는 것을 다니엘은 알았기 때문에 낮에도 기도하는 것을 잊지 않았습니다.

또 다니엘은 밤에도 기도했습니다. 하루 동안 인도하신 하나님께 감사했습니다. 아무리 조심을 많이 한다고 할지라도 그도 인간이기 때문에 잘못이 있을 수 있습니다. 그는 조용한 밤에 하나님께 용서를 비는 기도를 드렸습니다. 그리고 그다음날에 또 힘차게 일할 수 있는 능력을 달라고 기도했습니다. 왜 다니엘이 하루에 세 번씩 기도했습니까? 그는 기도가 무엇인지 아는 사람이었고 또 기도의 능력을 체험한 사람이었기 때문입니다.

다니엘이 바벨론 왕을 이길 수 있었던 비결이 무엇입니까? 그를 꺾으려고 갖은 술책을 다 부리는 정치가들 속에서도 건재할 수 있었던 비결이 어디에 있습니까? 해답은 자명합니다. 그가 하나님 앞에 무릎을 꿇으며 드렸던 기도에 비결이 있었습니다. 기도로 말미암아 그는 평생 변함없이 하나님의 충성된 증인으로서 바벨론에서 살아남을 수 있었습니다.

기도가 무엇입니까? 불행하게도 많은 크리스천이 기도가 무엇인지 모르고 있습니다. 기도는 하나님 앞으로 나아가는 것입니다. 조용히 눈을 감고 하나님 보좌 앞에 엎드려 그분의 거룩한 옷자락에 입을 맞추는 것입니다. 자비하신 그분의 품에 포근히 안기는 것이 기도입니다. 하나님이 내 마음을 꿰뚫어 보시고 내 마음을 알고 계신다는 그 감미로움을 느끼는 것이 기도입니다.

기도가 무엇입니까? 어떤 때는 하나님 앞에 눈물로 호소하기도 하고, 어떤 때는 자기의 고통을 전부 털어놓기도 하고, 어떤 때는 자기 앞에 태산처럼 버티고 있는 문제를 놓고 하나님과 씨름하기도 하는 것이 기도입니다. 어떤 때는 땀이 몸을 적실 때도 있고 어떤 때는 천사들과 천상에서 하나님이 주시는 놀라운 은혜 속에 시간이 가는 줄 모르고 즐기는 것이 기도입니다.

이 비밀 무기가 있었기 때문에 다니엘은 지칠 줄 몰랐습니다. 이 기도의 은밀한 샘이 있었기 때문에 다니엘은 갈증이 나지 않았습니다. 그는 기도함으로써 어떤 바벨론 사람보다 지혜가 뛰어났습니다. 그는 기도함으로써 자기 앞에 놓인 함정을 피할 수 있는 지혜를 얻었습니다. 그는 기도함으로써 바벨론의 방방곡곡 하나님의 이름이 영광을 받을 수 있도록 했습니다. 그는 문제가 있을 때마다 기도함으로써 놀랍게 하나님이 해결해 주시는 것을 체험했습니다. 이것이 기도의 능력입니다.

다리오 왕은 다니엘의 이 비밀 무기를 몰랐습니다. 바벨론 사람은 아무도 몰랐습니다. 하나님과 다니엘만이 알았습니다. 오늘 우리가 사회생활을 바로 하기 위해서는 이 비밀 무기가 필요합니다. 우리가 이 세상에서 크리스천으로 승리하려면 이 비밀 무기가 필요합니다.

너희 중에 누구든지 지혜가 부족하거든 모든 사람에게 후히 주시고
꾸짖지 아니하시는 하나님께 구하라 그리하면 주시리라_약 1:5

지혜가 부족할 때 찾아가야 할 곳이 어디입니까? 기도의 골방입니다. 여러분에게는 기도의 골방이 준비되어 있습니까? 시간이 가는 줄 모르고 어느 시간이든지 하나님 앞에 엎드릴 수 있는 기도의 골방이 있습니까? 목이 컬컬하거나 마음이 답답할 때 들어가서 실컷 마시고 나올 수 있는 은혜의 생수가 있습니까? 기도가 무엇인지 모르는 사람

은 이기지 못합니다. 이길 수 없습니다. 다니엘은 기도함으로써 어떤 도전 앞에서도 두려워하지 않는 용기를 얻을 수 있었습니다.

비숍 케인이라는 목사님은 다니엘을 두고 정치와 종교를 조화시킨 사람이라고 말했습니다. 그는 하나님의 은총과 왕의 은총을 조화시킨 사람이었습니다. 그리고 그것은 기도의 힘이었습니다.

기도에 힘쓰는 사람이 되십시오. 기도하지 않고서 이 요지경 같은 세상을 어떻게 헤치고 나갈 수 있겠습니까? 기도하지 않는다면 어디에서 지혜를 공급받을 수 있으며, 어디에서 새 힘을 얻을 수 있겠습니까? 기도해야 합니다. 왜 많은 크리스천이 이 사회에서 힘을 잃고 비틀거립니까? 왜 많은 크리스천이 좌절합니까? 기도가 무엇인지 모르기 때문입니다. 다니엘처럼 기도하는 사람이 됩시다. 우리도 현실을 사는 사람으로, 적극적인 생활인으로, 믿음으로, 기도로 이 세상에 도전해 봅시다.

만약 한국 교회가 다니엘이 감당했던 것과 같은 책임을 회피해 버린다면 우리에게는 희망이 없습니다. 현실의 책임을 회피하고 안일하게 안주하려는 사람들만 교회 안에 가득히 남는다면 오늘날 이 시대를 구원할 사람이 없습니다. 하나님이 탄식하실 것입니다. 다니엘처럼 기도로 무장하고 생활 현장에서 승리합시다. 이것이 주님께서 원하시고 기뻐하시는 일입니다.

4

하늘에 앉아
세상을 사는 사람

죄로 말미암아 죽었던 우리 자신을 예수님과 함께 십자가에 장사 지냈습니다.
예수님이 부활하시자마자 우리는 살아났고 예수님이 승천하여
하나님의 우편에 앉으실 때 우리도 함께 앉았습니다.
이미 우리는 하늘에 앉아 있는 것입니다.

에베소서 2:1-7

1 그는 허물과 죄로 죽었던 너희를 살리셨도다 2 그때에 너희는 그 가운데서 행하여 이 세상 풍조를 따르고 공중의 권세 잡은 자를 따랐으니 곧 지금 불순종의 아들들 가운데서 역사하는 영이라 3 전에는 우리도 다 그 가운데서 우리 육체의 욕심을 따라 지내며 육체와 마음의 원하는 것을 하여 다른 이들과 같이 본질상 진노의 자녀이었더니 4 긍휼이 풍성하신 하나님이 우리를 사랑하신 그 큰 사랑을 인하여 5 허물로 죽은 우리를 그리스도와 함께 살리셨고 (너희는 은혜로 구원을 받은 것이라) 6 또 함께 일으키사 그리스도 예수 안에서 함께 하늘에 앉히시니 7 이는 그리스도 예수 안에서 우리에게 자비하심으로써 그 은혜의 지극히 풍성함을 오는 여러 세대에 나타내려 하심이라

하늘에 앉아
세상을 사는 사람

　　　　　　　　　　　　이 세상을 사는 것이 참으로 힘들다고 한 번이라도 생각해 보지 않은 사람이 있습니까? 정상적인 사고를 하는 사람이라면 그 누구도 세상살이가 힘들지 않다고 말할 수 없을 것입니다. 아무리 성공한 사람이라 할지라도, 아무리 모든 것이 풍족한 사람이라고 할지라도 세상을 사는 것은 너무나 힘든 일입니다. 이 경쟁 사회에서 도태되지 않고 산다는 것 자체가 우리에게 말할 수 없이 큰 부담을 안겨 주기 때문입니다.

　세상살이가 힘들다는 것은 불신자들에게만 해당하는 이야기가 아닙니다. 예수님을 믿는 성도들도 너무나 힘든 일이 아닐 수 없습니다. 우리는 때때로 권태, 무기력증, 피곤, 좌절감 등에 시달릴 때가 많습니다. 이것은 세상을 살아가는 그 누구도 회피할 수 없는 반갑지 않은 대상입니다. 그것이 죄가 된다든지 나쁜 것은 아닙니다. 그러나 그것이 우리의 정신력을 빼앗고 영적 생명력까지 약화시킬 수 있다는 점을 반드시 유의해야 합니다.

　그러면 여기에서 우리는 자문해 볼 필요가 있습니다. '삶의 무력감이 나를 짓누를 때 나는 어떤 방법으로 그 위기를 벗어나려고 하는 가?' 이것은 아주 중요한 문제입니다. 주님이 원하시는 삶을 살기를 바란다면 반드시 이 문제에 바른 대답을 할 수 있어야 할 것입니다.

○ ○ ○ ○ ○ ○ ○ ○ ○ ○
그리스도인의 변두리 인생

사회학자들이 흔히 사용하는 전문용어 중에 주변인(Marginal Man)이라는 말이 있습니다. 주변인이란 서로 다른 두 개의 문화권에 속하여 어느 편에도 동화되지 못하는 사람을 가리키는 말입니다. 이것을 다른 말로 바꾸어 변두리 인생, 혹은 가장자리 인생이라고도 합니다. 예수님을 믿는 사람 역시 어떤 의미에서는 주변인과 닮은 데가 있습니다.

파푸아뉴기니(Papua New Guinea)에서 선교 활동을 하는 선교사가 있다고 합시다. 그는 그 미개한 나라에서 복음을 위해 수고는 하지만 그 나라의 문화에 동화되려고 하지 않습니다. 그 나라 땅에서 살기는 하지만 결코 그 나라 사람은 되지 않습니다. 그런데 그가 10여 년 선교 활동을 하다가 고국에 돌아오면 또 놀라운 사실을 발견하게 됩니다. 그것은 자기가 한국 문화에도 잘 적응할 수 없는 사람이 되었다는 것을 깨닫게 되는 것입니다. 파푸아뉴기니에 살 때 자신도 모르게 그 나라 문화의 영향을 받았기 때문입니다. 그래서 자기 자신이 어딘가 어정쩡한 위치에 서 있다는 것을 발견하게 됩니다. 결론적으로 말해서 그는 한국 문화에도, 파푸아뉴기니 문화에도 잘 적응하지 못하는 소위 가장자리 인간이 되어 있는 것입니다.

예수님을 믿는 사람이 세상에서는 바로 이런 가장자리 인간과 유사한 점이 많습니다. 우리는 이 세상에 절대로 동화될 수 없는 독특한 존재입니다. 우리는 중생받은 사람이요, 또한 하나님의 자녀입니다. 그러기 때문에 마귀의 자식이 될 수 없을 뿐만 아니라 세상 사람들이 걸어가는 길을 그대로 쫓아가서도 안 됩니다. 우리는 이 세상에 살지만 이 세상 사람이 아닙니다. 바꾸어 말한다면, 변두리 인생과 같은 존재라고 할 수 있습니다.

우리가 얼른 생각하기에는 변두리 인생이 편한 것 같지만 실상은 그렇지 않습니다. 우리는 경계해야 할 것이 너무나 많습니다. 예수님을 믿는 사람은 이 세상을 수단 방법 가리지 않고 살아서는 안 됩니다. 물론 세상 사람과 비교해 볼 때 예수님을 믿는 자기 자신이 어리석어 보일 때가 있고, 또 각박한 이 경쟁 사회에서 자신이 뒤쳐질 때는 좌절감에 빠지는 경우도 허다합니다. 우리는 세상 사람들보다 더 상처받기 쉬운, 소위 변두리 인생을 살고 있는 것입니다. 그래서 어떻게 하면 이 세상을 살 때 상처를 덜 받고 세상 사람들보다 더 앞선 생활을 할 수 있을까 하는 것이 중요한 문제로 등장하는 것입니다.

그런데 우리는 성경에서 그 방법을 찾을 수 있습니다. 우리 자신에게 시시때때로 찾아오는 패배감과 권태감을 어떻게 헤쳐 나가야 하는지 그 방법을 발견할 수 있습니다. 여러분은 이런 경우에 어떻게 대처합니까? 대부분의 성도는 하나님을 앙망해야 한다고 말합니다. 또 어떤 분들은 예수님도 세상에 오셔서 자기를 거역하는 모든 사람에게 낙심하지 않고 사셨기 때문에 우리도 주님을 따라야 한다고 말합니다. 그렇습니다. 이것은 지극히 성경적인 대답입니다.

저는 어느 날 저의 일을 도와주는 자매에게 "너는 살다가 피곤하고 권태로우면 어떻게 하니?" 하고 물어보았습니다. 그랬더니 그는 "다른 것은 다 잊어버리고 하나님을 생각하려고 노력해요. 그러면 얼마 지나지 않아 새 힘이 솟아요"라고 대답했습니다. 정말 그렇습니다. 얼마나 정확하고 고차원적인 방법입니까! 그런데 우리 중에 이러한 방법을 모르는 사람은 별로 없습니다.

세상에서 피곤하고 지칠 때 하나님을 바라보아야 한다는 것은 대부분의 성도가 잘 알고 있는 사실입니다. 그리고 매일매일의 일상생활에서 하나님을 생각하지 않는 사람은 별로 없을 것입니다. 급할 때만 하나님을 찾는 것이 아니라 틈틈이 시간을 내어 성경을 보고 기도하며 하나님을 생각하는 사람이 적지 않습니다. 그럼에도 불구하고 대부분의 성도가 현실의 갈등에서 쉽게 벗어나지 못하는 것을 봅니다. 그 원인은 하나님을 생각할 때 너무 막연한 하나님을 생각하기 때문입니다. 구체적인 사실을 가지고 그분을 생각하지 않는다는 데 문제가 있는 것입니다.

우리는 좀 더 구체적으로 하나님을 생각해야 합니다. 하나님을 생각하되 예수님과 함께 우리를 하늘에 앉혀 놓으신 그 하나님을 생각하는 것입니다. 다시 말해서, 하나님께서 예수님과 함께 하늘에 앉혀 놓은 우리 자신의 모습을 마음속에 그려보는 것입니다. 이 얼마나 감동적인 일입니까?

또 함께 일으키사 그리스도 예수 안에서 함께 하늘에 앉히시니_엡 2:6

우리를 그리스도와 함께 앉혔다는 말씀은 정말 기가 막힌 말씀입니다. 저는 이 말씀을 가지고 '하늘에 앉아 세상을 사는 사람'이라는 제목을 붙였습니다. 이 제목만 봐도 우리 안에서 새 힘이 솟구치는 것을 느낄 수 있습니다. 힘들고 피곤할 때, 이 제목을 기억하십시오. 그래서 '하늘에 앉아 세상을 사는 OOO'라고 여러분의 이름을 넣어 불러 보십시오. 여러분을 짓누르고 있던 무력감이 순식간에 달아나 버릴 것입니다.

○ ○ ○ ○ ○ ○ ○
은혜로 받는 구원

우리가 잘 알다시피 하나님이 우리에게 허락하신 구원의 축복은 믿음이 아니고는 도무지 받아들일 수 없는 것입니다. 우리는 과거에 죄와 허물로 죽었던 자들이었습니다. 우리가 살았다고 착각했을 때 하나님은 우리를 죽은 자로 진단하셨습니다. 그런데 우리가 예수님을 믿자마자 놀라운 사건이 일어났습니다. 죄로 말미암아 죽었던 우리가 살아났습니다. 죽었던 우리 자신을 예수님과 함께 십자가에 장사 지냈습니다. 예수님이 부활하시자마자 우리는 살아났고 예수님이 승천하여 하나님의 우편에 앉으실 때 우리도 함께 앉았습니다. 이미 우리는 하늘에 앉아 있는 것입니다. 이것은 참 놀라운 이야기입니다.

> 긍휼이 풍성하신 하나님이 우리를 사랑하신 그 큰 사랑을 인하여 허물로 죽은 우리를 그리스도와 함께 살리셨고 (너희는 은혜로 구원을 받은 것이라) 또 함께 일으키사 그리스도 예수 안에서 함께 하늘에 앉히시니_엡 2:4-6

위의 말씀을 유심히 보시기 바랍니다. 시제가 모두 과거형으로 기록되어 있습니다. 이것은 미래에 있을 소망이 아니라 이미 일어난 사건이라고 말하는 것입니다. 그러므로 우리는 이미 예수님과 함께 죽었고 또한 그분과 함께 부활한 것을 믿습니다. 우리가 장차 구원받을 것이 아니라 이미 구원을 얻었다는 것을 의심하지 않고 믿는 것입니다. 모든 사실을 너무나 분명하게 믿음으로 받아들일 수 있습니다.

그러나 우리가 그리스도와 함께 하늘에 앉았다는 말씀은 믿음으로 받아들일 수는 있지만, 실감을 하기에는 너무나 어려운 말씀이 아닐 수 없습니다. 왜 이 말씀이 실감이 나지 않습니까? 그것은 하늘이라는 단어 때문에 그렇습니다. 하늘은 세상에 살고 있는 사람이 발을 들여놓을 수 있는 장소가 아니지 않습니까? 우리는 자신이 훗날 죽어서 하늘에 앉게 될 것이라는 점에 대해서는 조금도 의심하지 않지만 지금 자기가 하늘에 앉아 있다는 말은 이해하기가 쉽지 않습니다. 하늘이라는 말이 그만큼 우리에게 거리감을 느끼게 하기 때문입니다.

성경에는 사도 바울이 3층천에 갔다가 온 이야기가 잠깐 언급되어 있습니다. 3층천이 무엇입니까? 3층천은 3층으로 된 하늘 가운데 마지막 층에 속하는 하늘을 가리킵니다. 제1층은 구름이 떠다니는 대기권이요, 제2층은 해와 달 그리고 별들이 모여 있는 천공이요, 제3층은 하나님이 계시는 곳이라고 할 수 있습니다. 바울이 신비한 체험을 하면서 가 보았던 하늘은 바로 하나님이 계신 곳이었습니다. 그때 바울은 그 체험이 너무 신비해서 자기가 몸 밖에 있었는지 몸 안에 있었는지 분간을 할 수 없었다고 말한 것을 성경을 통해서 볼 수 있습니다.

내가 그리스도 안에 있는 한 사람을 아노니 그는 십사 년 전에 셋째 하늘에 이끌려 간 자라 (그가 몸 안에 있었는지 몸 밖에 있었는지 나는 모르거니와 하나님은 아시느니라)_고후 12:2

하나님께서 그의 자녀를 예수 그리스도와 함께 앉혀 놓으신 곳이 바로 3층천인 것입니다. 예수님은 부활하셔서 승천하신 다음 하나님의 오른편에 앉으셨습니다. 우리는 지금 예수님이 앉으신 그곳에 함께 앉아 있는 것입니다. 우리가 지금 그곳에 앉아 있다고 상상할 수 있습니까? 너무나 실감이 나지 않는 말이기에 어떤 성경학자들은 이 말씀을 우리가 하나님 나라의 시민이 되었다는 뜻으로 해석합니다. 그것이 틀린 해석은 아닙니다. 그러나 이 말씀을 단순히 그렇게 해석하는 것으로 충분하지 않습니다. 물론 우리가 이 사실을 지나치게 경험적으로 이해하려고 한다면 불건전한 신비주의에 빠질 수도 있습니다. 하지만 단순하게 우리의 소속을 증명하는 말씀으로 넘기기에는 너무나 아쉬움이 따릅니다. 여기에는 우리가 미처 깨닫지 못한 엄청난 의미가 숨어 있다고 생각됩니다.

하나님은 예수 없는 나를 모르신다

그렇다면 우리가 예수님과 함께 하늘에 앉아 있다고 할 수 있는 성경적인 근거가 무엇인지를 살펴보는 것이 중요합니다. 그것은 우리가 성령을 통하여 그리스도와 연합되었기 때문입니다. 좀 더 쉽게 설명하자면, 우리가 예수님을 구주로 받아들일 때 엄청난 사건이 일어났는데 그것은 예수님과 우리가 하나가 되는 일이었습니다. 누구나 예수님을 구주로 고백하면 예수님과 그 사람은 하나가 됩니다. 하나님께서 그렇게 인정해 주시는 것입니다. 하나님께서 그렇게 인정해 주시기 때문에 그 영적인 사건이 우리가 살고 있는 이 땅에서 지금도 실제로 일어나고 있습니다.

우리가 예수님과 하나가 되었기 때문에 주님에게 일어난 사건이 우리와 직결될 수밖에 없습니다. 그런 까닭으로 예수님이 십자가에 못 박혀 돌아가셨을 때 우리도 그곳에 있었던 것입니다. 하나님께서 그렇게 인정하셨습니다. 예수님이 승천하셨을 때도 예수님 혼자만 승천하신 것이 아니라 우리도 함께 승천하였던 것입니다. 하나님이 그렇게 인정하셨습니다. 그러므로 예수님이 하늘에 앉아 계시는 것이 부인할 수 없는 사실인 것처럼 우리가 지금 하늘에 앉아 있는 것도 부인할 수 없는 사실입니다.

이와 같은 사실을 확증해 주기 위해서 하나님은 성령을 보내셨습니다. 곧 하늘에 앉아 계시는 예수님이 우리 안에 거하도록 해 주신 것입니다. 그래서 우리는 지금 살아 계신 예수님과 함께 살고 있습니다. 성령 때문에 예수님과 우리는 끊어질 수 없는 관계가 되었습니다. 비록 우리는 땅에서 살고 있지만, 저 하늘에 계신 주님이 성령을 통하여 우리에게로 와서 하나가 되어 주심을 우리는 실감할 수 있는 것입니다.

만약 우리 안에 성령이 계시지 않는다면 어떻게 우리가 주님과 함께 십자가에 못 박힌 경험이 없으면서도 주님과 함께 십자가에 못 박혀 죽었다고 말할 수 있겠습니까? 그러나 하나님의 영이신 성령께서 우리가 예수님께 일어난 모든 것을 우리의 사건으로 믿게 하시고, 체험하게 하심으로 가능하게 된 것입니다. 이런 의미에서 우리가 예수님과 함께 하늘에 앉았다는 말을 막연하게 받아들일 것이 아니라 내가 지금 바로 하늘에 가서 앉아 있다는 사실로 인식하고 고백해야 합니다.

우리는 이 땅에서 살고 있습니다. 그러나 이것은 흙으로 빚어진 우리의 몸이 수명이 다하지 않아서 잠깐 지상에 머무르고 있는 것일 뿐입니다. 우리는 지금 하늘에 앉아 있는 자들입니다. 우리는 이 사실을 우리가 숨을 쉬어야 살 수 있는 것과 같이 당연한 사실처럼 받아들여야 합니다. 여러분은 이 사실이 믿어집니까? 지금 자신이 하늘에 앉아 있는 사람이라는 말이 실감이 납니까?

이해를 돕기 위해서 제가 한 가지 예를 들겠습니다. 저는 며칠 후에 로마로 떠날 예정입니다. 그런데 로마 집회를 앞두고 몸은 서울에 있지만, 마음은 벌써 로마에 가 있습니다. 저는 이미 로마에 가서 그곳의 성도들을 만나고 있고 또한 우리 신앙의 선배들이 핍박을 당하여 지하로 내려가서 예배를 드렸던 카타콤(Catacomb) 유적을 생각하고 있습니다. 누가 나에게 아직 로마에 가지도 않았으면서 로마에 가 있다고 생각하는 것은 잘못이라고 말할 수 있겠습니까? 그런 까닭으로 저의 행동이나 감정이 다른 사람들과 다를 것이 자명한 사실입니다. 지금 저는 말할 수 없이 피곤한 상태이지만 이미 로마에 가 있다고 생각하기 때문에 그 피곤을 극복할 수가 있는 것입니다.

이와 마찬가지로 우리는 이 세상에서 날마다 예수님과 함께 하늘에 앉아 있는 자신을 믿음의 눈으로 확인하며 살아야 합니다. 여러분은 어떻습니까? 주님과 함께 하늘에 앉아 있는 자신을 마음에 그리며 살아갑니까? 만약 그때마다 감사와 감격을 느낄 수만 있다면 여러분은 이 세상이 주는 어떤 피곤이라도 능히 극복할 수 있을 것입니다. 어떠한 무력감도 더 이상 여러분을 주저앉게 하지 못할 것입니다.

여러분의 믿음은 어느 정도의 수준입니까? 여러분은 자신을 그리스도와 함께 하늘에 앉아 있는 사람으로 인식합니까? 오늘도 내일도 이 세상이 다 할 때까지 하늘에 앉아 있는 사람으로 생각하고 느끼고 말하고 행동할 수 있습니까? 우리는 하늘에 앉아서 세상을 사는 독특한 사람들입니다. 그러기 때문에 하나님은 우리를 향해 이렇게 명령하셨습니다.

위의 것을 생각하고 땅의 것을 생각하지 말라_골 3:2

이 말씀이 뜻하는 것은 무엇입니까? 성도는 하늘에 앉아서 세상을 사는 사람이기 때문에 그런 사람답게 생각하고 행동하라는 것입니다. 만약 우리가 하늘에 앉아 있는 사람이 아니라면 하나님은 이런 말씀을 하시지 않았을 것입니다. 이와 비슷한 내용의 말씀이 또 있습니다. 그것은 이 세대를 본받지 말라는 말씀입니다.

너희는 이 세대를 본받지 말고 오직 마음을 새롭게 함으로 변화를
받아 하나님의 선하시고 기뻐하시고 온전하신 뜻이 무엇인지 분별
하도록 하라_롬 12:2

어떤 권위 있는 영어 성경은 이 세대를 본받지 말라는 말씀을 "너희
는 너희 주변에 있는 세상이 자기 틀에 맞게 너를 쑤셔 넣지 못하게 하
라. 너희는 거기에 끌려 들어가지 말라"라고 기록하고 있습니다. 우리
는 하늘에 앉아 세상을 사는 자들이기 때문입니다. 세상 사람들처럼
이 세상의 속된 풍습과 유행을 따르지 말고 하나님의 자녀답게 거룩
하게 살아야 한다는 말입니다.

○ ○ ○ ○ ○ ○ ○ ○ ○ ○ ○ ○
그리스도께 속한 것은 모두 나의 것

우리가 하늘에 앉아 세상을 내려다보는 사람이라면 비록 세상 사람들
이 우리를 변두리 인생으로 초라하게 볼지라도 상관이 없습니다. 정
말 행복한 사람은 그들이 아니라 우리이기 때문입니다. 하늘에 앉아
있는 사람이 하늘의 것을 생각하지 않고 땅의 것을 생각하다가 보면
온통 상처투성이인 자신을 발견하게 될 뿐입니다. 예수님과 내가 하
나가 되었기 때문에 그리스도께 속한 것은 모두 나의 것이라는 진리
를 의심 없이 받아들여야 합니다. 이것이 그리스도인의 행복의 조건
입니다.

그러므로 자기가 하늘에 앉아 있는 사람이라고 믿는 자는 세속적인
욕망 때문에 당하는 고통을 훨씬 적게 받습니다. 세상 사람들처럼 수
단 방법 가리지 않고 악착같이 남보다 앞서 뛰어가려고 하지 않습니
다. 기를 쓰고 돈을 벌려고 하고, 기를 쓰고 권세를 잡으려고 하고, 지

나치게 명예욕에 사로잡혀 아옹다옹하지도 않습니다. 그렇게 살 필요가 없기 때문입니다. 오늘의 성공이 내일의 그 무엇이 될지 누가 알겠습니까? 하늘에 앉아 세상을 사는 사람은 삶의 자세부터가 다른 법입니다.

요즈음에 T럼프구 때문에 유명한 분이 있지 않습니까? 제가 잠깐 TV에서 그분의 이야기를 들었는데 참 시사하는 바가 커서 여기에 소개합니다. 그분은 캘리포니아의 오렌지 카운티(Orange County)에서 알레르기질환 전문의로 일하면서 엄청나게 돈을 벌었다고 합니다. 1년에 5, 60만 달러를 벌었다고 하니 실로 어마어마하게 큰돈을 번 셈입니다. 그리하여 그는 최고급 저택을 사들였습니다. 그 가족들은 그곳에서 마치 천국에 사는 것 같은 행복감을 누렸습니다. 그러나 이런 만족감이 오래 계속되지 못했습니다. 너무 행복한 나머지 불안감이 몰려들기 시작한 것입니다. '이 행복이 언젠가는 깨지는 것이 아닐까? 우리 가족에게 어떤 변화가 생기면 어떻게 하지? 식구 중에 누군가 암에 걸리면 어쩌나?' 하는 걷잡을 수 없는 염려가 엄습해 오면서부터 그는 심한 공포감에 사로잡혔다고 합니다.

지나치게 세상을 바라보는 자에게 찾아오는 증세가 무엇인 줄 압니까? 그것은 불안과 공포입니다. 자기가 하늘에 앉아 있는 사람이라고 믿는 자는 세상에 있는 사람과는 다릅니다. 자기의 형편이 아무리 볼품없다고 할지라도 비교 의식 때문에 고통스러워하지 않습니다. 이 땅 위에 수명이 다 되지 않았기 때문에 이 땅에 남아 있을 뿐인 것입니다. 그러므로 보는 눈이나 느끼는 감각이 세상 사람들과 다를 수밖에 없습니다. "나는 하늘에 앉아 있는 사람이다"라는 것을 날마다 느끼고 인식하는 사람은 남이 상처를 입고 피곤할 때 그렇게 쉽게 피곤해하거나 상처를 입지 않습니다. 그에게는 세상이 줄 수 없는 평안이 있기 때문입니다.

위클리프(Wycliffe Global Alliance) 선교사 중에 베르나 메이라는 분이 있습니다. 그가 주님으로부터 받았던 사명은 복음을 전하는 일이 아니라, 다른 선교사들이 밀림이나 산악 지대로 들어가 복음을 전하려 할 때 그들을 비행기로 태워다 주는 일이었습니다. 그가 비행술을 배우면서 반드시 유의해야 할 점을 기록해 둔 것이 있어서 소개하려고 합니다.

"비행기를 타고 갈 때 절대로 감각을 믿지 말고 앞에 있는 계기판을 믿어야 합니다. 당신이 생각하기에는 비행기가 남쪽으로 가는 것 같지만 비행기는 동쪽으로 가고 있습니다. 당신 생각에 비행기가 아래로 내려가는 것 같지만 비행기는 수평으로 날고 있습니다. 당신의 감각을 믿었다가는 큰 사고가 날 수밖에 없습니다. 당신의 감각을 믿지 말고 앞에 있는 계기판을 보시기 바랍니다."

우리는 우리의 감각을 믿어서는 안 됩니다. 하나님의 계기판을 믿어야 합니다. 하늘에 앉아 세상을 사는 사람은 세상의 가치관을 따라서는 안 됩니다. 하나님의 말씀에 기록된 계기판을 따라야 합니다. 우리의 감각이나 느낌, 경험에서 오는 기분, 이런 것들을 따르면 상처를 받을 수밖에 없습니다. 우리는 하나님이 주신 성경을 계기판으로 알고 따라가야 합니다. 그러면 가장자리 인생을 살아도 피곤하거나 불행해지지 않습니다. 주님을 따라가는 삶, 그런 생활을 하는 자에게 하나님은 날마다 새 힘을 공급해 주시기 때문입니다.

세상이 예수님을 믿는 우리를 못난 인생으로 바라볼지라도 우리는 답답해할 필요가 없습니다. 어리석다고 해도 상관할 필요가 없습니다. 오히려 그것이 정상이라고 생각하는 것이 좋습니다. 그러나 꼭 한 가지 명심해야 할 것이 있습니다. 우리는 하늘에 앉아 세상을 사는 독특한 사람이라는 사실입니다. 이 얼마나 기가 막힌 행복입니까?

피곤하고 답답할 때마다 그리스도와 함께 하늘에 앉은 자신의 모습을 실감 나게 묵상해 보시기 바랍니다. 그러면 새 힘을 주시는 하나님의 손에 이끌려 벌떡 일어날 수 있을 것입니다. 여러분이 이 땅에서 하는 일이 좀 잘 안 되면 어떻습니까? 너무 좌절하지 마십시오. 여러분은 하늘에 앉아 세상을 사는 사람입니다!

5

보이지 않는
백발

하나님의 자녀는 세상에 살고 있지만,
세상에 속하지 아니한 자들이라고 주님이 말씀하셨습니다.
그리스도인은 세상의 지배를 받지 않는다는 말입니다.
예수님을 믿는 사람은 분명히 세상과 동화할 수 없는 사람인 것입니다.

호세아 7:8-9

8 에브라임이 여러 민족 가운데에 혼합되니 그는 곧 뒤집지 않은 전병이로다 9 이방인들이 그의 힘을 삼켰으나 알지 못하고 백발이 무성할지라도 알지 못하는도다

보이지 않는
백발

하나님의 자녀는 세상에 살고 있지만, 세상에 속하지 아니한 자들이라고 주님이 말씀하셨습니다. 그리스도인은 세상의 지배를 받지 않는다는 말입니다. 예수님을 믿는 사람은 분명히 세상과 동화할 수 없는 사람인 것입니다. 그럼에도 불구하고 그리스도인이 세상에 동화된다면 어떤 위험에 빠지게 됩니까? 이것은 우리가 깊이 검토해 보아야 할 문제가 아닐 수 없습니다.

저는 가끔 예수님을 믿는 사람을 헤엄을 칠 줄 모르는 어부에 비유할 때가 있습니다. 고깃배를 타고 바다를 이리저리 다니면서 열심히 고기를 잡는 한 어부가 있습니다. 그 어부는 부지런히 고기를 잡을 수 있으나 실수하여 물에 빠지는 날에는 큰 사고가 납니다. 헤엄치는 방법을 모르기 때문입니다. 예수님을 믿는 사람도 이 어부와 흡사한 점이 있습니다.

세상과 동화할 수 없는 사람

우리는 믿음의 배를 타고 세상을 유유히 돌아다니면서 하나님의 영광을 위해서 일합니다. 열심히 직장 생활하고, 열심히 사업하고, 열심히 공부하고, 열심히 가정을 돌보며 살아갑니다. 그런데 가령 이 믿음의 배가 전복되어 세상에 빠지는 날에는 엄청난 사건이 벌어집니다. 그리스도인은 세상 사람처럼 헤엄을 칠 줄 모릅니다. 달리 말하면, 그들처럼 수단 방법 가리지 않고 살 재주가 없습니다. 헤엄을 칠 줄 모르기 때문에 세상의 흉흉한 파도를 헤쳐나갈 힘이 없습니다. 한번 물에 빠지면 허우적거리다가 빠져 죽기 알맞은 사람들이 소위 예수쟁이인 것입니다.

그러므로 우리는 언제나 세상이라는 바다 위에 떠 있어야 합니다. 물에 빠져서는 안 됩니다. 하나님은 우리에게 노를 젓는 방법을 가르쳐 주십니다. 그러나 헤엄치는 방법은 가르쳐 주시지 않습니다. 그러나 어떻습니까? 요즈음 성도들은 노를 젓는 방법보다 헤엄치는 방법에 더 매력을 느끼는 것 같습니다. 세상과 구별된 경건생활, 즉 노를 젓는 방법에는 별로 관심이 없습니다. 그러나 세상과 적당히 어울려 신앙생활을 하는, 즉 헤엄치는 방법에 더 많은 관심을 기울이는 것을 봅니다. 어딘가 심상치 않은 증세를 나타내는 것입니다. 이런 점을 염두에 두고 본문 말씀을 검토해 보려고 합니다.

> 에브라임이 여러 민족 가운데에 혼합되니 그는 곧 뒤집지 않은 전병이로다_호 7:8

에브라임은 북이스라엘을 가리키는 별칭입니다. 북이스라엘에는

10지파가 있었는데 그중에서 에브라임 지파가 힘이 가장 막강했습니다. 이런 연유로 북이스라엘을 에브라임이라고도 지칭했던 것입니다. 호세아가 살던 시대는 정치적으로나 경제적으로 매우 안정된 시기였습니다. 그런 이유 때문인지 당시에 많은 백성이 교만한 생활을 했습니다. 더구나 에브라임 지파는 하나님 앞에서 대단히 교만했고 이웃에 있던 이방인들과 섞여 살았습니다. 8절 말씀의 '여러 민족'은 이방인을 가리킵니다. 그리고 '혼합되다'는 말은 다음 말씀의 '섞이다'라는 단어와 동일한 뜻을 가지고 있습니다.

무교병과 기름 섞인 무교 과자와 기름 바른 무교 전병을 모두 고운 밀가루로 만들고_출 29:2

구약시대에는 하나님 앞에서 제사를 지낼 때 반드시 예물을 준비했습니다. 그 예물 중에는 두 가지 종류의 과자가 있습니다. 누룩을 넣지 않은 밀가루와 기름을 한데 섞어 반죽하여 구워 내는 과자가 있고, 또 다른 것은 누룩을 넣지 않은 밀가루로 반죽을 하여 구운 다음 그 위에 기름칠을 하는 과자가 있습니다. 그런데 전자의 과자가 밀가루와 기름을 한데 섞어 그 내용물을 일일이 분별할 수 없는 것처럼 '혼합되다'는 단어 또한 한데 섞여 뭐가 뭔지 도무지 분별할 수 없다는 의미를 내포하고 있습니다.

위의 사실로 미루어 볼 때 우리는 에브라임이 열방에 혼합되었다는 말씀을 이해할 수 있습니다. 곧 이스라엘 백성이 주변에 있던 이방인들과 구별하기 어려울 정도로 동화되었다는 것입니다. 종교나 사상, 생활 습관 등 기타 여러 가지 면에서 하나님의 백성다운 점은 사라지고 이방인들과의 차이점을 발견할 수 없을 정도로 그들과 섞여 버렸다는 것입니다.

하나님은 세상을 사는 우리에게 세상과 별거하라고 가르치시지는 않았습니다. 우리가 세상을 사는 방법은 동거하는 것입니다. 그런데 동거에는 두 가지 방법이 있습니다. 하나는 우리가 세상 사람처럼 되어 버리는 것이고, 또 다른 하나는 세상 사람이 우리처럼 되어 버리는 것입니다. 하나님이 어느 쪽을 원하시겠습니까? 물으나마나 세상 사람이 우리처럼 되는 동거 방법을 원하시는 것입니다.

좀 극단적인 비유이기는 하지만 주님이 사마리아 여인을 만났을 때 어떻게 하셨습니까? 주님은 그 천한 여인을 그 여자의 수준보다 높게 끌어올려 주었습니다. 결코 그 여인이 예수님을 낮은 수준으로 끌어내리지는 못했습니다. 우리도 마찬가지입니다. 세상 사람이 우리를 따라오도록 모든 면에서 우리의 수준이 그들보다 높아야 합니다. 이런 원칙을 벗어날 때 우리는 도리어 세상에 이끌려 그들과 한데 섞일 수밖에 없을 것입니다.

그러나 이스라엘 백성은 그렇지 못했습니다. 그들은 뒤집지 않은 전병과 같았다고 본문이 설명하고 있습니다. 전병이 무엇입니까? 전병은 쉽게 말하면 케이크입니다. 요즈음에는 제조 기구나 기술이 발달하여 빵이 새까맣게 타는 경우가 별로 없습니다. 그러나 옛날에는 자칫 정신을 딴 데 팔고 있으면 한쪽이 새까맣게 타는 일이 많았습니다. 이스라엘 백성이 세상에 온통 정신을 팔고 있었기 때문에 뒤집지 않은 전병과 같은 꼴이 된 것입니다. 한쪽은 하얗고, 다른 한쪽은 까맣게 탄 빵과 같이 되었다는 말입니다. 그것은 곧 이중생활, 이중인격을 의미하는 것입니다.

이중생활을 했던 에브라임

그들은 이스라엘의 고유한 특징을 상실하고 이방 백성들과 어울려 이중생활을 했습니다. 하나님 앞에 제사 드리러 나왔을 때는 선택을 받은 백성처럼 행동했지만, 그곳을 벗어나서는 이방 사람과 다름없이 행동했다는 말입니다. 겉으로는 찬송과 기도하지만, 속마음에는 세상 쾌락과 근심이 가득 차 있었던 것입니다.

우리도 세상을 잘못 살면 이런 꼴이 됩니다. 정신을 바짝 차려야 합니다. 그렇지 않으면 우리도 뒤집지 않은 전병같이 쓸모없는 존재가 되어 버립니다. 세상에서 흔히 보는 이중인격도 좋아할 사람이 없는데 하물며 하나님 앞에서의 이중인격이 얼마나 가증스러운 것이겠습니까? 하나님이 이런 사람을 얼마나 싫어하시습니까? 에브라임이 그런 꼴이 되고 말았던 것입니다. 불행히도 에브라임은 세상에 철저하게 동화되었습니다. 세상에 동화되면 어떤 증세가 나타납니까? 9절 말씀입니다.

이방인들이 그의 힘을 삼켰으나 알지 못하고 백발이 무성할지라도
알지 못하는도다 _호 7:9

여기에서 그 힘이 삼켰다는 말은 진액을 빼앗겼다는 말입니다. 곡식이 자라지 못하도록 잡초가 모든 양분을 빼앗아 가듯이 진액을 모두 빼앗아 간 것입니다. 우리 몸에 진액이 빠지면 어떻게 됩니까? 백발이 얼룩얼룩 찾아옵니다. 이스라엘 백성이 영적인 힘을 모두 상실해 버리자 머리에 백발이 찾아왔던 것입니다

우리가 잘 알다시피 검은 머리는 젊음의 상징이요, 힘의 면류관입

니다. 반면에 백발은 힘의 퇴조를 알리는 적신호라고 할 수 있습니다. 힘을 상실해 가는 신체상의 변화를 가장 정확하게 보여 주는 증거가 있다면 그것은 백발이라고 말할 수 있을 것입니다. 에브라임은 영적으로나 정치적으로 반백의 노인과 흡사하게 되었습니다. 주변에 있는 나라들과 어울려 살다가 보니 자기도 모르게 힘을 다 빼앗겨 버린 것입니다.

여기에서 우리는 중요한 교훈 하나를 배워야 합니다. 우리는 영적인 힘을 잃고는 살 수 없습니다. 그런데 그 힘이 어디에서 오는 것입니까? 하나님의 자녀가 세상을 사는 힘은 전혀 다른 데서 옵니다. 이것을 가장 명료하게 가르쳐 주는 말씀이 신명기 8장 3절입니다.

너를 낮추시며 너를 주리게 하시며 또 너도 알지 못하며 네 조상들도 알지 못하던 만나를 네게 먹이신 것은 사람이 떡으로만 사는 것이 아니요 여호와의 입에서 나오는 모든 말씀으로 사는 줄을 네가 알게 하려 하심이니라_신 8:3

하나님의 자녀는 하나님의 입으로 나오는 말씀을 공급받아야 살아갈 수 있습니다. 반면 세상 사람은 떡으로부터 힘을 공급받아 살아갑니다. 그런 까닭으로 대부분의 세상 사람들은 제물을 생명처럼 소중하게 여깁니다. 평생 재물을 모으는 것에 심혈을 기울이기 때문에 돈많은 사람을 능력 있는 자로 평가하기도 합니다. 그래서 돈을 잃으면다 잃은 사람처럼 맥없이 쓰러지는 것을 볼 수 있습니다.

하나님은 힘의 원천이시라

그러나 하나님의 자녀는 어떻습니까? 하나님의 자녀는 그 힘을 하나님의 입에서 나오는 모든 말씀을 통해서 공급을 받습니다. 왜냐하면 하나님이 힘의 원천이시기 때문입니다.

> 내게 대한 어떤 자의 말에 공의와 힘은 여호와께만 있나니 사람들이
> 그에게로 나아갈 것이라 무릇 그에게 노하는 자는 부끄러움을 당하
> 리라_사 45:24

이 말씀에서 보시다시피 의와 힘은 오직 하나님께만 있습니다. 우리가 그 하나님 앞에 나아가면 힘을 얻을 수 있습니다. 하나님은 무능한 자에게 힘을 더하여 주시는 분입니다. 하나님이 주시는 이 놀라운 힘을 체험하는 사람은 누구든지 하박국처럼 노래할 수 있을 것입니다.

> 주 여호와는 나의 힘이시라 나의 발을 사슴과 같게 하사 나를 나의
> 높은 곳으로 다니게 하시리로다 이 노래는 지휘하는 사람을 위하여
> 내 수금에 맞춘 것이니라_합 3:19

이것이 예수님을 믿는 사람과 세상 사람의 차이입니다. 하나님의 자녀는 세상 사람처럼 자기의 힘이 재물에서 온다고 말하지 않습니다. 자기의 힘이 자기가 이룩한 재물에서 온다고 말하지 않습니다. "나의 힘은 오직 하나님입니다." 이것이 예수님을 믿는 사람의 진정한 고백입니다. 하나님은 힘의 원천이십니다. 그런데 하나님은 말씀을 통해서 그 힘을 공급해 주십니다. 우리가 말씀으로 살 수밖에 없는 이

유가 여기에 있는 것입니다. 말씀을 부지런히 먹고 말씀을 부지런히 마음에 담는 사람은 그 영이 삽니다. 그러나 말씀을 게을리 먹고 말씀을 멀리하는 사람은 그 영이 죽을 수밖에 없습니다.

말씀을 통해서 얻는 힘이 얼마나 대단한 것인지를 때때로 실감한 적이 있을 것입니다. 저도 마찬가지입니다. 저는 가끔 교포들로부터 편지를 받을 때가 있습니다. 그들은 저의 설교 테이프를 통해서 말씀을 들은 형제들인데 하나님이 주신 은혜에 감격하여 편지를 보내오는 것입니다. 저는 그 편지를 읽을 때마다 말씀의 능력이 얼마나 큰 것인가를 절감하곤 합니다.

미국에 사는 어느 부인은 이런 간증을 보내왔습니다. "목사님, 테이프를 통해서 말씀을 들노라면 저는 매일매일 살아가는 힘을 얻습니다. 때로는 견디기 어려운 고통 속에서 몸부림칠 때도 있습니다. 그때마다 하나님의 말씀이 저에게 큰 힘이 됩니다. 저는 하나님의 말씀을 의지하고 다시 힘을 얻어 직장으로 달려 나갑니다."

호주에 있는 어느 선교사는 다음과 같은 글을 보내왔습니다. "목사님, 저는 말씀을 읽고 기도를 해도 왠지 곤비하기가 이루 말할 수 없었습니다. 밖에 나가서 전도를 해도 잠시만 기쁠 뿐 며칠 지난 뒤에는 여전히 괴로움과 갈등 속에서 헤맸습니다. 그런데 테이프를 통해서 구구절절 흘러나오는 말씀을 듣고 얼마나 기쁨이 넘치던지요! 샘물 같은 성령의 위로 앞에 저는 그만 울고 말았습니다."

미국이나 호주 같은 풍족한 나라에 살면서도 말씀이 없으면 잠시도 견디기 어렵다니 얼마나 놀라운 일입니까? 바로 이것이 하나님의 자녀가 세상 사람과 다른 점입니다. 하나님의 말씀을 통해서 힘을 공급받지 않으면 세상에 나가서 한 발자국도 움직일 수 없는 사람이 바로 하나님의 자녀입니다.

이렇게 말씀에 매달려야만 살아갈 수 있는 사람이 어쩌다가 세상 사람들과 짝이 되어 어울리면 이상한 증세가 나타나기 시작합니다. 제일 먼저 나타나는 증상이 말씀에 구미가 떨어지는 것입니다. 꿀송이처럼 달기만 하던 말씀이 메마른 빵 조각을 씹듯이 잘 넘어가지 않습니다. 말씀을 깨달을 때마다 가슴속에서 솟아나던 기쁨은 어디론가 사라지고 기억조차 나지 않습니다. 그 대신 세상 이야기에 더 흥미가 있어서 그 많은 속된 이야기를 주고받는 것에 정신을 차리지 못합니다.

그래서 자기도 모르게 영적인 힘이 서서히 빠져나가는 것을 눈치 채지 못합니다. 구원받은 자로서 누리던 기쁨은 썰물처럼 밀려나가 경건의 의지는 꺾여져서 조그마한 문제 앞에서도 벌벌 떠는 비겁자가 됩니다. 결국은 염려와 고통의 수레바퀴 밑에서 갈기갈기 찢어지는 불쌍한 존재로 전락하는 것입니다. 과거에 믿지 않는 자들을 향해 예수님을 믿으라고 하던 그 담대함은 어디론가 사라지고 복음 전하는 자들만 만나면 오히려 부끄러워 피하고 싶은 자신을 발견할 뿐입니다. 이 얼마나 심각한 증세입니까? 말씀은 생명을 이어주는 젖줄입니다. 젖줄이 끊어진 사람이 어떻게 온전히 살아남을 수 있겠습니까?

주님은 우리에게 가시덤불의 비유를 가르쳐 주셨습니다. 가시는 곡식이 햇살을 받지 못하게 얼마 지나지 않아 하늘을 덮어 버립니다. 가시는 곡식보다 자생력이 강해서 그 무서운 뿌리를 사방으로 뻗어 곡식이 섭취해야 할 양분을 가로챕니다. 세상 사람이 이 가시와 비슷한 데가 있습니다. 왜냐하면 우리가 말씀의 빛이 내리쬐는 은혜의 동산에 올라가려고 할 때 그 길을 가지 못하도록 막기 때문입니다. 세상 친구들은 달콤한 이야기를 쉴 새 없이 들려줍니다. 그런 이야기에 귀 기울이다 보면 우리 마음에서 욕심과 염려의 잔뿌리들이 수없이 생겨나기 시작합니다. 이 뿌리들은 우리의 속사람이 맥을 추지 못하도록 영의 양식까지 속속 뽑아가 버립니다.

만일 여러분에게 이런 증세가 있다면 여러분 영혼의 머리에 백발이 앉기 시작했다는 것을 알아야 합니다. 속사람이 늙어가고 있는 것입니다. 독수리처럼 날개를 치며 날던 성령의 힘은 어디로 갔습니까? 그 힘을 다시 회복해야 합니다. 우리는 절대 에브라임처럼 되어서는 안 됩니다.

그런데 한 가지 놀라운 사실이 있습니다. 그것은 본문의 '알지 못하고'라는 말이 주는 경각심입니다. 에브라임이 힘을 빼앗겼지만, 그 사실을 알았습니까? 전혀 몰랐던 것입니다. 백발이 얼룩얼룩 찾아왔지만, 그들이 그 사실을 깨달았습니까? 전혀 깨닫지 못했습니다. 자기 힘을 다 빼앗기고 있으면서도 힘이 빠져나가는 줄을 눈치채지 못할 만큼 그들의 영적 상태가 매우 어두웠던 것입니다.

마찬가지로 우리도 하나님의 말씀을 통해서 힘을 공급받지 못하면 얼마 지나지 않아 영적으로 우둔해져 버립니다. 그러면 자기에게 어떤 증세가 일어나고 있는지 전혀 분별하지 못합니다. 이것은 마치 삼손이 자기의 머리가 깎이는 것도 모른 채 깊은 잠에 빠진 것과 같습니다.

말씀의 거울 앞에 서라

우리가 영혼의 머리에 백발이 앉는 것을 깨닫지 못하는 또 다른 이유가 있습니다. 그것은 자기의 백발을 진짜 거울에 비추어 보지 않기 때문입니다. 영혼의 머리에 백발이 있나 없나를 살피려면 말씀의 거울을 들여다보아야 합니다. 하나님의 자녀는 말씀에 자기를 비추어 볼 때 영적인 상태를 진단을 받을 수 있습니다.

그런데 영적으로 어두운 사람은 거짓 거울을 사용합니다. 말씀에 자기를 비추어 보는 것이 아니라 자기와 비슷한 사람이나 자기보다 못한 사람을 비교하여 만족을 얻으려고 하는 것입니다. 이런 사람은 자기가 항상 젊고 패기만만하게 보이는 가짜 거울을 좋아합니다. 그리고 하나님의 말씀인 진짜 거울에는 관심조차 없습니다. 근본적으로 잘못된 사람입니다.

언젠가 어떤 부인이 제가 시무하는 사랑의교회를 몇 달 다니다가 다른 교회로 옮겨 갔습니다. 그런데 그가 떠나면서 이런 말을 남겼습니다. "사랑의교회에는 새파랗게 젊은 사람들이 너무 많아서 제가 그 속에 있으면 더 늙어 보여서 싫어요. 가끔 처량한 생각이 들거든요. 그래서 교회를 옮기는 거예요."

그 부인이 어느 교회를 찾아갔는지 물으나마나 뻔한 일입니다. 하얀 머리를 이고 있는 분들이 많은 교회로 갔을 것입니다. 거기서 그는 자기가 젊다는 착각 속에서 마음을 달래고 있을 것입니다. 우리 중에는 이와 같이 영적으로 병든 사람이 적지 않습니다.

우리 집 막내가 어렸을 때 시험을 잘못 치르면 쓰던 수법이 있습니다. "아빠, 내 짝은 7개 틀렸어요." "그럼 너는?" "4개밖에 안 틀렸어요." 우리는 말씀의 거울을 들여다보아야 합니다. 말씀의 거울을 보면 자신을 적나라하게 볼 수 있습니다. 그리고 속사람의 힘을 어디서 빼앗기고 있는지 진단해 볼 수 있습니다. 말씀을 듣고 여러분의 영혼의 흰머리가 보이지 않는지 쳐다보십시오. 하나님의 말씀은 능력이 있어서 어디가 잘못되어 있는지 금방 찾아내어 처방할 수 있습니다. 여러분이 세상 친구들과 너무 가깝습니까? 그러면 하나님의 말씀은 이렇게 진단할 것입니다.

속지 말라 악한 동무들은 선한 행실을 더럽히나니_고전 15:33

보이지 않는 백발

•

이 말씀을 읽고 묵상함으로써 왜 자기가 세상 친구들과 짝이 되어서 돌아다녔나 하고 반성하게 됩니다. 이른바 영혼의 흰 머리카락이 없어지는 셈입니다. 자기가 젊어질 수 있는 처방을 그 말씀을 통해 발견하는 것입니다. 우리는 눈에 보이는 육신의 머리카락이 희어지면 염색을 해서 젊어지려고 애를 쓰면서도, 왜 보이지 않는 영혼의 머리는 반백이 되어도 관심을 기울이지 않는 것입니까?

말씀의 거울 앞으로 돌아와야 합니다. 그래서 힘의 원천이신 하나님으로부터 계속 새 힘을 공급받아야 합니다. 이것이 우리가 사는 길입니다.

> 너는 알지 못하였느냐 듣지 못하였느냐 영원하신 하나님 여호와, 땅 끝까지 창조하신 이는 피곤하지 않으시며 곤비하지 않으시며 명철이 한이 없으시며 피곤한 자에게는 능력을 주시며 무능한 자에게는 힘을 더하시나니 소년이라도 피곤하며 곤비하며 장정이라도 넘어지며 쓰러지되 오직 여호와를 앙망하는 자는 새 힘을 얻으리니 독수리가 날개치며 올라감 같을 것이요 달음박질하여도 곤비하지 아니하겠고 걸어가도 피곤하지 아니하리로다_사 40:28-31

이 힘을 공급받는 자에게 반백이 어디 있습니까? 백발이 어디 있습니까? 비록 겉 사람은 낡아져서 머리가 희어질지 모르지만, 예수님을 믿는 사람인 우리는 영적으로 항상 청춘입니다. 하나님 앞에서는 노인이 없습니다.

현대인은 누구나 바쁜 생활을 합니다. 그래서 성경을 읽을 시간이 별로 없는 것이 사실입니다. 그러나 우리가 솔직해야 하지 않겠습니까? 몸의 노화를 방지하는 좋은 약이 있다면 만사를 제쳐 놓고 찾아다니면서도, 영혼의 백발을 막을 수 있는 말씀의 거울 앞으로 나오라고 하면 갖은 핑계를 대면서 피하려고 합니다. 우리에게 중요한 것은 속사람입니다. 보이지 않는 내면의 자아가 중요한 것입니다. 우리가 세상을 살면서 쓰러지고 짓밟히는 이유가 어디에 있습니까? 속사람의 힘을 자기도 모르게 세상에게 다 빼앗겨 버려서 그런 것입니다.

그간의 우리나라 형편을 볼 때 그 어느 때보다도 예수님을 믿는 사람이 정신을 차려야 할 때라고 생각합니다. 우리는 모든 면에서 성도답게 생각하고, 성도답게 판단하고, 성도답게 행동해야 합니다. 지금 이야말로 성도가 성도다움을 세상에 보여야 할 때입니다.

왜 한국의 많은 젊은이가 감정에 치우쳐서 선명한 판단력을 잃고 있습니까? 왜 많은 정치인이 욕심에 사로잡혀 이성을 잃고 스스럼없이 추한 행동을 자행합니까? 목적이 좋으면 수단이 어떠하든지 상관없다는 사상만큼 위험한 것이 없습니다. 또 다수의 국민은 개인의 안일과 이익을 추구하느라 바른 가치관 따위에는 관심조차 없습니다. 안타깝게도 교회를 다닌다는 사람조차도 상당수가 세상 바다에 빠져 그 힘이 탈진을 했습니다. 영혼의 머리에 백발을 이고 있으면서도 자기가 젊은 것처럼 착각하고 교회를 나오는 무리가 점점 늘어가고 있습니다.

우리의 젊음을 되찾아야 할 때입니다. 우리 속사람이 늙어서 무슨 일을 할 수 있겠습니까? 기진맥진한 사람이 어떻게 이 시대를 감당할 수 있겠습니까? 겉 사람은 낡아지나 속사람은 날로 새로워지는 젊음을 다시 회복해야 합니다. 육신은 늙어 갈지라도 영혼은 마냥 꿈을 꾸는 젊은이가 되어야 할 것입니다.

하나님이 주시는 새 힘을 갖고 세상을 살고 싶지 않습니까? 항상 젊음을 유지하며 힘있게 주를 위해 살고 싶지 않습니까? 보이는 육신

보이지 않는 백발

●

299

의 머리카락에는 신경을 쓰면서 보이지 않는 영혼의 머리카락에는 관심이 없습니까? 그렇다면 여러분은 세상에 동화된 사람입니다. 말씀 앞으로 나오십시오. 속사람의 힘을 다 빼앗기기 전에 빨리 말씀 앞으로 나오시기 바랍니다.

우리 모두 은혜의 햇살이 찬란하게 비치는 그곳에서 주님과 교제하며 새 힘을 공급받읍시다. 우리에게 영원한 젊음을 회복하여 주시는 주님을 찬양합니다. 그리고 세상 어디에서든지 그의 나라와 그의 의를 위해 힘차게 살아갑시다.

6

내 나이
사십 세에

갈렙은 어떤 조건 여하에 좌우되지 않고 하나님 한분만으로 만족했습니다.
그는 자기 나이 40세에 여생을 그렇게 살겠다고 하나님 앞에서 결단을 한 것입니다.

여호수아 14:6-12

6 그때에 유다 자손이 길갈에 있는 여호수아에게 나아오고 그니스 사람 여분네의 아들 갈렙이 여호수아에게 말하되 여호와께서 가데스 바네아에서 나와 당신에게 대하여 하나님의 사람 모세에게 이르신 일을 당신이 아시는 바라 7 내 나이 사십 세에 여호와의 종 모세가 가데스 바네아에서 나를 보내어 이 땅을 정탐하게 하였으므로 내가 성실한 마음으로 그에게 보고하였고 8 나와 함께 올라갔던 내 형제들은 백성의 간담을 녹게 하였으나 나는 내 하나님 여호와께 충성하였으므로 9 그날에 모세가 맹세하여 이르되 네가 내 하나님 여호와께 충성하였은즉 네 발로 밟는 땅은 영원히 너와 네 자손의 기업이 되리라 하였나이다 10 이제 보소서 여호와께서 이 말씀을 모세에게 이르신 때로부터 이스라엘이 광야에서 방황한 이 사십오 년 동안을 여호와께서 말씀하신 대로 나를 생존하게 하셨나이다 오늘 내가 팔십오 세로되 11 모세가 나를 보내던 날과 같이 오늘도 내가 여전히 강건하니 내 힘이 그때나 지금이나 같아서 싸움에나 출입에 감당할 수 있으니 12 그날에 여호와께서 말씀하신 이 산지를 지금 내게 주소서 당신도 그날에 들으셨거니와 그곳에는 아낙 사람이 있고 그 성읍들은 크고 견고할지라도 여호와께서 나와 함께 하시면 내가 여호와께서 말씀하신 대로 그들을 쫓아내리이다 하니

민수기 14:22-24

22 내 영광과 애굽과 광야에서 행한 내 이적을 보고서도 이같이 열 번이나 나를 시험하고 내 목소리를 청종하지 아니한 그 사람들은 23 내가 그들의 조상들에게 맹세한 땅을 결단코 보지 못할 것이요 또 나를 멸시하는 사람은 한 사람도 그것을 보지 못하리라 24 그러나 내 종 갈렙은 그 마음이 그들과 달라서 나를 온전히 따랐은즉 그가 갔던 땅으로 내가 그를 인도하여 들이리니 그의 자손이 그 땅을 차지하리라

내 나이
사십 세에

오늘 우리가 살펴보고자 하는 여호수아 14장에는 갈렙이라는 인물이 등장합니다. 그는 여기에서 자기의 지난 생애를 회상하면서 그의 심경을 담담하게 털어놓고 있습니다. 당시 그의 나이는 85세였습니다. 그는 자기가 걸어온 45년 전의 세월을 돌아보며 다음과 같이 '내 나이 사십 세에'라는 말로 서두를 시작합니다.

> 내 나이 사십 세에 여호와의 종 모세가 가데스 바네아에서 나를 보
> 내어 이 땅을 정탐하게 하였으므로 내가 성실한 마음으로 그에게 보
> 고하였고 나와 함께 올라갔던 내 형제들은 백성의 간담을 녹게 하였
> 으나 나는 내 하나님 여호와께 충성하였으므로_ 수 14:7-8

우리는 "내 나이 사십 세에"라는 짧은 한마디에서 무엇인가 깊은 어감을 느낄 수 있습니다. 여기에는 분명 하나님께서 예비해 두신 커다란 교훈이 숨어 있는 것으로 보입니다. 우리 가운데는 현재 '내 나이

사십 세에'라는 말씀과 직접 간접으로 연관을 맺고 있는 분이 적지 않을 것입니다. 이제 막 40고개를 숨 가쁘게 넘어가고 있는 분들에게 매우 실감 나는 말이 될 것입니다. 그렇지 않다고 해도 '내 나이 사십 세에'라고 시작되는 본문 말씀 속에 담겨 있는 진리를 깨닫는다면 여생을 보다 가치 있게 살아갈 수 있으리라고 생각합니다.

심리학자들은 중년기를 40세부터 55세까지 규정한다고 합니다. 어떤 학자는 이 견해와 달리 35세를 이미 중년기에 접어드는 시점으로 잡는 사람도 있습니다. 그러나 일반적으로 대략 40세부터 55세까지 중년기로 분류하는 것입니다. 그런데 39세 또는 41세쯤, 중년기 초반의 나이가 되면 '제2의 사춘기'를 맞는다고 흔히 말합니다. 우리나라에서는 이 시기를 조금 표현을 달리하여 봄 춘(春) 대신 가을 추(秋)를 써서 '사추기'라고 합니다. 비록 이것이 공인된 전문용어는 아니지만 이 시기가 인생에서 두 번째로 맞는 사춘기라는 뜻에서 그렇게 일컬어지는 것 같습니다.

그런데 중년기 초반을 제2의 사춘기라고 말하는 것은 상당히 일리가 있다고 생각합니다. 왜냐하면 첫 번째 사춘기를 겪는 10대 후반의 성격과 비슷한 점이 많기 때문입니다. 중년기 초반에는 반항심이 강해지고 불만이 많아진다고 합니다. 또 자기중심적으로 사고하는 경향이 두드러지며 집요하게 자기를 분석하는 내향적인 성격을 띠는 경우가 많다고 합니다. 따라서 10대 후반의 사춘기와 40대 초반의 사춘기가 공통점이 있는 것입니다. 그런 까닭으로 우리의 삶에 있어서 첫 번째 사춘기가 매우 중요한 것처럼 두 번째 사춘기도 중요한 시기임에 틀림없습니다.

40대에 찾아오는 위기

미국 예일대학교 심리학과 교수인 데이비슨은 10년 동안 40대를 맞이한 40명의 남녀를 깊이 관찰하고 연구했다고 합니다. 그 결과 그는 매우 의미심장한 사실을 밝혀냈습니다. 그것은 연구 대상자 중 80%에 해당하는 사람들이 위기를 맞았다는 것입니다. 이것이 무엇을 의미합니까? 왜 40대가 되면 위기를 맞게 됩니까? 이 위기를 잘 살펴봄으로써 우리는 큰 교훈을 발견할 수 있습니다. 40대가 되면 대략 다음과 같은 위기를 맞게 된다고 학자들은 밝히고 있습니다.

첫째로, 권태를 들 수 있습니다. 2, 30대는 자신이 세워 놓은 어떤 목표를 달성하기 위해서 물불을 가리지 않고 뛰어다닙니다. 그러다가 40대에 이르러 '이제 정상에 왔구나' 하고 생각하는 순간 허탈감에 빠지기 시작합니다. 또 목표에 훨씬 뒤쳐졌다고 생각될 때는 '내가 이렇게 뼈 빠지게 땀 흘려 봐야 무슨 소용이 있을까' 하고 좌절감에 사로잡히게 됩니다. 자기도 모르는 권태감이 밀려오는 것입니다. 그래서 40대가 되어 갑자기 직업을 바꾸는 사람을 흔하게 볼 수 있습니다. '내가 평생을 이렇게만 살고 말 것인가'라는 일종의 회의감에 빠져서 새로운 일을 모색해 보려는 사람이 우리 주변에 적지 않습니다. 이것은 어떤 탈출구를 찾아보려는 의도에서 비롯되는 행동입니다. 또한 40대 부인은 어떻습니까? 옷 입는 스타일이 달라지고, 예전에 비해 나들이가 부쩍 심해집니다. 또 취미 활동이니 뭐니 하며 열심히 뛰어다니면서 어떻게 해서든지 그 고비를 넘겨보려고 안간힘을 씁니다. 이 모든 것이 권태에서 비롯되는 현상입니다.

둘째로, 피로를 들 수 있습니다. 40대가 되면 좀 쉬어야겠다는 생각을 누구나 하게 된다고 합니다. 2, 30대에 너무나 열심히 뛰었기 때문에 참으로 피로감을 역력히 느끼게 되는 때가 바로 이 중년기라고 합니다.

셋째로, 몸의 변화를 들 수 있습니다. 이때는 정신적인 변화뿐만 아니라 육체적으로 변화가 심하게 나타난다고 합니다. 남자들은 이마가 조금 넓어지고 희끗희끗하게 흰 머리카락이 생기기 시작합니다. 부인들은 눈 밑에 주름살이 잡히고 자기도 모르게 살이 찌는 것을 느끼게 됩니다. 이렇게 육체가 자꾸 변하는 것입니다. 이것을 아주 절실히 느끼는 때가 40대입니다. 이때가 고비입니다.

그리고 또 하나 중요한 것으로 공포심을 들 수 있습니다. 40대가 되면 죽음에 대한 공포가 찾아옵니다. 2, 30대는 젊기 때문에 죽음을 의식하며 사는 사람은 거의 없습니다. 그런데 40대에 들어서면 그렇지 않습니다. 만년 청춘일 것 같던 친구가 갑자기 쓰러져서 세상을 떠나거나 주변에 아끼던 사람이 뜻하지 않게 사고를 당하는 것을 보면서 공포가 밀려오는 것을 느끼게 됩니다. 자신도 모르게 병에 대해서, 죽음에 대해서 공포감에 사로잡히게 됩니다. 그리고 한 가지 특이한 것은 이런 공포를 안고 있으면서도 가까이에 있는 아내나 남편에게 내색하지 않는다고 합니다. 마음속에 은근히 공포를 안고 있으면서도 혼자 씨름하는 것, 이것이 40대의 심리라고 합니다.

40대야말로 가장 중요한 결단을 내려야 할 시기입니다. 이때야말로 인생을 결정지을 만한 결단의 시기가 아닐 수 없습니다. 우리의 현실 생활을 보아도 어떤 사람이 40대 초반에 결단을 잘못 내린 탓으로 돌이킬 수 없는 한 인생을 마감하는 것을 볼 수 있습니다. 그러기 때문에 40대에 어떤 선택을 하느냐 하는 문제는 너무나 중요한 것입니다.

우리의 인생에 있어서 중요한 결단을 내려야 하는 시기는 분명 고비입니다. 그리고 그것은 또한 위기입니다. 잘못 결단을 내릴 경우 엄청난 비극을 불러올 수 있기 때문입니다. 우리는 그 누구를 막론하고 이 고비와 위기 앞에 설 수밖에 없습니다. 그러나 우리가 어떤 위기를 당한다고 할지라도 이것을 극복할 수 있는 신앙적인 원리가 있습니다. 이 지혜를 우리는 갈렙을 통해서 배울 수 있습니다.

○ ○ ○ ○ ○ ○ ○
하나님의 사람, 갈렙

갈렙도 그의 나이 40세에 이 고비를 겪었습니다. 당시에 이스라엘은 가나안 땅을 정복하기 위해 정탐꾼을 보내기로 했습니다. 그래서 이스라엘 지파마다 유능하고 건강한 젊은이 한 명씩을 뽑았는데 갈렙은 유다 지파의 대표자로 뽑혔습니다. 그리하여 갈렙을 위시한 12사람이 가나안 땅에 몰래 들어가 40일 동안 그 땅의 모든 정세를 정탐하고 돌아왔습니다. 그런데 정탐꾼이 돌아온 후에 심각한 문제가 발생했습니다. 12명의 의견이 만장일치가 되지 못하고 사태를 바라보는 시각이 두 갈래로 나누어진 것입니다. 우리가 잘 아는 바와 같이 믿음이 없는 10명의 정탐꾼은 "그러나 그 땅 거주민은 강하고 성읍은 견고하고 심히 클 뿐 아니라 거기서 아낙 자손을 보았으며"(민 13:28)라고 백성들 앞에서 몹시 비판적인 보고를 했습니다.

그런데 여호수아와 갈렙 두 사람의 의견은 달랐습니다. 이스라엘 백성들이 하나님의 뜻을 따르기만 하면 가나안 땅을 정복할 수 있다고 믿었던 것입니다. 그리하여 갈렙은 담대하게 백성들을 향하여 "갈렙이 모세 앞에서 백성을 조용하게 하고 이르되 우리가 곧 올라가서 그 땅을 취하자 능히 이기리라"(민 13:30)라고 말하며 그들에게 용기와 믿음을 심어 주려고 애를 썼습니다. 10명의 정탐꾼은 인간적인 판단을 내렸지만, 여호수아와 갈렙은 믿음으로 하나님 편에 섰습니다. 갈

렘은 10명의 사람을 택한 것이 아니라 하나님을 택한 것입니다. 그는 하나님을 온전히 좇는 길을 택한 결단의 사람이었습니다.

그런데 어리석은 정탐꾼들의 보고를 들은 백성들은 마음에 심한 동요를 일으켰습니다. 이제는 죽었구나 하고 밤새 통곡을 그치지 않았습니다. 그야말로 이스라엘 진중에 절망 어린 신음소리로 가득 찼습니다. 갈렙은 실의에 빠진 백성들을 안심시키려고 하나님의 약속을 내세우며 설득했지만 아무 소용이 없었습니다. 도리어 분노한 무리는 돌을 집어 들고 갈렙을 치려고 덤벼들었습니다. 얼마나 어려운 상황이었는지 모릅니다. 그러나 갈렙은 하나님의 편을 택했습니다. 모든 사람이 반대해도 오로지 하나님의 입장을 택했습니다. 온전히 하나님을 좇았던 것입니다. 이것이 얼마나 어려운 일인지 우리는 능히 짐작할 수 있습니다.

그러면 '온전히 따랐다'라는 말은 무슨 뜻입니까? 온전하다는 말은 사전을 찾아보면 '아무 흠이 없다'라는 뜻으로 풀이되어 있습니다. 온전히 따르는 것이 무엇인지를 알려면 온전히 따르지 못하는 것이 무엇인지를 대조해 보면 쉽게 그 뜻을 파악할 수 있습니다. 하나님은 자기를 온전히 따르지 못하는 이스라엘 백성을 보고 이렇게 말씀하셨습니다.

> 내 영광과 애굽과 광야에서 행한 내 이적을 보고서도 이같이 열 번이나
> 나를 시험하고 내 목소리를 청종하지 아니한 그 사람들은_ 민 14:22

'열 번이나 나를 시험했다'라는 말과 '온전히 나를 좇았다'라는 말의 뜻을 서로 비교해 보면 이 두 말씀이 확연하게 반대가 되는 내용이라는 것을 금방 알 수 있습니다. 갈렙과 여호수아는 하나님을 온전히 좇

는 자였으나 이스라엘 백성은 하나님을 열 번이나 시험하는 자들이었습니다.

그러면 열 번이나 하나님을 시험했다는 말씀이 무슨 뜻입니까? 이것은 우리가 이스라엘의 역사를 살펴보면 쉽게 이해할 수 있습니다. 이스라엘 백성들은 하나님의 도우심을 눈으로 볼 때는 순종을 잘했습니다. 애굽에서 종의 신세를 벗어나 홍해를 건널 때는 하나님을 찬양했습니다. 그러나 얼마 지나지 않아 마라에 들어갔을 때 마실 물이 없다고 불평을 늘어놓기 시작했습니다. 하나님이 살았나 죽었나 하며 하나님을 원망하고 모세에게 대들었습니다. 그리고 그들이 몹시 굶주릴 때 하나님의 은혜로 만나를 먹게 되었을 때는 하나님을 찬양했습니다. 하지만 조금 후에는 또 생각이 바뀌었습니다. 하나님의 은혜는 까맣게 잊어버리고 또 다른 불평을 하기 시작했습니다. 고기를 먹고 싶은데 고기를 먹을 수 없다고 애굽에서 살았으면 좋을 뻔했다느니 하면서 끝없이 불평을 쏟아 놓았습니다. 이스라엘 백성은 이른바 열 번이나 하나님을 시험한 자들입니다.

열 번이나 하나님을 시험했다는 말은 상황적인 신앙으로 바뀌었다는 것입니다. 상황 따라서 변하는 믿음, 형편 따라서 색깔이 달라지는 믿음입니다. 이것을 일컬어 열 번이나 하나님을 시험한다고 말하는 것입니다.

여러분도 이런 결점을 가질 수 있습니다. 오늘의 친구가 내일의 적이 된다는 말이 있지 않습니까? 이것은 신앙에서도 마찬가지입니다. 하나님이 형통한 복을 주실 때는 하나님의 자녀인 것처럼 행세하지만 상황이 달라지면 금방 하나님의 눈앞에서 벗어나는 사람이 있습니다. 이런 자는 열 번이나 하나님을 시험하는 사람입니다. 좀 극단적인 이야기이긴 하지만 혹시 기독교가 인기 있는 종교이기 때문에 교회를 다니십니까? 만약 그런 분이 있다면 그 사람은 자기가 바라지 않는 어떤 상황이 올 때는 언제 그랬냐는 듯이 교회를 떠나 버리고 말 것입니다.

예수님을 따라다니던 많은 무리도 마찬가지였습니다. 예수님이 보리떡 5개와 물고기 2마리를 가지고 배고픈 무리의 배를 채워 주셨을 때 그들이 얼마나 예수님을 떠받들었습니까? 이적을 본 사람들이 얼마나 그분을 인기 절정의 위치에 올려놓았습니까? 그러나 예수님이 그들에게 부담스러운 말씀을 하셨을 때 그들은 조금도 주저하지 않고 예수님 곁을 떠났습니다. 이것은 상황에 따라 바뀌는 믿음을 잘 나타내 주는 것입니다.

상황에 따라 변하는 믿음을 가진 자는 참 신앙인이 아닙니다. 형통할 때만 신앙인으로 보일 뿐입니다. 그런 사람은 하나님이 자기의 기도를 들어주시고 축복해 주실 때는 주님을 위해 산다고 하면서 열심히 충성합니다. 그러나 예수님을 믿어도 축복이 따르지 않는 것 같고 상황이 나쁜 쪽으로 바뀌면 신앙 태도가 달라집니다. 그러다가 극단적으로 교회를 떠나 버립니다. 이런 사람을 일컬어서 하나님을 온전히 따르지 못하는 자, 열 번이나 하나님을 시험하는 자라고 말하는 것입니다.

그러나 갈렙의 태도는 어떠했습니까? 그는 비가 내려도 햇살이 비추어도, 인생의 밤이 와도 인생의 낮이 와도 일편단심 하나님 한 분만을 위해 살았습니다. 그는 어떤 조건 여하에 좌우되지 않고 하나님 한 분만으로 만족했습니다. 그는 자기 나이 40세에 여생을 그렇게 살겠다고 하나님 앞에서 결단을 한 것입니다.

갈렙이 이와 같이 여호와를 온전히 따르기로 결정할 때는 막대한 값을 지불해야만 했습니다. 반대 세력이 그를 집어삼키려고 위협하는 가운데서도 그의 믿음대로 소신을 펴기 위해서는 대단한 각오를 해야만 했습니다. 12사람 중에서 2사람이면 16%에 해당됩니다. 갈렙은 16%의 소수에 자기의 입장을 두었던 것입니다. 다수의 주장에 동조하지 않고 끝까지 자기의 입장을 고수한다는 것이 얼마나 어려운 일인지 우리는 잘 알고 있습니다. 그가 하나님을 온전히 따르는 자가 아니었다면 도저히 불가능했을 것입니다.

나는 지금 어떤 위치에 서 있는가?

오늘날 교회 안을 둘러보아도 온전히 하나님을 따르기를 바라는 사람은 소수인 것 같습니다. 주님이 이곳에 오셔서 이 자리를 타작마당으로 생각하시고 쭉정이와 알곡을 가리신다면 아마 갈렙처럼 하나님을 온전히 따르기를 원하는 사람은 그리 많지 않을 것입니다. 그 길은 너무나 험난한 길이기 때문입니다. 잘못하면 군중의 돌에 맞아 죽을 수도 있는 위험한 길이요, 또 위로해 주는 친구 하나 없는 외로운 길일 수 있습니다. 이런 까닭으로 갈렙처럼 하나님을 온전히 따르기를 원하는 사람은 이 세상에 그리 많지 않습니다.

예수님이 갈릴리에서 복음을 전파하실 때도 수많은 군중이 그를 따라다녔습니다. 그러나 예수님은 언젠가는 그들이 자기의 곁을 떠나리라는 것을 잘 알고 계셨습니다. 자기의 욕구를 충족시켜 줄 때만 만족하고 그렇지 아니할 때는 과감하게 떠나는 그들의 습성을 예수님이 간파하고 계셨던 것입니다. 그러기 때문에 예수님은 그의 12제자에게 더 많은 관심을 쏟으셨습니다. 아무리 무리가 많다고 해도 진짜 능력을 가진 자는 다수의 군중이 아니라 소수에 해당하는 사람들이라는 것을 주님은 아셨던 것입니다.

오늘날 인류의 역사를 보면 민주주의를 움직이는 것은 소수의 힘입니다. 불의와 대적하는 것을 두려워하지 않고 조국의 장래를 위해 자신을 바치는 지도자가 있었기 때문에 민주주의가 이 땅에 뿌리를 내릴 수 있었습니다. 겉보기에는 다수가 움직이는 것 같지만 그 다수 안에 숨어 있는 소수의 힘이 민주주의를 이끌어 나가는 원동력입니다. 다수가 주장한다고 해서 그것이 반드시 옳은 진리라고 말할 수 없습니다. 이와 마찬가지로 상황에 따라서 변하는 믿음을 가진 자는 그 숫자가 아무리 다수라 할지라도 능력이 없는 것입니다.

교회를 헬라어로 '에클레시아'입니다. 이것은 하나님의 부르심을 받은 자들의 모임을 말합니다. 그런데 우리가 주목해야 할 것은 이 용어가 다수 중에서 택한 소수의 모임이라는 뜻이 있다는 사실입니다. 그런 까닭으로 주님은 교회를 가리켜 가루 서 말 속에 들어 있는 누룩과 같다고 비유하신 적이 있습니다. 누룩은 비록 그 양은 적지만 자루 속에 있는 가루를 다 부풀게 하는 힘이 있습니다. 그렇습니다. 참 능력은 무력하기 쉬운 다수에 있는 것이 아닙니다. 비록 그 숫자는 적지만 전체를 움직일 힘을 가진 소수에 참 능력이 있는 것입니다.

믿음의 사람, 갈렙은 이 소수에 자신의 견해를 취했습니다. 외롭고 고단한 길이지만 40대 이후의 여생을 오직 하나님 한 분만을 온전히 따르는 데 보내기로 결단한 것입니다. 여기서 여러분은 자신의 생활 태도를 돌아볼 필요가 있습니다. 저는 특히 2, 30대 젊은 분들께 말씀드리고 싶습니다. 지금까지 여러분의 삶은 자신만만했고 순조로웠는지 모릅니다. 그러나 앞으로의 삶은 예측할 수 없는 것입니다. 이 세상에 남아 있는 삶이 반드시 행복할 것이라고 그 누가 보장해 줄 수 있습니까? 칠전팔기라는 격언이 있기는 하지만 이것도 다 젊었을 때의 이야기입니다. 그러므로 우리의 남은 반생은 참으로 신중해야 합니다.

40대 이후부터 육체의 기력은 점차로 쇠잔해집니다. 또 사회에서의 지위 확보도 쉬운 일이 아닙니다. 그 모든 것이 탄탄대로를 걸어가 듯이 평탄한 것만이 아닙니다. 언젠가는 모든 것을 물려주고 뒤로 물러나 앉아야 할 때도 올 것입니다. 또 마지막 때는 남의 도움을 받아야만 겨우 몸을 움직일 수 있는 상태가 될지도 모르는 일입니다. 이처럼 자기 뜻대로 되지 않는 여생을 우리가 어떻게 하면 의미 있게 보낼 수 있습니까? 그 방법은 결단을 하는 것입니다. 오직 하나님 한 분만을 온전히 좇겠다는 결단입니다. 그러면 우리도 갈렙처럼 하나님이 주시는 복을 받을 수 있습니다.

하나님을 온전히 좇는 자의 복

갈렙이 하나님을 온전히 따르기로 결단한 결과 놀랍게도 두 가지의 복을 받았습니다. 민수기 14장 24절을 보시기 바랍니다.

> 그러나 내 종 갈렙은 그 마음이 그들과 달라서 나를 온전히 따랐은
> 즉 그가 갔던 땅으로 내가 그를 인도하여 들이리니 그의 자손이 그
> 땅을 차지하리라_민 14:24

갈렙이 하나님으로부터 받은 복은 무엇입니까? 첫째, 그의 전 생애를 통하여 하나님의 인도를 받게 된 것입니다. 둘째, 그의 자손들이 약속의 땅을 차지하게 될 것이라는 복을 보장받은 것입니다. 그가 이러한 은혜를 받았기 때문에 언제나 만년 젊은이로 살 수 있었습니다. 하나님이 모든 것을 보장해 주시겠다고 약속하셨으니 그의 마음이 얼마나 평안했겠습니까? 그의 육신 또한 늙는 줄을 모르고 얼마나 강건했겠습니까?

저는 몇 해 전 80세가 조금 지난 어른께 인사를 드리러 간 적이 있습니다. 그분은 누웠던 자리에서 일어나는 것도 힘이 들 정도로 거동이 자유롭지 못했습니다. 불편한 중에도 제가 인사를 드리니까 참 마음이 흐뭇하셨나 봅니다. 그런데 몸이 말을 안 들으니까 감정 표현을 잘 못하는 것 같았습니다. 대체 웃으시는 것인지 우시는 것인지 분간할 수 없는 표정을 지으시는 것이 참 안타까웠습니다. 나도 장차 저렇게 될지도 모른다는 생각을 하니 가슴이 섬뜩해졌습니다. 그런데 그분과 갈렙을 비교해 보십시오. 갈렙은 만년 젊은이였습니다.

또 한 분의 예를 들어보겠습니다. 한경직(韓景職, 1902~2000) 목사님을 생각해 보시기 바랍니다. 연로하신 연세에도 살아 있는 정신, 그 믿음으로 반짝이는 눈빛은 만년 젊은이였습니다. 그분은 대학을 졸업하고 난 뒤 폐결핵에 걸려 몹시 고생을 하셨습니다. 당시에 폐결핵은 아주 무서운 병 중의 하나였습니다. 결국 한 목사님은 폐 한쪽을 절단하는 수술을 받았는데 그때 생사의 기로에 서서 이렇게 기도했다고 합니다. "하나님, 대한민국에는 해야 할 일이 너무나 많습니다. 제가 병으로 이 자리에서 죽는다면 너무나 원통합니다. 주님, 저에게 3년의 기회를 주십시오. 그러면 주님을 위해 무엇인가 보람 있는 일을 하고 가겠습니다." 그분은 만년 젊은이로 사시다가 98세를 일기로 하나님께로 가셨습니다.

갈렙이 하나님의 편에 섰기 때문에 여생을 보장받을 수 있었던 것입니다. 어리석은 정탐꾼의 보고를 듣고 가나안 정복을 거부했던 백성들은 그 벌로 그 당시 20세 이상인 사람들은 모두 광야에서 죽었습니다. 갈렙은 하나님의 약속을 전적으로 신뢰했기 때문에 그의 삶 전체에 젊은이 못지않은 자신감이 흘러넘쳤습니다. 그는 85세의 노인이었지만 여호수아에게 이렇게 말했습니다.

모세가 나를 보내던 날과 같이 오늘도 내가 여전히 강건하니 내 힘

이 그때나 지금이나 같아서 싸움에나 출입에 감당할 수 있으니 그날

에 여호와께서 말씀하신 이 산지를 지금 내게 주소서 당신도 그날에

들으셨거니와 그곳에는 아낙 사람이 있고 그 성읍들은 크고 견고할

지라도 여호와께서 나와 함께 하시면 내가 여호와께서 말씀하신 대

로 그들을 쫓아내리이다 하니_수 14:11-12

갈렙은 만년 젊은이였습니다. 장차 베풀어 주실 하나님의 약속을 믿고 거기에만 관심을 쏟았기 때문에 그 정신이 늙을 틈이 없었던 것입니다. 85세의 나이에도 불구하고 젊은이처럼 전장에 나가 싸우겠다니 그의 패기가 놀랍기만 합니다. 이러한 갈렙을 보면 다음의 성경 말씀이 떠오릅니다.

그러므로 우리가 낙심하지 아니하노니 우리의 겉 사람은 낡아지나

우리의 속사람은 날로 새로워지도다_고후 4:16

이 말씀은 우리에게 만년 청춘을 보장해 주는 말씀입니다. 우리가 앞으로의 삶을 어떻게 설계해야 할 것인지 이 말씀을 통해서 분명한 선을 그을 수 있습니다. 여러분은 젊게 살고 싶지 않습니까? 갈렙처럼 죽는 그날까지 열심히 살다가 늙는 줄도 모르고 하나님 앞에 서고 싶지 않습니까? 하나님이 주신 아름다운 꿈을 가지고 생을 불태우다가 하나님 앞에 가서 칭찬을 받는 사람이 되고 싶지 않습니까? 하나님을 온전히 따르십시오. 이 길만이 우리가 승리하는 길이요, 젊게 살아가는 방법입니다.

우리가 하나님을 온전히 따르기를 원한다면 대수롭지 않게 보이던

우리의 직업도 굉장한 의미를 갖게 됩니다. 우리는 하나님을 온전히 좇을 수 있습니다. 우리가 순종하기만 하면 하나님이 이와 같은 은혜를 우리에게 주십니다.

한번 조용히 생각해 봅시다. "나는 갈렙처럼 하나님만을 온전히 따르는 길을 선택했는가?" 하고 자기 자신을 돌아보시기 바랍니다. 그 길은 세상 사람들이 가는 편한 길이 아닙니다. 위험이 따르고, 고독한 길인지도 모릅니다. 그러나 여러분은 하나님을 온전히 따르는 길을 선택해야만 합니다. 여러분이 이 길을 선택하면 하나님께서 여러분의 남은 인생을 책임져 주십니다. 가나안 땅에 들어갈 때까지 주께서 여러분의 생을 인도해 주실 것입니다.

'내 나이 사십 세에' 이 한마디 속에 담겨 있는 깊은 뜻을 잊지 마시기 바랍니다. 여러분은 지금 어떤 위치에 서 있습니까? 우리 모두 하나님 편에 섭시다. 거룩한 소수의 무리에 같이 참여하는 자가 됩시다. 그러면 우리도 만년 청춘으로 살 수 있습니다. 갈렙처럼 영원한 꿈을 안고 뛸 수 있는 만년 젊은이가 될 수 있습니다.

7

고통을
비관하지 말라

햇살뿐만 아니라 구름과 폭우도 있어야만 자연이 풍요로워지듯이
우리의 인생도 햇살만 창창하다고 해서 풍요로워지는 것이 아닙니다.
고통은 우리에게 유익한 것이요, 선한 것이요, 보람찬 것일 수 있습니다.
고통의 배후에는 하나님이 계십니다.

예레미야애가 3:25-39

25 기다리는 자들에게나 구하는 영혼들에게 여호와는 선하시도다 26 사람이 여호와의 구원을 바라고 잠잠히 기다림이 좋도다 27 사람은 젊었을 때에 멍에를 메는 것이 좋으니 28 혼자 앉아서 잠잠할 것은 주께서 그것을 그에게 메우셨음이라 29 그대의 입을 땅의 티끌에 댈지어다 혹시 소망이 있을지로다 30 자기를 치는 자에게 뺨을 돌려 대어 치욕으로 배불릴지어다 31 이는 주께서 영원하도록 버리지 아니하실 것임이며 32 그가 비록 근심하게 하시나 그의 풍부한 인자하심에 따라 긍휼히 여기실 것임이라 33 주께서 인생으로 고생하게 하시며 근심하게 하심은 본심이 아니시로다 34 세상에 있는 모든 갇힌 자들을 발로 밟는 것과 35 지존자의 얼굴 앞에서 사람의 재판을 굽게 하는 것과 36 사람의 송사를 억울하게 하는 것은 다 주께서 기쁘게 보시는 것이 아니로다 37 주의 명령이 아니면 누가 이것을 능히 말하여 이루게 할 수 있으랴 38 화와 복이 지존자의 입으로부터 나오지 아니하느냐 39 살아 있는 사람은 자기 죄들 때문에 벌을 받나니 어찌 원망하랴

고통을
비관하지 말라

믿음이 좋은 하나님의 자녀들 가운데서도 예상 외로 고통스러운 인생을 사는 분들이 많습니다. 목회자로서는 교회를 드나드는 분들을 하나하나 살피기 때문에 아마 저의 판단이 잘못되지는 않았을 것입니다. 왜 믿음이 좋은 사람들도 이렇게 고통을 당해야 합니까? 특히 교회를 다니는 목적이 좀 더 평안한 삶을 구가하는 데 있는 사람들에게는 이 문제가 심각한 고민거리가 아닐 수 없습니다. 이것은 우리가 쉽게 풀지 못하는 미스터리 중 하나요, 하나님만이 아시는 숨은 뜻일 것입니다.

고통이 무엇인지에 대해 획일적인 선을 긋는 것은 상당히 어렵습니다. 우리의 경험에 비추어 보더라도 시시각각 변하는 상황에 따라 똑같은 고통이라도 고통으로 느끼는 때가 있고 그렇지 않은 때가 있습니다. 굳이 의학자들의 견해를 빌린다면 같은 고통이라도 흑인이 백인보다 더 민감한 반응을 보인다고 합니다. 또 동양 사람이 흑인보다 고통을 느끼는 감수성이 강하다고 합니다. 또 남자보다 여자가 고통을 더 못 참으며 젊은이보다 노인이 더 고통을 견디지 못한다고 합니다.

이와 같이 같은 고통이라도 사람에 따라 반응하는 것이 다르기 때문에 어떤 사람에게는 불면증에 시달릴 만큼 큰 고통이 다른 사람에게는 흥미 없는 노랫가락을 듣는 것처럼 대수롭지 않을 수 있습니다. 그러므로 누구라도 다른 사람이 당하는 고통의 정도를 정확하게 잴 수 없습니다.

눈물의 선지자, 예레미야

본문의 주인공인 예레미야는 역사상 가장 큰 고통을 경험했던 사람 중 한 명입니다. 그는 하나님의 말씀을 전하는 선지자의 사명을 받아 평생 고난을 당하는 생을 살았습니다. 그는 온갖 박해를 무릅쓰고 하나님의 심판을 선포했지만 믿음이 없는 유다 백성들은 그의 말에 귀를 기울이지 않았습니다. 그러다가 예루살렘은 바벨론 군대에 포위되어 처절한 고통을 당했고 결국에는 함락되고 말았습니다.

당시에 예루살렘 성읍은 훼파되고 불탔으며 거리는 무참히 죽은 백성들의 시체로 매워졌습니다. 심지어 부인들이 극도의 배고픔을 이기지 못해 자기 아이를 삶아 먹는, 상상도 할 수 없는 끔찍한 사건들이 벌어졌습니다. 이 예레미야의 고통을 어찌 우리가 다 헤아릴 수 있겠습니까? 눈물의 선지자 예레미야가 당한 고통에 비하면 오늘 우리의 고통은 오히려 사치스러운 것이라 해도 과언이 아닙니다.

김준곤(金俊坤, 1925-2009) 목사님은 우리가 익히 알고 존경하는 분입니다. 그런데 똑같은 목사이지만 그분이 당하신 고통에 비하면 제가 겪은 고통은 내놓기조차 부끄러운 것입니다. 그분이 자신이 겪었던 고통에 관해 쓰신 글을 읽은 분들도 많을 것입니다.

김 목사님은 어린 시절에 동생이 불꽃놀이를 하다가 심한 화상을 입고 죽는 것을 보았습니다. 그리고 얼마 지나지 않아 또 다른 동생이 벌목하는 현장에서 쓰러지는 나무에 치여 비명에 가는 슬픔을 겪었다고 합니다. 그리고 6 · 25때는 그 누구보다도 처참한 경험을 했습니다. 가족은 공산당에게 학살되고 자신은 스물세 번이나 그들에게 끌려가 구타를 당한 끝에 인민재판을 받았다고 합니다. 그래서 그는 구사일생이 아니라 백사일생으로 살아난 목숨이라고 스스로 밝히고 있습니다. 그리고 얼마 전에는 고등학교 교감으로 일하던 동생이 간암으로 세상을 떠났고, 그 후 사랑하는 딸마저 위암으로 부모의 곁을 떠나 버렸습니다. 이어서 동생 내외가 함께 세상을 떠났으니 그의 아픈 심정을 어떻게 다 형언할 수 있겠습니까? 그는 자신의 참담한 마음을 이렇게 기록했습니다.

> "정직하게 고백하면 나는 하나의 얼굴로는 웃고 다른 얼굴로는 울고 있다. … 옆을 보면 정신착란증에 걸린 것 같고 … 과거는 회한과 슬픔뿐이고 미래는 불확실하고 불안하다."

그토록 훌륭한 목사님에게 잇달아 일어나는 비극을 보면서 저는 저절로 고개가 숙어짐을 고백하지 않을 수 없습니다. 고통을 보는 각도뿐만 아니라 그 수준에서 차이가 날 수밖에 없습니다. 그런데 비록 고통의 기준은 다르다고 할지라도 분명히 말할 수 있는 것은 일단 세상에 태어난 모든 사람은 고통을 당하면서 살 수밖에 없다는 것입니다. 크고 작은 차이가 있을 뿐, 어느 한 사람 예외 없이 고통을 받으면서 한생을 살아야 합니다. 그런데 우리는 가끔 조그마한 가시에 찔릴 때도 큰 못에 찔리는 것 같은 비명을 지를 때가 있습니다. 때에 따라서는 작은 가시와 같은 고통이 우리에게 더 견딜 수 없는 고통이 되기도 하는 것입니다.

황량한 사막을 단신으로 횡단한 사람이 있었습니다. 그것은 아주 드문 일이기 때문에 기자들이 그에게 몰려와 인터뷰를 했습니다. "사막을 여행하면서 가장 힘들었던 일이 무엇이었습니까? 살인적인 더위였나요?" "아니요." "그럼 갈증이었습니까?" "아니요, 이상하게 들릴지 모르지만 나를 괴롭힌 것은 작은 모래알이었습니다. 내가 걸음을 내딛을 때마다 신발 속에 들어온 모래알이 내 몸과 마음을 가장 지치게 만들었습니다."

사소하게 보이는 고통이 사람에 따라서는 무서운 위협이 될 수도 있는 것입니다. 작은 고통처럼 보이는 일을 가지고 눈물을 흘리는 사람이 있다고 해도 그를 멸시해서는 안 되는 것이요, 또 하찮은 고통처럼 보인다 해도 그것을 아무것도 아닌 것처럼 가볍게 보아서도 안 되는 것입니다.

그런데 우리가 고통을 보는 시각에는 문제점이 있습니다. 그것은 고통을 보는 시각이 너무 단순하다는 것입니다. 달리 말하면, 이 세상을 살 때 아픔을 느끼지 않고 실패감을 맛보는 일이 없이 그저 만사형통으로 잘되기만 바라는 사람이 많다는 것입니다. 이런 사고방식에 젖어 있는 사람은 자신이 어려움을 당할 때 그 고통을 불행한 것으로 여깁니다. 그래서 '고통은 곧 불행'이라는 도식을 만들어 놓고 고통이라면 무조건 멀리하려고 합니다. 조금만 아파도 얼른 약을 먹는다든지, 그 고통에서 벗어나려고 단단히 방어 자세를 취합니다. 그러다가 결국 그 고통을 제거할 수만 있다면 어떤 수단과 방법을 써서라도 막아야 한다는 데까지 이르게 됩니다.

이와 같은 사고방식이 현대 도덕성의 위기를 초래하는 가장 큰 원인이 되고 있습니다. 무슨 짓을 해서라도 돈을 벌어 잘살면 행복한 것으로 여기는 풍조가 있지 않습니까? 정당한 이유가 있는데도 힘들게 살면 불행한 것으로 따돌림을 당하는 세상에 우리가 살고 있지 않습니까? 이런 사고방식은 근본적으로 잘못된 것입니다.

아무도 이 고통의 현장에서 벗어날 수 없다

우리가 사는 이 세상이 어떤 곳입니까? 솔로몬은 이 세상을 일컬어 일평생 근심과 수고로 얼룩진 슬픔의 현장이라고 했습니다(전 2:23). 우리보다도 훨씬 더 형통한 삶을 살았던 솔로몬도 이 세상을 슬픔의 현장으로 보았던 것입니다. 바울은 이 세상을 피조물이 함께 탄식하면서 고통받는 곳이라고 정의했습니다(롬 8:22). 온 우주 만물이 고통받고 탄식하는 현장에서 태어난 사람이 어떻게 고통을 모르고 생을 마칠 수 있겠습니까? 또 사가랴는 이 세상을 어두움과 죽음의 그늘이 깃들인 곳이라고 했습니다(눅 1:79). 이런 세상에 살면서 고통을 피할 수 있다고 생각하는 사람은 철없는 어린아이와 다름없습니다. 그런데 이상하게도 우리 중에는 이런 철부지가 대단히 많은 것 같습니다.

왜 세상에 태어난 사람은 고통을 피할 수 없는 것입니까? 그 원인을 신학적으로 풀이한다면 인간의 죄 때문이라고 할 수 있습니다. 범죄한 인간에게 그 책임이 있는 것입니다. 그런데 성경적 정의는 접어두고라도 이 세상에는 필연적으로 고통을 피할 수 없는 요인이 있습니다. 고통을 피할 수 없는 현실적인 요인으로 대략 다음과 같은 네 가지를 꼽을 수 있습니다.

첫째, 불변하는 자연법칙을 들 수 있습니다. 이 세상에는 하나님이 만들어 놓으신 자연법칙이 있는데 이 법칙이 있는 한, 인간에게 고통이 따라오는 것입니다. 중력을 예로 든다면 쉽게 이해할 수 있습니다.

중력은 우주 만물을 유지하는 하나의 법칙입니다. 이 법칙이 있기 때문에 높은 절벽을 올라가다 떨어지는 사람은 불행을 당할 수밖에 없습니다. 하나님이 천사를 보내어 공중에서 받아 주시는 것이 아니지 않습니까? 또 과속을 하는 운전자는 대부분 사고를 낼 수밖에 없습니다. 그래서 사고를 당한 가정은 하루아침에 하늘이 무너지는 듯한 슬픔에 빠지게 됩니다. 우리가 이 자연법칙을 한 번이라도 어기고 살아가는 것이 가능합니까? 겉으로는 강한 척하지만, 한없이 약한 것이 인간입니다. 그러므로 자연법칙이 존재하는 한, 우리에게는 고통이 따라오기 마련입니다. 사람이 아무리 주의를 한다고 해도 막을 수 없는 비극이 발생할 수 있는 것입니다.

둘째, 진화론적 법칙을 들 수 있습니다. 이것 때문에 우리가 고통을 당할 수 있습니다. 인간에게는 무엇이든지 더 나은 방향을 향해 나아가려는 욕구가 있습니다. 그런 까닭으로 동물의 수준에서 문화인의 수준으로, 무지한 자리에서 지성인의 자리로, 가난한 생활에서 풍요로운 생활로 발전하게 되는 것입니다. 그런데 이런 향상을 위해서는 반드시 치러야 할 대가가 있습니다. 가령 8평 아파트에 사는 사람이 20평 아파트로 옮겨 가려고 할 때 그 꿈이 이루어지는 과정에서 그 가족이 얼마나 많은 수고를 해야 합니까? 더 나은 인생, 더 풍요로운 삶, 남보다 앞선 삶을 위해서라면 많은 고통을 감수해야 합니다. 이런 법칙이 적용되는 세상에 태어난 사람이 고생하지 않고 한생을 편안하게 살겠다는 것은 그 자체가 근본적으로 잘못된 것입니다.

셋째, 도덕적인 책임을 들 수 있습니다. 우리는 이것 때문에 고통을 당할 수 있습니다. 하나님은 우리에게 선택할 수 있는 능력과 책임을 주셨습니다. 인간은 기계가 아닙니다. 우리에게는 선택의 의무가 있습니다. 이 세상에는 이것을 할 것인가, 저것을 할 것인가 선택하지 않고서는 넘어갈 수 없는 일이 비일비재합니다. 인생을 산다는 것은 어떻게 보면 선택의 연속이라고 합니다. 그리고 그 선택의 책임을 완전히 벗어 버리고 살 수 있는 자는 아무도 없습니다. 또한 선택을 한 결과 뒤에 따라오는 책임을 아무도 회피할 수 없습니다. 사람 하나 잘못 선택하여 일생을 어렵게 사는 사람이 있지 않습니까? 그 선택의 책임은 반드시 져야 하는 것입니다.

선택은 반드시 책임을 수반합니다. 우리에게 선택의 책임이 따르는 한, 평생토록 형통하기만을 바란다는 것은 불가능한 이야기입니다.

넷째, 복잡한 인간관계를 들 수 있습니다. 이 복잡다단한 인간관계 때문에 우리는 고통을 당할 수 있습니다. 이 세상에서 외톨이가 되어서 인생을 제대로 살 수 있는 자는 아무도 없습니다. 우리는 얽히고설킨 인간관계 속에서 매일매일을 살아갑니다. 이것이 형언할 수 없는 고통의 원인이 될 수 있습니다. 사람 하나 잘못 교제해서 재산을 날려 버린 자, 친구 하나 잘못 사귀어서 몇 년을 감옥살이하는 자, 어떤 사람 하나 잘못 만난 탓으로 평생 눈물로 세월을 보내는 자들이 있습니다. 세상을 살면서 처음부터 마지막까지 피해를 당하지 않고 인간관계를 유지할 수 있다고 자신하는 사람이 몇이나 되겠습니까? 아무도 없습니다. 그러므로 우리는 고통을 완전히 초월해서 이 세상을 살 수 없는 것입니다.

우리는 이 네 가지 요인 중에서 한 가지라도 존재하지 않는 세상을 기대할 수 없습니다. 어떻게 그것이 가능할 수 있습니까? 자연법칙을 초월할 수 있는 세상, 발전을 위한 노력이 전혀 필요 없는 세상, 도덕적 선택의 책임이 전혀 따라오지 않는 세상, 인간관계에서 벗어날 수 있는 세상을 상상할 수 없는 것입니다. 만일 그런 세상을 원하는 사람이 있다면 그는 죽음을 선택하는 도리밖에 없을 것입니다. 그러므로 믿음만 좋으면 하나님이 무조건 고통을 제거해 주신다는 철부지 같은 생각을 버려야 합니다. 그리고 고통을 불행으로 보는 사고방식도 버려야 합니다. 반면에 우리는 고통의 다른 면을 보아야 합니다. 고통의 긍정적인 면을 볼 줄 알아야 한다는 것입니다. 이런 의미에서 본문 말씀은 우리에게 매우 고무적인 메시지임에 틀림없습니다.

> 사람이 여호와의 구원을 바라고 잠잠히 기다림이 좋도다_애 3:26

하나님은 고통을 당할 때 참고 기다리는 것이 좋다고 가르쳐 주십니다. 어떻게 고통을 당하면서도 감내하는 것이 좋다고 말할 수 있습니까? 도무지 우리가 이해하기 어려운 말씀이 아닐 수 없습니다. 그러나 다음 말씀을 보십시오.

> 사람은 젊었을 때에 멍에를 메는 것이 좋으니_애 3:27

여기서 젊다는 것은 연령을 가리키기도 하지만 학자들의 견해에 의하면 인생을 살 힘이 있을 때를 말한다고 합니다. 멍에는 고통을 뜻합니다. 그러므로 이 말씀은 인생을 살아갈 힘이 있을 때는 고통을 당하는 것이 나쁘지 않다고 가르쳐 주고 있는 것입니다. 어떻게 우리가 이 말씀을 흔쾌히 받아들일 수 있습니까? 그렇지만 다음에 나오는 28절을 읽어 보면 그 해답을 얻을 수 있을 것입니다.

> 혼자 앉아서 잠잠할 것은 주께서 그것을 그에게 메우셨음이라_애 3:28

왜 하나님께서 우리가 고통을 당할 때 참고 기다리는 것이 좋다고 말씀하셨습니까? 그 이유는 주께서 고통을 메워 주셨기 때문입니다. 그리고 본문 26절과 27절에는 '좋다'는 말이 연속으로 나옵니다. 여기에서 '좋다'는 말은 '선하다'는 단어와 동일한 의미를 가지고 있습니다. 그래서 본문을 풀이하면 하나님이 좋으신 것처럼 고통을 짊어지고 감내하는 것도 좋고, 하나님이 좋으신 것처럼 고통의 멍에를 젊었을 때 져 보는 것이 좋다는 말입니다. 하나님이 선하신 것처럼 우리가 고생을 하는 것도 선한 것이고, 하나님이 선하신 것처럼 젊어서 고생하는 것이 선한 것이라는 말입니다. 그러므로 본문을 종합적으로 검토해 보면 하나님의 자녀는 견디기 어려운 고통이라 할지라도 좋은 것으로 받아들이며 인내해야 한다는 것입니다.

우리 생에 있어서 고통이 부정적인 요인으로만 작용하는 것이 아닙니다. 고통은 우리의 삶을 더 풍요롭게 하고 보람 있게 하는 긍정적인 요소를 가지고 있습니다. 예수님이 세상에 오셨을 때 호의호식하며 사셨습니까? 그분은 우리의 죄 때문에 극도로 고통스러운 삶을 사셨습니다. 또 예수님을 믿고 그를 위해서 일생을 바쳤던 사도들도 고난의 삶을 살았습니다. 뿐만 아니라 오늘날 전 세계에서 하나님의 자녀로서 살아가는 사람들 대부분이 고통 속에서 하루하루를 살고 있다는 사실을 간과해서는 안 됩니다.

우리의 믿음이 좋다고 해서 하나님이 우리의 모든 고통을 제거해 주시는 것이 아닙니다. 오히려 믿음이 좋음으로 인하여 세상적인 고통을 더 당할 수도 있습니다.

○ ○ ○ ○ ○ ○ ○ ○
고통이 왜 유익한가?

우리는 예수 그리스도의 피로 영광스러운 하나님의 자녀가 되었습니다. 그러므로 주님은 어떤 고통을 통해서든지 우리가 자신이 원하는 자녀 되기를 원하고 계십니다. 이런 내용은 도외시하고 예수님을 믿기만 하면 만사형통이라고 주장하는 것은 성경을 왜곡하는 것입니다. 우리가 고통 없이 이 세상을 살 수 없지만, 주님은 고통을 당하는 것이 나쁘지 않다고 가르쳐 주십니다. 우리는 이 시각을 가지고 고통을 보아야 합니다. 이런 의미에서 고통을 선하다고 할 수 있는 근거가 분명히 있습니다.

첫째, 가치 있는 것들은 무엇이나 땀과 눈물을 통해 온다는 사실입니다. 땀과 눈물의 고통을 통과하지 않고서는 보람 있고 가치 있는 것이 생겨나지를 않습니다. 이것이 하나님의 원칙입니다. 그러므로 다윗은 수없이 많은 고통을 겪은 후 성숙한 인격으로 변화되었을 때 자신을 돌아보면서 이렇게 말했습니다.

고난 당한 것이 내게 유익이라 이로 말미암아 내가 주의 율례들을 배우게 되었나이다_시 119:71

다윗의 고백은 우리에게 엄청난 힘을 더하여 주시는 말씀입니다. 우리가 잘 아는 욥을 보시기 바랍니다. 그는 고난의 사람이었습니다. 그는 이 세상의 사람이 겪지 못한 온갖 고초를 다 겪었습니다. 그런 고통의 과정에서 자기 내면에 있는 세속적인 찌꺼기가 소멸하여 순금같이 단련된 인격을 가질 수 있었던 것입니다. 그런 까닭으로 훗날 그는 참으로 은혜로운 고백을 했습니다.

그러나 내가 가는 길을 그가 아시나니 그가 나를 단련하신 후에는 내가 순금같이 되어 나오리라_욥 23:10

그렇습니다. 우리는 고통을 통해서 정금 같은 인격으로 단련될 수 있습니다. 종교개혁자 루터(Martin Luter, 1483-1546)는 "고통은 서재에 있는 많은 책 중에서 가장 좋은 책이다"라는 명언을 남겼습니다. 칼뱅(John Calvin, 1509-1564)도 "고통이 없이 형통하기만 하고 근심거리가 없다면 믿음은 없어지고 말 것이며 우리의 소망을 시험해 볼 기회를 놓치고 말 것이다"라는 말을 했습니다. 이런 명언을 남긴 분들은 고통을 즐기는 이상한 취미를 가지고 있었던 것이 아닙니다. 그들은 모두 고통을 통해서 매우 값진 것들을 얻을 수 있었다는 체험적인 고백을 한 것입니다.

토스카니니(Arturo Toscanini, 1867-1957)는 세계적인 지휘자입니다. 그는 원래 시력이 매우 나빴다고 합니다. 지휘자가 되기 이전에는 바이올린 제1주자였는데 연주 시에 악보가 잘 보이지 않아서 고충이 많았습니다. 그래서 그는 악보를 외웠습니다. 눈이 나쁜 탓으로 다른 사람보다 더 피나는 노력을 해야만 했습니다. 오케스트라의 특성이 조화를 이루어야 하는 것이기 때문에 그는 다른 파트의 악보까지 다 외웠습니다. 그런데 어느 날 지휘자가 사정이 생겨서 연습장에 나오지 못했습니다. '누가 대신 지휘를 할까?' 단원들이 논의를 하다가 악보를 다 외우고 있는 토스카니니를 앞에 세웠습니다. 악보를 다 외우고 있었으니 얼마나 자신 있게 지휘를 했겠습니까? 이것이 그를 세계적인 지휘자가 되게 하는 계기가 되었습니다. 만일 그의 시력이 좋았더라면 상황이 달라졌을지도 모릅니다.

그러므로 고통을 부정적인 것으로만 보지 맙시다. 이것 때문에 엄청난 기쁨이 찾아올 수 있습니다. 여러분이 안고 있는 고통이 무엇이든지 비관하지 마십시오. 시편 126편 5절은 우리가 가슴에 깊이 새겨두어야 할 말씀입니다.

파종이 없으면 결실이 없는 법입니다. 눈물을 흘리며 씨를 뿌리지 않는 자는 결코 기쁨의 결실을 기대할 수 없습니다. 고통이 선하다고 한 이유가 바로 여기에 있는 것입니다.

고통은 하나님이 메워 주신 것

둘째, 고통은 하나님이 이미 메워 주신 것이기 때문에 선한 것입니다 (애 3:28). 우리가 설령 실수를 해서 끌어들인 불행이라 할지라도 그 배후에는 하나님이 계십니다. 모든 일은 결코 우연이 아닙니다. 더욱이 하나님의 자녀에게 불가항력으로 다가오는 고난에는 하나님의 섭리가 있습니다. 사실 우리는 자신의 잘못 때문에 불행을 당하기보다는 어떤 환경과 구조적인 악 때문에 불행을 당할 때가 많습니다. 그런데 그런 불행의 배후에는 하나님이 계십니다. 선하신 하나님이 우리 불행의 배후에 계시면 우리 앞에 찾아온 어떤 사건도 긍정적인 눈으로 볼 수 있습니다. 비록 지금은 고통스럽지만 선한 하나님이 주관하시는 일이기 때문에 우리를 위해서 가장 귀한 것을 준비하고 계신다는 기대의 눈을 가지고 그 고통을 볼 수 있습니다. 이것이 우리가 범사에 감사할 수 있고 항상 기뻐할 수 있는 비결입니다.

화와 복이 지존자의 입으로부터 나오지 아니하느냐_ 애 3:38

화와 복은 누구에게 달려 있습니까? 그것은 지극히 높으신 하나님에게 있습니다. 복을 줄 수도, 화를 줄 수도 있는 능력이 많으신 하나님께서 우리의 모든 고통을 주관하고 계시기 때문에 아무리 힘든 시련이라 할지라도 우리는 고통을 긍정적으로 바라볼 수 있습니다.

오늘날 우리는 너무나 값싸게 좋은 것들을 얻으려고 합니다. 수고하지 않고, 대가를 치르지 않고, 잘되기만을 바라는 사람이 많습니다. 이것은 타락한 인간의 본성입니다. 마귀는 예수님에게 절 한 번 하고 전 우주를 손에 넣으라고 유혹했습니다. 그러나 예수님은 마귀의 계략을 물리치시고 십자가를 지신 다음 전 인류의 구원자가 되셨습니다. 고통을 통해서 가치 있는 것들을 얻게 되는 것은 하나님의 법칙입니다. 그런데 이것을 무시한 채 일이 쉽게 잘 풀리기만 하면 거드름을 피우면서 성공했다고 착각하는 자가 많습니다. 여기에 늘 심각한 문제가 따라오는 것입니다.

제가 아는 어떤 자매를 소개합니다. 그는 40대 중년 부인인데 언제 보아도 웃는 얼굴입니다. 그래서 그 자매의 속사정을 모르는 사람은 그를 전혀 걱정이 없는 사람으로 볼 때가 많습니다. 그런데 그에게는 정상적인 생활을 할 수 없는 딸이 있습니다. 엄마의 도움이 없으면 한시도 견디기 어려운 딸이 있는 것을 아는 저는 그를 만났을 때, "집사님, 따님 때문에 얼마나 수고가 많으세요? 정말 힘이 드시지요?"라고 위로의 말을 했습니다. 그랬더니 그는 환한 얼굴로 "목사님, 그게 얼마나 큰 복인데요. 그 애 때문에 하나님의 마음을 읽고 이해할 수 있고요, 게을러지고 싶어도 도무지 그럴 수가 없으니 제게는 큰 은혜지요"라고 대답했습니다. 이것이 고통을 대하는 바른 시각입니다.

진짜 귀한 것은 고통을 통해 찾아옵니다. 거기에는 하나님이 무엇인가 숨겨 놓고 계시는 보화가 있습니다. 그렇기 때문에 충실한 인생은 장마와 햇살을 같이 본다는 말이 있습니다. 이런 의미에서 다음 시를 한번 조용히 음미해 보십시오.

해에 그슬린 정경이여, 인생의 구름이 일어나야 하겠는데

이슬이 나무와 꽃잎을 적실지라도 구름이 비를 품어 주어야겠는데

힘찬 푸르름으로 인생이 살찌도록

허나 무거운 짐을 실은 시련의 구름이 정신 속 깊이 생기를 주고

그 구름이 그대를 축복으로 채워 주리니

변함없는 믿음으로 모든 것이 선한 역사를 이루리라

괴로워말지어다 두려워말지어다

고통을 통해서 얻을 수 있는 진정한 복을 아십니까? 햇살뿐만 아니라 구름과 폭우도 있어야만 자연이 풍요로워지듯이 우리의 인생도 햇살만 창창하다고 해서 풍요로워지는 것이 아닙니다. 고통은 우리에게 유익한 것이요, 선한 것이요, 보람찬 것일 수 있습니다. 어떤 경우라도 고통을 비관하지 마십시오. 고통의 배후에는 하나님이 계십니다. 그 선하신 하나님이 여러분에게 가장 좋은 것을 준비하고 계신다는 사실을 잊지 마시기 바랍니다.

8

고독

고독은 그것을 다루는 습관에 따라서 차가운 온돌에 불을 지펴 주는
선한 하인도 될 수 있고, 온 집안에 불을 지르는 악한 하인도 될 수 있습니다.

디모데후서 4:6-13

6 전제와 같이 내가 벌써 부어지고 나의 떠날 시각이 가까웠도다 7 나는 선한 싸움을 싸우고 나의 달려갈 길을 마치고 믿음을 지켰으니 8 이제 후로는 나를 위하여 의의 면류관이 예비되었으므로 주 곧 의로우신 재판장이 그날에 내게 주실 것이며 내게만 아니라 주의 나타나심을 사모하는 모든 자에게도니라 9 너는 어서 속히 내게로 오라 10 데마는 이 세상을 사랑하여 나를 버리고 데살로니가로 갔고 그레스게는 갈라디아로, 디도는 달마디아로 갔고 11 누가만 나와 함께 있느니라 네가 올 때에 마가를 데리고 오라 그가 나의 일에 유익하니라 12 두기고는 에베소로 보내었노라 13 네가 올 때에 내가 드로아 가보의 집에 둔 겉옷을 가지고 오고 또 책은 특별히 가죽 종이에 쓴 것을 가져오라

고독

디모데후서는 바울이 쓴 다른 성경과 비교해 볼 때 여러 가지 면에서 독특한 성격을 띄고 있습니다. 바울이 로마 감옥에 두 번째 투옥되어 이 글을 쓸 당시에 그는 자기의 죽음이 임박했다는 것을 예감하고 있었습니다. 그래서 외롭고 추운 감옥 안에서 절박한 심정으로 사랑하는 아들 디모데에게 편지를 쓴 것입니다. 이것은 그가 마지막으로 남긴 서신이기 때문에 유언장과도 같다고 할 수 있습니다. 그래서 바울 자신이 평소에 잘 드러내지 않던 개인 감정들이 진하게 나타나 있는 것을 볼 수 있습니다. 오늘 본문 말씀인 디모데후서 4장은 편지의 마지막 부분에 해당합니다. 그런 까닭으로 여기에서는 그의 감정이 봇물 터지듯 진한 감동으로 흘러내리는 것을 느낄 수 있습니다.

본문 말씀을 읽으면 우리는 바울의 고독한 처지를 그려 볼 수 있습니다. 그의 말 한마디 한마디에서 방울방울 떨어지는 고독의 흔적을 발견할 수 있습니다. 그는 너무나 절박한 상황에서 고독과 씨름하던 사람이었습니다.

○ ○ ○ ○ ○ ○ ○ ○ ○ ○ ○ ○ ○ ○
위대한 신앙인들도 고독을 느끼는가?

바울과 같이 탁월한 믿음의 사람도 고독에 시달릴 수 있는가? 이것은 대부분의 신자들이 가질 수 있는 의문점입니다. 이에 대한 대답은 바울 자신이 이미 본문 말씀을 통하여 간접적으로 하고 있습니다. 그렇습니다. 위대한 신앙을 가진 사람도 고독을 느낍니다. 고독에 시달릴 수 있습니다. 중생하여 하나님의 자녀가 되었다고 해서 세상에 살 동안 고독으로부터 완전히 해방되는 것은 아닙니다. 그것은 우리 자신들의 경험을 통해서 자주 체험할 수 있는 사실입니다. 어떻게 보면 고독이라는 병은 이 세상에서 가장 잔인한 것인지도 모릅니다. 믿음이 없는 사람들에게는 물론, 예수님을 믿는 사람들에게까지 아무런 예고없이 무섭게 파고드는 것이 고독입니다.

그러면 우리는 언제 고독을 느낍니까? 권태에 시달릴 때, 절망으로 고통을 받을 때 고독이 찾아옵니다. 그리고 익숙하지 못한 환경에 들어간다든지 여행을 한다든지 낯선 사람들에게 둘러싸여 있을 때 우리 모두는 고독이라는 것을 맛보게 됩니다. 언제 병상에서 일어날지 모르는 기약 없는 투병 생활을 할 때는 그야말로 고독과 처절한 싸움을 싸우게 됩니다. 더욱이 바울처럼 죽음이 임박한 처지에서는 고독이 얼마나 맹렬하게 위세를 떨치는지 겪어 보지 않은 사람은 도저히 이해할 수 없을 것입니다. 우리의 생에 있어서 고독은 무서운 병입니다. 우리에게 고독이라는 파도가 한번 밀려오면 아무리 견고한 마음의 방파제라도 사정없이 무너져 내릴 수 있습니다. 고독은 정말 무서운 것입니다.

김현승(金顯承, 1913~1975) 시인은 목사의 아들로 태어나 한국 기독교 문학에 큰 업적을 남긴 사람입니다. 그는 인간의 고독을 주제로 한 많은 글을 썼습니다. 그중에서 〈인간은 고독하다〉라는 시의 일부를 소개할까 합니다.

나로 하여금

세상의 모든 책을 덮게 한

최후의 지혜여

인간은 고독하다

우리들의 꿈과 사랑과

모든 광채가 있는 것들의 열량을 흡수하여 버리는

최후의 언어여

인간은 고독하다

슬픔을 지나

공포를 넘어

내 마음의 출렁이는 파도 깊이 가라앉은

알지 못한 깨어진 중량의 침묵이며

인간은 고독하다

이상이란 무엇이며

실존이란 무엇인가

그것들의 현대화란 또 무엇인가

인간은 고독하다

요즈음 판매되고 있는 껌 중에 '고독껌'이라는 것이 있습니다(1989 년경에 판매되었다). 누가 그런 이름을 붙였는지는 알 수 없지만, 하여튼 기가 막힌 아이디어입니다. 흔히들 현대사회의 내면을 군중 속의 고독이라고 표현하는 것을 볼 때 그 껌이 현대사회의 이미지와 잘 부합

고독

●

하는 것 같습니다. 그래서 젊은 청년들이 그 껌을 입에 넣고 씁쓸하게 웃으면서 이렇게 내뱉는 것을 봅니다. "고독이나 씹어보자!"

아무리 믿음이 좋은 사람이라 할지라도 고독을 느낍니다. 때에 따라서 치명적인 피해를 볼 수도 있습니다. 가령 우리 중에 어떤 사람이 로마 감옥에 갇힌 바울의 처지와 비슷한 여건에 놓여 있다고 가정해 봅시다. 그가 아무리 순교자적인 믿음을 가진 탁월한 사람이라 할지라도 뼛속까지 스며드는 고독을 스스로 다스릴 수는 없는 것입니다.

여기에서 우리는 당시 바울이 어떤 처지에 놓여 있었는지를 검토해 볼 필요가 있습니다. 그러면 감옥에 갇혀 있던 바울의 고독을 우리가 깊이 이해할 수 있을 것입니다. 그는 죽음을 목전에 두고 있었습니다. 디모데후서 4장 6절과 7절 말씀이 이 사실을 암시해 주고 있습니다.

전제와 같이 내가 벌써 부어지고 나의 떠날 시각이 가까웠도다 나는
선한 싸움을 싸우고 나의 달려갈 길을 마치고 믿음을 지켰으니
_딤후 4:6-7

전제(奠祭)란 제사를 지낼 때 제물을 제단에 올려놓고 술을 붓는 의식을 말합니다. 술을 제물에 뿌릴 때는 제사가 거의 끝날 무렵입니다. 그리고 일단 제물에 술을 부어 버리면 다시 거둘 수 없는 법입니다. 바울은 자기의 생명이 마지막 순간에 이르렀다는 것을 전제에 비유하여 말하고 있습니다. 바울처럼 죽음을 앞에 놓고 고독을 느낀다는 것은 인간의 필연적인 감정이 아닐 수 없습니다. 또한 바울은 아주 외로운 처지에 있었습니다.

너는 어서 속히 내게로 오라 데마는 이 세상을 사랑하여 나를 버리

고 데살로니가로 갔고 그레스게는 갈라디아로, 디도는 달마디아로
갔고 누가만 나와 함께 있느니라 네가 올 때에 마가를 데리고 오라
그가 나의 일에 유익하니라_딤후 4:9-11

그는 에베소에서 목회하고 있던 디모데에게 어서 속히 오라고 재촉
합니다. 얼마나 사람이 그리웠는지 지체하지 말고 와 달라고 하소연
을 하고 있습니다. 한때 자기와 불화했던 마가도 함께 데리고 오라고
부탁을 하고 있습니다. 바울은 너무나 외로웠던 것입니다. 그는 당시
60이 가까운 나이였습니다. 노년에 접어든 나이였기 때문에 그의 곁
에 누가가 있었지만, 그 고독함을 이기지 못했습니다. 생을 살면서 사
람이 그리워 외로움을 타는 것만큼 우리의 마음을 아프게 하는 것도
드물 것입니다.

또 바울이 디모데에게 편지를 썼던 당시는 계절적으로도 고독을 느
낄 수밖에 없는 겨울을 앞둔 때였습니다. 으스스 떨리는 몸을 추스르
기 어려운 여건 속에 놓여 있었습니다. 한겨울보다 오히려 겨울을 알
려 주는 시점에서 별안간 찾아온 추위가 더 견디기 어려운 것입니다.
더욱이 지하 감옥은 차디찬 돌로 되어 있기 때문에 그 냉기를 도저히
감당하기 어려웠을 것입니다. 그래서 바울은 디모데에게 겨울 전에
어서 오라고 재촉을 하고 있습니다(21절). 또 드로아의 가보라는 사람
의 집에 남겨둔 자기의 겉옷을 챙겨서 가져다 달라고 부탁하고 있습
니다(13절). 이런 사실들로 미루어 볼 때 우리는 몹시도 고독했던 그의
심정을 충분히 짐작할 수 있습니다.

바울은 또한 배신감으로 마음의 상처를 안고 있었습니다. 오랫동
안 마음을 주고받던 형제들이 그의 곁을 떠난 것입니다. 10절에서 보
는 바와 같이 데마가 그에게 등을 돌렸습니다. 데마는 죽음을 각오하

고독

고 로마 감옥까지 따라와서 그를 돌보고 섬겼던 사람입니다. 그러나 바울의 몰골이 점점 쇠약해지고 또 언제 죽을지 모르는 처량한 신세가 되자 데마는 이 세상을 사랑하여 그의 곁을 훌훌 떠나 버리고 말았습니다. 바울의 당시 마음의 고통은 얼마나 컸겠습니까? 그러나 그뿐만이 아니었습니다.

> 내가 처음 변명할 때에 나와 함께 한 자가 하나도 없고 다 나를 버렸으나 그들에게 허물을 돌리지 않기를 원하노라_딤후 4:16

당시 바울은 중죄 혐의를 받고 있었습니다. 그런데 그가 재판을 받을 때 그를 변호해 줄 사람이 아무도 없었습니다. 가까이에 있던 사람들이 다 그의 곁을 떠나 버렸기 때문입니다. 이렇게 사랑하는 자들이 자기 곁을 떠나면 누구든지 말할 수 없는 고독감을 느끼게 됩니다.

지금까지 살펴본 바울의 처했던 환경으로 우리는 그의 진한 고독을 충분히 짐작할 수 있습니다. 죽음을 목적에 둔 처지에서 몹시 사람이 그리웠고, 더욱이 춥고 떨리는 계절에 사랑하는 사람들마저 자기를 배신하고 멀리 떠났으니 이런 처지에 놓인 사람이 어떻게 고독을 호소하지 않을 수 있겠습니까? 누구든지 이런 처지에 놓이게 되면 아무리 믿음이 좋은 사람이라 해도 다른 도리가 없을 것입니다.

절대 고독과 상대 고독

그런데 우리가 알아야 할 것은 바울의 고독이 세상 사람들이 겪는 고독과 달랐다는 것입니다. 세상 사람들이 겪는 고독은 절대 고독이라고 합니다. 이것은 하나님이 없는 데서 기인합니다. 그런데 영적으로 어두운 세상 사람들은 자신의 고독의 뿌리가 하나님을 떠난 데에 있다는 것을 알지 못합니다.

뉴욕에서 상담전문가로 일하고 있는 어느 목사님은 상담을 요청하는 사람의 90%가 문제의 밑바닥에 고독이라는 병을 지니고 있다고 지적했습니다. 이 고독은 치명적인 병입니다. 이 고독 때문에 세상 사람들이 잘못된 길로 치닫고 있는 것입니다. 왜 사치를 합니까? 왜 알코올 중독에 빠집니까? 왜 정신 질환에 걸립니까? 왜 환각제에 자기 몸을 던집니까? 왜 과식합니까? 왜 불면증에 시달립니까? 왜 우울증에 걸립니까? 왜 위장 장애를 일으킵니까? 이 모두가 그들의 마음에 하나님이 없기 때문입니다.

이 절대 고독은 세상에 있는 그 무엇으로도 치유할 수 없습니다. 술을 찾던 자들이 성에 호소하고, 성에 빠졌던 자가 마약에 몸을 던지고, 마약에 몸과 마음을 망친 자들이 자살을 택하는 이유가 무엇입니까? 이 절대 고독을 채워 줄 수 있는 것이 세상에 아무것도 없기 때문입니다.

성경학자 워렌 위어스비(Warren Wendall Wiersbe, 1929-2019)는 "고독은 대용품에 의존하여 사는 삶에서 오는 영혼의 영양실조이다"라고 했습니다. 그렇습니다. 하나님을 모시고 살면 해결되는 고독을 대용품으로 메우려고 하니 얼마나 몸부림쳐야 하겠습니까?

하나님은 저들에게 영원한 기쁨을 주시려고 하는데 그들은 일시적인 쾌락으로 만족합니다. 하나님은 저들에게 참된 평강을 주시려고 하는데 그들은 수면제를 먹으면서 만족합니다. 하나님은 저들에게 진짜 가치 있는 것을 주시려고 하는데 그들은 세상적인 싸구려를 가지고 만족하려 합니다. 하나님은 저들에게 풍성한 삶을 주시려고 하는데 그들은 덧없는 하루살이를 가지고 만족하려고 합니다. 하나님은 저들에게 자기 자녀가 되기를 원하시는데 그들은 세상에서 무엇이 되는 것으로 만족합니다.

까뮈(Albert Camus, 1913-1960)의 《이방인》(*L'étranger*)의 주인공은 형장에 끌려 나가면서 "내가 사형을 당하는 현장에는 나를 조롱하고 저주하기 위해 나와도 좋으니 되도록 많은 사람이 나와 있게 해 주시오"라고 간수에게 최후의 부탁을 합니다. 참으로 불쌍한 사람입니다. 하나님이 메워야 할 자리를 인간이 메울 수 있습니까? 자기의 고독의 뿌리가 어디에 있는지 모르는 사람은 정말 불쌍한 사람입니다. 우리 주변에는 이렇게 영적으로 캄캄한 사람이 얼마나 많은지 모릅니다.

바울은 비록 고독한 처지에 놓여 있었지만, 세상 사람들과는 달랐습니다. 잔인한 네로(Nero Claudius Caesar Augustus Germanicus, 37-68) 황제의 손에 죽임을 당할 순간이 다가오고 있었지만, 그는 절대 고독에 못 이겨 몸부림치는 사람이 아니었습니다.

> 미쁘다 이 말이여 우리가 주와 함께 죽었으면 또한 함께 살 것이요 참으면 또한 함께 왕 노릇 할 것이요 우리가 주를 부인하면 주도 우리를 부인하실 것이라_딤후 2:11-12

정말 놀라운 말씀입니다. 이렇게 주님과 함께 살고 주님과 함께 죽는 꿈을 가진 사람이 절대 고독을 느낄 수 있겠습니까? 믿음을 가진 자는 전혀 절대 고독을 느끼지 않습니다. 그러므로 바울이 다음과 같은 고백을 할 수 있었던 것입니다.

> 주께서 내 곁에 서서 나에게 힘을 주심은 나로 말미암아 선포된 말씀이 온전히 전파되어 모든 이방인이 듣게 하려 하심이니 내가 사자

의 입에서 건짐을 받았느니라_딤후 4:17

바울은 몹시도 고독한 처지에 놓여 있었지만, 예수 그리스도의 은혜로 강건함을 얻을 수 있었습니다. 그가 하나님을 전적으로 신뢰했기 때문에 세상 사람들이 알지 못하는 마음의 평안을 소유할 수 있었던 것입니다.

> 내가 여호와를 항상 내 앞에 모심이여 그가 나의 오른쪽에 계시므로
> 내가 흔들리지 아니하리로다 이러므로 나의 마음이 기쁘고 나의 영
> 도 즐거워하며 내 육체도 안전히 살리니_시 16:8-9

이렇게 다윗은 하나님과 동행하는 과정에서 놀라운 은혜를 경험했습니다. 바울도 감옥에서 다윗과 같은 은혜를 체험했던 것이 틀림없습니다. 그렇지 않다면 어떻게 그가 이와 같은 놀라운 고백을 할 수 있었겠습니까?

그런데 바울이 절대 고독을 겪은 것이 아님에도 불구하고 고독할 수밖에 없었던 이유가 있는데 대략 두 가지를 들 수 있습니다.

첫째, 바울 역시 부스러지기 쉬운 육체를 가지고 있었기 때문에 인간적인 고독을 피할 수 없었다는 사실입니다. 흔히 이것을 일컬어 상대 고독이라고 합니다. 우리 모두는 깨어지기 쉬운 질그릇과 같은 존재입니다. 그러므로 상대적인 고독을 느낄 수밖에 없습니다. 믿음만 좋으면 고독을 느끼지 않는다고 말하지 마십시오. 그렇지 않습니다. 우리가 육체를 입고 있는 한 평생 육신의 연약함으로 인해 따라오는 고독이 있습니다.

상대 고독은 감기와 같은 것입니다. 생각해 보십시오. 감기에 걸리

는 것은 믿음과 상관없는 일이지 않습니까? 이와 마찬가지로 상대적인 고독 또한 믿음과 별개의 문제입니다. 연약한 육체로 인한 고독은 믿음이 좋아도 찾아올 수 있고 믿음이 약해도 찾아올 수 있습니다. 낙엽이 지는 가을 길을 걸을 때 어딘가 모르게 마음에 쓸쓸함을 느끼는 것은 자연스러운 현상입니다. 인간이라는 연약함 때문에 계절을 타는 것입니다. 이런 고독은 믿음과 무관한 것입니다. 그러므로 우리 역시 바울처럼 인간의 연약함에 대해 솔직할 필요가 있습니다.

우리 주위에는 남편을 먼저 하늘나라로 보낸 부인들이 더러 있습니다. 젊은 나이에 남편을 잃는다는 것은 형언할 수 없는 고통입니다. 어떤 교우의 가정에 사랑하던 남편이 세상을 떠났다고 할 때 많은 성도가 찾아가서 위로해 줍니다. 그런데 장례식이 끝나면 뿔뿔이 흩어지고 슬픔을 당한 가족만 덩그러니 남습니다. 밤이 되면 부인은 남편이 없는 방에서 잠 못 이루는 고독과 씨름을 합니다. 이것은 아마 가장 잔인한 고문 중에 하나일 것입니다. 누가 그 외로움에 시달리는 부인을 보고 믿음이 없어서 그렇다고 나무랄 수 있겠습니까?

위대한 믿음의 선배 다윗도 인간이었기 때문에 참을 수 없는 고독을 안고 신음했습니다. 그가 탁월한 사람이었던 만큼 그의 고통 또한 예사로운 것이 아니었습니다. 그의 생애에서 이러한 고통을 몇 번이나 겪었는지 모릅니다. 그래서 그는 너무나 처절한 목소리로 이렇게 하나님께 부르짖었습니다.

주여 나는 외롭고 괴로우니 내게 돌이키사 나에게 은혜를 베푸소서_시 25:16

나는 광야의 올빼미 같고 황폐한 곳의 부엉이 같이 되었사오며 내가

이 험한 세상 어떻게 살까

●

우리가 이 말씀을 볼 때 믿음이 탁월했던 다윗도 처절한 고독을 겪었다는 것을 알 수 있습니다. 그러므로 우리는 고독한 형제를 볼 때 믿음이 좋다고 해서 무관심하게 대해서는 안 됩니다. 인간의 연약성으로 인해 찾아오는 고독을 가볍게 다루지 마십시오. 우리가 자칫 잘못하면 마귀에게 이용당하기 쉽습니다. 인간의 연약함을 통해서 찾아오는 고독을 마귀가 교묘하게 악용할 때가 많기 때문입니다. 그러므로 우리는 다른 형제가 당하는 고독을 바르게 이해해 주어야 합니다. 이것이 바른 신앙인의 태도입니다.

둘째, 바울의 고독은 그의 직분에서 오는 피할 수 없는 고독이었습니다. 우리가 잘 알다시피 바울은 복음을 이방에 전해야 하는 특별한 소명을 받은 자였습니다. 그가 로마 감옥에 두 번째 갇힌 것도, 그가 사형 집행을 목전에 두고 긴장된 순간순간을 보내야 했던 것도 바로 이 직분 때문이었습니다. 사랑하던 형제들로부터 배신을 당해야 했던 것도, 춥고 떨리는 감옥에서 홀로 외로운 나날을 보내야 했던 것도 이 직분 때문이었습니다. 그가 하나님의 종이라는 신분 때문에 당했던 고독은 필연적인 고독입니다.

우리는 바울과 같은 막중한 소명을 받지는 않았습니다. 그렇지만 우리의 생활 현장에서 헌신적으로 복음을 전해야 하고 사랑의 봉사를 통해 소금과 빛의 역할을 감당해야 한다는 점에서 우리 역시 소명자인 것입니다. 이 길은 주님을 따라가는 좁은 길이요, 험한 길입니다. 자기를 부인하고 십자가를 지고 가는 길에는 고독이 따릅니다. 그러므로 우리에게 있어서 이 고독은 숙명입니다. 만약 우리가 이 고독을 애써 피하려고 한다면 우리는 주님에게 불충성한 종이 되고 말 것이요, 더 나아가서는 우리의 믿음조차 포기하지 않으면 안 될 것입니다.

우리가 잘 아는 복음성가 〈주님 뜻대로 살기로 했네〉의 가사 중에는 "이 세상 사람 날 몰라줘도 뒤돌아서지 않겠네"라는 구절이 있습니다. 세상 사람이 알아 주지 않는 자는 고독할 수밖에 없습니다. 세상을 등지고 십자가를 바라보며 주님을 따라가겠다고 찬송하는 자에게 고독이 없다는 것은 거짓말입니다. 그러므로 이 고독은 하나님으로부터 받은 것이요, 우리에게 화가 되는 것이 아니라 영광을 안겨 주는 고독임을 알아야 할 것입니다. 우리가 주를 위해 겪는 외로움은 오히려 감사해야 할 조건입니다.

예수님 때문에 고독합니까? 예수님 때문에 평생 외롭게 살아야 합니까? 예수님 때문에 핍박을 받아야 합니까? 예수님 때문에 사람들로부터 따돌림을 받아야 합니까? 이 고독은 우리에게 축복을 안겨 주는 조건입니다. 크고 작은 고독을 감수하면서 평생 주를 위해 헌신한 자에게 주님은 놀라운 상급을 준비하고 계십니다. 의의 면류관이 우리를 기다리고 있습니다.

상대 고독을 생산적으로 선용하라

그런데 여기에서 한 가지 알아 두어야 할 것이 있습니다. 바울은 하늘에서 상급을 많이 받으려고 일부러 고독을 즐기는 사람이 아니었다는 것입니다. 그는 자기에게 닥친 고독을 끝까지 참고 견디었습니다. 하지만 자기의 힘으로 그 피해를 줄일 수 있는 여건에서는 적절한 처방을 하려고 노력했습니다. 예수님을 믿는 사람이 당하는 고독을 어떻게 처방해야 하는지 우리는 바울을 통해 배울 수 있습니다. 그가 어떤 자세로 고독을 이기려고 했는지 몇 가지 면에서 살펴보고자 합니다.

바울은 고독을 예방할 수만 있다면 최선을 다해 예방하려고 노력했습니다. 본문 말씀이 이것을 증명해 주고 있습니다. 그중의 하나가 믿음의 형제들을 가까이하여 교제를 나누려고 한 것입니다(딤후 4:9, 11). 우리도 이 원리를 배울 필요가 있습니다. 교회에 다니면서 고독 때문에 상처를 입지 않으려면 믿음이 좋은 형제들과 가까이 지내야 합니다. 다른 형제와 만나 대화하고 기도하면서 도움을 받아야 할 일이 생길 때에는 스스럼없이 도움을 받을 수 있도록 친밀한 관계를 유지해야 합니다. 그렇게 하면 연약한 인간이기 때문에 당하는 고독을 마귀가 시험하지 못할 것이요, 고독으로 인한 상처를 최소한으로 줄일 수 있습니다. 성도의 교제를 중요하게 여기십시오. 이것이 고독을 개선할 수 있는 하나의 방법입니다.

그리고 바울은 고독감을 주는 환경을 개선하려고 했습니다(13절). 그가 디모데에게 드로아의 가보 집에 맡겨 둔 겉옷을 가지고 오라고 한 것도 고독을 이겨 보겠다는 생각에서 나온 것입니다. 사람이 추위를 느끼면 더욱 외로움을 타는 법입니다. 여기에 나오는 겉옷은 비옷처럼 생긴 겨울 외투를 말하는데 바울이 외투를 입음으로써 추위에서 오는 외로움을 달래 보려고 했던 것입니다. 우리도 이 점을 배워야합니다. 식구가 적은데 살고 있는 집이 너무 커서 공허함을 느끼십니까? 그러면 그 집을 팔아서 작은 것을 장만하십시오. 다니는 교회가 너무 멀어서 영적으로 늘 답답함을 느끼십니까? 그러면 교회 가까운 곳으로 집을 옮기십시오. 우리가 고독을 극복하기 위해서 환경을 개선하는 것도 하나의 아이디어입니다.

또 바울은 정신적으로 도움이 될 만한 양서들을 읽으려고 노력했습니다. 그는 디모데에게 책을 가지고 오라고 부탁했습니다(13절). 여기에 나오는 책은 복수인데 바울이 즐겨 읽던 여러 양서를 가리킵니다.

우리가 영적으로 공허할 때 이런 양서를 가까이 놓고 읽으면 상당히 도움이 됩니다. 또 그가 가죽 종이에 쓴 책을 가지고 오라고 했는데 이 것은 구약성경을 뜻한다고 성경학자들은 해석합니다. 바울은 하나님 의 말씀을 읽음으로써 고독을 극복해 보려고 노력했던 것입니다. 우 리도 때때로 고독을 느낄 때 하나님의 말씀 앞으로 다가앉는 자세가 필요합니다. 이것이 고독을 선용하는 하나의 방법입니다.

고독을 선용하는 또 하나의 방법이 있습니다. 디모데전서 5장 5절 에서 우리는 또 하나의 지혜를 얻을 수 있습니다.

참 과부로서 외로운 자는 하나님께 소망을 두어 주야로 항상 간구와

기도를 하거니와 _딤전 5:5

에베소교회에는 과부들이 많았습니다. 그런데 그중에 믿음이 좋은 과부들이 적지 않았습니다. 그 과부들이 외롭고 답답한 나머지 주야 로 하나님께 간구와 기도를 했습니다. 그들은 자기의 외로운 시간을 주님과 깊은 교제를 나눔으로써 마음의 위로를 얻었습니다. 우리도 외로울 때 기도함으로써 고독을 선용해야 합니다.

고독은 그것을 다루는 습관에 따라서 차가운 온돌에 불을 지펴 주 는 선한 하인도 될 수 있고, 온 집안에 불을 지르는 악한 하인도 될 수 있습니다. 그러므로 바울을 통해서 고독을 어떻게 다스릴 수 있는가 를 배우는 것은 대단히 중요합니다. 우리가 이 진리를 깨닫는다면 아 무리 간교한 마귀라도 우리의 고독을 악용할 수 없습니다.

믿음의 투사는 용감해야 합니다. 고독을 두려워하지 마십시오. 언 제라도 나타날 수 있는 패잔병이라는 것을 알고 있으면 고독을 두려 워할 이유가 없습니다. 그러나 믿음의 승리자로서 세상을 살리려면 바

울처럼 지혜롭게 고독을 다루고 선용하는 지혜를 배우도록 합시다. 우리가 무릎을 꿇고 기도할 때마다 성령께서 가르쳐 주실 것입니다.

9

생을 즐기는
지혜

진정한 인생의 기쁨은 요란한 데 있지 않고 평범한 데 있습니다.
진정한 인생의 만족은 자기 욕망을 추구하는 데 있는 것이 아니라
하나님이 주신 것을 만족하는 데 있습니다.

전도서 9:2-9

2 모든 사람에게 임하는 그 모든 것이 일반이라 의인과 악인, 선한 자와 깨끗한 자와 깨끗하지 아니한 자, 제사를 드리는 자와 제사를 드리지 아니하는 자에게 일어나는 일들이 모두 일반이니 선인과 죄인, 맹세하는 자와 맹세하기를 무서워하는 자가 일반이로다 3 모든 사람의 결국은 일반이라 이것은 해 아래에서 행해지는 모든 일 중의 악한 것이니 곧 인생의 마음에는 악이 가득하여 그들의 평생에 미친 마음을 품고 있다가 후에는 죽은 자들에게로 돌아가는 것이라 4 모든 산 자들 중에 들어 있는 자에게는 누구나 소망이 있음은 산 개가 죽은 사자보다 낫기 때문이니라 5 산 자들은 죽을 줄을 알되 죽은 자들은 아무것도 모르며 그들이 다시는 상을 받지 못하는 것은 그들의 이름이 잊어버린 바 됨이니라 6 그들의 사랑과 미움과 시기도 없어진 지 오래이니 해 아래에서 행하는 모든 일 중에서 그들에게 돌아갈 몫은 영원히 없느니라 7 너는 가서 기쁨으로 네 음식물을 먹고 즐거운 마음으로 네 포도주를 마실지어다 이는 하나님이 네가 하는 일들을 벌써 기쁘게 받으셨음이니라 8 네 의복을 항상 희게 하며 네 머리에 향 기름을 그치지 아니하도록 할지니라 9 네 헛된 평생의 모든 날 곧 하나님이 해 아래에서 네게 주신 모든 헛된 날에 네가 사랑하는 아내와 함께 즐겁게 살지어다 그것이 네가 평생에 해 아래에서 수고하고 얻은 네 몫이니라

생을 즐기는
지혜

요즈음 세상 돌아가는 형편을 보면 참 요지경 속이구나 하는 탄식이 저절로 나옵니다. 웬일인지 이 땅에는 우리가 풀 수 없는 수수께끼 같은 일들이 많습니다. 이와 같은 모순 투성이의 세상을 살면서 서글픔을 느껴 보지 않은 사람은 아마 한 사람도 없을 것입니다.

물거품 같은 인생

우리가 잘 알다시피 솔로몬은 위대한 지혜자였습니다. 그는 자기의 뛰어난 지혜로써 이 세상을 명백하게 규명해 보려고 노력했습니다. 그러나 자기의 모든 노력이 한낱 물거품에 지나지 않는다는 사실을 깨달았습니다. 그가 이 문제를 가지고 몸부림을 치면 칠수록 더 큰 모순 속으로 빠져들었던 것입니다. 다음 말씀을 보면 이 사실을 잘 이해할 수 있습니다.

악한 일에 관한 징벌이 속히 실행되지 아니하므로 인생들이 악을 행하는 데에 마음이 담대하도다 죄인은 백 번이나 악을 행하고도 장수하거니와 또한 내가 아노니 하나님을 경외하여 그를 경외하는 자들은 잘 될 것이요_전 8:11-12

세상에서 행해지는 헛된 일이 있나니 곧 악인들의 행위에 따라 벌을 받는 의인들도 있고 의인들의 행위에 따라 상을 받는 악인들도 있다는 것이라 내가 이르노니 이것도 헛되도다_전 8:14

세상에 이럴 수가 있는 것입니까? 악한 일을 한 사람은 당장 벌을 받아야 하지 않습니까? 그런데 오히려 그런 사람이 더 건강하게 오래 사는 것을 봅니다. 북한의 김일성(金日成, 본명 김성주, 1912-1994) 같은 사람은 지구상에서 가장 잔악한 독재를 했으면서도 얼마나 장수했습니까? 의로운 자가 저주받은 악인처럼 죽는 경우가 있고 또 악인이 의로운 사람처럼 존경을 받으며 죽는 수도 있다고 솔로몬은 지적하고 있습니다. 그렇습니다. 우리가 사는 이 땅은 선악의 구별이 불분명해 보일 만큼 혼탁한 세상임에 틀림없는 것 같습니다.

모든 사람에게 임하는 그 모든 것이 일반이라 의인과 악인, 선한 자와 깨끗한 자와 깨끗하지 아니한 자, 제사를 드리는 자와 제사를 드리지 아니하는 자에게 일어나는 일들이 모두 일반이니 선인과 죄인, 맹세하는 자와 맹세하기를 무서워하는 자가 일반이로다 모든 사람의 결국은 일반이라 이것은 해 아래에서 행해지는 모든 일 중의 악한 것이니 곧 인생의 마음에는 악이 가득하여 그들의 평생에 미친 마음을 품고 있다가 후에는 죽은 자들에게로 돌아가는 것이라_전 9:2-3

이 말씀은 의인이나 악인이 결국 죽는다는 점에서 같다고 말하고 있습니다. 누가 어떤 삶을 살았든 자기 수명이 다하면 묘지로 가는 것만은 분명한 사실입니다. 의인이나 악인이 별반 다를 것이 없다면 우리가 세상을 살면서 어디서 보람을 찾을 수 있겠습니까? 무엇인가 선하게 살려는 자는 선한 일에 대한 보상이 따라야 하고, 악한 일을 한자는 악한 일에 대한 하나님의 심판이 따라야 하지 않겠습니까? 그래야만 우리가 이 힘든 세상을 살아갈 맛이 나지 않겠습니까? 하나님의섭리는 깊고 오묘해서 우리가 금방 알 수는 없습니다. 하지만 이 세상에서 의인이라고 해서 반드시 잘된다는 보장이 없는 것만큼은 분명한사실입니다.

이와 같은 관점에서 우리는 자칫 잘못하면 생에 대해서 회의적인반응을 보이기 쉽습니다. 다시 말해, 염세주의나 허무주의자로 전락하기 쉽다는 것입니다. 세상 사람 중에는 이왕이면 생을 마음껏 즐기다가 나중에 죽어 버리면 그만이라는 체념형의 사람이 많습니다. 세상살이가 아무리 고달프고 험해도 이것만은 가장 경계해야 할 생활태도입니다.

하나님께서는 우리가 염세주의자나 허무주의자로 살기를 원치 않으십니다. 세상 사람들과는 다른 관점에서 인생을 살아야 한다고 가르쳐 주십니다. 하나님의 자녀로서 이 땅에 살아 있다는 사실 그 자체가 너무나 귀한 것이기 때문입니다.

> 모든 산 자들 중에 들어 있는 자에게는 누구나 소망이 있음은 산 개
> 가 죽은 사자보다 낫기 때문이니라_전 9:4

우리가 살아 있는 사람 중에 끼어 있다는 사실 하나만으로도 소망

이 있습니다. 살아 있는 사람은 죽은 사람이 잃어버린 것들을 다 가지고 있기 때문입니다. 우리가 죽으면 앞날에 대한 꿈도 없습니다. 사랑하고 미워하고 질투하는 등 인간의 모든 감정이 사라집니다. 그러나 우리가 살아 있는 한, 죽은 자가 잃어버린 것들을 다 가질 수 있습니다. 그러므로 우리는 어떤 경우에라도 자기의 삶을 포기해서는 안 됩니다.

어떤 의미에서는 수명의 길고 짧음이 그다지 중요하지 않습니다. 살아 있는 지금 이 순간이 귀하고 아름다운 것입니다. 그러므로 솔로몬은 "산 개가 죽은 사자보다 낫다"라는 당시의 속담을 인용하고 있습니다. 이 속담이 뜻하는 내용이 무엇입니까? 맹수 중의 왕이라는 사자는 얼마나 위엄이 있습니까? 여기에 비하면 개는 도저히 상대가 안 됩니다. 그만큼 살아 있다는 것은 가치 있고 아름다운 것입니다.

아무리 세상이 복잡하고 요지경 같아도 살아 있다는 자체가 우리에게 소망을 줍니다. 살아 있는 자는 생을 즐겁게 살 수 있는 소망이 있습니다. 우리가 살아 있는 한, 기대와 의욕에 불타는 꿈을 가질 수 있습니다. 이런 의미에서 우리는 살아 있다는 사실 하나만으로도 꿈을 잃지 말아야 합니다.

우리 중에 더러는 이 메시지에 대해 의문을 가질 수도 있을 것입니다. 신약시대 하나님의 자녀는 그리스도를 위하여 고난을 받아야 했는데 왜 생을 즐기라고 하느냐고 이의를 제기할 수 있을 것입니다. 특히 아프리카나 동남아 등지에서 고생하시는 선교사님들이 이 메시지를 듣는다면 아마 시험을 받을지도 모릅니다. 또 북한이나 공산권에서 예수님 때문에 핍박을 받고 고난을 당하는 성도들이 이 메시지를 듣는다면 서러워할지도 모릅니다. 그렇지만 우리가 분명히 알아야 할 것은 하나님은 우리가 이 땅에서 우울하게 살기를 원치 않으신다는 것입니다. 하나님은 그의 자녀인 우리가 날마다 밝은 얼굴로 살아가기를 원하십니다.

> 항상 기뻐하라 쉬지 말고 기도하라 범사에 감사하라 이것이 그리스
> 도 예수 안에서 너희를 향하신 하나님의 뜻이니라_살전 5:16-18

이 말씀을 영적으로만 해석하려 하지 마십시오. '항상'은 여러분이 눈을 감고 하나님과 교제하는 시간뿐만 아니라 눈을 뜨고 세상을 살아가는 시간까지도 다 포함하는 말입니다. 또 '범사'는 영적인 것뿐만 아니라 육적인 것도 모두 포함하는 말입니다. 그러므로 하나님이 우리에게 원하시는 삶은 밝고 즐거운 생활입니다. 주님은 우리가 어려운 고통 속에서라도 기뻐하기를 원하십니다. 아무리 감사할 것이 없는 상황에서도 감사할 줄 아는 자녀가 되기를 원하고 계십니다. 그러므로 즐겁게 사는 지혜를 터득하는 것은 지극히 성경적입니다.

○ ○ ○ ○ ○ ○ ○ ○ ○
인생을 즐겁게 사는 지혜

어떻게 하면 하나님이 주신 생을 즐기며 살아갈 수 있습니까? 본문 말씀을 중심으로 몇 가지를 검토해 보고자 합니다. 우리가 이 세상을 멋있게 살기 위해서 다음 세 가지 조건을 명심할 필요가 있습니다.

첫째, 우리가 먹고 마시는 것에서부터 생을 즐길 줄 알아야 한다는 것입니다.

> 너는 가서 기쁨으로 네 음식물을 먹고 즐거운 마음으로 네 포도주를
> 마실지어다_전 9:7상

이 말씀은 먹고 마시는 일이 즐겁다는 뜻이 아닙니다. 먹고 마시는 일을 즐겁게 해야 한다고 교훈하고 있는 것입니다. 우리가 어떤 경우에 즐겁게 먹고 마실 수 있습니까? 그것은 우리의 양식을 하나님이 공급해 주신다는 것을 깊이 인식할 때 가능합니다. 한 조각의 마른 떡이라도, 한 모금의 음료수라도 하나님이 나를 위해 주신 것이라는 믿음이 있을 때 우리는 즐겁게 먹고 마실 수 있습니다.

우리 한국 가정의 식사 분위기는 서양에 비하면 지나칠 정도로 중압감을 느끼게 합니다. 우리의 전통적인 식탁 관습이 가족이 대화를 나누면서 음식을 먹는 것을 예의 바르지 못한 것으로 간주하는 데 원인이 있습니다. 우리는 말없이 먹고 빨리 일어나야 좋은 습관인 것으로 알고 있습니다. 과연 하나님께서 이런 모습을 원하시겠습니까? 그렇지 않습니다. 우리의 잘못된 식탁 습관도 개선해야 합니다. 우리는 먹고 마시는 데서부터 즐거움을 찾는 지혜를 터득해야 합니다.

한 연구자료에 의하면 한 사람이 세상에 태어나 죽을 때까지 평균 62t의 양식을 먹어 없앤다고 합니다. 2t 트럭으로 31대분의 양식을 먹어 치우는 셈입니다. 그러면 이 많은 양식은 어디서 오는 것입니까? 바로 하나님이 주시는 것입니다. 창조주 하나님의 은혜가 아니면 우리가 어떻게 한시라도 생명을 유지할 수 있겠습니까? 하나님은 자신이 공급해 주는 입장에 있는 분이기 때문에 받는 우리가 기쁨으로 즐겁게 먹기를 원하시는 것입니다.

부인들은 맛있는 식탁을 준비하기 위해서 빠듯한 생활비로 요모조모 신경을 써서 시장을 보고 가족들의 기호를 생각하며 온갖 정성을 기울여 음식을 준비를 합니다. 그런데 퇴근해 집으로 돌아온 남편은 대수롭지 않은 듯이 음식을 대할 때가 있습니다. 부인이 만든 별식을 보고도 젓가락을 대지 않는 것입니다. 그러면 부인의 마음은 섭섭하기가 그지없습니다. 음식을 준비할 때의 그 환하던 얼굴은 금방이라도 울 듯한 표정으로 바뀝니다. 주부는 자기가 정성 들여 만든 음식을 가족들이 기쁘게 먹어 줄 때 가장 큰 행복을 느낍니다. 어쩌다가 맛없는 음식이 식탁에 올라왔을 때라도 가족들이 즐겁게 먹어 준다면 그 주부는 가족의 행복을 위해 더 큰 헌신을 다짐하는 사람이 될 것입니다.

하나님께서는 우리에게 매일매일 일용할 양식을 주십니다. 그런데 그분은 우리가 그것을 먹으면서 감사하고 즐거워하는 모습을 보기 원하십니다. 불평불만이 가득 찬 얼굴로 먹고 마시는 것을 좋아하실 이유가 없습니다. 우리는 먹고 마시는 데서부터 삶의 기쁨을 찾아야 한다는 말을 이상하게 생각해서는 안 됩니다. 7절 하반절에 "이는 하나님이 네가 하는 일들을 벌써 기쁘게 받으셨음이니라"라는 말씀은 우리가 먹고 마시면서 즐거워하는 것을 하나님이 기뻐하신다는 뜻입니다. 그러므로 우리는 먹고 마시는 데서부터 생을 즐길 줄 아는 지혜를 터득해야 합니다.

둘째, 우리는 자기 몸을 가꾸고 돌보는 데서 기쁨을 찾아야 한다는 것입니다.

네 의복을 항상 희게 하며 네 머리에 향 기름을 그치지 아니하도록 할지니라_전 9:8

의복을 날마다 단정하게 손질한다는 것은 쉬운 일이 아닙니다. 머리 모양을 항상 아름답게 손질한다는 것 또한 쉬운 일이 아닙니다. 어떤 성경학자는 의복을 항상 희게 하라는 말씀을 순결한 생활을 하라는 뜻이라고 해석합니다. 그리고 머리에 향 기름을 바른다는 말씀을 성령의 능력으로 살아야 한다는 뜻이라고 해석합니다. 그러나 저는 이 해석이 바람직하지 않다고 봅니다. 이 본문을 그렇게 영적으로만 해석한다면 7절의 '음식물'은 하나님의 말씀으로 해석해야 옳습니다. 그러면 이 본문 전체의 기본적인 뜻이 달라져 버릴 위험이 있습니다.

이 본문은 자기의 몸을 가꾸고 돌보는 데서 기쁨을 찾아야 한다는 뜻으로 해석해야 합니다. 옷을 깨끗이 하고 단정하게 입어서 자신뿐만 아니라 그 모습을 보는 다른 사람도 기뻐할 수 있도록 하라는 뜻입니다. 건강은 하나님이 주신 것입니다. 젊음 또한 하나님이 주신 것입니다. 아름다움 또한 하나님이 주신 것입니다. 우리는 이 귀한 것들을 그냥 내버려 두어서는 안 됩니다. 하나님이 주신 것이기에 항상 귀한 줄 알고 가꿀 줄 알아야 합니다.

머리에 기름을 바르는 것은 화장의 일종입니다. 자기 몸을 아름답게 가꾸는 행위입니다. 일부 목사님들은 여성이 화장하는 것을 죄악시하는 경향이 있는데 저는 거기에 동의하지 않습니다. 인간이 자신을 가꾸려고 하는 것은 하나님으로부터 받은 본능입니다. 그러므로 옷을 깔끔하게 입고 몸매를 아름답게 꾸미는 것은 나쁜 것은 아닙니다. 비싼 옷을 입으라는 말도, 사치하라는 말도 아닙니다. 그 속에서 사는 기쁨을 찾으라는 것입니다.

과거에 여전도사라고 하면 고정된 스타일이 있었습니다. 저고리는 하얀색, 치마는 검정색, 구두는 미들 굽으로, 머리는 쪽을 짓듯이 단정하게 빗어 넘긴 채 손가방을 들고 다니면 멀리서 보아도 금방 전도사인 것을 알아차릴 수 있었습니다. 그런데 현대를 사는 여전도사들은 이와는 좀 달라야 합니다. 자신이 갖고 있는 아름다움을 잘 가꾸어 성도들에게 호감을 주고 모범이 되어야 하지 않겠습니까? 이것은 남자도 예외가 될 수 없습니다. 제가 시무하는 사랑의교회에 교역자들이 부임해서 몇 년이 지나고 나면 세련되어졌다는 칭찬을 듣곤 하는

데 저는 이런 현상을 바람직하게 여기고 있습니다.

어떤 괴팍한 교수가 《나는 야한 여자가 좋다》라는 책을 써서 센세이션(sensation)을 일으킨 적이 있습니다. 그는 참으로 희한한 주장을 펴고 있습니다. 그 책의 내용이 대체 어떠하길래 젊은이들이 법석을 떨었나 하고 제가 그 저자의 지론을 간단히 조사해 보았습니다. 그는 여성이 자기를 섹시하게 보이도록 머리카락이나 손톱 등 신체의 한 부위를 강조하는 화장을 하는 것이 좋다고 주장합니다. 예를 들자면, 손톱이 휘어질 만큼 길게 길러서 기괴한 색깔의 메니큐어를 칠해 이성의 눈길을 끌어야 한다는 것입니다. 이렇게 야한 화장을 하는 여자는 자기 본능에 솔직한 여자이기 때문에 현대에 맞는 개성 있는 여자라고 추켜세웁니다. 그 교수의 강의가 얼마나 인기가 있는지 타 대학 학생들까지 강의실에 몰려와서 천 명이 넘을 때도 있다고 합니다. 얼마나 기가 막힌 이야기입니까? 자기 자신의 욕망을 채우라고 하나님이 우리에게 아름다움을 주셨습니까? 물론 일부이겠지만 오늘날 우리 젊은이들이 얼마나 잘못된 길로 가고 있는지 착잡해지는 마음을 금할 수 없습니다.

질 레니크라는 미국 여성이 쓴 《멋진 아내의 행복한 남편》이라는 책에 이런 이야기가 나옵니다. 질 레니크는 오후 시간에 이웃에 살고 있는 부인들과 차를 마시며 대화하기를 즐기곤 했습니다. 그런데 그 가운데 한 부인이 오후 4시만 되면 다소곳이 일어나 "저는 좀 가봐야겠어요. 죄송합니다"라는 말을 남기고는 그 자리를 빠져나가는 것이었습니다. 처음에는 무슨 일이 있나 보다 했는데 만날 때마다 그러는 것을 보고 질 레니크는 관심 있게 그녀를 관찰하기 시작했습니다.

그 부인은 4시가 되면 어김없이 집으로 돌아와 집안 청소를 하고 아기에게 새 옷을 갈아 입히고 자기도 몸단장을 한 뒤 5시 반에 귀가 하는 남편을 위해서 저녁 준비를 하는 것입니다. 질 레니크 그 부인은 그녀가 신혼이니까 그런가 보다 하고 어느 날 "부인, 아직도 신혼 재미가 대단하신가 봐요. 언제 결혼하셨죠?" 하고 물어보았습니다. 그 부인은 싱긋 웃으면서 "네, 7년이 지나 이제 8년째 접어들었어요"라고 대답했습니다. 그 부인은 생의 기쁨을 아는 여성이요, 자기의 인생을 아름답게 가꾸려는 노력을 한시도 멈추지 않는 여성입니다.

흔히 여자가 결혼한 지 몇 년쯤 지나면 벌써 나태한 면모를 보이기 시작합니다. 부스스한 머리 모양과 흐트러진 매무새를 가끔 가족들에게 보이는 부인이 대부분입니다. 하나님께서 이것을 좋아하겠습니까? 그렇지 않습니다. 부인은 항상 자기를 단정하게 가꾸는 데서 즐거움을 찾아야 합니다. 또 자기의 모습을 보고 좋아하는 가족들에게서 생의 기쁨을 찾을 줄 알아야 합니다. 남편도 마찬가지입니다. 자기 몸에 대해서 소홀해서는 안 됩니다. 항상 내적으로나 외적으로 건강하게 자신을 가꾸어야 합니다. 이와 같이 부부가 서로 노력하는 가운데 인생의 즐거움이 메마르지 않을 것입니다.

셋째, 부부 생활, 가정생활을 기쁘게 해야 합니다.

네 헛된 평생의 모든 날 곧 하나님이 해 아래에서 네게 주신 모든 헛된 날에 네가 사랑하는 아내와 함께 즐겁게 살지어다 그것이 네가 평생에 해 아래에서 수고하고 얻은 네 몫이니라_전 9:9

가정이 얼마나 중요한가는 설명할 필요가 없습니다. 하나님이 우리에게 주신 가장 큰 선물은 가정입니다. 가정은 부부에 의해 이루어집니다. 그러므로 부부가 중요한 것은 말할 필요가 없습니다. 어떤 상대를 만나느냐에 따라서 그 가정의 장래는 결정됩니다. 그런데 화목

한 부부 생활은 혼자의 노력으로 불가능합니다. 피차 서로 노력함으로써 행복한 가정생활을 유지할 수 있는 것입니다.

그런데 오늘날의 가정 중에는 고통받고 불화하는 가정이 적지 않습니다. 스트라우스 박사가 2천 쌍의 부부를 대상으로 설문 조사한 결과 "과거로 돌아간다면 지금 살고 있는 배우자와 다시 결혼하겠습니까?"라는 문항에 여자는 70%, 남자는 60%가 부정적인 응답을 했습니다. 그리고 그 가운데 20%는 아예 아무와도 결혼하지 않겠다고 응답했습니다. 그 나라 사람들이 얼마나 비참한 결혼 생활을 하고 있는가 짐작해 볼 수 있는 결과입니다. 우리나라의 상황도 이에서 그리 낫지는 않습니다. 부부가 가정생활에서 새로운 기쁨을 찾아내는 노력을 끊임없이 기울일 때 하나님이 기뻐하시는 가정을 이룰 수 있습니다.

행복하게 사는 부부의 조건이 무엇인지 아십니까? 어떤 자료에 나와 있는 내용을 소개해 드리겠습니다. 첫째, 열등의식이 없어야 합니다. 자신이 어떻게 살든지 남과 비교하면 안 된다는 것입니다. 둘째, 삶을 즐길 줄 알아야 합니다. 삶을 즐기려고 노력해야 한다는 말입니다. 셋째, 긍정적이어야 합니다. 매사에 불평불만 하지 말고 현실을 긍정적으로 받아들여야 한다는 말입니다. 넷째, 믿음이 좋아야 한다는 것입니다. 하나님은 세상의 모든 부부가 이렇게 행복하게 살아가기를 바라고 계십니다.

○ ○ ○ ○ ○ ○ ○ ○ ○ ○ ○
감사함으로 인생을 즐기라

지금까지 우리가 어떤 면에서 생을 즐겁게 살아야 하는지 살펴보았습니다. 첫째, 먹고 마시는 일에서, 둘째, 자기의 몸을 가꾸고 아름다움을 지키는 일에서, 셋째, 부부 생활과 가정생활에서 늘 기쁨을 찾으면서 살아야 한다는 것을 검토해 보았습니다. 그런데 이 세 가지 사실에는 중요한 원리가 들어 있습니다. 생을 좀 더 밝게 살기 위해서 이 원리를 알아 둘 필요가 있습니다. 우리 모두 이 원리를 삶에 적용하는 지혜자가 되어야겠습니다.

첫째, 생의 진정한 즐거움은 평범한 데서 발견됩니다. 우리가 날마다 먹고 마시는 것이 얼마나 평범한 일입니까? 자기 몸을 아름답게 가꾸는 것이 얼마나 평범한 일입니까? 부부가 한 지붕 아래서 오순도순 살아가는 것이 얼마나 평범한 일입니까? 이런 평범한 생활 속에서 진짜 삶의 기쁨은 발견되는 것입니다. 평범한 것을 무시하지 마십시오. 평범한 것 하나하나를 귀중하게 다루어야 합니다.

둘째, 생의 진정한 즐거움은 그 즐거움을 부지런히 추구하는 자에게 주어진다는 원리입니다. 우리는 노력하지 않으면 아무리 내 몸을 잘 가꾸려고 해도 거기에서 삶의 기쁨을 맛볼 수 없습니다. 노력하지 않으면 아무리 뜨거운 사랑으로 맺어진 부부라고 할지라도 인생을 즐겁게 계속 살아갈 수 없습니다. 기쁨이 없어 보이는 데서도 기쁨을 발견하려고 노력해야 합니다. 아무런 의미가 없는 일에서도 의미를 발견하려고 노력해야 합니다. 불평투성이요, 한숨이 절로 나오는 고통 속에서라도 감사할 것을 찾아내는 노력이 필요합니다.

수년 전, 한 일간지에 방 2개짜리 가건물 옥탑방에 세 들어 살고 있는 어느 부인의 이야기가 실렸습니다. 그 여인은 어떤 의미에서는 불만 계층에 속해 있을 수 있습니다. 불만을 있는 대로 쏟아 놓아도 원이 풀리지 않을 생활을 하고 있다고 해도 과언이 아닙니다. 그런데 저는 기자와 부인이 나눈 대화 내용에 놀랐습니다. 너무 아름다운 글이기에 그대로 인용하려고 합니다.

"부인이 가장 행복할 때는 언제입니까?"

"하늘에 떠 있는 별 밭을 바라보면서 식구들이 빨래를 빨랫줄에 널 때이지요. 이웃들이 모두 잠든 야밤에 남편의 내복, 셔츠, 속옷과 아이들의 옷들을 빨아서 2개의 빨랫줄에 가득하게 널면서 하늘에 촘촘히 박힌 별 밭을 보고 있노라면 정말 나는 행복한 여자로구나 하는 생각이 들어요."

"왜 하필이면 밤중에 빨래를 합니까? 일부러 그렇게 하나요?"

"예. 낮에는 다른 일이 있어서 그렇게 하기도 하지만 낮에는 주로 주인집에서 빨랫줄을 쓰기 때문에 제 차례가 돌아오질 않아요. 제 차례가 돌아오는 시간은 항상 밤입니다. 그렇지만 요즘에 와서는 그 한밤중에 주인이 빨랫줄을 전부 빼앗아 갈까 겁이 나요. 한밤중의 행복, 빨래하면서 빨래를 널면서 하늘의 별을 보는 그 행복, 만약 이것을 주인이 빼앗아 간다면 나는 한동안 실의에 빠질지 몰라요."

이 부인은 고달픈 생활을 하고 있지만 그 속에서 기쁨을 찾아보려고 얼마나 노력하는지 잘 알 수 있습니다. 하찮은 일 가운데서 큰 기쁨을 발견해 내는 것입니다. 이것이 우리 신앙인들이 계발해야 할 삶의 지혜입니다. 좀 힘든 일을 가지고 날마다 짜증을 내는 사람이 있습니까? 그는 삶의 기쁨을 스스로 던지는 사람입니다. 아무리 힘든 일이라도 믿음의 눈으로 보면 그 속에서 기쁨을 발견할 수 있습니다. 그 부인이 고백한 것처럼 밤의 별을 볼 수 있는 기쁨이 있는 것입니다. 노력하지 않는 자에게는 기쁨이 찾아오지 않습니다.

셋째, 생의 진정한 즐거움은 믿음의 눈을 가진 자에게 발견된다는 원리입니다.

> 사람마다 먹고 마시는 것과 수고함으로 낙을 누리는 그것이 하나님
> 의 선물인 줄도 또한 알았도다_전 3:13

그렇습니다. 먹고 마시는 것과 노력하는 가운데서 얻는 기쁨은 하나님이 주신 것입니다. 그러므로 믿음을 가진 사람은 자기의 손에 있는 것이 자기 것이 아니라 하나님이 주신 것으로 믿습니다. 하나님이 주신 것이기에 그것을 기쁨으로 받고 기쁨으로 누리려는 믿음을 갖게 되는 것입니다. 이것이 삶의 지혜입니다. 이것을 좀 더 깊이 이해하기 위해서 이해인(李海仁) 수녀의 글을 소개하려고 합니다. 그는 독신으로 살아온 여자이기 때문에 때로는 인생의 서글픔과 외로움을 느꼈을지도 모릅니다. 그런데 그는 이렇게 감동적인 글을 썼습니다.

"살아 있을 때 한 번이라도 더 찬미의 기도를 바치게 하소서. 살아 있을 때 한 번이라도 더 이웃 사람들에게 따스한 격려의 말과 웃음을 주게 하소서. 밝은 햇빛, 바람, 공기, 잊기 쉬운 자연의 혜택을 고마워하며 내가 살고 있는 이 세상을 좀 더 애정 어린 눈으로 바라볼 수 있게 하소서. 남이 몰라주어도 즐거워할 수 있는 조그마한 선행과 봉사를 한 번이라도 더 겸손하게 실천하는 용기를 주소서. 나에겐 오늘이 새 날이듯이 당신도 언제나 새사람이고 당신을 느끼는 내 마음도 언제나 새 마음입니다. 처음으로 당신을 만났던 날의 설렘으로 나의 하루는 눈을 뜨고 나는 당신을 향해 출렁이는 안타까운 강입니다. 당신 앞에 숨 쉬는 나의 가슴에선 언제나 산까치가 울고 당신과 함께 모든 이를 사랑하는 내 마음엔 언제나 진달래꽃이 핍니다. 당신을 통해 사물을 보며 오늘을 살아가는 예술을 배웁니다."

이와 같이 믿음을 가진 사람은 어딘가 독특한 점이 있습니다. 아무리 평범한 주변 상황을 볼지라도 평범하게 보지 않습니다. 하나님이 주신 것이기에 귀한 마음으로 보는 것입니다. 그러므로 그 자체를 즐거워합니다. 그리고 그 속에서 기쁨을 길어냅니다. 우리가 이 지혜를 터득하기만 하면 살아가는 모습이 달라질 수 있습니다.

주변의 세상 사람들을 보십시오. 일단의 사람들이 쾌락을 추구하는 데서 인생의 재미를 보려고 합니다. 사치하고 향락하는 데서 인생의 기쁨을 누리려고 합니다. 과소비로 마음의 공백을 채우려고 몸부림칩니다. 그렇다면 그들과 섞여 사는 우리는 어떻게 해야겠습니까? 우리는 평범한 것에서 기쁨을 찾아야 합니다. 세상 사람들이 대수롭지 않게 보는 작은 일에 의미를 두고 그 속에서 기쁨을 찾아내야 합니다. 하나님이 주신 것이기에 작은 것 하나에도 감사하며 감격하는 모습을 세상 사람들에게 보여 주어야 합니다.

진정한 인생의 기쁨은 요란한 데 있지 않고 평범한 데 있습니다. 진정한 인생의 만족은 자기 욕망을 추구하는 데 있는 것이 아니라 하나님이 주신 것을 만족하는 데 있습니다. 그러므로 예수님을 믿는 우리는 성경적으로 삶을 즐겨야 합니다. 그렇게 함으로써 그 사실을 모르는 세상 사람들에게 무엇인가 생각할 수 있는 기회를 주어야 합니다. 그들의 생활을 바꿀 수 있도록 우리가 무엇인가 감동을 주어야 합니다. 예수님을 믿는 사람들이 건전한 모습을 보여 주지 않는다면 오늘 이 사회를 누가 치료할 수 있습니까? 저토록 잘못되어 가는 젊은이들을 누가 선도할 수 있습니까?

성령께서 여러분의 마음속에 있는 불평을 깨끗이 뿌리째 뽑아 주시기를 바랍니다. 평범한 것에 감사할 줄 모르고 그 속에서 기쁨을 찾아낼 줄 모르는 여러분의 감겨 있는 눈을 열어 주시기를 바랍니다. 하나님은 우리가 밝게 살기를 원하십니다. 하나님의 자녀는 생을 즐겁게 살 수 있는 복 받은 사람들입니다.

10

빗속을 달리는
엘리야

구원받은 사실만 해도 기쁜 일이지만 기도의 응답을 받은 사람은
그 마음에 더욱더 기쁨이 충만해지는 것입니다.
무엇인가 구체적인 응답이 있을 때
마음에 기쁨이 넘치는 하나님께 영을 돌리 수 있는 것입니다.

열왕기상 18:41-46

41 엘리야가 아합에게 이르되 올라가서 먹고 마시소서 큰비 소리가 있나이다 42 아합이 먹고 마시러 올라가니라 엘리야가 갈멜산 꼭대기로 올라가서 땅에 꿇어 엎드려 그의 얼굴을 무릎 사이에 넣고 43 그의 사환에게 이르되 올라가 바다 쪽을 바라보라 그가 올라가 바라보고 말하되 아무것도 없나이다 이르되 일곱 번째 다시 가라 44 일곱 번째 이르러서는 그가 말하되 바다에서 사람의 손 만한 작은 구름이 일어나나이다 이르되 올라가 아합에게 말하기를 비에 막히지 아니하도록 마차를 갖추고 내려가소서 하라 하니라 45 조금 후에 구름과 바람이 일어나서 하늘이 캄캄해지며 큰비가 내리는지라 아합이 마차를 타고 이스르엘로 가니 46 여호와의 능력이 엘리야에게 임하매 그가 허리를 동이고 이스르엘로 들어가는 곳까지 아합 앞에서 달려갔더라

빗속을 달리는
엘리야

엘리야는 구약시대에 가장 위대한 선지자 중의 한 사람이었습니다. 역사상 탁월한 선지자가 출현한 시기를 보면 그 시대가 어느 때보다 암담한 때였다는 것을 알 수 있습니다. 이렇게 절망적인 시대에 능력 있는 종을 보내는 것은 하나님의 비상 조치로 볼 수 있는 것입니다.

열왕기상에 기록된 바와 같이 엘리야 시대에 하나님이 갑자기 비를 거두어 가셨습니다. 우상숭배가 심하고 도덕적으로 문란한 이스라엘을 보다 못해 하나님이 비를 거두어 가신 것입니다. 구약시대에 가뭄이 오래 계속되는 것은 하나님이 내리신 징계로 볼 수 있습니다. 그런데 이스라엘에 기근이 시작된 지 3년이 좀 지났을 때 하나님이 엘리야에게 "내가 비를 지면에 내리리라"(왕상 18:1)라고 약속하셨습니다. 이것은 정말 놀라운 일입니다. 다음 말씀에서 우리는 그 까닭을 잘 알 수 있습니다.

만일 그들이 주께 범죄함으로 말미암아 하늘이 닫히고 비가 없어서

주께 벌을 받을 때에 이곳을 향하여 기도하며 주의 이름을 찬양하고
그들의 죄에서 떠나거든 주는 하늘에서 들으사 주의 종들과 주의 백
성 이스라엘의 죄를 사하시고 그들이 마땅히 행할 선한 길을 가르쳐
주시오며 주의 백성에게 기업으로 주신 주의 땅에 비를 내리시옵소
서_왕상 8:35-36

이 말씀은 솔로몬이 성전을 지어 놓고 낙성식을 하면서 하나님 앞
에 드린 기도 내용입니다. 이 말씀에 나타나 있는 바와 같이 백성들이
회개하고 돌아와야 기근 문제가 해결되는 것입니다. 그런데 하나님이
엘리야에게 비를 주신다고 약속하신 당시에는 전혀 그런 여건이 마련
되지 않았습니다. 아합 왕도 달라지지 않았고 이스라엘 백성들도 회
개하고 하나님 앞으로 돌아오지 않았습니다. 그런데도 불구하고 하나
님이 갑자기 비를 주신다고 약속하신 것은 정말 놀라운 일이 아닐 수
없습니다.

하나님이 왜 갑자기 비를 주신다고 약속하셨습니까? 그 이유를 대
략 두 가지로 추리할 수 있습니다. 즉 하나님이 이스라엘 백성들에게
회개할 기회를 주시려는 의도에서 또는 당시 핍박을 받고 있던 소수
의 경건한 자들을 보호해 주시기 위해서라고 볼 수 있습니다. 그때 이
스라엘에는 믿음을 지키기 위해 굴속에 숨어서 고생하는 소수의 무리
가 있었습니다. 그들은 굴속에 숨어 살았던 선지자 100명을 비롯하여
엘리야에게 소속된 선지 학교 학생들과 그의 가족들이었습니다. 하나
님이 이들을 불쌍히 여기셔서 비를 다시 주신 것이 아닌가 하고 성경
학자들은 생각하고 있습니다.

하나님의 약속과 엘리야

그런데 본문에는 우리 눈에 이상하게 보이는 장면이 한두 가지 나옵니다. 먼저 우리의 시선을 끄는 장면은 비를 달라고 산꼭대기에서 엎드려 기도하는 엘리야의 모습입니다. 하나님은 그에게 분명히 비를 주신다고 약속하셨습니다. 그런 까닭으로 엘리야가 기다리기만 하면 저절로 해결되는 문제였습니다. 그런데 그는 왜 산꼭대기에 올라가 청승맞게 엎드려서 기도하고 있었습니까? 마치 "하나님, 약속하셨으니까 꼭 지키셔야 합니다"라고 하면서 하나님에게 떼를 쓰는 것 같은 인상을 풍깁니다.

한 가지 예를 들어 봅시다. 가령 어떤 집 아들이 결혼을 하여 너무 구차하게 산다고 합시다. 아버지가 그것을 보다 못해서 백만 원을 도와주겠다고 약속을 했습니다. 그러면 그 아들의 태도가 어떠해야 합니까? 가만히 있으면 언젠가 주시겠지 하고 아버지를 믿고 잠자코 기다리는 것이 도리입니다. 그런데 아들이 "아버지, 주세요. 준다고 약속하지 않았습니까? 약속대로 빨리 주세요" 하면서 안방에 죽치고 앉아서 도무지 나갈 생각을 안 하고 있으면 아버지가 아들의 태도를 용납할 수 있겠습니까? 이것은 분명 사람 사이에는 통하지 않는 행동입니다.

그런데 엘리야는 하나님의 약속을 받자마자 산꼭대기에 올라가 엎드려 기도했습니다. 이것은 옳은 태도입니까? 그렇습니다. 그의 태도는 분명히 옳은 태도입니다. 이것은 인간에게는 통하지 않는 행동이지만 하나님에게는 통하는 행동입니다. 왜냐하면 하나님의 약속은 반드시 기도라는 그릇에 담아서 믿음이라는 손에 들려 주게 되어 있기 때문입니다. 하나님의 약속이 없었다면 기도할 필요가 없습니다. 하나님의 약속이 있으니까 기도하는 것입니다. 하나님의 약속을 믿으니까 엎드리는 것입니다. 하나님이 우리에게 요구하시는 태도 또한 엘리야의 태도와 같은 것입니다. 우리는 이 사실을 깊이 명심해야 합니다.

전쟁이 그칠 날이 없고 숨이 막힐 정도로 타락한 이 세상을 사는 우리는 엘리야의 기도에서 교훈을 받아야 합니다. 세상살이가 워낙 힘들기 때문에 하나님은 우리가 육신을 입고 살 동안 받아 누릴 수 있는 복까지도 놀랄 만큼 많이 약속해 주셨습니다. 영적인 복뿐만 아니라 이 세상에 살면서 받아 누려야 할 세상적인 복까지도 많이 약속하셨습니다. 바로 '무엇이든지'와 '얼마든지'의 약속입니다.

내 이름으로 무엇이든지 내게 구하면 내가 행하리라_요 14:14

하나님의 약속은 얼마든지 그리스도 안에서 예가 되니 그런즉 그로 말
미암아 우리가 아멘 하여 하나님께 영광을 돌리게 되느니라_고후 1:20

주님은 우리가 무엇이든지 구하면 응답해 주신다고 약속하셨습니다. 또한 우리가 구하는 것은 얼마든지 주신다고 약속하셨습니다. 엘리야는 비를 주신다는 약속을 받았지만 우리는 '무엇이든지'와 '얼마든지'의 약속을 받은 것입니다.

주님이 특히 요한복음 14장 14절 말씀을 하실 당시는 자신이 가장 어려운 상황에 놓여 계실 때였습니다. 세상의 죄를 담당하기 위해 십자가를 져야 하는 고난의 순간이 다가오고 있었던 것입니다. 만일 주님께서 하늘에 앉아서 이 약속을 하셨다면 우리의 마음에 와닿는 감동이 좀 적을지 모릅니다. 친히 육신을 입고 사람들과 함께 험한 세상을 살면서 주신 약속이기 때문에 더 큰 감동을 받게 됩니다. 그러므로

'무엇이든지'라는 한마디 안에는 하늘에 있는 복은 물론 땅에 속한 복까지도 포함되어 있다는 사실을 우리는 확신할 수 있습니다. 우리에게 '무엇이든지'와 '얼마든지'의 약속을 주신 하나님, 그분은 어떤 분이십니까?

> 이스라엘의 지존자는 거짓이나 변개함이 없으시니 그는 사람이 아니시므로 결코 변개하지 않으심이니이다 하니_삼상 15:29

하나님은 거짓이 없는 분이요, 사람이 아니시므로 실수가 없으신 분입니다. 그러므로 그분의 약속은 절대적으로 신실합니다. 이제 우리에게 남아 있는 문제가 무엇입니까? 엘리야처럼 기도하는 것입니다. 엘리야는 비를 주신다는 약속을 믿고 산꼭대기에 가서 무릎을 꿇고 얼굴을 땅에 대고 엎드려 기도했습니다. 우리도 무엇이든지, 또 얼마든지 주신다는 하나님의 약속을 믿고 기도해야 합니다.

○ ○ ○ ○ ○ ○ ○ ○
응답 받는 기도의 요령

우리는 엘리야의 기도를 배워야 합니다. 하나님의 약속을 붙들고 엎드리는 엘리야가 되기 위해서 그의 기도를 배울 필요가 있습니다. 능력 있는 기도, 응답을 받는 기도를 하기 위해서 엘리야의 기도가 갖는 특성을 살펴봅시다.

첫째, 엘리야의 기도는 구체적인 기도입니다. 막연한 기도가 아닙니다. 그의 기도는 간단했습니다. "주여, 약속대로 비를 주시옵소서." 마찬가지로 우리의 기도도 구체적이어야 합니다. 구체적인 기도는 우리의 믿음을 한 걸음 더 발전하게 합니다. 너무 막연한 기도를 하지 마십시오. 기도를 일반적인 내용으로만 일관하는 것은 하나님을 잘못 이해하는 것입니다.

하나님은 너무 광대하신 분이기 때문에 우리는 흔히 사소한 문제를 가지고 기도하면 하나님에 대한 도리가 아니라고 생각하는 경향이 있습니다. 그런데 이것은 하나님의 전능하심을 오해하는 것입니다. 하나님의 전능은 삼라만상을 다 아는 전능하심이고, 동시에 나같이 초라한 자의 머리카락까지도 다 헤아리는 전능하심입니다. 하나님의 광대하심은 전 우주를 포용하는 광대하심인 동시에 나의 사소한 문제 하나까지도 놓치지 않는 광대하심입니다. 그러므로 우리는 기도를 좀 더 구체적으로 할 필요가 있습니다.

C. S. 루이스(Clive Staples Lewis, 1898-1963)는 그의 저서에서 "마귀는 우리의 기도를 막을 수는 없지만, 우리의 기도를 너무 영적인 것으로 치우치게 하여 우리가 실제적으로 필요한 것들을 구하지 못하게 할 수는 있다"라고 지적했습니다. 옳은 말입니다. 가령 남편의 영혼 구원을 위해서 기도할 수는 있지만, 남편이 앓고 있는 관절염을 위해서는 기도하지 않게 만들 수 있는 것이 마귀라는 말입니다. 무엇이든지 또 얼마든지 주신다는 하나님의 약속은 우리의 영적인 기도는 물론, 세상에 속한 사소한 기도까지도 다 응답해 주시는 것을 전제하고 있습니다. 우리는 이것을 꼭 알아야 합니다.

그래서 어떤 성경학자는 "기도는 시내 관광을 하는 멋진 세단이 아닙니다. 기도는 공장 창고로 가서 뒷문을 열고 짐을 실어 집으로 오는 트럭이다"라고 말했습니다. 이것은 기도가 구체적이어야 한다는 것을 비유한 것입니다. 흔히 해외 관광에 나섰을 때 자칫 주의를 기울이지 않으면 적당히 눈앞의 것들만 보고 돌아오기 쉽습니다. 그러면 나중에 남는 것이 하나도 없습니다. 기도가 이런 식이 되면 안 됩니다. 가령 기도할 때 미사여구를 사용하며 성경 구절을 인용하면서 요란하게 기도를 했는데 나중에 아무것도 응답을 받는 것이 없다면 세단을 타고 관광한 것이나 다름없습니다. 기도는 구체적으로 해야 합니다. 트럭을 가지고 창고에 가서 자기가 원하는 물건을 싣고 오듯 기도해야 합니다. 이것이 진짜 기도입니다.

둘째, 응답의 날짜를 미리 정해 놓고 조급해하면 안 됩니다. 응답에는 하나님의 시한이 있습니다. 그때까지 인내하면서 기도해야 합니다. 엘리야는 하나님의 응답이 보이기까지 엎드려서 인내하며 기도했습니다. 우리도 엘리야에게서 이런 태도를 배워야 합니다.

빌리 그레이엄(William Franklin Graham Jr., 1918-2018) 목사님이 한 여인으로부터 편지를 받았습니다. "목사님, 저는 남편을 위해 지난 10년 동안 기도했습니다. 남편이 꼭 구원받기를 하나님 앞에 기도했는데 이상하게도 최근에 와서는 남편이 더 완악해지고 더 핍박을 많이 합니다. 목사님, 어떻게 하면 좋을까요?"라는 내용이었습니다. 빌리 그레이엄 목사님은 "자매님, 10년 기도하셨다구요? 더 하십시오. 10년만 기도하라는 법이 없습니다. 더 기도하세요"라는 내용의 충고를 했다고 합니다.

그런데 얼마 후에 그 부인으로부터 남편이 극적으로 변화를 받아 예수님을 믿는 사람이 되었다는 소식이 왔습니다. 빌리 그레이엄 목사님은 그 편지를 받고 "만약에 10년만 기도하고 안 했더라면 어떤 결과가 왔을까요? 10년이 지나도 인내하며 기도했기 때문에 그 좋은 열매를 보지 않았나요?"라는 의미 있는 말을 했습니다. 인내하면서 기도하는 사람만이 참으로 놀라운 결과를 기대할 수 있습니다.

그래서 기도의 맹장이라고 불리는 어떤 목사님은 "계속 기도하십시오. 당신의 기도가 이루어질 때까지 계속 기도하십시오. 당신의 기도가 이루어질 때까지 하나님의 약속은 언제나 진실하니 계속 기도하십시오. 당신의 기도가 이루어질 때까지 계속 계속 기도하십시오"라고 외쳤습니다. 이것이 엘리야가 우리에게 가르쳐 주는 기도의 교훈입니다.

셋째, 기대감을 가지고 기도해야 합니다. 엘리야는 손바닥만 한 구름이라도 떠오르는 것이 없나 하고 기대감을 가지고 기도했습니다. 그는 기도하면서 계속 자기의 종을 보내어 무엇이 보이는가를 살펴보고 오라고 했습니다. 그가 그렇게 하기를 무려 일곱 번이나 했습니다. 이것은 하나님이 반드시 주신다는 기대감을 가지고 기도하는 태도를 말합니다. 우리는 기도를 하기는 하는데 이런 기대감이 약할 때가 많습니다. '하나님이 주실까? 안 주실까?' 반신반의하면서 기도할 때가 많다는 것입니다.

엘리야는 확신에 찬 기도를 했습니다. 비를 주신다고 약속하신 하나님이 어떤 증거를 보여 주실까 하고 살펴 가면서 기도했던 것입니다. 우리도 이런 기대감을 가지고 기도해야 합니다. 마치 백화점의 쇼윈도를 구경하듯이 기도하면 안 됩니다. 자기가 살 물건이 어느 코너에 있나 하고 부지런히 백화점 구내를 살펴보는 사람처럼 기도해야 합니다. 결론적으로 말하면, 응답을 받는 기도의 요령은 구체적으로, 인내하며, 기대감을 가지고 기도하는 것입니다. 이런 사람만이 자기가 꼭 필요한 물건을 구입하듯이 기도 응답을 받을 수 있습니다.

드디어 하늘이 새까만 구름으로 덮이며 장대비가 쏟아지기 시작했습니다(왕상 18:45). 엘리야의 기도가 응답을 받은 것입니다. 오늘 우리에게도 이런 큰비가 내리면 얼마나 좋겠습니까? 우리가 예수님을 믿는다고 부지런히 성경과 찬송가를 들고 교회를 다니지만, 웬일인지 비가 내리지 않는 것 같습니다. 기도는 새벽에 교회에 나와서도 하고 집에서도 하고 밤에도 하지만 응답의 비가 내리지 않을 때가 많습니다. 우리가 기뻐 소리칠 수 있을 만큼 큰비가 기도의 응답으로 내린다면 얼마나 좋겠습니까?

잠깐 눈을 감고 하나님이 우리에게 구체적으로 무슨 비를 주셨는지 확인해 보는 시간을 갖기를 바랍니다. 조지 뮬러(Johann Georg Ferdinand Müller, 1805-1898)는 평생 이만 오천 번의 기도 응답을 받았다고 합니다. 그런데 우리는 조지 뮬러만큼은 못되어도 몇 백 건이라도 분명히 응답을 받았다는 간증을 할 수 있는 사람이 되어야 하지 않겠습니까? 우리에게도 엘리야처럼 은혜의 큰비가 내리기를 소원합니다.

저도 지난 한 해 동안 하나님이 비 주시기를 몹시 기다렸습니다. 몸이 아프니까 하나님 앞에 드린 기도 내용도 구체적일 수밖에 없었습니다. "주님, 제가 몹시 아파요. 고쳐 주세요. 이달에 고쳐 주세요" 하고 기도했지만, 하나님은 멀리 서서 계시는 것처럼 소식이 없었습니다. 저는 너무나 답답한 나머지 세상일을 하다가 이렇게 된 것도 아닌데 왜 가만히 계시느냐고 불평하기도 하고 또 회개하기도 했습니다.

그런데 제가 이 본문을 보면서 크게 깨달은 것이 하나 있습니다. 나에게 내린 큰비가 무엇인가 하고 곰곰이 생각해 본 결과 놀라운 사실을 발견한 것입니다. 사랑의교회의 지난 역사를 되돌아볼 때 그 수많은 나날이 다 응답을 받은 시간이었다는 것을 깨달았습니다. 하나님이 나의 기도에 응답하시지 않았다면 어떻게 오늘 사랑의교회가 존재할 수 있겠습니까? 이것은 저뿐만 아니라 사랑의교회에 속한 모든 성도가 함께 받은 기도 응답이라고 할 수 있습니다. 그러므로 이것은 보통 큰비가 아닙니다. 저는 제 잘못을 깨닫고 하나님 앞에 감사의 기도를 드렸습니다. 우리 각자는 자기의 생활 가운데서 하나님이 어떤 비를 주셨는지 확인해 볼 필요가 있습니다.

우리가 잘 알다시피 신앙생활을 하면서 기도 응답을 받는 체험은 아주 중요합니다. 그 이유가 무엇인지 아십니까?

> 지금까지는 너희가 내 이름으로 아무것도 구하지 아니하였으나 구
> 하라 그리하면 받으리니 너희 기쁨이 충만하리라_요 16:24

이 말씀에서 보시다시피 기도를 응답을 받아야 기쁨이 충만해집니다. 평생 예수님을 믿어도 기도 응답이 무엇인지 모르는 사람은 기쁨이 없습니다. 물론 구원받은 사실만 해도 기쁜 일이지만 기도의 응답을 받은 사람은 그 마음에 더욱더 기쁨이 충만해지는 것입니다. 늘 충만한 기쁨을 가지고 신앙생활을 하기를 원하십니까? 그렇다면 기도생활을 열심히 하십시오. 이것이 비결입니다.

> 가서 너희를 위하여 거처를 예비하면 내가 다시 와서 너희를 내게로
> 영접하여 나 있는 곳에 너희도 있게 하리라_요 14:3

하나님의 은혜를 찬양하고 그분께 영광을 돌리는 것은 하나님이 주신 응답이 있을 때 가능합니다. 날마다 기도하기는 하지만 아무것도 손에 들려지는 것이 없다면 그 사람의 신앙생활은 힘이 없습니다. 무엇인가 구체적인 응답이 있을 때 마음에 기쁨이 넘치는 하나님께 영광을 돌리 수 있는 것입니다.

비를 맞으며 뛰는 엘리야

본문을 보면 약간 기이하게 생각될 만한 또 하나의 사실이 있습니다.

엘리야가 장대비를 맞으며 뛰어가고 있는 장면입니다. 아합 왕은 마차를 타고 자기의 별장이 있는 이스르엘까지 가는 중이었습니다. 엘리야가 그 마차 앞에 비를 흠뻑 맞으면서 달리고 있는 것입니다. 성경학자들에 의하면 갈멜산에서 이스르엘까지 약 18마일(약 29km)이라고 합니다. 이것으로 보아 엘리야는 적어도 50리(약 20km) 가까이 되는 먼 길을 비를 맞고 달린 것입니다.

왜 그가 빗속을 달렸습니까? 어떤 학자는 아합의 마음에 감동을 주기 위해서라고 해석합니다. 그러나 저는 그 해석에 동의하지 않습니다. 제가 보기에는 엘리야가 3년 반 만에 비를 주신 하나님께 너무 감사하여 가만히 앉아 있을 수가 없어서 장대비를 맞으며 달린 것이 아닌가 생각합니다. 하나님이 주신 기쁨이 너무나 커서 도저히 그 기쁨을 표현할 길이 없어 빗속을 달린 것이 아니겠습니까?

엘리야가 빗속을 달린 또 다른 이유를 하나 들 수 있습니다. 그는 비를 주신 하나님께 영광을 돌리려는 장엄한 퍼레이드(parade)를 벌인 것입니다. 그는 빗속을 달리면서 아마 마음속으로 이렇게 외쳤을 것입니다. "이스라엘아, 보라. 비를 주신 하나님을 보라. 여호와만이 참 하나님이요, 그분만이 우리를 사랑하신다. 이스라엘아, 비를 주신 하나님 앞으로 돌아오라!"라고 외치며 감격에 겨워 하나님을 찬양하는 퍼레이드를 벌였습니다. 너무나 멋있는 장면입니다. 저는 이 장면을 읽고 얼마나 감동을 하였는지 모릅니다. 기도 응답을 받지 못한 사람은 달리지 못합니다. 응답을 받아 보아야 그 하나님이 너무 좋아서 할렐루야 찬송하며 세상 사람들 앞에서 힘차게 달릴 수 있는 것입니다.

다하라 요네코(田原米子)라는 일본 여성이 있습니다. 그는 고등학교 시절에 병으로 어머니를 잃었습니다. 어머니의 과잉보호 속에서 자란 그녀는 실의에 빠진 나머지 스스로 목숨을 끊으려고 달려오는 기차에 몸을 던졌습니다. 그 결과 두 다리와 왼팔은 잘리고 오른팔만 남았는데 그것도 손가락 2개는 사라져 버렸습니다. 너무나 절망적인 모습으로 살아남은 것입니다. 죽음마저 자기 뜻대로 되지 않고 보니 극도의 절망감 속에서 몸부림치는 나날이 계속되었습니다. 그런데 어느 날 목사를 지망하는 한 신학도가 병원으로 심방을 왔습니다. 그 청년은 여러 번에 걸쳐 요네코에게 간절한 마음으로 복음을 전했습니다. 놀랍게도 요네코는 병상에서 복음을 듣고 구원을 얻었습니다. 그리고 얼마 지나지 않아 그 청년이 요네코를 찾아와 청혼을 했습니다. 요네코는 자신의 처지를 생각하며 많이 망설였습니다. 그래서 서로 기도해 보자고 했습니다. 두 사람이 얼마 동안 기도를 하고 다시 만났을 때 하나님으로부터 받은 응답이 무엇인가를 내놓고 이야기를 했습니다. 그런데 놀랍게도 두 사람이 받은 응답이 같았습니다. 그것은 다름 아닌 마태복음 18장 19절이었습니다.

> 진실로 다시 너희에게 이르노니 너희 중의 두 사람이 땅에서 합심하
> 여 무엇이든지 구하면 하늘에 계신 내 아버지께서 그들을 위하여 이
> 루게 하시리라_마 18:19

두 사람이 마음을 합하여 기도하기만 하면 기적을 창조할 수 있다는 것이 주님의 응답이었던 것입니다. 두 사람은 드디어 결혼을 했습니다. 세인의 이목을 집중시켰던 그들은 지금 슬하에 두 자녀를 두고 육신의 장애가 없는 사람들보다 더 행복하게 살고 있습니다. 그들은

개척한 교회를 목회하면서 바쁜 와중에서도 세계 여러 곳을 다니며 하나님의 말씀을 필요로 하는 사람들에게 간증을 하며 복음을 전하고 있습니다.

그런데 요네코 여사가 쓴 책의 제목이 무엇인지 아십니까? 우리말로도 번역된 그 책은 《산다는 것이 황홀하다》 입니다. 정말 기가 막힌 제목이 아닙니까? 두 다리가 없어서 의족에 의지하여 걷고, 한쪽 팔은 없고 한쪽 손마저 손가락 3개뿐인 여인이 산다는 것이 황홀하다니 어떻게 그럴 수가 있습니까? 우리는 사지가 멀쩡해도 때로는 사는 것이 지겨울 때가 있지 않습니까? 요네코 여사를 보면서 저는 아합 앞에서 달리는 엘리야를 떠올렸습니다.

그녀의 책 내용 중에 감자와 싸운 이야기가 나옵니다. 그녀가 주부가 되어 음식을 준비할 때의 일입니다. 감자 껍질을 벗기려고 하는데 그것이 쉽지 않았습니다. 손가락 세 개로 감자 껍질을 벗기는 일은 너무나 어려웠습니다. 그녀의 기분을 조롱이나 하듯이 감자는 데구루루 굴러다니면서 도무지 말을 안 들었습니다. 요네코는 필사적으로 식칼을 들고 감자를 따라다녔습니다. 점차 초조해지면서 급기야는 무서운 절망감이 그녀를 덮쳐 왔습니다. 그런 상황 좀 더 계속되면서 손에 있는 식칼로 무슨 일을 저지를지 모를 정도로 흥분한 상태가 되었습니다. 순간 그녀는 마음을 가다듬고 하나님을 생각했습니다. 그리고 너무나 처절한 목소리로 하나님께 부르짖었습니다. 그녀가 기도한 내용을 그대로 인용합니다.

"아버지여, 당신은 나 같은 인생도 당신의 자녀로 삼아 주셨습니다. 그리고 당신은 나 같은 것을 결혼까지 할 수 있도록 도와주셨습니다. 나의 가정은 당신께서 선물로 주신 가정입니다. 이제 나의 남편은 얼마 있지 않아 식사하러 돌아올 것입니다. 사랑하는 내 아들도 허기가 져서 내가 만든 저녁을 먹기 위해 기다리고 있습니다. 그렇지만 나는 저녁 반찬으로 사용할 이 감자를 깎을 수 없습니다. 당신은 나의 이 연약함, 나의 이 처량한 상태를 무엇 하나 빼놓지 않고 다 아실 뿐만 아니라 오늘까지 나를 인도해 주시지 않으셨습니까? 아버지여, 어떻게든 할 수 있는 방법이 있는 줄 압니다. 당신의 방법을 나에게 가르쳐 주옵소서. 하나님, 나에게 힘을 주옵소서. 이 감자를 깎을 수 있도록 도와주소서."

이렇게 기도를 끝낸 후 그는 눈을 감고 하나님의 손길을 기다렸습니다. 잔잔한 물가에 차츰차츰 물이 차오르듯 형용할 수 없는 평안함이 그의 마음에 넘치기 시작했습니다. 그리고 갑자기 희한한 아이디어가 떠올랐습니다. 하나님이 지혜를 주신 것이라 생각하고 얼른 감자를 씻어 도마에 올려놓고 식칼로 반을 잘랐습니다. 감자를 둘로 나누니까 감자가 도마 위에 얌전하게 앉았습니다. 그래서 윗부분부터 살살 벗기니까 감자 껍질 벗기는 문제가 쉽게 해결됐습니다. 요네코의 기도가 응답을 받은 것입니다. 그녀는 기쁨이 충만했습니다. 그 감자를 가지고 신나게 맛있는 요리를 했습니다. 그날 저녁, 그 가정의 식탁은 하나님께 영광을 돌리는 요네코의 찬양으로 더욱 풍성할 수 있었습니다.

감자 껍질을 벗기는 문제를 놓고 기도하는 사람을 보셨습니까? 하나님은 이렇게 사소하게 생각되는 기도까지도 응답해 주시는 분입니다. 지극히 작은 문제에서부터 큰 문제에 이르기까지 얼마든지 응답해 주신다고 약속하신 하나님을 찬양합시다. 그 약속을 믿고 구체적으로 기도할 때 우리는 응답의 비를 주신 하나님 앞에서 기쁨이 넘치는 삶을 살 수 있는 것입니다.

하나님께 영광을 돌리며 살아가는 우리 모습을 세상 사람들 앞에 보여 줍시다. 그들보다 잘난 것이 없다고 할지라도 아무 상관없습니다. 무엇이든지 주신다고 약속하신 그 하나님이 살아 계시는 이상, 우리는 늘 즐겁게 찬송할 수 있는 것입니다. 엘리야처럼 기도하여 응답의 큰비를 체험하십시오. 그리고 세상 사람 앞에서 하나님을 찬양하며 빗속을 힘차게 달리는 오늘의 엘리야가 됩시다. 이 놀라운 은혜 때문에 우리 역시 이렇게 간증할 수 있어야 합니다. "산다는 것이 황홀합니다."

II

당신의 문제
: 열등의식

우리의 비교 대상은 다른 인간이 아니라 예수 그리스도라는 것입니다.
우리는 그리스도처럼 되기를 소망하는 영광스러운 존재이지
어떤 사람을 비교 대상에 놓고 열등감과 싸우는 낮은 존재가 아닙니다.

출애굽기 4:10–13

10 모세가 여호와께 아뢰되 오 주여 나는 본래 말을 잘하지 못하는 자니이다 주께서 주의 종에게 명령하신 후에도 역시 그러하니 나는 입이 뻣뻣하고 혀가 둔한 자니이다 11 여호와께서 그에게 이르시되 누가 사람의 입을 지었느냐 누가 말 못 하는 자나 못 듣는 자나 눈 밝은 자나 맹인이 되게 하였느냐 나 여호와가 아니냐 12 이제 가라 내가 네 입과 함께 있어서 할 말을 가르치리라 13 모세가 이르되 오 주여 보낼 만한 자를 보내소서

당신의 문제
: 열등의식

열등감이 무엇인지 모른 사람은 아무도 없을 것입니다. 만인 공통의 병이라 하는 열등감에 대해 살펴봅시다. 열등감, 혹은 열등의식이 무엇입니까? 자기 존재를 평가절하하는 일종의 자학 증상이라고 간단히 말할 수 있습니다.

○ ○ ○ ○ ○ ○ ○ ○ ○ ○
열등감이 없는 사람은 없다

심리학자들의 연구에 의하면 이 세상에 열등감을 느끼지 않는 사람은 거의 없다고 합니다. 어떤 심리학자의 연구 자료를 보면 95%의 사람들이 열등감을 느낀다는 분석 결과가 나와 있습니다. 엄밀한 의미에서는 나머지 5%의 사람도 열등감과 전혀 무관하지 않을 것입니다. 저명한 심리학자인 아들러(Alfred Adler, 1870-1937) 박사는 다음과 같은 말을 했습니다. "인간이 되는 것은 계속 몰아대는 열등감을 소유하고 있다는 것을 의미한다." 그의 말은 마치 열등감이 없으면 사람이 아니라는 것처럼 들립니다. 그만큼 열등감은 모든 사람의 약점이요, 동시에 불치의 병이라는 의미일 것입니다.

우리가 경험적으로 잘 알다시피 평소에 늘 자신만만하던 사람이 어떤 심각한 상황을 만나면 예상외로 심한 열등감을 나타내는 경우를 볼 수 있습니다. 비상하게 머리가 좋은 사람은 열등감이 없을 것 같지만 속으로는 자기 나름대로 고민하는 것을 볼 수 있습니다. 우리의 열등감이 어느 정도의 선에서 유지된다면 문제가 되지 않습니다. 그러나 열등감의 정도가 지나치면 한 사람의 인격을 병들게 하는 것은 물론 더 나아가서는 그 사람을 파멸할 수도 있다는 것을 알아야 합니다. 단적인 예를 들어보면, 요즘 일부 청소년들이 해괴한 옷차림을 하고 거리를 배회하며 다니는 것도 열등감을 해소하기 위한 추태라고 할 수 있습니다. 또 사회생활에서 실패감에 깊이 젖어 있는 사람이 성공한 자기의 친구 이름들을 쓸데없이 들먹거리는 것도 자기의 허약함을 감추어 보려는 데에서 나오는 행동입니다.

미국에서 살고 있는 흑인들은 돈을 좀 벌면 캐딜락(Cadillac)을 구입하여 몰고 다니곤 합니다. 흑인이라고 해서 캐딜락을 소유하면 안 된다는 법은 절대 없습니다. 그러나 그것이 열등감을 감추기 위한 허세라는 것이 문제가 됩니다. 한때 우리 교포 사회에서도 이런 유행이 만연해 지탄을 받은 적이 있습니다. 그런데 지금은 많이 개선되었다고 하니 우리 교포들의 의식 수준이 그만큼 향상된 것을 느낄 수 있습니다.

한때 우리나라를 온통 떠들썩하게 했던 정치적 비리 사건이 생각납니다. 일국의 대통령이라는 어마어마한 자리에 앉아 있는 자기 형의 권력을 등에 업고 겁 없이 부정을 저질렀던 전 모 씨도 그의 열등감에서부터 그 행동이 발생했다고 볼 수 있습니다. 막강한 권력을 가진 형님에 비해 초라해 보이는 자신을 감추기 위해 능력 있는 사람처럼 행세하려고 했던 것이 결국 감옥신세를 만들고 말았던 것입니다. 그에게 열등감이 없었더라면 그런 행동을 하지 않았을지 모릅니다. 열등감이 많은 사람일수록 허세를 좋아하고 자기 위선을 하려고 합니다. 그렇게 하면 할수록 더욱 불합리한 언행을 저지르게 되고 결국 그것이 그 사람을 파멸로 몰고 가는 원인이 되는 것입니다.

열등의식은 비단 개인에게만 있는 것이 아닙니다. 이것은 국가적으로도 자주 나타나는 현상입니다. 과거에 비해 우리의 경제 사정이 조금 나아지기는 했으나 선진국 흉내를 내기에는 아직도 까마득함에도 불구하고 마치 선진국 대열에 들어선 것처럼 과대 선전을 하는 것을 보면 지난 세월 동안 우리가 얼마나 열등감에 시달려 온 민족인지 절감하게 됩니다. 1988년에 우리나라에서 올림픽이 열렸습니다. 그때 우리 정부가 올림픽을 준비하면서 국민에게 보여 준 태도는 실망감을 안겨 주기에 충분했습니다. 있는 그대로, 분수에 맞게 꼭 필요한 것들만 준비하는 것이 자신 있는 국민의 태도라고 할 수 있을 것입니다. 그런데 그대로 두어도 될 것을 요란하게 치장하고 헐지 않아도 될 것을 억지로 헐어서 국민으로부터 비난을 받았습니다. 다른 나라에는 빈민촌이 없습니까? 외국 사람들이 좀 보면 어떻습니까? 꼭 그것을 허물어 버리고 새 건물을 지어야만 잘사는 나라처럼 보입니까? 이것은 그만큼 우리의 열등감이 크다는 사실을 노출시키는 행동에 지나지 않았습니다.

그러면 그리스도인들은 열등감이 없습니까? 아닙니다. 이 부분에 대해서 엄밀히 분석을 한다면 예수님을 믿는 사람에게 더 무서운 열등감이 있다는 것을 지적하지 않을 수 없습니다. 물론 교회는 열등감이 많은 사람이 찾아오는 곳입니다. 험한 세상에서 실패한 사람이 어디를 가겠습니까? 경쟁 사회에서 이모저모로 푸대접을 받는 사람이 어디를 가서 위로를 받겠습니까? 갈 곳은 교회뿐입니다. 그래서 교회 안에는 교회 바깥보다 열등감을 가진 사람이 더 많이 모여 있습니다.

그러나 예수님을 믿고 변화되면 열등의식에 사로잡혀 인생을 살지 않습니다. 열등감으로부터 자유를 얻게 되는 것입니다. 얼마나 놀라운 변화입니까? 그러나 오늘날 경건의 모양은 있으나 경건의 능력을 잃어버린 크리스천이 허다합니다. 교회를 5년, 10년을 다녀도 변화되지 못한 사람이 수두룩합니다. 이런 사람의 마음은 여전히 열등감의 지배를 받고 있습니다. 이것은 현대 교회가 안고 있는 가장 큰 고통 중의 하나입니다.

열등감 문제를 다루면서 저는 평신도 여러분을 나무라고 싶지 않습니다. 저는 목사들에 대해 먼저 이야기하고자 합니다. 목사 자신이 목사를 비판한다는 것은 대단히 무례한 일인지도 모릅니다. 그러나 목사는 솔직해야 합니다. 실력이 없으면 실력이 없는 대로 최선을 다하여 하나님께 충성하는 것이 목사의 자세인 줄 압니다. 그럼에도 불구하고 가짜 박사가 가장 많은 곳이 목사 세계라는 것을 부인할 수 없습니다. 왜 떳떳하지도 못한 학위를 내세우려고 합니까? 왜 유치한 방법으로 권위를 세우려 하는 것입니까? 모두 열등감 때문입니다.

우리나라의 어느 목사님이 열등감에 관해 쓴 글을 읽어 본 적이 있습니다. 그분이 언급하기를 교회 안에서 열등감을 가진 자들이 좋아하는 일곱 가지가 있다고 합니다. 그중에 하나는 예언자 가면이라고 합니다. 자신의 약점을 감추기 위해 마치 예언자가 된 것처럼 남을 비판하려 드는 사람이 여기에 해당합니다. 또 감투 가면이 있습니다. 열등의식이 강한 사람일수록 빨리 안수집사나 권사, 장로가 되고 싶어 한다는 것입니다. 반드시 그런 것은 아니지만 전혀 근거 없는 말은 아닙니다. 또 은사 가면이 있다고 합니다. 남다른 은사를 받으면 그것이 전부인 양 휘젓고 다니며 자기과시를 하는 사람이 여기에 해당합니다. 예수님을 믿는 사람들인 우리 가운데서도 열등감이라는 병이 심각한 사람이 적지 않습니다.

모세와 바울의 경우

그런데 성경에 등장하는 인물 중에서도 우리는 열등감의 흔적을 쉽게 찾아볼 수 있습니다. 이것은 매우 흥미로운 사실이 아닐 수 없습니다. 그 전형적인 예로 모세를 들 수 있습니다. 모세는 구약에서 둘째가라면 서러울 정도로 위대한 인물이라 해도 과언이 아닙니다. 그러나 모세도 한때 열등의식에서 헤어나지 못한 사람이었다는 것을 우리는 성경을 통해 알 수 있습니다. 그는 애굽 궁전에서 살다가 실수를 저지르고 미디안 광야로 도망가 살았습니다. 40년이 지나도록 경제적으로 자립하지 못한 사람이었습니다. 그는 장인의 집에서 양치기를 하며 그럭저럭 세월을 보내는 하나의 촌부에 지나지 않았습니다. 그런데 하나님이 그에게 대단히 중요한 말씀을 하셨습니다.

> 이제 가라 이스라엘 자손의 부르짖음이 내게 달하고 애굽 사람이 그들을 괴롭히는 학대도 내가 보았으니 이제 내가 너를 바로에게 보내어 너에게 내 백성 이스라엘 자손을 애굽에서 인도하여 내게 하리라_출 3:9-10

이것은 청천벽력과도 같은 말씀이었습니다. 촌부에 지나지 않는 자기를 보고 이스라엘 백성을 구출해 내라고 하는 명령이었으니 말입니다. 모세가 그 말을 듣고 얼마나 놀랐던지 다음과 같이 대답했습니다.

모세가 하나님께 아뢰되 내가 누구이기에 바로에게 가며 이스라엘
자손을 애굽에서 인도하여 내리이까_출 3:11

여기에 나오는 '내가 누구이기에'라는 말에서 모세가 가지고 있던
열등감의 깊이를 짐작할 수 있습니다. 자기의 출신이나 배경, 그 모든
점에서 도저히 이스라엘의 지도자가 될 수 없다는 강한 부정의 의미가
그의 마음 깊은 곳에 깔려 있었던 것입니다. 그런데 모세는 신분 때문
에 오는 열등감도 있었지만, 또 다른 면에서도 열등감이 있었습니다.

모세가 여호와께 아뢰되 오 주여 나는 본래 말을 잘하지 못하는 자
니이다 주께서 주의 종에게 명령하신 후에도 역시 그러하니 나는 입
이 뻣뻣하고 혀가 둔한 자니이다_출 4:10

모세는 언변이 뛰어난 사람이 아니었던 모양입니다. 한마디로 눌
변이었나 봅니다. 그래서 그가 이 점에 대해 고민했던 흔적을 찾아볼
수 있습니다. 그런데 하나님께서는 그의 고백을 들으시고 무엇이라고
말씀하셨습니까?

여호와께서 그에게 이르시되 누가 사람의 입을 지었느냐 누가 말 못
하는 자나 못 듣는 자나 눈 밝은 자나 맹인이 되게 하였느냐 나 여호
와가 아니냐 이제 가라 내가 네 입과 함께 있어서 할 말을 가르치리
라_출 4:11-12

하나님께서는 모세에게 할 말을 가르쳐 주시겠다고 약속하셨습니
다. 하지만 모세의 태도는 완강하기만 했습니다. 그는 "오 주여 보낼

만한 자를 보내소서"(13절)라며 계속 거부했습니다. 결국 하나님께서는 모세를 향해 노를 발하셨습니다(14절). 이런 사실로 미루어 볼 때 모세가 가졌던 열등감이 대단히 컸다는 사실을 우리는 잘 알 수 있습니다.

또 신약에서는 바울의 예를 들 수 있습니다. 바울은 요즘 말로 100m 미인이었습니다. 그의 명성을 간접적으로 들을 때는 매우 훌륭한 분이라는 느낌을 받습니다. 그러나 그를 직접 만나 본 사람들에게는 그의 인상이 좀 실망감을 안겨 주었나 봅니다. 이것을 증명해 주는 사건이 성경에 있습니다. 고린도교회에서 일부 교인들이 바울에게 반발한 것도 이런 이유 때문이 아니었나 하고 추측하기도 합니다. 바울에게는 육체적인 결함이 있었습니다. 그것이 눈병이었는지 아니면 외모상의 어떤 결함이었는지 정확하지 않습니다. 그러나 자신이 스스로 육체의 가시(고후 12:7)라고 지적했던 어떤 약한 부분이 있었다는 것만은 성경에 잘 나타나 있습니다.

더욱이 바울은 모세와 마찬가지로 달변가가 아니었습니다. 고린도후서 11장 6절 상반절을 보면 "내가 비록 말에는 부족하나"라는 대목이 있습니다. 그리고 다른 사람들조차도 바울의 언변을 탐탁지 않게 여기는 것을 볼 수 있습니다. 분명히 그에게는 적지 않은 약점이 있었던 것이 사실입니다. 그러나 바울은 여기에 매이지 않았습니다. 그는 뛰어난 신앙인이었기 때문입니다.

생각해 봅시다. 우리가 거룩한 생활을 하기만 하면 죄가 완전히 없어집니까? 아닙니다. 매우 거룩한 생활을 한다고 할지라도 우리 육체 속에 있는 죄성의 찌꺼기를 완전히 제거하기는 어렵습니다. 이와 마찬가지로 신앙생활을 잘하는 사람이라 할지라도 그가 가지고 있는 심리적 약점인 열등감의 뿌리를 완전히 뽑아낼 수는 없습니다. 더구나 우리는 시대적으로 몹시 경쟁이 심한 사회에서 살고 있습니다. 어디를 가나 우리를 짓누르는 열등감의 무게는 종종 우리의 인격 자체를 파괴하기에 충분합니다.

따라서 교회를 다녀도 이런저런 열등감으로 시달리는 형제들이 많습니다. 그렇다면 예수님을 믿는 사람이 세상 사람과 다른 점이 무엇인가 하고 묻지 않을 수 없습니다. 열등감은 누구나 앓고 있는 병이니까 대수롭지 않게 생각해야 하는 것입니까? 아닙니다. 예수님을 믿는 사람의 열등감은 분명히 세상 사람의 그것과 달라야 합니다. 또 분명히 차이가 있습니다.

그리스도인의 열등감

예수님을 믿는 사람 또한 열등감이 있기는 하지만 그 열등감을 건설적으로 응용할 수 있는 능력이 있습니다. 열등감이 있기는 하지만 열등감의 노예가 되어서 질질 끌려다니는 비참한 생활을 하지 않습니다. 교회를 다녀도 열등의식에서 자유를 얻을 수 있는 능력이 없다면 아무리 신앙생활을 잘하는 사람이라 할지라도 영적으로 미성숙한 사람임이 분명합니다. 오늘 이 시간 자신을 한번 판단해 보시기 바랍니다. 나는 성숙한 크리스천인가, 만약 내가 성숙한 크리스천이라면 열등의식에 대해서는 어떠한가? 이 문제를 놓고 스스로 검토해 보시기 바랍니다.

우리 하나님을 영접하기만 하면 그분은 우리 마음속에 들어오셔서 우리를 변화시키는 작업을 시작하십니다. 깨어지기 쉬운 우리의 인격을 하나님이 원하시는 그릇으로 바꾸는 작업을 하시는 것입니다. 이것을 달리 말하면, 예수님을 믿고 새로운 피조물이 되었다고 표현합니다. 이것은 믿음의 눈으로 보는 것이며 성경이라는 렌즈를 통해서 확인할 수 있는 자아입니다. 성령의 눈을 열어 주셔서 깨닫게 하는 자만이 발견할 수 있는 자아입니다. 그런데 더욱 놀라운 것은 이 새로운 자아에게 하나님이 영광과 존귀로 관을 씌워 주신다는 사실입니다. 하나님이 우리를 기막히게 존귀한 존재로 만들어 주시는 것입니다. 예수님을 믿고 새로운 자아에 눈을 뜬 사람은 영광과 존귀의 관을 쓰고 있는 자기의 모습을 믿음의 눈으로 볼 수 있습니다. 이 모두가 성령께서 깨닫게 하시는 일입니다.

인간은 자기를 관찰할 수 있는 능력을 가진 유일한 존재입니다. 짐승에게는 그런 능력이 없습니다. 짐승들 앞에 거울을 갖다 놓아도 거울에 비친 자기의 모습을 알아차리지 못합니다. 자아를 관찰하는 능력이 없기 때문입니다. 그래서 거울에 비친 자기 모습을 보고서도 잡아 뜯으려고 달려들곤 합니다. 유일하게 인간만이 자기를 관찰하는 능력이 있기 때문에 예수님을 믿고 변화를 받은 다음 새로운 자아를 볼 수 있는 눈이 열립니다. 그래서 예수님 때문에 자기 자신이 얼마나 존귀한 자가 되었는지를 깨닫는 것입니다.

> 새 사람을 입었으니 이는 자기를 창조하신 이의 형상을 따라 지식에
> 까지 새롭게 하심을 입은 자니라_골 3:10

하나님은 우리를 새로운 존재로 만들어 주시되 점진적으로 바꾸어 주십니다. 그분은 우리로 하여금 자기의 모습을 닮아 가도록 만드시는 것입니다. 얼마나 놀라운 일입니까? 하나님의 모습을 닮아가는 사람! 이런 사람에게 어떻게 열등감이 왕 노릇을 할 수 있겠습니까? 우리가 이 사실을 분명히 안다면 자기의 존재 가치를 새롭게 발견할 수 있습니다. 그러므로 다음의 말씀을 깊이 이해하는 사람은 열등감에서

부터 자유를 누릴 수 있게 됩니다.

> 내가 그리스도와 함께 십자가에 못 박혔나니 그런즉 이제는 내가 사
> 는 것이 아니요 오직 내 안에 그리스도께서 사시는 것이라 이제 내가
> 육체 가운데 사는 것은 나를 사랑하사 나를 위하여 자기 자신을 버리
> 신 하나님의 아들을 믿는 믿음 안에서 사는 것이라_갈 2:20

하나님의 자녀라는 신분을 다시 한번 생각해 보십시오. 우리는 하나님의 아들이요, 하늘과 땅의 모든 권세를 소유하신 예수 그리스도와 하나 된 사람입니다. 이렇게 예수님과 한 몸을 이룬 사람이 열등감에 일그러질 수 있습니까? 하나님과 동행하는 사람이 어떻게 열등감의 지배를 받을 수 있습니까? 성령을 모시고 사는 자에게는 열등의식이라는 말이 어울리지 않습니다.

하나님은 우리를 향해 특별한 목적을 가지고 계십니다. 우리는 하나님의 선한 일을 위하여 특별히 준비된 존재입니다. 하나님의 목적을 위하여 지음을 받았다는 것보다 더 영광스러운 말이 어디 있습니까? 우리가 이 사실을 깊이 인식할 때 우리는 더 이상 열등의식의 피해자가 될 수 없습니다. 그러므로 우리의 믿음의 수준이 이 정도까지 자라야 합니다. 교회를 수십 년 다니고서도, 또 성경에 대해서 많이 듣고 배우면서도 자기 자신을 보는 눈이 바로 열리지 않는다는 것은 참 비참한 이야기입니다.

우리는 흔히 자기 자신을 가리켜 아무것도 아닌 것처럼 표현하는 것을 겸손으로 생각할 때가 있습니다. "이 벌레 같은 날 위해" 이런 찬송 가사처럼 자기를 아무 쓸모없는 사람으로 생각하는 경우가 많은데 이것은 잘못되어도 보통 잘못된 것이 아닙니다. 우리를 벌레 같은 존재

라고 하는 것은 하나님을 믿기 이전에 죄 속에 살던 모습을 가리키는 것입니다. 예수님을 믿고 변화된 사람을 보고 벌레라는 것은 정말 잘못된 이야기입니다. 예수님을 알고 나서 우리는 완전히 달라졌습니다.

열등감, 이렇게 다룬다

그러면 새로운 자아를 발견한 사람의 특징은 무엇입니까? 그것은 무엇보다도 열등의식을 건설적으로 다룰 수 있게 된다는 것입니다. 이것에 대해 대략 다섯 가지로 설명하고자 합니다.

첫째, 자기의 결점이나 부족을 솔직히 시인할 수 있게 된다는 것입니다. 이것은 열등감을 억지로 감추려고 하지 않는다는 말입니다. 우리는 믿음이 좋은 사람일수록 자기의 잘못을 솔직히 시인하는 것을 봅니다. 새로운 자아에 눈을 뜨면 자기의 약한 부분을 감추기 위해 이상한 행동을 하거나 허세를 부리지 않습니다. 자기를 솔직히 시인할 줄 아는 능력을 갖게 되는 것입니다.

둘째, 자기의 결점이나 부족에 대해 하나님의 선하신 뜻이 숨어 있음을 인정하게 됩니다. 그 결과 자기의 약점이 오히려 감사의 조건임을 고백하는 수준에까지 이르게 되는 것입니다. 그 예로 바울은 자기의 부족한 것을 인하여 자랑한다고 했습니다.

내가 부득불 자랑할진대 내가 약한 것을 자랑하리라_고후 11:30

바울은 자기에게 있는 약한 부분 때문에 하나님 앞에서 겸손한 사람이 될 수 있었습니다. 자기의 약함을 인정함으로 오히려 힘이 있다고 자랑하는 자들이 손을 대지 못하는 큰일을 해낼 수 있었습니다. 이것은 자기의 약점에 숨어 있는 하나님의 깊은 뜻을 그가 깨달았기 때문입니다.

여러분은 가난합니까? 그 속에 숨어 있는 하나님의 선한 뜻을 인정하십시오. 그러면 열등감이 무력해지는 것을 느낄 것입니다. 여러분의 재능이 남보다 못합니까? 자신의 총명하지 못한 것 때문에 하나님이 영광을 받으신다는 것을 인정하십시오. 열등감 대신 우월감이 생길 것입니다. 내가 왜 미인으로 태어나지 못했을까 하는 생각이 들 때가 있습니까? 지금 이대로의 나를 하나님이 기뻐하신다는 것을 믿으십시오. 천지만물의 주인이신 하나님이 사랑스럽게 보시면 됐지. 그 이상 무엇을 바라겠습니까?

셋째, 자기의 결점이나 부족에 대해 올바른 대응을 할 수 있게 됩니다. 우리가 노력을 해서 보완할 수 있는 것이면 하나님의 영광을 위해서 최선을 다해야 할 것입니다. 그러나 아무리 노력을 해도 안 되는 부분은 솔직히 다른 형제의 도움을 구해야 합니다. 올바른 신앙인은 자기의 힘만 믿고 만용을 부리거나 체념하지 않습니다. 그리고 자기 능력 이상의 문제에 대해서는 다른 형제의 도움을 구하는 겸손을 나타냅니다. 이것이 열등의식을 긍정적으로 다룰 줄 아는 사람의 태도입니다.

넷째, 타인의 장점이나 우월한 점을 기쁘게 인정하고 감사할 수 있게 됩니다. 나보다 똑똑한 사람을 인정해 준다는 것, 그것은 참 대단한 경지입니다. 나보다 더 잘살고, 인물도 더 잘나고, 신앙생활도 더 잘하는 형제를 보면 괜히 기분이 나쁩니까? 만약 그렇다면 여러분은 벌써 열등의식의 노예가 되어 있다는 증거입니다. 그러나 나에게 없는 것이 저 형제에게 있으니 감사하다며 그를 포용하고 높여 줄 수 있습니까? 그렇다면 여러분의 열등감을 마음대로 다룰 수 있는 멋진 주인이 된 것입니다.

다섯째, 다른 사람과 자기를 비교하지 않는다는 것입니다. 이것은 우리에게 매우 중요합니다. 감사하게도 하나님은 저에게 비교하지 않는 은혜를 오래전부터 주셨습니다. 저의 주변에는 저보다 훨씬 유능하고 탁월한 동역자들이 많습니다. 저는 그분들을 배워야 할 선배로, 도전을 받을 수 있는 본보기로 삼고 있을 뿐, 저의 열등감을 자극하는 대상으로는 여기지 않습니다. 하나님의 큰 은혜라 믿습니다. 저만 아니라 누구든지 은혜를 받으면 자기를 앞지르는 동료를 비교 대상이 아닌 모범 대상으로 존경할 수 있을 것입니다.

하나님은 우리 각자에게 다른 사람보다 더 나은 인물이 되게 하겠다는 약속을 하시지는 않았습니다. 오히려 다른 사람을 자기보다 낮게 여기라고 권면하고 있습니다(빌 2:3-4). 그러나 주님이 한 가지 분명히 약속하신 것이 있습니다. 그것은 우리를 아주 이상적인 수준으로 이끌어 주시겠다는 것입니다. 달리 말해, 우리의 비교 대상은 다른 인간이 아니라 예수 그리스도라는 것입니다. 우리는 그리스도처럼 되기를 소망하는 영광스러운 존재이지 어떤 사람을 비교 대상에 놓고 열등감과 싸우는 낮은 존재가 아닙니다. 그러므로 우리는 자신의 인격과 삶이 예수님처럼 되지 못할 때마다 열등의식을 느껴야 합니다. 이것은 불신자들이라면 도무지 알지 못하는 수준의 자기 성찰입니다.

분명히 알아 두십시오. 예수님을 믿고 성숙한 단계로 올라가면 유치한 비교 따위는 하지 않습니다. 내가 비록 10평 아파트에 살지라도 50평과 비교하지 않습니다. 비록 10평이라도 그 속에 들어 있는 가치는 평수로 계산할 수 없기 때문입니다. 왜 행복을 평수로 계산합니까? 겉포장이 큰 것은 내용물이 엉터리인 것이 많지 않습니까? 진짜 좋은 선물은 자그마한 것이 대부분입니다. 이와 마찬가지로 진짜 행복은 초라해 보이는 사람의 집에 있는지도 모릅니다. 우리가 추구하는 목표는 오직 예수 그리스도입니다. 나의 부족함으로 인해서 주님의 영광을 가릴까 봐 마음으로 아파해야지 다른 사람에게 뒤떨어진다는 것으로 괴로워해서는 안 됩니다. 우리의 비교 대상은 예수님입니다.

우리는 세상에서 열등감을 가질 필요가 없는 특별한 사람들입니다. 과거의 죄 때문에 열등의식을 가지고 있습니까? 예수님께서는 우리의 죄를 기억하지 않으십니다. 천한 신분 때문에 열등감에 짓눌려 있습니까? 주님은 천한 자들을 들어서 높은 자들을 부끄럽게 하십니다. 똑똑하지 못해서 열등의식에 사로잡혀 있습니까? 주님은 오히려 어리석은 자를 들어서 지혜 있는 자들을 부끄럽게 하십니다. 외모가 잘생기지 못해서 열등감을 갖고 있습니까? 하나님은 외모를 보시지 않습니다. 중심을 보시는 분입니다. 우리는 하나님의 자녀다운 긍지를 가져야 합니다.

활짝 웃어 봅시다. 인물이 못나도 좋습니다. 자가용이 없어도 좋습니다. 입고 있는 옷이 비싸지 않아도 좋습니다. 내 집이 없어도 좋습니다. 하나님이 보시는 나의 가치는 거기에 있지 않습니다. 예수님 때문에 얻은 나의 참 가치를 발견하기만 한다면 그 어떤 열등감도 과감히 물리칠 수 있습니다.

세상에서 못난 것 때문에 하나님께 영광을 돌립시다. 다른 삶보다 똑똑하지 못한 것 때문에 하나님께 영광을 돌립시다. 성공하지 못한 것 때문에 하나님 앞에 나를 자랑합시다. 바울처럼 부족한 그것 때문에 오히려 하나님을 찬송할 줄 안다면 어떻게 열등감의 노예가 되어 질질 끌려다닐 수 있습니까? 그런 초라한 인생이 되지 맙시다. 우리는 하나님의 자녀요, 영광과 존귀의 관을 쓰고 있는 하나님 나라의 백성임을 잊지 맙시다.

12

보람찬 삶,
기대에 부푼
죽음

바울은 육신의 장막을 벗고 주님 앞에서 서는 날
그가 받을 의의 면류관을 기대하고 있었습니다.
의의 면류관은 특정한 사람만 독점하는 것이 아닙니다.
바울은 "내게만 아니라 주의 나타나심을 사모하는 모든 자에게도니라"
(8절)라고 말했습니다.

디모데후서 4:6-8

6 전제와 같이 내가 벌써 부어지고 나의 떠날 시각이 가까웠도다 7 나는 선한 싸움을 싸우고 나의 달려갈 길을 마치고 믿음을 지켰으니 8 이제 후로는 나를 위하여 의의 면류관이 예비되었으므로 주 곧 의로우신 재판장이 그날에 내게 주실 것이며 내게만 아니라 주의 나타나심을 사모하는 모든 자에게도니라

보람찬 삶,
기대에 부푼
죽음

본문 말씀을 조용히 묵상해 보십시오. 그러면 한 가지 특이한 점을 발견할 수 있습니다. 그것은 바울이 그의 생애 중에서 가장 의미심장한 순간에 놓여 있다는 것입니다. 영광스러운 하나님 나라에 들어가기에 앞서 자기가 걸어온 나날을 되돌아보고 있는 바울에게서 우리는 큰 교훈을 얻을 수 있습니다. 이와 같이 삶과 죽음의 분기점에 서서 지나온 날들을 되돌아보고 다가올 날을 내다보는 여유를 갖는 것은 대단한 복입니다.

교회 안에서도 많은 분이 세상을 떠납니다. 그런데 바울과 같이 자기의 생을 점검해 볼 수 있는 여유를 가진 분들은 별로 보지 못했습니다. 대부분의 성도들이 예상도 못한 순간에 준비 없이 죽음을 맞이하는 것을 봅니다. 그런 까닭으로 우리는 이 문제를 놓고 기도할 필요가 있습니다. "주님, 제가 세상을 떠날 때는 바울처럼 뒤를 돌아보고 앞을 내다볼 수 있는 마음의 여유를 주옵시고, 죽음을 준비할 수 있는 기회를 주옵소서." 이와 같은 기도는 우리에게 아주 절실한 기도임이 분명합니다.

당시 바울은 매우 고독한 처지에 놓여 있었습니다. 더욱이 죽음을 목전에 두고 있었습니다. 바울도 사람인지라 그의 마음 한구석에 일말의 불안감이 없지 않았을 것이라고 우리가 추측해 볼 수 있습니다. 그러나 그의 고백을 들어 보면 굉장한 무엇이 숨어 있습니다. 그의 말을 한마디씩 음미해 보시기 바랍니다. 조용한 만족을 가지고 과거의 삶을 돌아보는 바울의 심정을 읽을 수 있습니다. 달콤한 확신을 가지고 죽음 저편을 바라보고 있는 그의 모습을 발견할 수 있습니다. 우리 속담에 개똥밭에 굴러도 이승이 낫다는 말이 있습니다. 그러나 바울에게는 이런 옛말이 통하지 않습니다. 억지로 삶을 집착하려 드는, 죽지 않으려고 발버둥 치는 흔적을 전혀 찾아볼 수 없습니다.

○ ○ ○ ○ ○ ○
바울이 본 죽음

바울은 자기의 죽음을 앞에 놓고 대단한 기대에 부풀어 있습니다.

> 전제와 같이 내가 벌써 부어지고 나의 떠날 시각이 가까웠도다 나는 선한 싸움을 싸우고 나의 달려갈 길을 마치고 믿음을 지켰으니 이제 후로는 나를 위하여 의의 면류관이 예비되었으므로 주 곧 의로우신 재판장이 그날에 내게 주실 것이며 내게만 아니라 주의 나타나심을 사모하는 모든 자에게도니라_딤후 4:6-8

바울은 자기의 죽음을 두 가지 비유에 빗대어 말하고 있습니다. 첫째는 전제라는 말입니다. 전제는 제사 지낼 때에 술 붓는 의식을 말하는데 민수기 15장은 제사를 지낼 때에 술을 얼마만큼, 어떻게 부어야 하는지를 간략하게 설명하고 있습니다. 하나님 앞에 제사를 지낼 때 제물은 깨끗한 짐승이어야 하는데 양을 드리는 제사에는 포도주를 4분의 1힌, 숫염소를 드리는 제사에는 3분의 1힌, 황소를 드리는 제사에는 2분의 1힌을 부어야 한다는 규정이 있습니다. 힌(hin)은 이스라엘에서 액체의 양을 재는 단위인데, 갤런(gal, 1gal=3.785412ℓ)보다 약간 많은 양을 뜻합니다. 그런데 제사를 지낼 때 술을 한꺼번에 붓는 것이 아니라 시간이 지남에 따라 조금씩 따라 부어야 합니다. 술을 다 따르면 제사는 끝납니다. 이런 의미에서 바울은 자기의 죽음을 전제에 비유하고 있습니다. 자기의 생명이 병에 남은 포도주처럼 몇 방울 남지 않은 마지막 시점에 달했다는 것을 간접적으로 표현하고 있는 것입니다.

그리고 바울이 전제라는 단어를 사용한 또 다른 이유가 있습니다. 그는 자기의 생애를 하나님께 드리는 향기로운 제사로 보고 있었습니다. 이런 맥락에서 로마서 12장 1절에는 우리의 삶을 하나님이 기뻐하시는 거룩한 산 제사로 드리라고 교훈을 하는 말씀이 나옵니다.

> 그러므로 형제들아 내가 하나님의 모든 자비하심으로 너희를 권하노니 너희 몸을 하나님이 기뻐하시는 거룩한 산 제물로 드리라 이는 너희가 드릴 영적 예배니라_롬 12:1

바울은 마지막 순간까지도 자기의 모든 것을 하나님께 드렸습니다. 그는 놀라운 믿음의 사람이었습니다. 우리에게 이런 자세가 있습니까? "하나님, 저의 삶이 하나님께 드리는 제사인 것처럼 저의 죽음도 하나님께 드리는 마지막 제사입니다. 죽어도 주를 위하여 죽기를 원합니다"라는 고백을 하나님께 드릴 수 있습니까? 이것은 바울과 같은 관점을 가지고 삶과 죽음을 바라보는 자에게만 가능한 일입니다.

바울은 자기의 죽음을 빗대어 또 하나의 비유를 들고 있습니다. 그것은 디모데후서 4장 6절 끝에 나오는 '떠난다'라는 말입니다. 우리나라 성경은 단순히 '떠난다'라는 말로 번역되어 있어서 그 뜻을 정확하게 파악하기는 어렵습니다. 그러나 헬라어로 '아날뤼시스'라는 이 단어는 광범위한 뜻이 있습니다. 좀 더 구체적으로 설명을 하면 종일 고되게 일한 소에게서 멍에를 벗겨 놓는 것을 가리켜 '떠난다', 곧 '아날뤼시스'라고 합니다.

저는 어린 시절에 소를 가끔 본 적이 있습니다. 어스름한 때가 되어 종일 열심히 일한 소에게 멍에를 벗겨 주면 이리저리 고개를 흔들고 몸을 떨면서 좋아하던 모습을 저는 지금도 생생하게 기억합니다. 이와 같이 바울은 자기의 죽음을 휴식으로 보았습니다. 한평생의 중노동을 벗어나 이제 남은 삶을 휴식하는 시간으로 보았기 때문에 여기에 '떠난다'라는 단어를 사용한 것입니다.

그리고 '아날뤼시스'에는 자유라는 의미가 있습니다. 죄수가 오랫동안 감옥에 갇혀 있다가 석방 명령을 받으면 자유의 몸이 됩니다. 간수가 와서 그 발에서 무거운 쇠사슬을 풀어 주는데, '아날뤼시스'가 바로 이런 의미를 담고 있습니다. 수년 동안 족쇄를 차고 감옥에서 지내던 죄수가 쇠사슬을 벗을 때의 그 감격, 그 자유, 그것은 도저히 말로 표현할 수 없을 것입니다. 이런 의미에서 바울은 자기의 죽음을, 자유를 누리는 새로운 삶으로 보았던 것입니다.

또 '아날뤼시스'에는 떠난다는 의미가 있습니다. 오랜 기간 나그네 생활을 하던 자가 자기 고향으로 돌아가기 위해서 그동안 쳐 놓았던 텐트의 끈을 푼다는 의미입니다. 이와 같이 바울은 자기의 죽음을 나그네가 그 생활을 끝마치고 자기 집으로 돌아가는 것으로 생각했습니다.

이 밖에도 '아날뤼시스'에는 출항의 의미가 있습니다. 오랫동안 항구에 정박하고 있던 배가 드디어 로프를 풀고 먼바다로 나가는 것을 말합니다. 이처럼 바울은 자기의 죽음을 하나님 나라로 출발하는 새로운 항해로 보았습니다.

이와 같이 바울이 자기의 죽음을 보는 관점은 특별했습니다. 중노동을 벗어나 쉬는 것이요, 속박된 생활에서 자유를 찾는 것이요, 또 오랜 나그네 생활에 종지부를 찍는 것이요, 영원한 나라를 향한 새로운 항해를 하는 것이라고 믿었습니다. 이것이 바로 하나님이 우리에게 가르쳐 주신 죽음의 의미입니다.

죽음은 모든 인간에게 찾아오는 최대의 비극이요, 죄에 대한 징벌입니다. 그러나 예수 그리스도께서는 인간의 죄악을 몸소 담당하셨습니다. 우리를 위하여 십자가에서 죽으시고 모든 사망의 권세를 이기셨습니다. 그러므로 하나님의 자녀는 죽음을 두려워할 이유가 없습니다. 우리에게 죽음은 더 이상 죄의 값이 아니요, 더 이상 우리를 괴롭히는 무서운 악마가 될 수 없습니다.

바울이 부푼 기대를 가지고 죽음을 기다린 이면에는 또 다른 이유가 있습니다.

> 이제 후로는 나를 위하여 의의 면류관이 예비되었으므로 주 곧 의로
> 우신 재판장이 그날에 내게 주실 것이며 내게만 아니라 주의 나타나
> 심을 사모하는 모든 자에게도니라_딤후 4:8

바울은 육신의 장막을 벗고 주님 앞에서 서는 날 그가 받을 의의 면류관을 기대하고 있었습니다. 이 말씀에 나오는 의의 면류관이 무엇인지 우리는 구체적으로 잘 모릅니다. 아마 바울도 그 당시에는 몰랐을 것입니다. 그러나 우리가 다음에 하나님 나라에 들어가서 바울이 받은 상급을 보면 너무 놀라서 입이 딱 벌어질지도 모릅니다. 우리가

잘 알다시피 순교자 스데반은 죽기 직전에 하늘이 열리고 예수 그리스도가 하나님 우편에 계신 것을 영의 눈으로 보았습니다. 그의 머리에 씌어질 면류관이 주님의 손에 들려 있는 것을 본 것이 틀림없습니다. 이와 같이 바울도, 주님께서 순교자에게 특별히 약속하신 의의 면류관이 준비되어 있다는 사실을 영의 눈으로 내다보고 있었던 것입니다. 우리는 그리스도인의 죽음이 얼마나 영광스럽고 아름답고 축복인가를 확신해야 할 것입니다. 우리가 좀 일찍 죽거나 늦게 죽는 것은 다 하나님의 뜻입니다. 죽는다는 사실 한 가지만 피할 수 없는 숙명입니다. 그러나 그리스도 안에서의 죽음은 비참한 것이 아닙니다. 슬퍼할 사건도 아닙니다. 엄청난 기대를 하고 내다볼 수 있는 축복의 조건이라는 것을 우리 모두가 깊이 이해해야 합니다.

○ ○ ○ ○ ○ ○
바울의 이력서

우리가 주목해야 할 사실이 하나 있습니다. 바울이 어떻게 해서 자기의 죽음을 기대에 부풀어서 바라볼 수 있었느냐 하는 것입니다. 우리는 그 이유가 무엇인지를 분명히 알아야 합니다. 교회를 다니기만 하면 다 바울처럼 그렇게 죽음을 소망할 수 있습니까? 단순히 예수님을 믿기만 하면 다 그렇게 의의 면류관을 받을 수 있을까요? 아닙니다.

나는 선한 싸움을 싸우고 나의 달려갈 길을 마치고 믿음을 지켰으니_딤후 4:7

본문 7절은 사도 바울의 이력서입니다. 그가 살아온 경력을 간단명료하게 세 마디로 요약해 놓은 이력서와 같은 것입니다. 그의 삶에는 독특한 일면이 있습니다. 그것은 '선한 싸움을 싸웠다' '달려갈 길을 마쳤다' '믿음을 지켰다'라는 말로 요약되는 삶입니다. 그가 이 조건을 갖추고 살았기 때문에 기대에 부풀어서 죽음을 내다볼 수 있었던 것입니다. 기대에 부풀어서 죽음을 맞기 위해서는 어떤 삶을 사느냐가 중요합니다. 어떻게 죽느냐의 문제는 어떻게 사느냐에 따라 좌우됩니다. 죽음을 무엇으로 보느냐는 각자 살아가는 방법에 따라서 그 의미가 달라지는 것입니다.

이 세상을 떠날 때 바울과 같은 고백을 할 수 있습니까? "주여, 내가 선한 싸움을 다 싸웠습니다. 나의 달려갈 길을 마쳤습니다. 나의 믿음을 지켰습니다"라고 담대히 말할 수 있습니까? 우리 모두는 바울과 같은 고백을 하나님께 드릴 수 있어야 합니다. 의의 면류관은 특정한 사람만 위한 것이 아닙니다. 바울은 "내게만 아니라 주의 나타나심을 사모하는 모든 자에게도니라"(8절)라고 말했습니다. 우리도 의의 면류관을 받기 위해서 바울처럼 살아야 합니다. 선한 싸움을 싸우고, 달려갈 길을 마치고, 믿음을 지킨 삶을 살도록 힘써야 합니다.

그러면 여기에서 선한 싸움이 무엇입니까? 바울이 말하는 선한 싸움은 전쟁터에서 칼을 빼 들고 싸우는 살벌한 싸움이 아닙니다. 그것은 경기장에서 달리기 선수들이 우승을 다투며 달음박질하는 것을 뜻합니다. 운동장에서 아무리 피땀을 흘리며 달려도 지면 승리자가 누리는 기쁨을 맛볼 수 없습니다. 승리자는 오직 한 사람뿐입니다. 이것이 경기장의 냉엄한 법칙입니다. 바울은 이러한 사실을 잘 알고 있었습니다. 그는 달려서 반드시 이겨야 한다는 투철한 믿음을 가지고 살았기 때문에 "내가 모든 사도보다 더 많이 수고하였으나"(고전 15:10중)라고 말할 수 있었습니다. 주님이 맡겨 주신 일에 죽도록 충성했던 바울! 그는 최선을 다한 삶을 살았기 때문에 위대한 발자취를 남긴 신앙인이 되었습니다.

바울은 또 자랑스럽게 "달려갈 길을 마쳤다"라고 말했습니다. 이것은 마지막까지 시종일관 충성스럽게 인생을 살았다는 말입니다. 그는 다메섹 도상에서 예수 그리스도를 만난 그때부터 로마의 사형장에서 순교하는 그 순간까지 줄기차게 달음질을 계속했습니다. 주님이 가라고 명령하신 그 길을 마지막까지 최선을 다해서 달려갔던 것입니다.

바울은 또 "믿음을 지켰다"라고 했습니다. 이것은 단순히 예수님을 믿었다는 의미가 아닙니다. 예수 그리스도를 발견하고 그분께 마음을 드린 다음부터는 한 번도 그 마음이 변하지 않았다는 뜻입니다. 한번 충성을 맹세한 다음에는 주인이신 주님의 마음에 실망을 안겨 준 일이 한 번도 없었다는 뜻도 됩니다. 바울의 생애를 보면 주의 복음을 위해 자기의 모든 것을 포기하고 십자가를 지고 나섰을 때 그를 기다리고 있는 것은 무서운 핍박과 환난과 고통이었습니다. 언제 체포될지 모르는 불안감이 늘 그를 따라다녔고, 무서운 태장과 차디찬 감옥이 늘 그를 위협했습니다(고후 11:23-27 참조). 그에게는 얼마든지 주님을 의심하거나 배신할 수 있는 조건이 있었습니다. 그러나 그는 아무리 어려운 환난을 당해도 주님께 한 번 드린 마음이 변하지 않았습니다. 이것이 믿음을 지켰다는 말입니다. 그래서 그는 다음과 같이 고백할 수 있었습니다.

이로 말미암아 내가 또 이 고난을 받되 부끄러워하지 아니함은 내가 믿는 자를 내가 알고 또한 내가 의탁한 것을 그날까지 그가 능히 지키실 줄을 확신함이라_딤후 1:12

바울은 주님께 마음을 다 드렸기 때문에 이 땅에서 어떤 일을 당해도 부끄러워하지 않았습니다. 어떤 곤경 가운데서도 장차 주께서 예비하신 하늘의 축복을 받게 될 것이라는 믿음 속에서 하루하루 살았습니다. 이것이 바울로 하여금 지나간 생을 보람으로 가득 차게 했고 다가오는 죽음을 기대하고 소망하게 만들었던 것입니다.

이 땅에서 위대한 생을 살았던 분들을 보면 바울과 비슷한 점이 있는 것을 발견할 수 있습니다. 아프리카에서 60여 년 동안 흑인들을 위해 복음과 의료사업과 봉사했던 슈바이처(Ludwig Philipp Albert Schweitzer, 1875~1965)가 바로 그런 위인들 중 한 분입니다.

그는 90세의 고령으로 마지막 순간까지 환자들을 치료해 주고 복음을 전하는 일에 정성을 쏟았습니다. 그야말로 선한 싸움을 싸운 것입니다. 그가 고령으로 해낸 일은 젊은이도 짊어지기 힘든 것이었습니다. 그래서 가끔 젊은 의사들이 슈바이처 박사에게 휴식을 권했는데, 그때마다 그는 "왜 내 할 일을 빼앗으려고 해?" 하며 역정을 냈다고 합니다. 그는 기력이 쇠잔하여 죽음이 가까워져 왔을 때 프랑스에 있는 어떤 친구에게 편지를 보냈습니다.

> "자네의 회답을 받기 전에 내가 이 세상을 떠날지도 모르오. 그러나
> 나는 그 누구보다도 행복한 사람이었소. 내가 소망하던 일을 가지고
> 60년을 보낼 수 있었고 그간 내 친구들은 나를 참사랑하고 도와주었
> 소. 이 모든 것이 너무나 감사하오."

슈바이처는 멋진 한생을 살았던 인물입니다. 뒤를 돌아보면 조용한 감사, 앞을 내다보면 기대에 부푼 죽음. 그가 친구에게 보낸 짤막한 글귀에서 우리는 그의 보람된 한 생애를 한눈에 읽을 수 있습니다.

그러면 여기에서 우리 자신을 한번 돌아봅시다. 우리는 사도 바울이 아닙니다. 슈바이처도 아니고 위대한 순교자도 아닙니다. 우리는 평범한 신앙인들입니다. 그래서 우리는 이 본문과 상관이 없는 사람들처럼 여겨지기도 합니다. 그러나 하나님은 그렇게 말씀하시지 않습니다. 우리도 분명 우리의 생을 놓고 선한 싸움을 싸웠다, 달려갈 길을 마쳤다, 믿음을 지켰다고 말할 수 있어야 합니다. 어떻게 그것이 가능할 수 있습니까?

우리는 바울과 같이 하나님 앞에서 특별한 위치에 서 있지는 않습니다. 솔직히 말해서 우리가 죽을 때까지 해야 하는 일이 있다면 우리의 생업이라고 말할 수 있을 것입니다. 우리는 대부분 평범한 가정주부로서, 아니면 직업인으로서 살아갑니다. 이런 우리가 사도 바울과 같은 삶을 살려면 어떻게 해야 할까요?

저는 김우중(金宇中, 1936–2019) 씨의 책《세상은 넓고 할 일은 많다》를 관심 있게 보았습니다. 우리나라 젊은이들을 위해서 매우 유익한 책이라고 생각합니다. 이 책의 내용을 간단히 인용합니다. 김우중 씨의 어머니는 과부로서 5남매를 최고 학부까지 공부시킨 아주 헌신적인 부인이었습니다. 하루에 네 차례씩 기도하고 찬송하는 독실한 믿음을 가진 어머니였다고 합니다.

그러나 그 아들은 어머니의 독실한 믿음을 본받지 못한 것 같습니다. 김우중 씨는 자본금 5백만 원과 직원 5명으로 시작한 대우실업을 오늘의 세계적인 기업으로 끌어올리기 위해서 혼신의 힘을 다 쏟았다고 합니다. 그에게는 항상 하루 24시간이 모자랐습니다. 너무 시간에 쫓기다 보니까 아침 출근 차량 안에서 물수건으로 세수를 대신하고,

면도하고, 간단히 식사한 적도 많았다고 합니다. 그는 사업 때문에 수없이 많은 비행기를 탔는데 그 횟수가 기네스북에 올라갈 정도라고 합니다. 시간을 최대한 활용하기 위해 가급적이면 밤 비행기를 타고 기내에서 수면을 취하고, 어떻게 해서라도 좀 더 많은 일을 하기 위해 회사 간부 회의도 근무시간이 아닌 새벽이나 밤에 했다고 합니다. 그는 시간을 아끼기 위해 최대한의 노력을 한 사람입니다.

그래서 그는 자기 기업을 놓고 이런 결론을 내리고 있습니다. "대우가 이만큼 성장한 원동력의 상당한 부분은 그동안 소중하게 아끼며 적절하게 활용해 온 시간에 있다." 그리고 그는 철학자 세네카(Lucius Annaeus Seneca the Younger, 약 B.C. 4–A.D. 65)의 말을 인용하고 있습니다. "인생은 충분히 길다. 보람차게 보낼 수만 있다면 말이다. 우리의 인생은 위대한 일을 완성하는 데 부족하지 않을 만큼 길다. … 우리의 인생이 짧은 것이 아니라 우리가 그것을 낭비하고 있는 것이다."

김우중 씨의 생은 바울에 못지않을 만큼 최선을 다한 면이 없지 않습니다. 그는 시종일관 달음박질하는 삶을 살고 있음이 분명합니다. 그러나 한 가지 문제가 있습니다. 하나님 앞에 자기 삶의 이력서를 내놓을 때 "주여, 제가 선한 싸움을 싸웠습니다"라고 말할 수 있습니까? 저는 김우중 씨가 앞으로 남은 생을 지금처럼 살면 안 된다고 생각합니다. 기업을 위해 온 힘을 다 쏟는 것은 변함이 없어야 하겠지만 이제부터는 의미를 좀 바꾸어야 한다고 봅니다. 진정한 의미가 부여된 삶, 즉 싸움을 싸우되 반드시 선한 싸움을 싸워야 한다는 것입니다.

그럼 선하다는 말은 무슨 뜻입니까? 이것은 매우 중요한 의미를 지닙니다. 근본적으로 죄를 범한 인간은 그 누구도 선한 자가 없습니다. 오직 한 분, 예수 그리스도만이 선한 분입니다. 따라서 선한 일은 하나님의 마음에 합당한 일을 말합니다. 하나님을 위하는 일, 하나님의 영광을 나타내는 일만이 선한 일이 될 수 있습니다.

여러분이 하는 일이 하나님이 주신 소명이라는 것을 확신한다면 그것은 선한 일이 될 수 있습니다. 가정에서 자녀를 키우며 살아가는 평범한 주부의 삶도 하나님이 맡겨 주신 소명이라는 투철한 믿음이 있다면 그것이 선한 일, 곧 선한 싸움이 되는 것입니다. 또 바울이 달려갈 길을 마쳤다고 할 때의 길은 마음 내키는 대로 아무 데나 달려가는 길이 아닙니다. 그것은 제한된 길이요, 분명히 정해져 있는 길입니다. 하나님께서 성경 말씀을 통해서 정해 놓은 길입니다. 하나님이 정해 주신 과정대로, 마지막까지 최선을 다해서 뛰는 것을 일컬어 선한 싸움을 싸우고 달려갈 길을 마쳤다고 말하는 것입니다.

여러분이 어떤 직업에 종사하든지 상관이 없습니다. 그러나 한 가지, 우리의 삶이 하나님의 법도대로 가야 한다는 사실만은 꼭 명심하십시오. 하나님께서 하지 말라는 것은 하지 말아야 합니다. 바치라고 하는 것은 바쳐야 합니다. 헌신하라 할 때는 헌신해야 합니다. 본받지 말아야 할 것은 과감히 떨쳐 버려야 합니다. 이렇게 주님이 정해 주신 길을 따라가야만 하나님이 인정하시는 선한 싸움이 되는 것입니다.

하루하루 아무리 고달프고 힘들어도 예수님을 믿는다면 절대로 낙심하지 마십시오. 이 땅에서 이루지 못한 꿈을 주님이 하늘나라에서 보상해 주실 것이라는 믿음을 가지시기를 바랍니다. 마음속에 오랫동안 간직해 온 아름다운 뜻이 아직까지 빛을 보지 못하고 있는지 모릅니다. 그러나 신앙생활을 바로 한다면 낙심하지 않아도 됩니다. 못 다 이룬 여러분의 꿈속에 하나님의 뜻이 틀림없이 숨어 있을 것이기 때문입니다. 우리 모두에게 참으로 중요한 것은 바로 이 질문입니다. "내가 지금 하는 일이 선한 일인가?" "나는 하나님의 법도대로 살고 있는가?" "예수님보다 돈벌이나 자식 교육이 우상이 되어 있지 않은가?"

저희 교회에 초창기 때부터 출석한 자매 한 분이 있습니다. 그는 일찍이 30대 초반의 나이에 박사학위를 받은 유능한 교수입니다. 그러나 그가 자기의 일에 너무 몰두하다 보니 1년에 열 번도 교회를 나오지 못할 정도로 바쁜 생활을 했습니다. 그가 안식년을 얻어 교환교수로 미국에 갔을 때 저에게 설교 테이프를 보내 달라는 편지를 보내왔습니다. 그때 제가 답장을 하면서 이런 내용의 글을 썼습니다.

"자매님이 학계에서 인정받는 교수인 것을 자랑스럽게 생각합니다. 그러나 자매님만 보면 나는 자꾸 좌절감을 느끼게 됩니다. 왜냐하면 사랑의교회에서 10여 년 동안 신앙생활을 한 사람치고 변화되지 않은 사람이 별로 없는데 자매님은 아직도 그대로이니 제가 담임목사로서 책임감을 느끼지 않을 수 없습니다." 그랬더니 그분이 화가 나서 당장 답장을 보냈습니다. "목사님, 저는 제가 하는 일을 하나님이 주신 소명으로 알고 열심을 다하고 있어요. 우리 대학의 모 교수님은 장로님인데 교회 일에는 무엇보다 열심이지만 학교에서는 무능한 교수로 평가받고 있답니다. 저는 이런 분을 보고 성숙한 그리스도인이라고 말하고 싶지 않아요."

여러분은 이것에 대해 어떻게 생각하십니까? 자기의 직업을 소명으로 알고 바울처럼 최선을 다한다는 점은 분명 긍정적인 면입니다. 하지만 그 사람이 어떻게 믿음을 지킨다고 말할 수 있으며 소명자로서 산다고 할 수 있느냐 하는 것입니다.

자기의 일을 하나님보다 앞세우면 그것은 우상이 되고 맙니다. 그것은 믿음을 지키는 태도가 아닙니다. 그리고 자기의 일상생활이 하나님 나라의 일과 구체적인 연관성을 가지고 있지 않다면 그것은 믿음을 지키는 일이 될 수 없습니다. 하나님의 자녀는 열심히 사업을 해야 합니다. 그러나 사업하는 사람의 마음이 하나님을 기쁘게 하는 것보다 돈 버는 것에 가 있다면 그것은 벌써 믿음을 지키는 생활이 아니요, 선한 싸움을 하는 것도 아닙니다.

여러분의 삶은 어떻습니까? 세상의 일을 하나님보다 더 앞세우고 있지는 않습니까? 만일 그렇다면 바울처럼 보람찬 인생을 살다가 기대에 부푼 죽음을 맞이할 수 없습니다. 반드시 명심하십시오. 보람찬 삶을 사는 자만이 기대에 부푼 죽음을 맞을 수 있습니다. 하나님이 여러분에게도 바울처럼 가슴 뿌듯한 생을 살고 끝낼 수 있는 은총을 주시기 바랍니다.

13

시간을 어떻게
관리할까?

세상이 고도로 문명화될수록 세월을 아끼지 못하게 하는
시험과 유혹이 여러분을 괴롭힌다는 것을 직시하십시오.
노아 시대의 사람들처럼 의미 없는 일에 쉽게 몰두해 버릴 위험이 항상 따라다닙니다.

에베소서 5:15-17

15 그런즉 너희가 어떻게 행할지를 자세히 주의하여 지혜 없는 자같이 하지 말고 오직 지혜 있는 자같이 하여 16 세월을 아끼라 때가 악하니라 17 그러므로 어리석은 자가 되지 말고 오직 주의 뜻이 무엇인가 이해하라

시간을 어떻게
관리할까?

시간을 잘 관리하고 있다고 자신하는 사람은 흔치 않을 것입니다. 오히려 시간에 쫓기며 살아가고 있다고 말하는 사람이 대부분일 것이라 짐작합니다. 이런 입장에서 하나님이 우리에게 맡겨 주신 '시간'에 대해 검토해 보고 그 시간을 잘 관리하는 지혜를 얻는 것은 대단히 유익하고 중요한 일일 것입니다.

하나님이 우리에게 맡겨 주신 것에는 여러 가지가 있습니다. 그중에서 가장 기본적인 것을 들라면 아마 시간을 꼽을 수 있을 것입니다. 이 세상에는 돈을 잘못 사용하여 망한 사람보다도 시간을 잘못 사용하다가 망한 사람이 더 많을 것입니다. 이 사실을 잊어서는 안 됩니다. 마지막 날에 주님 앞에서 심판을 받을 때 재산을 허비했다고 책망을 받는 사람도 있겠지만 그것 못지않게 시간을 잘못 사용한 까닭으로 책망을 받는 사람도 적지 않을 것입니다. 그만큼 시간 관리는 중요한 문제입니다.

시간은 근본적으로 주님의 것입니다. 우리는 그 시간을 맡아서 관리하는 청지기일 뿐입니다. 시간을 맡은 청지기는 그것을 관리하는 법을 잘 알아야 합니다. 자기 것이 아닌 하나님의 것을 얼마 동안 맡은 자로서 그 책임이 너무 무겁기 때문입니다.

> 그러므로 이르시기를 잠자는 자여 깨어서 죽은 자들 가운데서 일어
> 나라 그리스도께서 너에게 비추이시리라 하셨느니라 그런즉 너희
> 가 어떻게 행할지를 자세히 주의하여 지혜 없는 자같이 하지 말고
> 오직 지혜 있는 자같이 하여_엡 5:14-15

우리는 예수 그리스도로 말미암아 신분이 달라진 사람들입니다. 어둠의 자녀가 아니라 빛의 자녀가 된 것입니다. 우리는 잠에서 깨어 나고 죽음에서 살아난 새로운 피조물입니다. 그러므로 우리는 죽은 자 가운데서 다시 살아난 사람처럼 살아야 합니다. 세상과 구별된 자들이 어떻게 세상 사람들과 똑같은 자세로 살아갈 수가 있습니까? 그런즉 우리는 어리석게 생활을 하지 말고 지혜 있는 자같이 정신을 바짝 차리고 이 세상을 살아가야 합니다. 그래서 주님은 본문 16절 말씀을 통하여 우리에게 이렇게 경고하고 계십니다.

> 세월을 아끼라 때가 악하니라_엡 5:16

이 말씀은 참으로 무서운 경고입니다. 하나님은 그의 자녀들에게 시간을 아끼라고 명령하십니다. 우리는 빛의 자녀요, 하늘나라의 시민이기 때문에 하루하루를 흐리멍덩하게 살아서는 안 됩니다. 새로운 피조물이 된 것을 세상 앞에 증명해 보이듯 정신을 차리고 살아야 합니다. 우리는 하나님의 자녀이기 때문에 지혜로운 자가 되어야 합니다. 어리석은 자가 되어서는 하나님의 영광을 나타내지 못합니다. 그

러면 지혜로운 자가 어떤 자인지 봅시다.

지혜로운 자는 시간을 기회로 선용합니다.

그러므로 어리석은 자가 되지 말고 오직 주의 뜻이 무엇인가 이해하라_엡 5:17

지혜로운 자는 주님의 뜻을 잘 이해하는 사람입니다. 시간을 맡겨 주신 주인이신 예수 그리스도의 뜻을 잘 읽는 사람을 지혜자라고 할 수 있습니다. 주인의 의중을 잘 파악하는 사람은 지혜로운 종이요, 주인이 무슨 생각을 하는지도 모른 채 제멋대로 행동하는 사람은 어리석은 종입니다. 따라서 시간을 하나님의 뜻에 맞게 성실하게 사용하고 있는지 그렇지 않은지를 따져 보면 지혜로운 사람과 어리석은 사람을 쉽게 구별할 수 있습니다.

우리나라에는 외국에서 어렵게 공부를 한 뒤 돌아와 그 재능을 나라를 위해 쓰고 있는 전문 인력이 많습니다. 이것은 참으로 바람직한 일이요, 다행스러운 일입니다. 그런데 가끔 안타까운 일이 생기는 것을 봅니다. 그들이 어느 기관이나 기업에서 요직을 맡아 일하면서 최고 관리자인 상관이 무엇을 원하며 무슨 생각을 하고 있는지 바로 파악하지 못해서 마찰을 일으키는 것입니다. 아무리 외국에서 많이 공부한 탁월한 인재라고 할지라도 윗사람의 의중을 읽지 못하고 자기 뜻대로 일을 처리를 한다면 그 사람을 보고 도저히 지혜로운 자라고 말할 수 없을 것입니다.

세상의 일도 상관의 의중과 일치해야 한다면 하물며 만유의 주이신 하나님께서 내리신 우리가 해야 할 도리는 말할 필요가 없습니다. 하나님은 우리에게 시간을 잘 관리하라고 명령하셨습니다. 우리는 주인이신 하나님의 심정을 잘 파악하고 그분의 뜻에 맞게 시간을 잘 관리해야 할 책임을 지고 있습니다. 그러면 하나님의 명령인 "세월을 아끼라"(16절)라는 말씀에 대해서 좀 더 구체적으로 살펴봅시다.

본문에 나오는 '세월'은 단순한 의미의 시간을 말하는 것이 아닙니다. 그것은 헬라어로 '카이로스'라고 하는데 미리 계획되고 확정된 어떤 시즌이나 시대를 의미합니다. 예를 들어, 야구 시즌이라고 하면 1년 12달을 가리키는 것이 아니고 그중에서 얼마간의 특정 기간을 말하는 것입니다. 보편적으로 우리나라의 프로야구 시즌은 4월부터 9월까지로 간주합니다. 이와 같이 '세월'은 경계선이 구분되어 있고, 일정하게 확정되어 있는 얼마만큼의 기간을 가리킵니다. 그러므로 권위 있는 다른 번역에서는 이 카이로스를 '기회'라는 말로 해석해 놓은 것을 볼 수 있습니다.

여러분 개인에게도 하나님이 정해 주신 카이로스가 있습니다. 그것은 여러분이 할당받은 한생이라고도 할 수 있습니다. 무한대로 계속되는 시간이 아니라 하나님이 한정해 놓으신 각자의 수명을 말하는 것입니다. 따라서 그것이 각자에게 유일한 기회가 됩니다. 그러므로 우리는 한 번밖에 없는 한정된 생을 어떻게 관리하는 것이 세월을 아끼는 것인가를 깊이 생각해 보아야 할 것입니다.

또 우리 생에 있어서 좁은 의미의 카이로스를 생각해 볼 수 있습니다. 이것은 한생 가운데서 어느 한 기간을 말하는 것입니다. 70 평생 전부를 카이로스라고 한다면 너무 추상적입니다. 그래서 좁은 의미의 카이로스를 생각해 볼 수 있습니다. 그리고 젊음이 넘치는 2, 30대를 가리킬 수 있습니다. 이때는 보람 있는 삶을 위해 터를 닦는 준비의 기회로 하나님이 특별히 할당해 주신 시간입니다. 이 카이로스를 어떻게 선용하느냐에 따라서 그 사람의 장래가 결정됩니다. 아무도 이 기간을 다시 되돌이킬 수 없습니다. 그래서 우리는 이때를 최대한 선용하기 위해 힘을 다 쏟아붓습니다. 주님은 이렇게 한정된 기회의 중요성을 다음과 같은 말씀으로 깨우쳐 주셨습니다.

> 때가 아직 낮이매 나를 보내신 이의 일을 우리가 하여야 하리라 밤이 오리니 그때는 아무도 일할 수 없느니라_요 9:4

이 말씀을 유의해서 보십시오. 무엇이 우리의 카이로스입니까? 밤이 오기 전까지의 시간, 아직도 밝은 대낮이 우리에게는 기회입니다. 여기에 나오는 '낮'은 우리가 건강할 때, 아니면 젊었을 때를 말하는 것입니다. 그러나 나이가 들어 은퇴를 했다든지 병이 들었다든지 해서 기력이 쇠한 처지가 되면 그때는 밤을 맞았다고 말할 수 있습니다. 그러므로 밤이 오기 전까지의 기회, 그것이 우리의 카이로스입니다. 하나님은 우리 모두에게 카이로스를 주셨습니다. 넓게 말하면, 한생의 세월일 수 있고, 좁게 말하면 어떤 일을 추진할 수 있는 한정된 기간일 수 있습니다.

다음으로 "아끼라"(엡 5:16)는 말씀에 대해 살펴봅시다. 이것은 헬라어로 '엑사고라조'라고 하는데 독특한 의미를 가지고 있는 말입니다. 이 말씀을 좀 더 정확하게 이해하기 위해서 다른 성경 구절을 비교해 볼 필요가 있습니다.

> 그리스도께서 우리를 위하여 저주를 받은 바 되사 율법의 저주에서 우리를 속량하셨으니 기록된 바 나무에 달린 자마다 저주 아래에 있는 자라 하였음이라_갈 3:13

예수 그리스도는 우리를 대신해서 하나님의 저주를 받으셨습니다. 우리의 죄 때문에 십자가에서 대신 죽으셔서 우리를 하나님의 심판 아래서 구해 내셨습니다. 이것을 일컬어 '속량'이라고 합니다. 속량은 대신 대가를 치른다는 뜻입니다. 예를 들면, 어떤 부자가 노예에게 자유를 주기 위해 막대한 값을 주고 사는 것과 같습니다. 다른 번역에는 이 단어를 '구속한다'라는 말로 쓰기도 합니다. 따라서 세월을 아끼라는 말씀은 무의미하게 흘러가기 쉬운 시간을 어떤 희생을 치르고라도 값지게 쓸 수 있는 기회가 되게 하라는 뜻으로 해석할 수 있습니다.

인간이 죄로 말미암아 타락하면서 하나님이 맡겨 주신 우리의 시간도 타락했습니다. 인간이 죄를 범한 그 순간부터 인간의 시간은 하나님의 영광을 위해 사용되지 못했습니다. 반면에 끝없이 부패한 인간의 욕심을 따라 악한 것들에 사용되었습니다. 우리의 시간이 하나님을 슬프게 하는 일에 남용되어 온 것입니다. 이런 의미에서 우리의 시간도 속량을 받아야 합니다. 예수 그리스도가 우리를 죽음에서 건지시기 위해 자기 생명을 대가로 내어놓으신 것 같이 오늘날 우리에게 주어진 모든 시간도 하나님이 원하시는 카이로스로 선용하기 위해서 대가 내야 합니다. 그 대가가 아무리 크다 할지라도 투자해서 우리의 시간을 가장 가치 있는 일에 사용해야 합니다.

○ ○ ○ ○ ○ ○ ○ ○ ○
기회 선용을 위한 대가란?

그러면 우리의 시간이 속량을 받기 위하여 어떤 대가를 내야 합니까? 자기중심의 생활 태도를 포기해야 합니다. 그리고 하나님 중심의 생활로 과감히 돌아서야 합니다. 지금까지 내 멋대로 시간을 허비했다면 이제부터 하나님의 영광을 위해서 1분 1초를 헤아려 가면서 사십시오. 지금까지 자기 욕망을 충족시키느라 쾌락주의에 빠져 있었다면 주저하지 말고 그것을 청산하십시오. 하나님의 자녀답게 살기 위해 필요하다면 핍박까지도 감수해야 합니다. 이런 대가 지불 없이는 우리의 기회를 하나님의 영광을 위해 선용할 수 없습니다.

나폴레옹(Napoléon Bonaparte, 1769-1821)은 "큰 전투에서는 10분 내지 15분 정도의 결정적인 순간이 찾아온다. 이 기회를 바로 살리면 이기고 이 기회를 놓치면 패배하고 만다"라고 말했습니다. 그렇습니다. 전쟁사를 돌아보아도 그의 말은 공감할 만한 신빙성을 가지고 있습니다. 어느 전투에서나 결정적인 순간이 있는 법입니다. 명 지휘관은 이 순간을 놓치지 않고 승기를 잡기 위해 막대한 피해를 무릅쓰고 대가를 내야 합니다. 이것이 싸움에 이기는 비결입니다.

여러분의 생에도 결정적인 순간이 있습니다. 그러므로 할당된 기회를 살리기 위해서 최선의 노력을 다해야 합니다. 달리 말하면, 하나님을 영화롭게 하는 일을 위해 요구하는 대가를 아끼지 말아야 한다는 것입니다. 혹시 '이제 나에게는 그런 기회가 없어' 하고 자기를 포기하고 있다면 이러한 생활 태도는 하나님 앞에서 용납되지 않습니다. 이 사실을 믿음으로 받아들이고 확신하는 사람은 언제든지 기회를 최대한 선용하는 지혜로운 자가 될 수 있습니다.

오늘날과 같이 복잡한 시대를 사는 우리는 시간을 잘 활용하기가 어렵습니다. 어떻게 하면 시간을 낭비하지 않을까 하는 문제보다 어떻게 하면 시간을 지혜롭게 쓸까 하는 것이 더 큰 관심사가 되고 있는 형편입니다. 그래서 어떻게 하는 것이 기회를 최대한 살리는 것인지 분별하기 어려운 때가 적지 않습니다. 우리에게 주어진 하루는 24시간입니다. 그 시간을 더 늘일 수도 없고 줄일 수도 없습니다.

어떻게 하면 주인이신 하나님의 마음에 흡족하도록 이 기회를 살릴 수 있습니까? 매일매일 기도만 해야 합니까? 사실은 기도할 시간도 별로 없습니다. 종일 성경만 읽어야 합니까? 사실은 하루에 성경 몇 절 보기도 어려운 처지가 많습니다. 현대인은 시간에 쫓깁니다. 문명이 발달할수록, 그리고 사회구조가 복잡해질수록 우리는 누군가 만들어 놓은 숨 막히는 타임 테이블대로 움직여야 하는 무력한 존재로 바뀌어 가고 있습니다. 내가 내 시간을 선용할 권리와 자유마저 박탈당한 것 같은 불안감을 떨칠 수가 없습니다.

우리나라도 이제 시간의 제약이 철저합니다. 회사원이 1분만 지각해도 자동적으로 출근 카드에 기록이 됩니다. 자동화된 사회일수록 시간의 여유를 제대로 누릴 수 없습니다. 정해진 시간에 따라 움직이지 않으면 큰 혼란이 일어납니다. 그러므로 근무하는 사람이 컴퓨터와 같은 정확성을 가지고 시간을 지키지 않으면 불행한 일이 발생할 수도 있습니다. 이것은 시간이라는 폭군이 우리를 향해 무서운 괴물의 얼굴을 하고 다가오고 있음을 보여 주는 일면입니다.

한 통계자료에 의하면 5명 중에 4명이 시간에 쫓긴다는 하소연을 한다고 합니다. 이것은 놀고먹는 사람들에게는 해당되지 않는 이야기입니다. 그러나 날마다 꽉 짜여진 시간표에 따라 움직여야 하는 대부분의 사람에게는 급박한 문제가 되고 있습니다. 빈틈없이 짜여진 스케줄의 감옥에서 스트레스를 받지 않고 살 수 있는 사람은 아무도 없을 것입니다. 어떤 학자의 연구에 의하면 그중에서도 중산층이 가장 큰 스트레스를 받는다고 합니다. 그리고 같은 중산층이라도 크리스천이 더 심하다고 합니다. 왜 그렇습니까? 불신자와 달리 주말을 교회 생활에 매여 제대로 쉬지 못하기 때문입니다. 사회 밑바닥에서 막노동을 하며 사는 계층은 비록 일은 힘들어도 일면 여유를 가질 수 있을 것입니다. 그러나 지적 수준이 높고 경제력을 가질수록 시간에 쫓기는 신세가 되는 것은 사실입니다.

외국 신문에 난 한 토막 기사를 소개합니다. 이것은 호레이스 윗텔이라는 영국인의 이야기입니다. 그는 영국의 길링햄에 있는 한 조선소에서 일을 하는 기술자였습니다. 그는 유달리 자기의 자명종 시계를 미워했습니다. 직장에 나가는 날이면 어김없이 자기를 괴롭게 흔들어 깨우는 그 시계, 언제 저 놈의 시계 없이 살 수 있는 날이 올까 하고 늘 입버릇처럼 말했습니다. 드디어 그에게 소원하던 날이 찾아왔습니다. 47년 만에 퇴직을 하게 된 것입니다. 그날 그는 그 자명종 시계에게 멋진 복수를 시도했습니다. 그 시계를 수압기중기 밑에 놓고는 한껏 스위치를 눌러 버렸습니다. 윗텔은 금방 가루가 되어 버린 자명종 시계를 바라보며 환호했습니다. "야, 기분 좋다! 나는 드디어 해방되었다!"

위의 이야기는 오늘날 현대인이 얼마나 시간의 노예가 되어 시달리고 있는가를 단적으로 보여 주는 예화입니다. 그중에서 예수님을 믿는 우리는 더 바쁜 걸음으로 뛰어야 합니다. 우리는 집안에서나 밖에서 모범을 보여야 하기 때문에 세상 사람들보다 훨씬 더 부지런해야합니다. 게다가 교회에는 우리가 빠뜨릴 수 없는 모임과 프로그램들이 있습니다. 이러다 보니 세월을 아끼려야 아낄 틈도 없고 설혹 틈이 있다고 해도 그럴 만한 정신적인 여유가 없다는 것이 솔직한 고백일지 모릅니다.

그러나 우리가 명심해야 할 것이 하나 있습니다. 시간의 여유가 있건 없건 간에 우리는 정신을 바짝 차리고 살아야 한다는 것입니다. 시간이 너무 남아돌아서 낭비할 수 있는가 하면, 반대로 시간이 너무 없어서 낭비할 수도 없다는 사실을 알아 두어야 합니다. 바쁘다는 핑계로 신앙생활을 제멋대로 해도 된다는 법은 없습니다. 이다음에 주님을 만나서 "아이고 주님, 세상일이 오죽이나 바빴어야 말이죠. 정말 정신이 없어요. 이렇게 빨리 주님 만날 줄 몰랐어요. 사정 좀 봐 주세요"라고 민망한 넋두리를 늘어 놓으시겠습니까? 그런 변명은 주님 앞에서는 통하지 않습니다.

아무리 바쁜 현대인의 생활이라 할지라도 우리가 세월을 아껴야 하는 이유가 있습니다. 때가 악하기 때문입니다. 이 말은 시간이 얼마 남지 않았다는 의미입니다. 때가 악해지면 드디어 이 세상을 심판하는 카운트다운이 시작됩니다. 시대가 악해질수록 심판의 날은 빨리 다가옵니다.

다니엘아 마지막 때까지 이 말을 간수하고 이 글을 봉함하라 많은 사람이 빨리 왕래하며 지식이 더하리라_단 12:4

말세가 되면 지식이 고도로 쌓이고 사람들이 분주하게 왕래하는 문명사회가 될 것이라 예언하고 있습니다. 오늘날 얼마나 많은 정보가 쏟아집니까? 얼마나 많은 사람이 정신없이 오고 갑니까? 모든 면에서 얼마나 속도가 빨라집니까? 얼마나 변화가 가속됩니까? 어제 유용하게 쓰이던 것이 오늘은 쓸모없는 것이 되어 버린 예가 얼마나 많습니까? 몇백 년 동안이나 지속되던 가치관이 하루아침에 바뀌어 버리는 것을 우리는 놀란 눈으로 바라보고 있습니다. 앞으로 문명사회는 계속 바뀔 것입니다. 이것은 때가 악해진다는 말과 일맥상통합니다.

세상이 고도로 문명화될수록 세월을 아끼지 못하게 하는 시험과 유혹이 여러분을 괴롭힌다는 것을 직시하십시오. 노아 시대의 사람들처럼 의미 없는 일에 쉽게 몰두해 버릴 위험이 항상 따라다닙니다. 이런 악한 때일수록 그리스도인은 시간 관리를 잘해야 합니다. 이 악한 때에 어떻게 하나님의 마음에 합당하게 시간을 관리할 수 있습니까? 바울에게서 배울 수 있는 몇 가지 원칙이 있습니다.

바울에게서 배우는 시간 관리

첫째, 자기의 소명이 무엇인지 분명히 알아야 합니다. 바울은 하나님으로부터 받은 소명이 복음 전하는 것임을 확신했습니다. 그래서 "내가 복음을 위하여 모든 것을 행한다"라고 말한 것입니다. 그는 하나님으로부터 받은 소명을 분명히 알고 있었기 때문에 자기의 모든 것을 그 일에 바칠 수 있었습니다. 이런 바울의 태도에서 우리는 중요한 진리를 깨달을 수 있습니다.

우리는 바울과 같은 선교사는 아닙니다. 그러나 우리 역시 소명자라는 사실을 알아야 합니다. 혹시 여러분이 그리 대수롭지 않은 직업에 종사한다고 해서, 아니면 가정에 틀어박혀 살림만 하는 주부라고 해서 하나님이 주신 소명이 없다고 생각합니까? 만약 그렇게 생각하고 있다면 하나님의 말씀을 크게 오해하고 있는 것입니다. 우리 각자에게는 하나님이 주신 소명이 있습니다. 그 소명을 한마디로 말한다면 하나님의 영광을 위해서 사는 것이라고 할 수 있습니다. 그러나 이것은 추상적이라 우리 가슴에 얼른 와닿지를 않습니다. 따라서 이것을 좀 더 구체화시켜서 각자 개인이 어떻게 하나님께 영광을 돌릴 것인지 점검해 보아야 합니다.

여러분은 어떤 소명을 받았습니까? 하나님이 여러분에게 주신 궁극적인 삶의 목적이 무엇입니까? 여러분의 소명을 분명히 찾으십시오. 소명이 분명하지 않은 사람은 시간을 낭비합니다. 시간의 주인이신 하나님이 무슨 소명을 주셨는지 분명히 알지 못하는 사람은 한 번밖에 없는 한생의 기회를 허무하게 물거품처럼 날려 버릴 수 있습니다. 하나님이 주신 기회를 자신 없게 사용한 부끄러운 사람이 되지 마십시오. 그런 비참한 자리에 서기 싫다면 지금부터라도 자기의 소명을 발견하고 그것을 위해 열심히 뛰는 사람이 되어야 할 것입니다.

둘째, 자기의 분수를 알아야 합니다. 바울은 자기의 능력과 시간의 한계를 인정하고 자기 분수에 넘는 일에 시간을 낭비하지 않았습니다. 그는 자기 능력의 한계점 안에서 최선을 다했습니다.

> 내게 주신 은혜로 말미암아 너희 각 사람에게 말하노니 마땅히 생각
> 할 그 이상의 생각을 품지 말고 오직 하나님께서 각 사람에게 나누
> 어 주신 믿음의 분량대로 지혜롭게 생각하라_롬 12:3

이 말씀은 자기의 분수를 알아야 한다는 의미를 담고 있습니다. 분수에 맞게 절제하고 분수에 넘는 일에 시간을 낭비하지 말라는 말입니다. 우리 주변에는 자신의 한계를 모르고 마냥 오래 살겠지 하고 무사태평으로 지내다가 40세도 안 되어 세상을 떠나는 사람들이 있습니다. 자기의 한계점을 인정하지 않으면 하나님을 위해서 살 수 있는 기회를 놓쳐 버리고 어리석은 종말을 고할 수 있습니다. 할 수 있는 일과 할 수 없는 일을 놓고 선명하게 선을 긋고, 할 수 있는 일에 좀 더 시간을 많이 돌리십시오.

셋째, 우선순위를 분명히 해야 합니다. 이것은 가장 중요하고 가장 먼저 해야 할 일이 무엇인가를 정확히 결정하는 생활 태도를 말합니다. 우리는 덜 중요한 것을 앞세우다가 더 중요한 것을 놓쳐 버리는 잘못을 범할 때가 많습니다. 그러면 한정된 시간을 도저히 최선의 기회로 선용할 수 없습니다. 이런 우선순위의 문제가 그리스도인에게는

매우 중요합니다.

> 형제들아 내가 이 말을 하노니 그때가 단축하여진 고로_고전 7:29

"때가 단축하여졌다"는 것은 곧 때가 악하다는 말과 같은 뜻입니다. 때가 얼마 남지 않았으므로 우리는 우선순위를 분명히 결정해야 합니다. 주님 앞에서 세상을 어떻게 살았는가를 결산할 때가 옵니다. 우리는 마치 갑자기 임종을 앞에 둔 사람처럼 사물을 보아야 합니다. 임종이라는 절박한 사건 앞에서는 우선순위가 삽시간에 바뀝니다. 건강할 때 덜 중요하던 일이 가장 중요한 것으로 다가올 수 있습니다. 세상 종말, 주님과의 결산을 임종의 순간처럼 앞에 놓고 생각하는 자는 세월을 좀먹듯이 사용할 수 없습니다.

너무 세상일에만 몰입하다가 나중에 하나님 앞에서 무서운 일을 당하지 말고 미리미리 정신을 차려야 합니다. 설혹 슬픈 일이 있다 하더라고 너무 슬퍼하다가 더 중요한 것을 놓치지 말아야 합니다. 아무리 기쁜 일이 있어도 그것으로 너무 좋아하다가 더 중요한 것을 놓쳐서도 안 됩니다. 이것이 우선순위를 정립하는 것입니다.

"세월을 아끼라"라는 말씀을 실천하는 것은 어렵습니다. 그러나 우리는 노력해야 합니다. 어떻게 하면 우리에게 주어진 기회를 최대한 하나님의 영광을 위하여 선용할 수 있습니까? 다른 사람이 하루 24시간을 살 동안 나는 25시간을 살 수 있는 비결은 무엇입니까? 우리의 지혜로 안 됩니다. 성령의 지혜를 구하십시오. 말씀대로 살 수 있는 능력과 용기를 구하십시오. 응답을 받을 때까지 구하십시오. 그러면 주님은 세월을 허송하도록 우리를 내버려 두지 않으실 것입니다.

14

야곱의 축복,
나의 축복

비록 야곱은 험악한 세월을 보냈지만, 하나님께 사랑을 받고,
선택을 받고, 쓰임을 받았습니다. 이것이 진짜 복입니다.
우리가 감사하고 자랑해야 할 복은 바로 이것입니다.

창세기 28:10-15

10 야곱이 브엘세바에서 떠나 하란으로 향하여 가더니 11 한 곳에 이르러는 해가 진지라 거기서 유숙하려고 그곳의 한 돌을 가져다가 베개로 삼고 거기 누워 자더니 12 꿈에 본즉 사닥다리가 땅 위에 서 있는데 그 꼭대기가 하늘에 닿았고 또 본즉 하나님의 사자들이 그 위에서 오르락내리락하고 13 또 본즉 여호와께서 그 위에 서서 이르시되 나는 여호와니 너의 조부 아브라함의 하나님이요 이삭의 하나님이라 네가 누워 있는 땅을 내가 너와 네 자손에게 주리니 14 네 자손이 땅의 티끌같이 되어 네가 서쪽과 동쪽과 북쪽과 남쪽으로 퍼져 나갈지며 땅의 모든 족속이 너와 네 자손으로 말미암아 복을 받으리라 15 내가 너와 함께 있어 네가 어디로 가든지 너를 지키며 너를 이끌어 이 땅으로 돌아오게 할지라 내가 네게 허락한 것을 다 이루기까지 너를 떠나지 아니하리라 하신지라

야곱의 축복,
나의 축복

　　　　　　　　　　　　모 선교 잡지에 실린 기사가 저에게 큰 충격을 준 적이 있습니다. 한국 교회에는 세상적인 축복을 받기 위해 교회에 다니는 자가 많고, 중국 교회에는 핍박을 무릅쓰고라도 하나님을 믿고 의지하려고 교회에 다니는 신자가 많다는 내용이었습니다. 그 기사는 한국 교회 교인들이 자기중심적인 신앙생활을 하는 반면, 중국 교회 신자들은 하나님 중심으로 신앙생활을 한다고 분석하고 있었습니다. 달리 말해, 우리 중에 많은 사람이 중국 교회 신자들보다 불순한 동기를 가지고 신앙생활을 하고 있다는 말입니다.

　우리는 이와 같은 비판에 귀를 기울여야 합니다. 이것이 잘못된 진단이 아니기 때문입니다. 그렇다고 한국의 모든 성도에게 다 해당되는 말은 아닙니다. 그러나 심각한 문제인 것만은 틀림없습니다. 우리 사회가 물질적으로 풍요로워지면서부터 우리 신앙의 질이 많이 달라졌습니다. 우리의 믿음이 옛날 믿음의 선배들과는 달리 세상적인 방향으로 기울어지고 있다는 사실을 부인할 수 없습니다. 이것은 한국 교회가 반드시 개선해야 할 중차대한 과제입니다.

유명한 신학자 J. I. 패커(James Innel Packer, 1926-2020)는 세속화되어 가는 교회를 온탕에 비유했습니다. 뜨거운 물에 들어가서 하는 목욕을 온탕욕이라고 합니다. 온탕욕을 하는 목적이 무엇입니까? 따뜻한 물 속에 몸을 담금으로써 육체적인 긴장을 풀 수 있고 기분이 아주 편안해지는 것을 느끼는 것입니다. 그런데 패커는 오늘날 상당수의 교인이 온탕에서 맛보는 것과 흡사한 무엇을 얻는 데 목적을 두고 교회를 다닌다고 지적합니다. 교회에 나오면 마음이 평안해지고 하나님이 복을 주실 것 같은 기대감이 들기 때문에 세속적으로 변질되고 있다는 말입니다. 패커의 말은 좀 지나친 면이 없지 않습니다. 하지만 우리에게는 꼭 필요한 교훈이요, 따가운 충고임에 틀림없습니다. 기독교 종주국인 구미 여러 선진국을 보십시오. 그들의 교회가 얼마나 세속화되었는지 우리가 이미 잘 알고 있습니다.

우리는 본문 말씀을 통해서 예수님을 믿는 자가 받는 축복은 세상에서 만사형통하는 것이 아니라는 것을 다시 한번 확인해야 합니다. 예수님을 믿는 자들의 축복관은 분명 세상 사람들의 것과 달라야 합니다. 그렇지 않으면 아무리 교회를 오래, 열심히 다녀도 세속의 때를 벗을 수가 없습니다. 부지불식간에 여러분의 믿음이 세상을 향해 기울어졌다면 바로 지금 이 시간부터 제자리로 돌아와야 합니다.

성경에는 하나님의 복을 받은 사람의 이름이 많이 등장합니다. 그리고 구약에서 하나님의 특별한 복을 받은 인물을 꼽으라고 하면 아브라함과 이삭과 야곱을 들 수 있습니다. 이 세 사람은 축복받은 자의 대명사입니다. 하나님이 자기 자신을 가리켜 아브라함의 하나님이요, 이삭의 하나님이요, 야곱의 하나님이라고 말씀하시는 것을 성경에서 자주 볼 수 있습니다. 이것은 그만큼 그들이 복을 받은 인물이라는 것을 의미하고 있습니다.

○ ○ ○ ○ ○
야곱의 한생

세 사람 중에서 야곱은 그가 잉태된 날부터 시작하여 마지막 숨을 거두는 순간까지 그 일대기가 성경에 자세히 기록되어 있는 특별한 인물입니다. 그는 수단 방법을 가리지 않고 복을 받으려고 덤비는 아주 집요하고도 열정적인 사람이었습니다. 그가 아비 이삭으로부터 받은 축복의 내용이 창세기에 기록되어 있습니다.

> 그가 가까이 가서 그에게 입맞추니 아버지가 그의 옷의 향취를 맡고 그에게 축복하여 이르되 내 아들의 향취는 여호와께서 복 주신 밭의 향취로다 하나님은 하늘의 이슬과 땅의 기름짐이며 풍성한 곡식과 포도주를 네게 주시기를 원하노라 만민이 너를 섬기고 열국이 네게 굴복하리니 네가 형제들의 주가 되고 네 어머니의 아들들이 네게 굴복하며 너를 저주하는 자는 저주를 받고 너를 축복하는 자는 복을 받기를 원하노라_창 27:27-29

이 얼마나 큰 복입니까? 야곱은 재물의 부요와 열국의 주가 되는 명예를 복으로 받았습니다. 물질적인 복과 부귀영화의 복을 받은 것입니다. 그리고 그가 하나님으로부터 직접 받은 복이 있는데 그것이 오늘 본문에 나오는 내용입니다.

> 꿈에 본즉 사닥다리가 땅 위에 서 있는데 그 꼭대기가 하늘에 닿았고 또 본즉 하나님의 사자들이 그 위에서 오르락내리락하고 또 본즉 여호와께서 그 위에 서서 이르시되 나는 여호와니 너의 조부 아브라함의 하나님이요 이삭의 하나님이라 네가 누워 있는 땅을 내가 너

와 네 자손에게 주리니 네 자손이 땅의 티끌같이 되어 네가 서쪽과
동쪽과 북쪽과 남쪽으로 퍼져 나갈지며 땅의 모든 족속이 너와 네
자손으로 말미암아 복을 받으리라 내가 너와 함께 있어 네가 어디
로 가든지 너를 지키며 너를 이끌어 이 땅으로 돌아오게 할지라 내
가 네게 허락한 것을 다 이루기까지 너를 떠나지 아니하리라 하신지
라_창 28:12-15

그는 가나안 땅을 얻는 복, 자손이 번창하리라는 후손의 복, 평생
하나님이 함께하시겠다는 임마누엘의 복을 약속으로 받았습니다. 이
만큼이나 많은 복을 받은 사람이면 세상에서 소원 성취한 사람이요,
만사형통의 복을 누린 사람입니다. 한평생 고생하지 않고 즐겁게 살
았을 것이라고 상상해도 조금도 지나치지 않을 것입니다. 그런데 야
곱이 130년을 살고 난 뒤 자신의 과거를 회상하면서 남긴 말이 참 기
가 막힙니다.

야곱이 바로에게 아뢰되 내 나그네 길의 세월이 백삼십 년이니이다
내 나이가 얼마 못 되니 우리 조상의 나그네 길의 연조에 미치지 못
하나 험악한 세월을 보내었나이다 하고_창 47:9

그는 험악한 세월을 보냈다고 지난날을 회고합니다. 그의 일생은
만사형통이 아니라 고난의 연속이었다는 것입니다. 이 얼마나 큰 모
순입니까? 하나님이 그에게 어마어마하게 큰 복을 주셨는데 어찌하
여 그가 험악한 세월을 보내게 되었는지 이해하기 어렵습니다. 여기
에는 우리가 깨달아야 할 큰 진리가 숨어 있습니다.
성경에 기록된 내용만 가지고 야곱의 생을 검토해 보아도 그가 험

악한 세월을 보냈다는 말이 결코 과장되지 않았음을 알 수 있습니다. 그는 정말 험악한 세월을 살았던 사람입니다. 그는 어릴 때 어머니와 생이별을 했습니다. 자기를 끔찍이 사랑하던 어머니와 며칠 동안만 못 볼 줄 알고 헤어졌지만, 그 후 어머니를 만나지 못했습니다. 그의 가슴에 얼마나 한이 맺혔겠습니까? 또 결혼을 하기는 했지만 결혼 첫날부터 신부가 뒤바뀌는 이상한 일이 생기고 그 후에 본의 아니게 아내를 넷이나 거느리게 되었습니다. 그는 일평생 4명의 아내가 일으키는 복잡한 감정적인 갈등 속에서 헤어날 수가 없었습니다. 그리고 그는 20년 동안 처가살이를 했습니다. 그동안 그가 얼마나 마음에 짐을 지고 살았는지 다음 말씀을 보면 잘 알 수 있습니다.

> 내가 이와 같이 낮에는 더위와 밤에는 추위를 무릅쓰고 눈 붙일 겨를도 없이 지냈나이다_창 31:40

이렇게 고생스러운 처가살이를 끝내고 고향으로 돌아가는 길에 그는 또 마음에 커다란 상처를 받았습니다. 4명의 아내 중에서 가장 사랑했던 아내 라헬이 두 번째 아이를 낳다가 노상에서 세상을 떠나고 만 것입니다. 이런 비극을 당해 보지 않은 사람은 야곱의 심정을 도저히 이해할 수 없을 것입니다. 그리고 얼마 지나지 않아 외동딸 디나가 세겜성에 들어갔다가 그 성의 추장의 아들에게 강간을 당하는 치욕적인 사건이 일어났습니다. 그리고 장자 르우벤이 아버지 야곱의 첩 중에서 가장 나이가 어린 빌하와 불륜의 관계를 맺어 집안이 온통 뒤집어지는 소동이 일어났습니다. 그리고 한동안 평안한 듯하더니 갑자기 가장 사랑하는 아들 요셉이 하루아침에 행방불명이 되고 말았습니다. 이때 야곱이 받은 충격은 차라리 죽는 편이 낫다고 할 정도였습니다.

아버지가 그것을 알아보고 이르되 내 아들의 옷이라 악한 짐승이 그를 잡아먹었도다 요셉이 분명히 찢겼도다 하고 자기 옷을 찢고 굵은 베로 허리를 묶고 오래도록 그의 아들을 위하여 애통하니 그의 모든 자녀가 위로하되 그가 그 위로를 받지 아니하여 이르되 내가 슬퍼하며 스올로 내려가 아들에게로 가리라 하고 그의 아버지가 그를 위하여 울었더라_창 37:33-35

야곱은 아들 요셉이 짐승에게 찢겨 죽었다고 소리치며 미친 듯이 절규했습니다. 그는 자기 옷을 찢고 굵은 베로 허리를 묶고 오랫동안 요셉을 위하여 애통했습니다. 그가 얼마나 슬프게 울었던지 아무도 그를 위로할 수가 없었고 아무도 그의 울음을 그치게 할 수가 없었다고 했습니다. 여기에서 우리는 그의 슬픔이 얼마나 대단한 것이었는지 가히 짐작할 수 있습니다.

그리고 수년 후에 밀어닥친 7년 대기근은 그야말로 비참하기 그지없는 재앙이었습니다. 물도 저울에 달아 마시고 빵도 저울에 달아 먹어야 할 정도로 무서운 궁핍이 계속되었습니다. 그런 고통이 끝나자 인생의 황혼이 찾아왔습니다. 생의 말년에 정든 고향을 떠나서 낯선 애굽으로 이민을 떠나는 쓸쓸한 그의 뒷모습을 볼 수 있습니다. 이와 같이 야곱의 생애는 실로 파란만장했습니다.

우리 중에서 아무리 세상을 힘들게 살아가는 사람이 있다고 해도 야곱처럼 온갖 험한 꼴을 골고루 보면서 사는 사람은 없습니다. 야곱은 재산의 복과 자손의 복을 얻기는 했지만, 그의 형 에서도 그 정도의 복은 누리고 살았습니다. 야곱만이 유별나게 그런 복을 받은 것이 아닙니다. 결론적으로 말해서 하나님이 야곱에게 약속하신 복은, 이 세상에서 그가 누릴 만사형통이나 부귀영화가 아니었다는 것을 알 수 있습니다.

하나님이 여러분에게 주신 복은 만사형통하는 것이 아닙니다. 그것은 상다리가 부러지도록 잘 차려 놓고 먹고 마시고 즐기는 것이 아닙니다. 만일 예수님을 잘 믿으면 다 부자 되고 다 오래 살고 남의 꼬리가 안 되고 다 남의 머리가 된다면 이 세상에서 예수님을 안 믿을 사람이 어디 있겠습니까? 그런데 하나님은 우리가 원하는 그런 복을 주시지 않을 때가 많습니다. 그렇기 때문에 예수님을 믿지 않는 자들이 많고 또 예수님을 안 믿어도 남부럽지 않게 살고 있기 때문에 은근히 주시하면서 말하기를 "교회는 세상 재미를 별로 못 보는 자들이나 다니는 곳이야"라고 말합니다.

주변을 둘러보십시오. 그렇게 신앙생활을 잘해도 경제적으로 몹시 어려운 가정이 있지 않습니까? 제가 알고 있는 어떤 가정은 빌딩 옥상에 있는 방 한 칸을 세내어 네 식구가 살고 있습니다. 그중에 초등학교에 다니는 딸아이가 있는데 집이 가난하다고 친구들이 얼마나 구박을 하는지 아이가 여러 날 학교를 나가지 못해 아이 엄마가 하도 답답하여 변두리 학교로 전학시키려고 한다는 이야기를 들은 적이 있습니다. 얼마나 가슴 아픈 일입니까? 그런 가정에 하나님께서 물질적으로 복을 많이 주시면 얼마나 좋겠습니까? 또 얼마 전에는 제가 시무하는 사랑의교회에 믿음이 좋은 40대 남자 집사님이 갑자기 세상을 떠났습니다. 평소에 건강했고 또 아직도 해야 할 일이 많은 그분을 하나님이 왜 갑자기 불러가시는 것입니까? 왜 하나님이 그렇게 믿음이 좋은 분에게 장수하는 복을 주시지 않는 것입니까?

그러나 우리가 분명히 알아 두어야 할 사실이 있습니다. 하나님이 우리를 위해 준비하는 복은 세상적인 복이 아니라는 것입니다. 그러면 중요한 질문 하나를 던지지 않을 수 없습니다. '야곱이 하나님으로부터 받은 진짜 축복은 무엇이었는가?' 이것은 우리에게 아주 절실한 질문입니다. 이 물음의 해답이 무엇입니까?

> 여호와께서 이르시되 내가 너희를 사랑하였노라 하나 너희는 이르
> 기를 주께서 어떻게 우리를 사랑하셨나이까 하는도다 나 여호와가
> 말하노라 에서는 야곱의 형이 아니냐 그러나 내가 야곱을 사랑하였
> 고 에서는 미워하였으며_말 1:2-3상

하나님의 사랑

야곱이 받은 첫 번째 복은 하나님의 사랑이었습니다. 하나님은 야곱을 무조건 좋게 보셨습니다. 우리가 네 복음서를 읽어 보면 예수님이 세례를 받고 요단강에서 올라오실 때 하늘에서 "이는 내 사랑하는 아들이요, 내 기뻐하는 자라"라는 음성이 들렸다고 했습니다(마 3:17). 이 말씀에서 보다시피 사랑한다는 말과 기뻐한다는 말은 깊은 연관성을 가지고 있습니다. 마찬가지로 하나님이 야곱을 사랑하셨다는 말은 그분이 야곱을 보실 때마다 기뻐하셨다는 말과 같은 뜻입니다.

야곱은 누구보다도 단점이 많은 사람이었습니다. 원만하지 못한 성격에다가 이해하기 어려운 별난 행동을 잘하는 사람이었습니다. 그런데도 하나님이 야곱을 얼마나 사랑하셨는지 모릅니다. 이런 복음성가가 있습니다.

> 너의 하나님 여호와가 너희 가운데 계시니
> 그는 구원을 베푸실 전능자 전능자시라

그가 너로 인하여 기쁨을 이기지 못하시며

너를 잠잠히 사랑하시며

즐거이 부르며 기뻐 기뻐하시리라

– 〈너의 하나님 여호와가〉

이 가사 내용을 보면서 우리는 야곱을 향한 하나님의 사랑이 그렇지 않았을까 하고 상상해 볼 수 있습니다. 그야말로 야곱은 엄청난 복을 받은 사람이었습니다.

세상에 살 동안 하나님으로부터 받아야 할 진짜 복은 야곱처럼 하나님의 사랑을 받는 것입니다. 이 세상에 태어난 이상 험악한 인생살이를 면제받고 한생을 사는 사람은 한 명도 없습니다. 노벨 평화상을 받은 테레사 수녀(Mother Teresa Bojaxhiu, 본명: Anjezë Gonxhe Bojaxhiu, 1910–1997)가 "인생이란 낯선 여인숙에서 하룻밤 자고 가는 것과 같다"라는 의미 있는 말을 했습니다. 그렇습니다. 낯선 여인숙에 들어가서 하룻밤 눈 붙였다가 떠나는 것과 같은 한생을 살면서 야곱처럼 험악한 세월을 살지 않는다고 보장받은 사람은 아무도 없습니다. 재물이 좀 있어도, 후손이 좀 잘되는 것 같아도, 좀 건강해도 험악한 세월을 사는 것은 다 마찬가지입니다. 고달픈 인생길을 가면서도 크게 감사해야 할 복은 하나님이 나를 극진히 사랑하신다는 것입니다.

보라 아버지께서 어떠한 사랑을 우리에게 베푸사 하나님의 자녀라
일컬음을 받게 하셨는가, 우리가 그러하도다 그러므로 세상이 우리
를 알지 못함은 그를 알지 못함이라_요일 3:1

하나님의 사랑을 받는 것, 이것이 진짜 복입니다. 이 복을 놓치지

마십시오. 이 복을 가진 사람은 세상 사람들이 연연하는 그런 복에 정신을 잃고 돌아다니지 않습니다. 우리는 세상 사람들이 전혀 알지 못하는 복을 받아 누리는 자들입니다. 하나님의 사랑을 받아 그의 기뻐하는 자가 된 것, 이것만큼 큰 복은 이 세상 어디에도 없습니다.

하나님의 선택

야곱이 받은 두 번째 복은 하나님에게 선택을 받았다는 것입니다.

> 야곱아 너를 창조하신 여호와께서 지금 말씀하시느니라 이스라엘아 너를 지으신 이가 말씀하시느니라 너는 두려워하지 말라 내가 너를 구속하였고 내가 너를 지명하여 불렀나니 너는 내 것이라_사 43:1

야곱은 하나님의 특별한 선택을 받아 하나님의 소유가 된 사람입니다. 이것이 하나님이 그에게 주신 진짜 복이었습니다.

> 그뿐 아니라 또한 리브가가 우리 조상 이삭 한 사람으로 말미암아 임신하였는데 그 자식들이 아직 나지도 아니하고 무슨 선이나 악을 행하지 아니한 때에 택하심을 따라 되는 하나님의 뜻이 행위로 말미암지 않고 오직 부르시는 이로 말미암아 서게 하려 하사_롬 9:10-11

야곱이 이 세상에 태어나기 전에 하나님께서 이미 그를 자기 것으로 선택하셨다는 말씀입니다. 이것이 얼마나 큰 복입니까? 여러분도 야곱과 다르지 않습니다.

곧 창세 전에 그리스도 안에서 우리를 택하사 우리로 사랑 안에서
그 앞에 거룩하고 흠이 없게 하시려고_엡 1:4

하나님은 천지를 만드시기 전부터 그리스도 안에서 우리를 택해 주셨을 뿐 아니라 우리에게 자기의 자녀가 되는 특별한 권세를 허락하셨습니다. 우리가 받은 진정한 복은 하나님의 택함을 받아 그분의 자녀가 된 것입니다. 이것이 진짜 복입니다. 이것과 비길 만한 복은 이 세상 어디에도 없습니다.

하나님의 구원 계획에 동참

야곱이 받은 세 번째 복은 그가 하나님의 구원 계획에 쓰임을 받았다는 것입니다.

땅의 모든 족속이 너와 네 자손으로 말미암아 복을 받으리라
_창 28:14하

하나님은 이 세상에 있는 모든 죄인을 구원하시려고 예수 그리스도를 세상에 보내고자 계획하셨습니다. 누구를 통해 보낼 것인가가 중요한 과제였는데 하나님은 바로 야곱의 혈통을 통해 예수 그리스도를 보내기로 하셨습니다. 그래서 야곱은 하나님이 사용하시는 도구가 된 것입니다. 여기에서 우리는 야곱이 받은 진짜 복이 무엇인지 짐작할 수 있습니다. 그가 하나님의 구원 사역에 쓰임을 받는 인물이 되었다는 것입니다. 이런 야곱의 역할이 있었기에 후세의 모든 족속이 예수 그리스도를 통하여 복을 받게 되었습니다.

여러분도 마찬가지입니다. 여러분이 예수님을 믿는 목적은 무엇입니까? 물론 나 자신이 구원받는 데도 중요한 목적이 있습니다. 그러나 또 한편으로는 우리가 그리스도를 증거하여 이 땅에 있는 모든 사람이 복을 얻도록 하는 데 목적이 있습니다. 하나님은 우리가 이 세상에서 빛이 되고 소금이 되도록 이 땅에 남겨 놓으셨습니다. 우리가 하나님의 영광스러운 구원 사역에 음으로 양으로, 직접적으로 간접적으로, 어떤 형대로든지 한몫을 감당하는 사람이 되기를 하나님은 원하고 계십니다. 이런 의미에서 우리의 생은 하나님의 영광을 위하여 몸을 바치는 거룩한 제자가 되는 것입니다. 이것이야말로 얼마나 영광스러운 복인지 모릅니다.

야곱이 받은 복 세 가지를 다시 한번 정리해 봅시다. 이것은 하나님께 사랑을 받고, 선택을 받고, 쓰임을 받았던 복입니다. 그런데 이 세 가지 복은 에서가 조금도 받지 못한 복이었다는 사실을 주목해야 합니다. 에서는 세상적인 복은 누리고 살았지만, 하나님으로부터 진짜 복은 받지 못했습니다. 따라서 일생을 놓고 볼 때 비록 야곱은 험악한 세월을 보냈지만, 의미 없는 삶이 아니었다는 것입니다. 그가 겪었던 슬픔과 괴로움 속에 하나님의 뜻이 숨어 있었습니다. 그런 까닭으로 야곱은 아주 의미 있는 죽음을 맞이할 수 있었습니다.

> 믿음으로 야곱은 죽을 때에 요셉의 각 아들에게 축복하고 그 지팡이 머리에 의지하여 경배하였으며_히 11:21

야곱은 비록 험악한 세월을 보냈지만, 임종을 맞는 자리에서 지팡이에 의지하여 축복을 받은 한생을 허락하신 하나님께 감사할 수 있었습니다. 그리고 온 세상이 자기로 인하여 복을 받게 될 것을 확신했습니다. 그는 결국 하나님이 주신 복이 너무 감사해서 그 지팡이에 의지하여 그분께 경배하고 숨을 거두었습니다. 이런 의미에서 그가 아무리 험악한 세월을 살았다고 할지라도 그것은 복이지 불행이 아니었습니다.

건강도 복이고 장수도 복이고 부귀도 분명히 복입니다. 또 후손이 잘되는 것도 복입니다. 그러나 이런 것은 세상 사람들도 다 받을 수 있는 복입니다. 예수님을 모르는 자도 받을 수 있는 복입니다. 그런데 야곱이 받은 하나님의 사랑, 하나님의 선택, 하나님의 손에 쓰임을 받는 축복은 에서가 받지 못한 복입니다. 이것은 세상 사람들이 모르는 복입니다. 이것이 진짜 복입니다. 우리가 감사하고 자랑해야 할 복은 바로 이것입니다.

이 진짜 복이 감사하게 느껴지지 않습니까? 그렇다면 지금 여러분의 심령이 병들었다고 해도 과언이 아닙니다. 주님을 위해 생을 바치기를 원하는 믿음의 사람들은 하나님께 사랑을 받고, 선택을 받고, 쓰임을 받는 이 복이 너무 좋아서 세상 사람들이 즐기는 복을 포기해 버리는 일도 있습니다. 이와 같은 위대한 믿음의 선배들이 오늘날 세계 곳곳에 흩어져 주를 위해 헌신하고 있습니다. 그중에서 참으로 모범이 되는 한 분을 소개하고자 합니다.

○ ○ ○ ○ ○ ○ ○ ○
저드슨이 선택한 길

아도니람 저드슨(Adoniram Judson, Jr., 1788-1850)은 지금으로부터 180년 전에 미국 교회가 처음으로 파송한 선교사입니다. 그는 탁월한 수재였기 때문에 25세의 젊은 나이에 모교로부터 교수 초빙을 받았습니다. 그리고 같은 해에 보스턴에 있는 어떤 큰 교회로부터 담임목사 청빙을 받았습니다. 두 가지가 다 탐나는 초빙이어서 어느 것을 선택해야 할지 몰라 즐거운 비명을 지를 정도였습니다. 그런데도 그는 두 곳을 다 정중하게 사절했습니다. 왜냐하면 그는 선교사가 되기를 원했기 때문입니다. 그래서 결혼한 지 보름 만에 아내와 함께 인도로 가는 배를 탔습니다. 인도에 도착한 지 얼마 지나지 않아 선교사라는 이유 때문에 쫓겨났습니다. 그들은 다시 배를 타고 미얀마로 떠났습니다. 긴 항해 도중 아내는 유산을 했고 너무 허약해진 나머지 랑군에 도착했을 때는 들것에 실려 배에서 내려야 했습니다. 그곳에서 저드슨 부부는 복음을 위해 수고를 아끼지 않았습니다. 이어 두 번째 아이를 낳았는데 그 아이도 몇 달 지나지 않아 열병으로 죽었습니다. 그러나 저드슨은 낙심하지 않고 복음 사역에 최선을 다했는데 그만 감옥에 끌려 들어갔습니다. 그는 창문이 하나도 없는 캄캄하고 더러운 감방에서 1년 반 동안이나 고생을 했습니다. 그가 감옥에 있는 동안 아내는 밖에서 많은 어려움을 겪고 건강이 나빠져 남편이 출소한 직후 37세의 나이로 숨을 거두고 말았습니다. 부인이 세상을 떠나자 세 번째 아이도 몇 개월 만에 죽고 말았습니다. 그래도 저드슨은 낙심하지 않고 복음을 위해서 일했는데 결국에는 자신도 병이 들어 더 이상 견딜 수 없는 처지가 되었습니다. 그는 요양을 하려고 고국으로 가는 배를 탔는데 그의 건강이 너무 악화되어 고국 땅을 밟아 보기 전에 선상에서 숨지고 말았습니다. 당시는 냉동 기술이 전혀 없는 시대라 그의 시체를 바다에 장사를 지낼 수밖에 없었습니다. 이 땅에서 저드슨의 삶은 이렇게 끝이 났습니다.

그가 세상적으로 받은 복이 무엇입니까? 차라리 대학교수로 갔더라면, 차라리 큰 교회 목회자가 되었다면 행복한 삶을 살았을 것입니다. 그러나 그 부부는 진짜 복을 놓치고 싶지 않아 세상 복을 포기했습니다. 어떻게 보면 저드슨의 가정은 예수님 때문에 망한 가정처럼 보입니다. 그러나 실상은 진짜 복을 받은 가정이었습니다. 저드슨은 불교가 국교인 그 나라에서 최초로 성경을 만들어 수많은 영혼을 구원하는 데 쓰임을 받았습니다. 또 그의 부인은 오늘날 선교사 부인 중에서 가장 귀감이 되는 인물이라는 평가를 받고 있습니다. 저드슨 부부가 하나님 나라에 가서 누릴 영광을 생각해 보면 그것은 세상의 어떤 고난과도 비교가 되지 않습니다.

> 생각하건대 현재의 고난은 장차 우리에게 나타날 영광과 비교할 수
> 없도다_롬 8:18

우리는 저드슨처럼 위대한 믿음의 영웅이 아닙니다. 평범한 다수에 속하는 신앙인입니다. 그러나 우리는 하나님께 사랑을 받고, 선택을 받고, 쓰임을 받는 이 참된 축복이 반드시 필요합니다. 또한 우리는 세상적인 축복도 있어야 이 험한 세파를 헤쳐나갈 수 있습니다. 우리 주변에는 경제적으로 어려워서 고통받는 믿음의 가정들이 적지 않습니다. 저는 그 가정들이 물질적인 복을 받도록 하나님께 기도하고 있습니다. 또 건강이 좋지 못한 형제 자매들이 건강의 복을 누리도록 기도하고 있습니다. 하나님께서는 우리에게 이런 것들이 있어야 할 줄을 아신다고 했습니다. 우리가 이런 축복을 구하는 것이 잘못된 것이 아닙니다. 또 이것을 받아 누리는 것도 잘못된 것이 아닙니다.

그러나 중요한 것은 세상에서 누리는 복에 연연하지 말아야 한다는 것입니다. 우리는 하나님이 주시는 분수대로 만족하며 살아야 합니다. '내가 하나님 사랑을 받으면 되지 그 이상 더 바랄 것이 무엇이냐' 하는 심정으로 살아야 한다는 말입니다. 얼마나 가졌느냐, 얼마나 건강하냐, 얼마나 오래 사느냐 하고 복을 따지는 것은 세상 사람들의 관

점입니다.

아직 믿음이 어려서 세상 복을 받으려고 신앙생활을 하고 있다면 그 마음을 깨끗이 청소하시기 바랍니다. 불순한 동기를 가지고 예수님을 믿는다면 하나님이 기뻐하시지 않습니다.

> 이 세상이나 세상에 있는 것들을 사랑하지 말라 누구든지 세상을 사랑하면 아버지의 사랑이 그 안에 있지 아니하니 이는 세상에 있는 모든 것이 육신의 정욕과 안목의 정욕과 이생의 자랑이니 다 아버지께로부터 온 것이 아니요 세상으로부터 온 것이라_요일 2:15-16

하나님이 왜 이 세상을 사랑하지 말라고 말씀하십니까? 세상 복이 진짜 축복이 아니기 때문입니다. 우리 중에는 야곱처럼 험악한 세월을 보내며 한생을 피곤하게 사는 자도 없지 않습니다. 그러나 그런 삶이 반드시 불행한 것은 아닙니다. 왜 불행하지 않습니까? 하나님의 사랑을 받고, 선택을 받고, 쓰임을 받는 축복을 받은 사람이 가장 행복한 사람이기 때문입니다.

세상에서 자기 뜻대로 일이 잘되지 않아도 자신이 복을 받지 못한 자라고 생각하지 마십시오. 야곱은 너무나 어려움을 많이 당했지만 결코 낙심하지 않았습니다. 우리도 마찬가지입니다. 어떤 어려운 일을 당해도 낙심하지 마십시오. 야곱이 어디를 가나 하나님이 도우셨던 것처럼 여러분을 도우실 것입니다. 그분이 우리를 사랑하시는데 안 도와주실 리가 있습니까? 우리 생각의 방향이 항상 하나님께로 향하면 그분은 언제나 우리를 도와주시고 우리의 문제를 책임져 주십니다. 마음을 하나님께만 드리십시오. 세상 복에 연연하지 말고 낙심하지 마십시오. 이것이 세상을 이기는 지혜요, 참된 신앙인의 자세입니다.

▎ 국제제자훈련원은 건강한 교회를 꿈꾸는 목회의 동반자로서 제자 삼는 사역을 중심으로
▎ 성경적 목회 모델을 제시함으로 세계 교회를 섬기는 전문 사역 기관입니다.

옥한흠 전집 주제 **07**

시험이 없는 신앙생활은 없다 | 이 험한 세상 어떻게 살까

초 판 1쇄 인쇄 2021년 9월 10일
초 판 1쇄 발행 2021년 9월 20일

지은이 옥한흠
디자인 참디자인 (02.3216.1085)

펴낸이 오정현
펴낸곳 국제제자훈련원
등 록 제2013-000170호 (2013년 9월 25일)
주 소 서울시 서초구 효령로68길 98 (서초동)
전 화 02.3489.4300
팩 스 02.3489.4329
이메일 dmipress@sarang.org

ISBN 978-89-5731-842-3 04230
978-89-5731-835-5 04230(세트)

* 책값은 뒷 표지에 있습니다. 잘못된 책은 구입하신 곳에서 교환해드립니다.